Espoir et passions

J'AI LU

Charles Dickens

Espoir et passions

Un conte de deux villes

traduit de l'anglais par Laure TERILLI

Éditions J'ai lu

Ce roman a paru sous le titre original :

A TALE OF TWO CITIES

1

L'époque

C'était le meilleur et le pire de tous les temps, l'âge de la sagesse et de la folie, le siècle de la foi et de l'incrédulité, la saison de la lumière et de l'obscurité, le printemps de l'espoir et l'hiver du désespoir, l'on avait tout devant soi et rien devant soi, l'on allait droit au paradis et droit en enfer, en bref, c'était une époque si semblable à celle que nous vivons aujourd'hui que selon ses commentateurs les plus véhéments, l'on ne peut en parler, que ce soit en bien ou en mal, qu'au superlatif.

Il y avait sur le trône d'Angleterre un roi pourvu d'une forte mâchoire et une reine dotée d'un visage ingrat. Il y avait sur le trône de France un roi pourvu d'une mâchoire non moins forte et une reine dotée d'un gracieux visage. Dans ces deux pays, il apparaissait, avec la clarté du cristal, aux officiers d'État qui veillaient sur les réserves de grains et de pêche, que l'ordre des choses était établi à jamais.

C'était l'an de grâce 1775. En cette époque favorisée, l'Angleterre bénéficiait, tout comme aujourd'hui, du privilège de recevoir des révélations de l'au-delà. Mrs Southcott venait d'atteindre son bienheureux vingt-cinquième anniversaire et un prophète, simple soldat dans les Life Guards, avait annoncé cette sublime apparition en déclarant que tout était en place pour l'engloutissement de Londres et de Westminster. C'était à peine douze ans plus tôt qu'avait disparu le fantôme de Cock Lane qui délivrait ses messages de même que les esprits de l'année dernière (surnaturellement dénués d'originalité) frappèrent les leurs. De simples messages, d'une nature plus terrestre, émis par un congrès de sujets britanniques en Amérique, étaient depuis peu parvenus en Angleterre, et leur portée, fait curieux à relater, s'était révélée plus importante pour la race humaine que toutes les communications jamais transmises par les poussins de la couvée de Cock Lane.

La France, moins favorisée en matière de spiritisme que sa sœur armée du bouclier et du trident, se laissait glisser avec une douceur extrême au bas de la pente. Elle fabriquait du papier-monnaie qu'elle se hâtait de dépenser et, sous la houlette de ses pasteurs chrétiens, se divertissait en se livrant à des actes humanitaires, comme brûler vif un jeune homme après lui avoir coupé les mains et arraché la langue pour ne pas s'être agenouillé sous la pluie en l'honneur d'une procession de moines crasseux qui passait à cinquante mètres de là. Il est fort probable que, au moment où l'infortuné était mis à mort, dans les forêts de France et de Norvège, poussaient des arbres déjà marqués par le bûcheron Destin pour être abattus et sciés en madriers à partir desquels serait fabriqué un échafaudage mobile pourvu d'un couperet et d'un sac dont l'Histoire garderait un souvenir effroyable. Il est fort probable que, ce même jour, sous les hangars des laboureurs qui cultivaient la terre lourde et grasse des alentours de Paris, étaient rangées de grossières charrettes couvertes de boue, flairées par les cochons et servant de perchoir aux volailles, ces charrettes que le fermier Mort avait déjà choisies pour être les tombereaux de la Révolution. Or, ce bûcheron et ce fermier qui œuvrent sans répit œuvrent cependant en silence, et personne ne distinguait le bruit étouffé de leurs pas, d'autant plus qu'il suffisait de soupçonner leurs activités pour se faire accuser d'athéisme et de traîtrise.

En Angleterre, l'ordre et la sécurité ne régnant pas en maîtres, rien ne justifiait l'orgueil national. Chaque nuit dans la capitale même d'audacieux cambriolages à main armée et des attaques de diligences se perpétraient. On conseillait aux familles de ne pas quitter la ville sans avoir au préalable entreposé, par mesure de prudence, leur mobilier chez les tapissiers qui en assuraient la surveillance. Le bandit de grand chemin qui, la nuit, hantait les routes, était, le jour, un commerçant de la cité; reconnu et défié par un confrère, il l'arrêtait en vertu de son titre de « capitaine », lui tirait galamment une balle de pistolet dans la tête et s'enfuyait à cheval. La malle-poste était attaquée par sept brigands. Le garde en tuait trois, puis se faisait tuer par les quatre autres « faute de munitions »; après quoi la voiture était pillée à loisir. À Turham Green, le Lord-Maire de Londres, ce magnifique potentat, était tenu en joue par un seul malandrin qui dépouillait l'illustre personnage devant sa nombreuse suite de laquais. Les prisonniers se révoltaient contre les geôliers, et la loi, dans toute sa majesté, déchargeait à bout portant ses espingoles sur les mutins. Les aigrefins arrachaient les croix de diamants du cou des nobles lords dans les salons de la Cour; les mousquetaires se rendaient au quartier de Saint-Giles pour y saisir des marchandises de contrebande; la canaille tirait sur les mousquetaires, les mousquetaires sur la canaille, et personne ne s'inquiétait d'une coutume aussi courante. Au milieu de tous ces délits, le bourreau, plus occupé que jamais et plus effroyable qu'inutile, était constamment réquisitionné. Tantôt il pendait de longues rangées de criminels de toutes espèces; tantôt il exécutait le samedi un cambrioleur arrêté le mardi; tantôt il marquait au fer la main d'une douzaine de prisonniers de Newgate; tantôt il brûlait les pamphlets aux portes de Westminster; aujourd'hui, il ôtait la vie à un assassin coupable d'atrocités, demain, à celle d'un misérable coupable d'avoir volé six pence au fils d'un fermier.

Ces événements, et d'autres encore, se passaient en cette bonne vieille année 1775. Pendant ce temps, tandis que le Bûcheron et le Fermier travaillaient dans l'ombre, les deux rois à la forte mâchoire et les deux reines, l'une laide, l'autre belle, continuaient d'avancer avec ostentation, brandissant leurs droits divins d'une main autoritaire et tyrannique. Ainsi, l'année 1775 entraînait Leurs Grandeurs, sans oublier la foule d'humbles personnages – les héros de cette chronique entre autres – sur les divers chemins de leur vie qui s'ouvraient sous leurs pas.

2

La malle-poste

C'était la route de Douvres qui, par un vendredi soir de la fin de novembre, s'ouvrait devant la première des personnes auxquelles ce récit s'intéresse. La malle-poste gravissait péniblement la côte de Shooter's Hill et ses trois passagers marchaient dans la boue à ses côtés. Vu les circonstances, ce n'était pas tant pour le plaisir de se dégourdir les jambes, mais parce que la côte était si escarpée, les harnais si pesants, la boue si glissante et la voiture si lourde que les chevaux avaient déjà renoncé par trois fois à poursuivre leurs efforts et jeté la diligence en travers de la route avec l'intention subversive de la ramener à Blackheath. Toutefois, l'action combinée des rênes et du fouet, du garde et du cocher s'était opposée à ce dessein qui laissait entendre que les animaux sont doués de raison; l'attelage avait capitulé et se résignait à accomplir son rude devoir.

La tête baissée, la queue frémissante, les quatre chevaux s'enlisaient dans la fange épaisse, pataugeaient et trébuchaient, menaçant à tout moment de se casser une jambe. Chaque fois que le cocher les arrêtait d'un « Woo ! » circonspect, le cheval de devant secouait violemment la crinière, tel un cheval doté d'une énergie inhabituelle, et semblait ainsi nier que la voiture parviendrait jamais au sommet de la côte. Chacune de ces bruyantes dénégations faisait tressaillir notre voyageur, comme tressaille quelqu'un d'inquiet, et lui troublait l'esprit.

Un brouillard fumant stagnait dans tous les creux

de la campagne et rampait, solitaire, au ras de la colline, tel un esprit mauvais en mal de repos. Un brouillard humide et d'un froid intense qui se frayait un chemin dans l'air immobile et se superposait en nappes épaisses, semblables aux remous d'une mer fétide. Il était assez dense pour opposer un écran opaque et impénétrable aux lanternes de la voiture qui n'éclairaient que quelques mètres devant elles; et la vapeur au fort relent qui s'élevait des chevaux en nage se confondait avec la brume épaisse, comme si c'étaient eux qui l'exhalaient.

Aucun des trois voyageurs, qui portaient le col de leur manteau relevé jusqu'aux oreilles et de grosses bottes cavalières, n'aurait pu distinguer les traits de ses voisins, ni en deviner les pensées, tout aussi soigneusement emmitouflées dans les tréfonds de leur esprit.

À cette époque, l'on se méfiait des rencontres de hasard, car tout individu pouvait être un brigand ou du moins son complice. Il n'y avait rien de plus fréquent que de trouver dans les relais et les auberges qui jalonnaient la route, depuis le maître de poste jusqu'au garçon d'écurie, quelque sacripant à la solde d'un redoutable chef de bande. C'était à cela que pensait le garde qui accompagnait la malle-poste de Douvres, en ce vendredi soir de novembre 1775. Perché à l'arrière de la voiture qui gravissait péniblement la montée de Shooter's Hill, il tapait des pieds et gardait un œil et une main sur un coffre contenant un tromblon chargé, posé sur six ou huit pistolets à fonte, également chargés et eux-mêmes couchés sur un lit d'armes blanches.

Dans la malle-poste régnait donc cette ambiance chaleureuse et détendue qui habite toute diligence et qui faisait que le garde se défiait des voyageurs, chaque voyageur du garde et de ses compagnons de route et que tous soupçonnaient quiconque interromprait leur voyage; quant au cocher, il n'était sûr que de ses chevaux, et encore aurait-il pu, en toute conscience, jurer sur les deux Testaments que ces derniers n'étaient pas de force à effectuer pareil trajet.

– Woo-ho ! fit le cocher. Encore un petit effort et on y est. Bon sang, on a eu du mal. Joe !

– Oui, répondit le garde.
– Quelle heure est-il ?
– Onze heures dix.
– Miséricorde ! s'écria le cocher, mécontent. Onze heures dix et pas encore au sommet de la colline. Allez, hue !

Le vigoureux cheval de devant, interrompu par un violent coup de fouet au milieu d'une de ses plus vives dénégations, fit un nouvel effort et entraîna les trois autres. Une fois de plus, la malle-poste se remit en branle, escortée des trois voyageurs qui barbotaient dans la boue. Ils avaient respecté chaque halte de la voiture et s'en étaient écartés le moins possible. Si l'un d'entre eux avait eu l'audace de proposer à son voisin d'avancer de quelques pas au milieu du brouillard et des ténèbres, il se serait fait prendre pour un voleur et tuer sur-le-champ.

Dans un dernier sursaut, la malle-poste se hissa au sommet de la colline. Les chevaux s'arrêtèrent pour reprendre haleine, le garde sauta à terre pour bloquer la roue avant la descente et ouvrit la portière pour faire monter les passagers.

– Joe ! appela soudain le cocher, regardant avec inquiétude en arrière.
– Tu dis, Tom ?

Tous deux écoutèrent.

– Un cheval monte la côte au galop, Joe.
– Un sacré galop, répondit le garde, lâchant la poignée de la portière et sautant sur son siège. Messieurs, dit-il, s'adressant aux passagers, au nom du roi, je réclame votre assistance.

Ayant formulé cette requête à la hâte, il arma son tromblon et se tint sur la défensive.

Le voyageur qui appartient à ce récit s'apprêtait, suivi des deux autres, à monter en voiture. Il se tint sur le marchepied, obligeant ses compagnons à rester sur la route. Tous trois observèrent le cocher et le garde et écoutèrent. Le cocher regardait en arrière, le garde aussi, jusqu'au farouche cheval de devant qui, les oreilles dressées, tournait la tête lui aussi sans qu'on l'en empêchât.

L'immobilité qui succédait au roulement laborieux

de l'équipage, ajoutée à l'immobilité pesante de la nuit, en accentuait le silence. Malgré le halètement des chevaux qui faisait trembler le véhicule comme s'il était parcouru de frissons et le cœur des passagers qui battait dans leur poitrine suffisamment fort peut-être pour être entendu, ce moment de répit soudain évoquait le silence de gens hors d'haleine qui retiennent leur souffle et dont le pouls est précipité par l'angoisse de l'attente.

Le cheval au galop atteignit le sommet de la côte, rapide et furieux.

– Ho ! cria le garde de toute la puissance de ses poumons. Qui va là ? Halte ou je tire.

Le martèlement des sabots se tut aussitôt. Il y eut un bruit de piétinement et une voix appela du fond du brouillard :

– C'est la malle-poste de Douvres ?

– Peu importe. Qui êtes-vous ? rétorqua le garde.

– C'est bien la malle-poste de Douvres ?

– Qu'avez-vous besoin de le savoir ?

– Je cherche un voyageur.

– Qui ?

– Mr Jarvis Lorry.

L'homme en question, debout sur le marchepied, fit signe que c'était là son nom. Les regards soupçonneux du garde, du cocher et des deux autres voyageurs convergèrent sur lui.

– Restez où vous êtes sinon vous êtes mort, intima le garde à la voix dans le brouillard. Voyageur du nom de Lorry, répondez sans détour.

– Que se passe-t-il ? dit celui-ci d'un ton doux et mal assuré. Qui me demande ? Est-ce vous, Jerry ?

– La voix de Jerry, puisque Jerry il y a, ne me revient pas, maugréa le garde à part lui. Avec une voix pareille, ce Jerry ne me dit rien qui vaille.

– Oui, Mr Lorry.

– Que se passe-t-il ?

– Je vous apporte une dépêche de Tellson & Cie.

– Je connais ce messager, dit alors Mr Lorry en descendant du marchepied, assisté dans ce mouvement, avec plus de brusquerie que de courtoisie, par les deux voyageurs qui montèrent prestement dans la voiture, fermèrent la portière et remontèrent la vitre. Il n'y a rien à craindre. Vous pouvez le laisser approcher.

– Possible, mais on n'en est pas vraiment convaincus, nous autres, rétorqua le garde de son ton bourru. Holà !

– Holà, fit Jerry, la voix plus enrouée que jamais.

– Avancez, mais au pas, c'est compris ? Si par hasard il y a des fontes à la selle qui vous porte, n'y glissez pas la main. Je suis diablement prompt à la méprise, et quand je me trompe, c'est avec une balle de plomb. Maintenant que vous voilà averti, montrez-vous.

La silhouette d'un cheval et de son cavalier émergea lentement de la brume mouvante pour s'immobiliser à côté de la voiture. Jerry se pencha, et jetant un coup d'œil furtif au garde, tendit à Mr Lorry un papier plié. Le cheval écumait, et cavalier et monture étaient couverts de boue, depuis les sabots de l'animal jusqu'au chapeau de son maître.

– Garde ! appela le voyageur du ton confiant et avisé d'un homme d'affaires.

La main droite crispée sur la crosse de son tromblon tenu en position de tir, la main gauche sur le canon, les yeux sur le cavalier, le garde vigilant répondit un bref « Monsieur ».

– Vous n'avez rien à craindre. J'appartiens à la banque Tellson. Vous devez connaître la banque Tellson à Londres. Je me rends à Paris pour affaires. Ai-je le temps de lire ce billet ? Il y aura une couronne pour boire.

– Si vous n'êtes pas trop long, monsieur.

Mr Lorry déplia le billet à la lumière de la lanterne et lut d'abord pour lui-même, puis à voix haute :

– « Attendez Mademoiselle à Douvres. »

» Vous voyez, garde, ce n'est pas long. Jerry, ma réponse est : “Rappelé à la vie.”

Jerry sursauta.

– Quelle singulière réponse ! fit-il de sa voix rauque.

– Portez-la néanmoins. Ils auront la preuve que j'ai reçu leur message. Faites au plus vite. Bonsoir.

En disant ces mots, le voyageur ouvrit la portière et monta dans la voiture, sans être, cette fois-ci, aidé par ses compagnons de route qui avaient profité de ce contretemps pour dissimuler rapidement montres et bourses dans leurs bottes, et simulaient maintenant un profond sommeil sans autre but que d'éviter les risques d'une autre attitude.

La malle-poste s'ébranla et, descendant la côte, s'enfonça dans un brouillard de plus en plus dense qui se resserrait autour de sa masse sombre. Le garde rangea le tromblon dans le coffre, jeta un coup d'œil au reste de son contenu et aux pistolets supplémentaires qu'il portait à la ceinture, puis considéra une petite caisse qui recelait quelques outils de maréchal-ferrant, deux torches, un briquet et de l'amadou. Si les lanternes de la voiture avaient été soufflées ou brisées par le mauvais temps, ce qui se produisait parfois, il n'avait qu'à s'enfermer à l'intérieur pour battre le briquet avec courage et veiller à ne pas enflammer la paille qui recouvrait le sol; au bout de cinq minutes de cet exercice, s'il avait de la chance, il obtenait une flamme avec une sécurité et une aisance satisfaisantes.

– Tom ! appela-t-il doucement.

– Oui, Joe.

– Tu as entendu ce message ?

– Oui.

– Qu'en penses-tu, Tom ?

– Ma foi, rien.

– Ma foi, c'est bizarre, mais moi non plus, réfléchit le garde, surpris de cette coïncidence d'opinion avec le cocher.

Quant à Jerry, abandonné dans le brouillard et les ténèbres, il mit pied à terre pour reposer son cheval fourbu, essuyer la boue qui lui maculait le visage et secouer son chapeau dont le large rebord aurait pu contenir un demi-gallon d'eau environ.

Il resta quelques minutes immobile, la bride de sa monture sur son bras trempé, à écouter le roulement de la malle-poste qui s'éloignait. Quand la nuit redevint silencieuse, il descendit la colline à pied.

– Après une course pareille, ma vieille, dit-il à la jument, je préfère me fier à tes quatre pattes quand on sera dans la plaine. « Rappelé à la vie » ! Un bien singulier message. Cela ne ferait pas ton affaire, Jerry. Non, Jerry, je te le dis, tu serais dans une fâcheuse position si c'était la mode de rappeler les morts à la vie !

3

Les ombres de la nuit

Il existe une chose étonnante, pour qui veut y réfléchir, dans le fait que l'homme est constitué de telle façon qu'il demeure un mystère impénétrable aux yeux de ses semblables. C'est pour moi une considération d'une formidable gravité, lorsque j'entre dans une ville la nuit, de penser que chacune de ces maisons pelotonnées dans l'ombre renferme son propre secret, que chacune des pièces qui la composent possède son propre secret, que chacun des cœurs qui battent dans des milliers de poitrines est un secret pour le cœur qui lui est le plus proche. Il y a dans ce mystère quelque chose d'effroyable qui participe de la mort elle-même.

Je ne peux plus tourner les pages de ce livre bien-aimé, et c'est en vain que j'espère le lire un jour en entier. Je ne peux plus plonger mon regard dans les profondeurs de cette eau insondable où, à la faveur de brefs rais de lumière qui l'ont traversée, j'ai aperçu un trésor enfoui parmi bien d'autres richesses. Il était dit que le livre se refermerait à jamais, d'un coup, comme mû par un ressort, alors que je n'en aurais lu que la première page. Il était dit que l'eau serait emprisonnée par un gel éternel quand la lumière jouerait sur sa surface et que je resterais sur la rive, confronté à mon ignorance.

Mon ami est mort, mon voisin est mort, mon amour, la compagne chérie de mon âme, est morte. Là réside l'inexorable permanence d'un secret qui les a toujours habités, qui m'habitera toujours et que j'emporterai jusqu'à la fin de ma vie. Y a-t-il, dans les cimetières que je traverse, un dormeur plus impénétrable que ne le sont, pour moi, dans leur for intérieur, les habitants affairés de cette ville, ou que je ne le suis pour eux ?

À cet égard, et c'était là un héritage naturel qu'on ne pouvait lui aliéner, le messager à cheval possédait exactement les mêmes richesses que le roi, le premier ministre d'État ou le plus prospère des marchands de Londres. Ainsi en allait-il des voyageurs enfermés dans l'étroit habitacle d'une vieille malle-poste qui brinquebalait péniblement sur la route de Douvres. Chacun était un mystère pour les deux autres, aussi incompréhensible que s'il avait été seul dans sa propre voiture, tirée par six chevaux ou par soixante, avec tout un comté qui l'isolait de son voisin.

L'émissaire de la banque regagnait Londres d'un trot aisé et, lors de ses fréquentes haltes dans les tavernes pour se désaltérer, il se tenait à l'écart, le chapeau rabattu sur les yeux. Les yeux du pauvre homme se trouvaient du reste parfaitement en rapport avec ce lamentable ornement : noirs en surface mais sans profondeur aucune, et beaucoup trop rapprochés, comme s'ils redoutaient d'être démasqués s'ils s'éloignaient trop l'un de l'autre. Sous le vieux chapeau cabossé ressemblant à un crachoir à trois cornes, et pardessus un immense cache-nez qui descendait presque jusqu'aux genoux du messager, une expression sinistre se dégageait de ce regard. Lorsqu'il s'arrêtait pour boire, il baissait le cache-nez de la main gauche, vidait de la main droite le verre d'alcool dans sa gorge et, l'opération terminée, remontait le cache-nez.

– Non, non, Jerry, répétait-il, ressassant la réponse qu'il rapportait à Londres. Ça te rendrait pas service, Jerry. Jerry, toi, l'honnête commerçant, ça ferait pas du bien à tes affaires ! « Rappelé à la vie » ! Je veux bien être pendu s'il n'avait pas un verre dans le nez !

Cette réponse lui causait de telles perplexités qu'à plusieurs reprises il lui fallut ôter son chapeau pour se gratter la tête. Excepté sur le sommet du crâne où il était misérablement chauve, il avait des cheveux noirs et raides qui se dressaient, hirsutes, et poussaient, pour ainsi dire, jusqu'à son nez large et camard. Cela ressemblait tellement plus aux pointes de fer qui hérissent la crête de certains murs qu'à une chevelure, que le meilleur joueur de saute-mouton l'aurait jugé l'individu le plus dangereux du monde et aurait refusé de sauter par-dessus lui.

Tandis qu'il rapportait le message que, dans son abri devant la banque Tellson, près de Temple Bar, le veilleur de nuit attendait afin de le communiquer à ses supérieurs, les ombres de la nuit prenaient, à ses yeux, des formes fantastiques comme suscitées par le contenu du message lui-même. Quant à la vieille jument, à en juger par les nombreux écarts qu'elle faisait, les ombres de la nuit qui naissaient peut-être de ses propres sujets d'inquiétude ne la laissaient guère en paix.

Pendant ce temps, la malle-poste se traînait, cahotait, grinçait et bondissait péniblement, emportant ses trois mystérieux passagers toujours plus loin sur la route de Douvres. À ces derniers, les ombres de la nuit se révélaient également dans les formes que leurs yeux ensommeillés et leurs pensées vagabondes leur suggéraient.

La banque Tellson, entre autres, hantait la malle-poste. Le banquier, un bras passé dans la courroie de cuir qui l'empêchait de tomber sur son voisin et le retenait à sa place quand la voiture faisait un bond trop fort, hochait du chef, suivant les secousses, les paupières à demi closes. Peu à peu, les petites vitres de la diligence, la faible lueur des lanternes qui s'y reflétait et la silhouette affaissée du voyageur assis en face de lui se transformèrent en une banque qui réalisait un nombre d'affaires prodigieux. Le cliquetis des harnais évoqua le tintement des pièces et il fut honoré en cinq minutes plus de lettres de change que Tellson & Cie, malgré son importante clientèle en Angleterre et à l'étranger, n'en avait jamais payé en trois fois plus de temps. Puis il parcourut les chambres fortes du sous-sol qui s'ouvraient devant lui, telles qu'il les connaissait (et il les connaissait bien), un énorme trousseau de clés dans une main, une chandelle fumeuse dans l'autre, et les trouva solides, fiables, immuables, comme lors de son dernier tour d'inspection.

Néanmoins, bien que la vision de la banque s'imposât toujours à lui, mêlée confusément à celle de l'intérieur de la voiture, comme la douleur persiste sous l'action d'un opiacé, une étrange impression l'habitait, qui se superposait aux précédentes et qui dura toute la nuit. Il allait à Paris pour extraire un mort de sa tombe.

Et parmi la multitude de visages blêmes qui se pressaient devant ses yeux, lequel appartenait à celui qu'il allait rappeler à la vie ? Les ombres de la nuit ne le désignaient pas, mais tous les visages qu'elles produisaient étaient celui d'un homme âgé de quarante-cinq ans et ne différaient entre eux que par les passions qu'ils exprimaient et par la pâleur livide de leur masque las et décharné. La fierté, le mépris, le défi, l'obstination, la soumission, l'affliction se succédaient, ainsi qu'un cortège de joues creuses, de teints cadavéreux, de mains et de silhouettes émaciées. Mais au fond, il s'agissait toujours du même visage, de la même tête à la chevelure prématurément blanchie.

Cent fois le voyageur assoupi interrogea ce spectre.

– Depuis combien de temps êtes-vous enterré ?

– Bientôt dix-huit ans.

– Aviez-vous renoncé à l'espoir de revoir la lumière du jour ?

– Il y a bien longtemps.

– Vous savez que vous êtes rappelé à la vie ?

– Il paraît.

– Êtes-vous content d'être rappelé à la vie ?

– Je ne sais.

– Souhaitez-vous que je vous la montre ou viendrez-vous la voir ?

Les réponses à cette dernière question étaient variables et contradictoires. Parfois, le spectre murmurait d'une voix brisée :

– Un instant, j'en mourrais si je la voyais trop tôt.

Parfois, il fondait en larmes et suppliait :

– Conduisez-moi auprès d'elle.

Ou bien il s'écriait, égaré :

– Je ne la connais pas, je ne comprends pas.

Après ce dialogue, le voyageur, toujours en proie à

son imagination, se mettait à creuser et à creuser, tantôt avec une pelle, tantôt avec une clé énorme, ou avec ses mains nues, pour déterrer le malheureux. Enfin sorti de sa tombe, le visage et les cheveux souillés de terre, celui-ci s'effondrait soudain et devenait poussière. Le voyageur s'éveillait en sursaut et baissait la vitre pour sentir sur sa joue le contact bien réel du froid brouillard et de la pluie.

Cependant, quand ses yeux découvraient le paysage glauque de brume et de pluie mêlées, la tache mouvante que formait la lumière des lanternes et la haie du chemin qui reculait par soubresauts, les ombres de la nuit sur la lande rejoignaient celles qui assaillaient l'intérieur de la voiture. De nouveau surgissaient la banque Tellson à Temple Bar, les affaires du jour précédent, les chambres fortes, le billet apporté par Jerry et la réponse qu'il avait faite. Au milieu de ces images obsédantes, le spectre s'élevait, et il l'interrogea une fois de plus.

– Depuis combien de temps êtes-vous enterré ?

– Bientôt dix-huit ans.

– Êtes-vous content de retrouver la vie ?

– Je ne sais.

Il se remettait à creuser, inlassablement, interrompu soudain par le geste impatient d'un des voyageurs qui lui ordonnait de remonter la vitre. Il glissait alors le bras dans la courroie de cuir et s'interrogeait sur les deux formes somnolentes de ses compagnons de route jusqu'à ce que son esprit, perdant le fil de ses pensées, suscitât la vision de la banque et de la tombe.

– Depuis combien de temps êtes-vous enterré ?

– Bientôt dix-huit ans.

– Aviez-vous renoncé à l'espoir de revoir la lumière du jour ?

– Il y a bien longtemps.

Ces derniers mots vibraient encore à son oreille, aussi distincts que les paroles les plus nettes qu'on lui eût jamais dites de sa vie, lorsque le voyageur épuisé s'éveilla tout à coup, conscient de la lumière du jour qui perçait, et s'aperçut que les ombres de la nuit avaient disparu.

Il baissa la vitre et regarda le lever du jour. Il y

avait un champ labouré et une charrue que le fermier avait laissée, la veille, après en avoir dételé les chevaux; plus loin, un petit bois tranquille dont les arbres étaient encore tachetés de nombreuses feuilles d'un jaune d'or et d'un rouge flamboyants. Bien que la terre fût froide et détrempée, le ciel était pur et le soleil se levait, éclatant, serein et majestueux.

– Dix-huit ans, murmura le voyageur, en contemplant le soleil. Mon Dieu, être enterré vivant pendant dix-huit ans !

4

Préliminaires

Lorsque, dans le courant de la matinée, la malle-poste parvint enfin sans encombre à Douvres, le premier garçon de l'hôtel du Roi-George ouvrit la portière de la voiture, ainsi qu'il en avait l'habitude. Il s'acquitta de sa tâche, l'air solennel, le geste large, car venir de Londres, en hiver et en malle-poste, tenait de l'exploit et il semblait juste d'en féliciter le voyageur qui avait eu le courage d'entreprendre pareil périple.

Au terme de ce voyage, il ne restait en définitive plus qu'un seul voyageur méritant à complimenter, les deux autres étant descendus en chemin pour rejoindre leurs destinations respectives. L'intérieur de la malle-poste, avec sa paille sale et humide, sa mauvaise odeur de moisi et son obscurité, pouvait passer pour une grosse niche à chien, et Mr Lorry, se secouant avec effort pour en descendre, enveloppé dans un manteau à poils longs, coiffé d'une casquette à rabats et le pantalon maculé de boue, offrait un certain air de ressemblance avec un chien de grande taille.

– Garçon, il y a un bateau pour Calais demain ?

– Oui, monsieur, si le temps se maintient et que le vent n'est pas contraire. La marée sera favorable aux alentours de deux heures de l'après-midi, monsieur. Faut-il préparer le lit de Monsieur ?

– Je ne me couche pas maintenant, mais donnez-moi une chambre et un barbier.

– Monsieur déjeune alors ? Fort bien, par ici, monsieur. Conduisez Monsieur à Concorde. La valise de

Monsieur et de l'eau chaude pour Concorde. Retirez-lui ses bottes. Monsieur y trouvera un bon feu. Un barbier pour Concorde. Vite ! Dépêchez ! Concorde !

La chambre à coucher Concorde étant systématiquement attribuée aux voyageurs de la malle-poste et les voyageurs de la malle-poste disparaissant systématiquement sous de lourds manteaux qui les emmitouflaient des pieds à la tête, la chambre en question était le théâtre d'un phénomène curieux qui ne manquait pas d'étonner le personnel de l'établissement du Roi-George, car bien qu'on y vît entrer toujours le même individu, il en ressortait les types les plus divers.

C'est ainsi qu'un gentleman dans la soixantaine, vêtu d'un costume de drap brun plutôt fatigué mais bien entretenu, et pourvu de généreux revers aux manches et aux poches, sortit de Concorde pour se rendre à la salle à manger et croisa en chemin un autre garçon, deux portiers, plusieurs femmes de chambre et la propriétaire que le hasard avait postés en différents points de sa route.

Ce matin-là, la salle à manger n'avait d'autre client que le gentleman vêtu de drap brun. Une petite table avait été dressée devant le feu et tandis qu'il attendait qu'on le servît, les flammes éclairant joyeusement son visage impassible, il resta d'une immobilité aussi parfaite que s'il avait posé pour son portrait.

Une main posée sur chaque genou, il donnait l'apparence d'un homme méthodique, rangé, et le tic-tac sonore de sa montre, sous son gilet à basques, semblait ponctuer un sévère sermon qui opposait gravité et durabilité à la nature éphémère et capricieuse des flammes.

Il avait la jambe bien faite, ce dont il était sans doute fier car ses fins bas de soie marron, tirés avec soin, soulignaient le galbe de son mollet. Ses souliers à boucles étaient simples sans manquer d'élégance. Quant à son linge, s'il n'était pas d'une finesse en rapport avec la qualité des bas, il était d'une blancheur aussi pure que la crête des vagues qui se brisent sur le rivage ou que les taches éblouissantes des voiles des bateaux sur la mer qui étincellent au soleil.

Il portait une étrange petite perruque frisottée et

luisante, d'un blond clair, très ajustée, et qui, pouvait-on supposer, était faite de vrais cheveux, mais qui évoquait plutôt des filaments de soie ou de verre. Sous cette singulière perruque, le visage, habitué à maîtriser et à assagir ses émotions, était éclairé par une paire d'yeux pâles et humides qui, au fil des années, avaient dû obliger leur propriétaire à bien des efforts pour leur imposer le calme et la réserve exigés par la banque Tellson. Les joues avaient la fraîcheur de la santé et le front, malgré ses rides, portait peu de traces d'anxiété. Mais les hommes de confiance, célibataires de surcroît, de la banque Tellson, ne se préoccupant que des intérêts d'autrui, peut-être fallait-il voir dans ce dernier détail la preuve que les soucis de deuxième main, à l'instar des vêtements d'occasion, s'échangent avec aisance.

Pour achever sa ressemblance avec un homme qui pose pour son portrait, Mr Lorry ne tarda pas à s'assoupir. Il se réveilla lorsqu'on lui apporta son petit déjeuner.

– J'aimerais que l'on prépare une chambre pour une demoiselle qui arrivera dans la journée, dit-il en approchant sa chaise de la table. Elle demandera Mr Jarvis Lorry, ou simplement le représentant de la banque Tellson. Vous me préviendrez aussitôt.

– Oui, monsieur. La banque Tellson de Londres, monsieur ?

– C'est cela.

– Fort bien, monsieur. Nous avons souvent l'honneur de traiter ces messieurs lorsqu'ils vont de Paris à Londres, et réciproquement. On voyage beaucoup à la banque Tellson.

– Notre filiale en France est tout aussi importante que la maison mère de Londres.

– Monsieur voyage rarement. Il me semble que je n'ai pas eu l'honneur de le voir aussi souvent que les autres.

– En effet, je n'ai pas voyagé depuis plusieurs années. Cela fait quinze ans que nous sommes revenus de... que je ne me suis pas déplacé.

– Vraiment, monsieur. Je n'étais pas encore ici et depuis l'hôtel a changé de propriétaire.

– Je vous crois volontiers.

– Mais je parie tout ce qu'on voudra qu'une maison comme Tellson était déjà prospère il y a au moins, je ne dis pas quinze ans, mais cinquante ans ?

– Vous pourriez tripler ce chiffre, et dire donc un siècle et demi, et être encore loin de la vérité.

– Vraiment, monsieur !

Les yeux écarquillés, la bouche formant un O d'étonnement, le garçon recula d'un pas tout en passant sur le bras gauche la serviette qu'il tenait sur le bras droit, et se carra dans une attitude confortable, comme au haut d'un observatoire ou d'une tour de guet, selon la coutume des serveurs de tous les temps, pour surveiller un client qui se restaure.

Son petit déjeuner terminé, Mr Lorry sortit se promener sur la plage. La petite ville de Douvres, étroite et tortueuse, semblait chercher à se protéger de la mer et rentrait la tête dans les falaises de craie comme une autruche effrayée. La grève était un désert stérile balayé par des paquets d'eau salée et des galets projetés avec violence. La mer suivait son caprice et son caprice consistait à détruire tout ce qui se trouvait sur son passage. Rugissante, elle se précipitait à l'assaut de la ville, assaillait les falaises et dévorait la côte avec fureur. L'air autour des maisons dégageait une forte odeur de marée, aussi forte que si des poissons malades venaient se baigner dans ces eaux tumultueuses, comme les malades vont s'y plonger.

Le port de Douvres, qui ne se livrait qu'à une médiocre activité de pêche, était surtout fréquenté le soir par des promeneurs qui tournaient leurs regards vers le large, en particulier lors de la marée montante. De petits négociants qui ne concluaient jamais d'affaires, quelles qu'elles fussent, réalisaient soudain d'immenses fortunes dont l'origine demeurait inexplicable, et il était à remarquer que personne dans le voisinage ne pouvait souffrir les allumeurs de réverbères.

Comme le jour déclinait et que le ciel, qui avait été par moments suffisamment clair pour permettre de distinguer les côtes de France, se chargeait de nouveau d'un épais brouillard humide, les pensées de Mr Lorry parurent également s'assombrir. À la nuit tombée, assis face au feu dans la salle à manger, il attendit le dîner, dans une attitude semblable à celle qu'il avait adoptée dans la matinée en attendant son petit déjeuner, l'air absent et les yeux fixés sur les braises incandescentes de charbon, comme s'il s'était remis, en pensée, à creuser...

Une bonne bouteille de bordeaux ne procure à celui qui se livre à la méditation aucun mal si ce n'est celui de l'empêcher d'agir. Mr Lorry s'était longuement adonné à la rêverie, et venait de remplir son dernier verre de vin avec l'expression de vive satisfaction que reflète souvent un gentleman d'âge mûr au teint frais qui a fini de boire sa bouteille de vin, lorsque le roulement d'une voiture résonna sur le pavé de l'étroite rue, puis de la cour, pour s'arrêter devant la porte de l'hôtel.

Il reposa son verre sans l'avoir porté à ses lèvres.

– Voilà Mademoiselle, dit-il.

Quelques minutes plus tard, le garçon entra. Miss Manette venait d'arriver de Londres et demandait à être reçue par le gentleman de chez Tellson.

– Tout de suite ?

Miss Manette s'était restaurée en route et n'avait donc besoin de rien pour l'instant. Elle souhaitait parler au gentleman de chez Tellson sans retard s'il n'y voyait pas d'inconvénient.

Le gentleman en question n'avait plus qu'à vider son verre avec un air de stoïque accablement, rajuster sa singulière perruque filasse et suivre le garçon jusqu'à la chambre de miss Manette.

C'était une vaste pièce sombre garnie de lugubres sièges recouverts de crin noir et encombrée de lourdes tables de bois foncé que l'on avait souvent frottées à l'huile. Celle qui se situait au centre de la chambre renvoyait sur les autres la sinistre lueur de deux hautes bougies qui paraissaient brûler du fond d'un cercueil d'acajou noir et n'éclairer qu'une fois exhumées de la tombe.

L'obscurité était si difficile à percer que Mr Lorry, traversant à tâtons le tapis d'Orient râpé, supposa, l'espace d'un instant, que miss Manette se trouvait dans une pièce voisine. Toutefois, lorsqu'il eut dépassé les deux hautes bougies, il aperçut, près de la table et du feu, debout pour l'accueillir, une jeune fille de dix-sept ans à peine, encore vêtue d'une cape de voyage et tenant à la main un chapeau à rubans. Comme ses yeux se posaient sur cette jolie silhouette, petite et mince, cette profusion de cheveux d'un blond doré, ces yeux bleus interrogateurs et ce front pur, doué d'une singulière faculté (étant donné la jeunesse de la demoiselle) à se contracter et dont l'expression actuelle traduisait un mélange de perplexité, de stupéfaction, de curiosité et de crainte, Mr Lorry revit tout à coup l'image d'une enfant qu'il avait jadis tenue dans ses bras, lors de la traversée de la Manche, de Calais à Douvres, par une froide journée où la grêle tombait dru et où la mer était démontée.

L'image disparut, comme effacée par un souffle qui aurait effleuré le miroir placé derrière la jeune fille et dont le cadre était garni d'une procession de malades : petits cupidons noirs, certains sans tête, tous mutilés, qui présentaient en offrande à de noires divinités de sexe féminin des paniers, noirs également, chargés de fruits de la mer Morte.

Mr Lorry fit à miss Manette un salut dans toutes les règles.

– Prenez un siège, je vous prie, monsieur, dit une voix claire et plaisante avec un très léger accent étranger.

– Mes hommages, mademoiselle, dit Mr Lorry, témoignant d'une courtoisie qui appartenait à une époque révolue.

Il s'inclina une deuxième fois avec respect avant de s'asseoir.

– J'ai reçu hier une lettre de la banque, monsieur, m'apprenant que des nouvelles, ou plutôt une découverte...

– Le mot importe peu à la chose, mademoiselle. D'ailleurs, l'un et l'autre conviennent.

– ... au sujet de la petite fortune que m'a laissée mon pauvre père que je n'ai d'ailleurs jamais connu... Il est mort depuis si longtemps.

Mr Lorry s'agita sur sa chaise et lança un regard troublé à la procession de cupidons nègres comme mû par le secret espoir que leurs absurdes petits paniers renfermaient quelque baume salvateur.

– ... d'après les termes de la lettre, il me faut aller à Paris où je dois rencontrer un représentant de la banque Tellson que ces Messieurs ont l'amabilité de dépêcher pour régler cette affaire.

– C'est moi-même.

– Je m'en doutais, monsieur.

Elle le salua (à cette époque, les jeunes filles faisaient la révérence), désireuse de lui signifier tout le respect que lui inspiraient son âge et sa sagesse. Il s'inclina pour la troisième fois.

– J'ai répondu à ces Messieurs, qui m'ont toujours témoigné tant de bonté, que puisqu'il était nécessaire que je me rende en France, je m'estimerais bien heureuse, moi qui suis orpheline et qui n'ai personne qui puisse m'accompagner, s'il m'était permis de me placer sous la protection de ce digne gentleman. Celui-ci avait déjà quitté Londres, mais on lui a dépêché une estafette pour le prier de m'attendre ici.

– Je me trouvais fort honoré de la mission qui m'avait été confiée, répondit Mr Lorry, me voici maintenant fort heureux d'avoir à la remplir.

– Merci mille fois, monsieur. Je vous suis bien reconnaissante... On me disait encore dans cette lettre que la personne en question me communiquerait les détails de cette affaire, et que je devais m'attendre à ce qu'ils fussent de la nature la plus surprenante. Je me suis préparée du mieux possible à recevoir ces détails, et j'ai le plus vif désir de les connaître.

– Assurément, dit Mr Lorry. En effet, je...

Il s'interrompit et après avoir rajusté sa perruque frisée filasse, conclut :

– Je ne sais par où commencer.

Confronté à l'ardu problème d'entrer en matière, il retomba dans un silence perplexe et dans son trouble arrêta son regard sur le visage de miss Manette. Le front de la jeune fille offrait cette expression caractéristique précédemment évoquée et qui pour être singulière n'en était pas moins charmante.

– Vous ne m'êtes pas complètement étranger, monsieur, dit-elle en levant la main comme pour saisir une ombre au passage.

– Vraiment ?

Mr Lorry ouvrit les mains avec le sourire engageant d'un homme prêt à entamer une discussion.

La ligne expressive qui se dessinait entre les sourcils, au-dessus d'un petit nez féminin d'une extrême délicatesse, s'accentua, et miss Manette, qui jusqu'alors s'était tenue debout près de son fauteuil, s'assit d'un air pensif.

Le banquier l'observa en silence et reprit la parole dès qu'elle leva les yeux sur lui.

– Je crains de ne pas pouvoir mieux faire, tant que nous serons dans votre pays d'adoption, que de vous parler comme si vous étiez anglaise.

– Je vous en serais obligée, monsieur.

– Miss Manette, je suis un homme d'affaires et la mission dont je dois m'acquitter n'est en définitive qu'une affaire. Veuillez donc me considérer, je vous prie, comme une simple machine parlante. Je ne suis rien d'autre en vérité. Avec votre permission, je vais vous relater l'histoire d'un de nos clients.

– L'histoire !

Mr Lorry parut à dessein se méprendre sur le mot qu'elle venait de répéter.

– Oui, nos clients, reprit-il avec précipitation. Dans la profession bancaire, c'est ainsi que nous appelons les personnes avec qui nous sommes en relation. Il s'agit d'un Français, un homme de science, de grande compétence, un docteur en médecine.

– Natif de Beauvais ?

– Ma foi, oui, de Beauvais. Comme M. Manette, votre père, ce gentilhomme était de Beauvais. Comme M. Manette, votre père, ce gentilhomme jouissait d'une excellente réputation à Paris. C'est dans cette ville que j'ai eu l'honneur de le connaître. Nos relations étaient des relations d'affaires, mais de nature confidentielle. Je me trouvais alors attaché à notre maison de Paris et j'avais... oh, vingt ans.

– Puis-je vous demander à quelle époque, monsieur, cela se passait ?

– C'était il y a bien plus de vingt ans, miss Manette. Ce docteur épousa une Anglaise et je fus chargé de ses affaires. Toute sa fortune était, comme celle de beaucoup de Français, dans les mains de la banque Tellson. J'ai donc été son fondé de pouvoir, comme j'ai été et comme je suis celui de nombreux autres clients. Il s'agit de simples relations d'affaires, mademoiselle, où n'entrent en jeu ni amitié ni intérêt particulier. Rien de personnel. Au cours de ma carrière d'homme d'affaires, je suis passé de l'une à l'autre, comme l'on passe d'un client à l'autre au cours d'une journée de travail. En résumé, je n'ai pas de sentiments. Je suis une simple machine. Pour reprendre mon récit...

– Mais c'est l'histoire de mon père ! s'écria miss Manette qui se leva. Je crois me rappeler, monsieur, qu'à la mort de ma mère, c'est vous qui m'avez ramenée à Londres. J'en ai la quasi-certitude.

Mr Lorry s'empara de la petite main tremblante qui s'avançait avec confiance vers la sienne et la porta à ses lèvres avec révérence. Puis il reconduisit la jeune fille à sa place, posa la main gauche sur le fauteuil de cette dernière et utilisa sa main droite pour se frotter le menton, ajuster sa perruque et appuyer ses paroles du mouvement de son index.

– Oui, c'était moi, miss Manette, dit-il en regardant la jeune fille qui levait les yeux vers lui. Vous voyez combien je suis sincère lorsque j'affirme que je n'ai pas le moindre sentiment et que les seules relations que j'entretiens avec mes semblables sont des rapports d'affaires. Sans cela, je vous aurais revue depuis cette époque. Depuis lors, vous avez été pupille de la banque Tellson, mais j'étais chargé d'un autre secteur. Des sentiments... Je n'ai ni le temps ni l'occasion d'en avoir. Je passe ma vie à défricher des broussailles pécuniaires.

Après avoir caractérisé l'emploi de ses jours par cette métaphore inattendue, Mr Lorry porta les deux mains à sa tête pour aplatir sa petite perruque (geste parfaitement inutile puisqu'il n'existait rien de plus plat que le singulier objet en question) et reprit la même position qu'auparavant.

– Comme vous l'avez remarqué, poursuivit-il, cette histoire est celle de Monsieur votre père. Supposez maintenant que le docteur ne fût pas mort à l'époque... Calmez-vous, je vous en prie ! Vous tremblez.

Elle avait saisi le poignet du banquier et s'y cramponnait d'une façon convulsive.

– Voyons, dit Mr Lorry d'une voix douce, en retirant sa main gauche du fauteuil pour la poser sur les doigts suppliants qui le serraient avec force, voyons, chère demoiselle, un peu de calme, nous parlons affaires. Je disais donc...

Le regard bouleversé de la jeune fille l'arrêta.

– Supposons, comme je le disais tout à l'heure, reprit-il, supposons que M. Manette, au lieu de mourir, eût disparu; qu'il eût été impossible de le retrouver bien qu'on nourrît quelque soupçon de l'affreux endroit où il était enfermé; supposons qu'il eût pour ennemi l'un de ces hommes qui, de l'autre côté de la Manche, jouissent d'un privilège que les plus hardis ne mentionnent qu'à voix basse, et qui consiste à remplir quelque lettre de cachet en vertu de laquelle un malheureux est arbitrairement jeté en prison pour un temps indéterminé; supposons que l'épouse de ce malheureux eût en vain supplié le roi et la reine, les ministres, la magistrature, le clergé de lui permettre d'avoir des nouvelles de son mari... alors l'histoire de Monsieur votre père serait celle du docteur de Beauvais.

– Je vous en supplie, monsieur, continuez.

– Certainement. Vous aurez la force d'entendre la suite de ce récit ?

– Je peux tout supporter sauf l'incertitude dans laquelle vous m'avez plongée.

– À merveille ! Vous parlez avec sang-froid et vous vous dominez mieux. C'est bien. (L'expression inquiète de Mr Lorry démentait cependant cette affirmation.) Il s'agit d'une simple affaire. Ne perdez pas cela de vue. Il s'agit d'une simple affaire qu'il convient de régler. Je reprends donc : si l'épouse du docteur en avait conçu tant de chagrin avant la naissance de son enfant...

– C'était une fille, n'est-ce pas, monsieur ?

– Précisément. Il s'agit d'une simple affaire, mademoiselle, ne vous désolez pas. Si l'épouse du docteur, voulant épargner à sa fille les affres que lui imposait le tourment du captif, avait dit à l'enfant, dès qu'elle put le comprendre, que son père était mort... Au nom du ciel, pourquoi vous mettre à genoux ?

– Pour que vous me disiez la vérité. Je vous en prie, monsieur, par pitié !

– Il s'agit d'une simple affaire, mais vous me confondez. Comment traiter la chose si vous me troublez ainsi ? Il faut conserver notre sang-froid. Si vous étiez assez bonne pour me dire combien font neuf pence multipliés par neuf, ou combien trente guinées contiennent de shillings, je serais plus à mon aise et rassuré à votre égard.

Sans répondre directement à cette question, miss Manette reprit assez d'empire sur elle-même pour calmer à son tour Mr Lorry.

– Fort bien, dit le banquier, chère demoiselle, du courage ! Nous traitons une affaire. Restons sérieux. Madame votre mère prit donc la résolution de vous cacher l'emprisonnement du docteur, et lorsqu'elle mourut de chagrin, sans avoir pu obtenir aucune nouvelle de son mari, elle vous laissa, vous qui aviez deux ans à cette époque, un avenir calme et paisible qui vous permit de grandir en beauté sans que votre jeunesse fût assombrie par l'inquiétude dévorante qui avait brisé son cœur.

En prononçant ces mots, il abaissa un regard ému sur l'ondoyante chevelure dorée de miss Manette qu'il se représentait blanchie prématurément par une douleur sans espoir.

– Vous savez que vos parents n'avaient qu'une fortune médiocre, poursuivit-il. Vous possédez aujourd'hui tout ce qui leur a jamais appartenu. Nous n'avons rien découvert à cet égard, ni somme d'argent ni propriété quelconque, cependant...

Sous la pression des doigts de la jeune fille qui se cramponnait à son poignet, il s'interrompit. Les lignes expressives qui marquaient le front de miss Manette et qui avaient si vivement frappé Mr Lorry témoignaient d'une souffrance et d'une horreur profondes.

– On l'a retrouvé, balbutia le banquier. Il vit encore. Il est bien changé, bien vieilli, ce n'est plus qu'une ombre, mais enfin il est vivant. Un ancien serviteur qui habite Paris lui a donné asile et c'est à ce propos que nous nous rendons en France, moi pour établir son identité, s'il est possible de le reconnaître, et vous, chère demoiselle, pour le rappeler à la vie et l'entourer de soins et d'amour.

Un frisson parcourut la jeune fille. Mr Lorry tressaillit.

– Ce n'est pas lui que je vais trouver, articula-t-elle d'une voix faible et terrifiée, comme si elle était en transe. C'est son fantôme.

– Allons, chère demoiselle, dit-il en lui frictionnant énergiquement les mains. Allons. Vous savez tout désormais, le meilleur et le pire. Nous partons pour la France où nous attend Monsieur votre père. La traversée en mer et le voyage jusqu'à Paris seront aisés. Vous ne tarderez pas à rejoindre le cher homme.

– Je vivais libre, heureuse. Jamais son ombre ne m'est apparue pour me le reprocher, souffla-t-elle du même ton égaré.

– Une chose encore, dit Mr Lorry dans l'espoir d'attirer l'attention de la jeune fille. Le docteur ne porte plus son nom. On l'a retrouvé sous une autre identité. Il serait inutile, voire dangereux, de chercher à savoir pourquoi. Inutile également de chercher à savoir s'il était toujours retenu prisonnier ou si on l'avait oublié dans son cachot. Bref, toute enquête serait inutile et dangereuse. Mieux vaut ne souffler mot à personne de cette affaire et revenir dès que possible avec le docteur à Londres. Il me semble sage de l'emmener hors de France, du moins pendant quelque temps. Moi-même qui suis couvert par ma double qualité d'Anglais et d'employé de chez Tellson, une maison fort importante pour le crédit de la France, je crois devoir éviter toute allusion à cette affaire. Il s'agit d'une mission secrète. Je ne possède aucun document où le fait soit mentionné officiellement. Mes lettres de créance, les papiers qui doivent m'ouvrir certaines portes, les messages que je dois envoyer, tout se résume à ces simples mots : « Rappelé à la vie » dont la signification paraît a priori bien obscure... Mais que se passe-t-il ? Elle ne m'écoute pas ! Miss Manette !

En silence, sans même s'affaisser dans son fauteuil, les yeux ouverts, la terreur au front, la jeune fille s'était évanouie. Elle serrait toujours avec force le bras du banquier et celui-ci, n'osant se soustraire à cette étreinte de peur de la blesser, appela du secours sans bouger de place.

Devançant le personnel de l'hôtel, une furie en rouge dont Mr Lorry, malgré son émotion, remarqua les cheveux roux, la robe singulièrement moulante et le surprenant chapeau qui évoquait soit un boisseau de grenadier de bonne taille, soit une grosse tomme de Stilton, se précipita dans la pièce et régla son compte au banquier timoré en le saisissant d'une main puissante aux revers de sa veste pour l'envoyer percuter le mur le plus proche.

« Ce doit être un homme », pensa Mr Lorry, le souffle coupé, en heurtant la muraille.

– Que faites-vous là, vous autres ? tonna cette virago s'adressant au personnel de l'hôtel. Allez chercher du secours au lieu de me regarder comme une bête curieuse ! C'est moi qui vous empêche d'agir ? Allez, vite, des sels, de l'eau froide, du vinaigre, sinon je vais vous faire voir de quel bois je me chauffe !

Tandis que chacun se dispersait en quête de ces réconfortants, la furie étendit miss Manette sur le canapé avec des gestes qui témoignaient d'une grande tendresse et d'une non moins grande compétence.

– Ma toute belle, mon oiseau, murmura-t-elle en déployant non sans fierté la chevelure dorée de la jeune fille. Et vous, l'homme en brun, s'écria-t-elle en se tournant vers Mr Lorry, ne pouviez-vous pas lui faire part de vos nouvelles sans la mettre dans cet état ? Voyez-vous son joli visage devenu blême, ses mains glacées ? Est-ce là le fait d'un banquier, je vous le demande ?

Réellement déconcerté par une question aussi difficile, Mr Lorry se contenta d'adresser, à distance respectueuse, un regard humble et contrit à son interlocutrice. La forte femme renvoya de nouveau les gens de l'hôtel d'un « vous allez voir » menaçant qui laissait peser sur eux un mystérieux châtiment tant qu'ils s'obstineraient à rester dans la chambre, puis ranima peu à peu sa protégée et la convainquit par ses caresses et ses cajoleries de poser la tête sur son sein.

– J'espère qu'elle est tout à fait remise maintenant, hasarda enfin Mr Lorry.

– Vous n'y êtes pour rien, l'homme en brun ! Pauvre petite mignonne !

– J'espère que vous accompagnez miss Manette à Paris ? s'enquit le banquier après un silence.

– Vraiment, si j'étais destinée à traverser la mer, croyez-vous que la Providence m'eût fait naître dans une île ? riposta la femme.

Cette seconde question n'étant pas moins embarrassante que la première, Mr Lorry se retira dans sa chambre pour y réfléchir.

5

La boutique du marchand de vin

Une énorme pièce de vin s'était brisée dans la rue. L'accident s'était produit en déchargeant la voiture. La barrique avait roulé jusqu'à terre, les cercles s'étaient rompus et les débris du tonneau gisaient sur le pavé devant la porte du marchand de vin.

Tous les gens du voisinage avaient suspendu leur travail ou leur désœuvrement pour accourir sur la scène et boire le vin qui s'était répandu.

Les pavés inégaux, qui bombaient en saillie comme s'ils n'avaient eu d'autre fonction que d'estropier les passants, avaient retenu l'alcool dans de petites flaques. Chacune de ces flaques rassemblait, suivant sa taille, plusieurs individus qui se bousculaient à ses abords. Des hommes agenouillés, les mains en coupe, buvaient le précieux liquide, ou le présentaient aux femmes qui, penchées sur leur épaule, l'aspiraient avant qu'il n'eût filé entre leurs doigts. Les uns y plongeaient de petits gobelets de terre ébréchés, ou y trempaient les mouchoirs qui servaient de fichus qu'ils tordaient ensuite dans la bouche des enfants. D'autres construisaient à la hâte de petites digues de boue afin de retenir le vin qui fuyait entre les pierres ou, dirigés par des spectateurs placés aux fenêtres, couraient en tous sens pour arrêter les rigoles qui prenaient de nouvelles directions. D'autres enfin s'étaient emparés des débris du tonneau, couverts de lie et de fange, et les suçaient avec délices.

Bientôt le pavé qui s'étendait devant la boutique du

marchand de vin fut si bien nettoyé et la boue en fut si bien ramassée qu'on aurait pu penser que c'était l'œuvre d'un balayeur zélé, s'il avait été possible de croire à sa présence magique dans ce quartier. Des éclats de rire perçants et des exclamations joviales – où se mêlaient des voix d'hommes, de femmes et d'enfants – fusaient de toutes parts. La foule, en proie à une joyeuse exubérance, s'adonnait quasiment sans violence à ce jeu improvisé qui avait réveillé en chacun un esprit de solidarité particulier et une volonté de rapprochement. Les individus les plus gais ou les plus chanceux risquaient d'audacieux baisers, échangeaient d'amicales poignées de main, portaient des toasts, formaient des rondes animées.

Lorsque le vin eut entièrement disparu, laissant entre les pavés les mille rigoles de boue qu'y avaient tracées les buveurs, ces démonstrations cessèrent aussi brusquement qu'elles avaient commencé. Le scieur de bois retourna à sa scie plantée dans un rondin et se remit à la besogne; la femme regagna le pas de sa porte où elle avait laissé son pot rempli de cendres chaudes qui serviraient à réchauffer ses pauvres pieds, ses mains et ceux de son enfant; les ouvriers aux bras nus, aux cheveux poisseux, aux visages cadavéreux qui étaient apparus à la clarté blafarde de ce jour d'hiver redescendirent à leurs ateliers respectifs; et une sombre tristesse, moins déplacée en ces lieux que le soleil et la gaieté, s'abattit de nouveau.

C'était du vin rouge qui avait imprégné cette ruelle obscure du faubourg Saint-Antoine, qui avait maculé les mains, les visages et les sabots de bois de ses habitants. Le scieur laissait des marques rouges sur les bûches qu'il prenait. La femme qui allaitait son enfant portait au front des taches écarlates déposées par le chiffon qu'elle avait replacé sur sa tête. La bouche barbouillée de vin des hommes qui avaient bu à la douelle de la barrique évoquait la gueule féroce d'un carnassier. L'un d'eux, d'humeur joyeuse, un sale bonnet de coton lui glissant de la tête, trempa le doigt dans la bourbe vineuse et griffonna sur la muraille le mot « sang ».

Le jour viendrait où le sang coulerait à flots sur les pavés et souillerait de rouge les habitants de ces rues.

Un lourd nuage de ténèbres, un instant chassé grâce à un furtif rayon de joie, pesait de nouveau au-dessus de Saint-Antoine, un saint qui entraînait à sa suite un cortège de puissants seigneurs : le froid, la crasse, la maladie, l'ignorance, et dont le plus terrible était sans doute la faim. Des individus sans cesse broyés entre des meules inexorables frissonnaient à chaque recoin, disparaissaient dans des corridors ou se glissaient dans la rue, se penchaient aux fenêtres, grelottaient dans leurs guenilles agitées par le vent. La meule impitoyable qui les broyait de la sorte n'était pas celle du moulin fabuleux qui transforme les vieillards en jeunes gens, mais bien le contraire. Les enfants eux-mêmes avaient des têtes de vieux, une voix caverneuse, et dans les rides précoces de leurs visages décrépits, la faim avait gravé son nom. On la retrouvait partout. Dans les haillons étendus aux cordes et aux perches que brandissait chaque fenêtre; dans la paille, les chiffons, les copeaux, les papiers sales qui jonchaient l'intérieur des maisons. La faim répétait son nom dans chaque bûchette que débitait le scieur de bois; la faim observait ses sujets du haut des cheminées froides et vides et surgissait de la rue fangeuse dont les ordures ne renfermaient pas le plus petit débris de nourriture. La faim écrivait son nom sur les étagères du boulanger, sur chaque mauvais pain de sa maigre fournée; dans le fromage et les saucisses de chien mort que vendait le charcutier. On entendait s'entrechoquer ses os décharnés parmi les marrons que l'on remuait sur le feu et dans les quelques gouttes d'huile jetées à regret au fond de la poêle où grésillaient de mesquines tranches de pommes de terre.

La faim logeait dans les moindres replis de cette rue tortueuse, encombrée d'immondices et aux émanations pestilentielles, d'où partaient d'autres rues sentant la crasse et le moisi, peuplées de sordides guenilles et de bonnets de coton, de figures livides, maussades et maladives.

Pourtant, le regard d'animal traqué de ces misérables indiquait que la bête fauve aux abois pourrait bien un jour faire volte-face. Parmi ces spectres accablés qui baissaient la tête, certains, prêts à la révolte, allaient, les yeux brillant de colère, les lèvres serrées et blêmes de rage, le front contracté en des rides noueuses qui évoquaient les cordes de potences dont ils pourraient bien être un jour les victimes ou les bourreaux.

Les tristes enseignes des boutiques exhibaient elles aussi le spectacle désolant de la faim : maigres lambeaux de viande qui indiquaient boucherie et charcuterie; chétive miche de pain noircie au-dessus de la boulangerie; agglutinés derrière la porte du cabaret, des buveurs, le dos voûté, échangeaient en confidence de noirs propos, penchés sur leurs petits verres de vin ou de bière frelatés. Seuls outils et armes florissaient sur cette sinistre toile de fond. Le tranchant affilé des couteaux et des haches étincelait, les marteaux du forgeron s'abattaient, puissants, et les fusils s'amoncelaient dans la boutique de l'armurier.

La rue n'avait pas de trottoir et le pavé boiteux avec ses flaques de boue et d'eau sale s'interrompait brusquement devant le seuil des portes. Au milieu de la voie courait une espèce de rigole transformée, lors de violentes averses, en un véritable ruisseau qui, après un trajet capricieux, inondait les maisons. En travers de la rue, à intervalles éloignés, pendaient de grosses lanternes attachées à une corde. Le soir, lorsque l'allumeur de réverbères les avait descendues, éclairées et remontées, une girandole de lumignons fumeux se balançaient comme ballottés par une mer démontée. Et en effet, la mer était houleuse et le navire et son équipage menacés par la tempête.

Un jour viendrait où, observant depuis si longtemps, désœuvrés et affamés, l'allumeur de réverbères, les épouvantails décharnés de cet abîme songeraient à imiter à leur tour ce geste et, à l'aide de ces poulies et de ces cordes, hisseraient à côté des lanternes des hommes, éclairant ainsi d'une lueur plus effroyable les ténèbres de leur funeste condition. Mais ce jour était encore loin et c'était bien en vain que les vents qui soufflaient sur la France secouaient les loques de ces épouvantails car les oiseaux, au chant mélodieux et au beau plumage, n'y voyaient aucun présage.

La boutique du marchand de vin devant laquelle s'était brisée la barrique et qui faisait l'angle de la rue avait meilleure mine que la plupart de ses voisines. Le marchand de vin, vêtu d'un gilet jaune et d'une culotte verte, avait assisté, impassible, au spectacle de la foule qui se disputait le vin répandu.

– Ce n'est pas mon affaire, dit-il avec un haussement d'épaules. Je ne suis pas responsable de l'accident. On me livrera une autre barrique.

Son regard se posa sur le grand escogriffe qui écrivait le mot « sang » sur le mur.

– Eh, dis, Gaspard, qu'est-ce que tu fais ?

Le Gaspard en question montra du doigt le mot qu'il venait de tracer, d'un air entendu, comme il arrive souvent aux farceurs de son espèce; cependant, sa blague tomba à plat, produisant un effet contraire à celui escompté, comme il arrive également souvent aux farceurs de la même espèce.

– Tu as perdu la tête ? riposta le marchand de vin. (Il traversa la rue et effaça le mot avec une poignée de boue.) À quoi bon écrire sur les murs ? Tu ne connais pas d'endroits plus convenables ?

Le marchand de vin laissa tomber sa main la plus propre sur la poitrine de Gaspard (était-ce intentionnel ou non ?). Celui-ci la cingla d'un coup sec, s'éleva d'un bond agile, rattrapa son sabot rougi qu'il avait jeté en l'air et s'arrêta sur un pied dans une figure de danse quelque peu féroce. Un blagueur bien déterminé à mettre en pratique ses facéties.

– Rechausse-toi, conseilla l'autre. Appelle le vin par son nom et calme-toi.

D'un geste délibéré, le marchand essuya sa main boueuse sur l'épaule de Gaspard, signifiant ainsi qu'il s'était sali par sa faute, retraversa la rue et rentra dans sa boutique.

C'était un homme d'une trentaine d'années, au cou de taureau, à l'air martial et d'un tempérament bouillonnant car bien que le froid fût mordant, il portait sa veste jetée sur l'épaule; ses manches de chemise, roulées jusqu'aux coudes, révélaient ses bras nus, et sur sa tête il n'avait que ses cheveux courts, noirs et frisés. Ses yeux bruns et écartés regardaient avec franchise, et une expression joviale mais implacable se lisait sur ses traits. C'était de toute évidence un homme résolu qu'il était préférable de ne pas rencontrer sur un étroit chemin longeant un précipice car on devinait que rien au monde ne devait le détourner de sa route.

Mme Defarge, son épouse, était assise au comptoir lorsqu'il revint. C'était une femme solide, du même âge à peu près que son mari, et dont le regard vigilant donnait rarement l'impression de regarder quoi que ce fût. Une large main chargée de bagues pesantes, un visage impassible, des traits fortement accusés et beaucoup de sang-froid la caractérisaient. Toute sa personne dégageait un air d'autorité qui permettait de prédire qu'elle ne se trompait pas souvent à son préjudice dans les comptes dont elle était chargée.

Frileuse, elle était enveloppée de fourrures et avait la tête enturbannée d'un fichu de couleur vive qui laissait à découvert d'énormes boucles d'oreilles. Elle venait de poser son tricot devant elle pour se curer les dents. Le coude droit soutenu dans la main gauche, elle ne proféra pas un mot lorsque son mari entra, mais toussa légèrement. Ce discret accès de toux, joint à un mouvement imperceptible de ses sourcils noirs et bien marqués, suggéra à M. Defarge de vérifier si, en son absence, de nouveaux consommateurs ne s'étaient pas attablés. Ainsi prévenu, celui-ci promena son regard alentour et l'arrêta sur un homme d'un certain âge et sur une jeune fille qui étaient assis dans un coin. Ce n'étaient pas les seuls clients : deux individus jouaient aux cartes, deux autres aux dominos, et trois grands gaillards, debout au comptoir, faisaient durer le plus possible leur petit verre de vin. Au moment où il passa derrière le comptoir, M. Defarge surprit le coup d'œil que le client d'un certain âge adressa à sa compagne et qui signifiait : voilà notre homme.

« Que diable faites-vous dans cette galère ? songea M. Defarge. Je ne vous connais pas. »

Il feignit cependant de ne pas avoir remarqué les deux inconnus et se mit à bavarder avec les trois camarades au comptoir.

– Alors, Jacques, ils ont tout bu ? s'enquit l'un d'eux.

– Jusqu'à la dernière goutte, Jacques.

Après cet échange de prénoms, Mme Defarge, qui

persistait à se curer les dents, toussa et releva les sourcils.

– Ces pauvres diables n'ont pas souvent l'occasion de connaître le goût du vin, commenta le deuxième buveur en s'adressant à Defarge. La plupart n'ont que celui du pain noir, et la mort au bout du compte. C'est pas vrai, Jacques ?

– C'est vrai, Jacques, répondit Defarge.

Après ce nouvel échange de prénoms, Mme Defarge, sans cesser de se curer les dents, émit un nouveau toussotement et releva une fois de plus les sourcils. Le troisième buveur reposa son verre vide et fit claquer ses lèvres.

– Ah, ces malheureux doivent avoir un goût bien amer dans la bouche. On leur mène la vie dure. J'ai pas raison, Jacques ?

– Tu as raison, Jacques, répondit le même Defarge.

Au moment où eut lieu ce troisième échange de prénoms, Mme Defarge mit son cure-dents de côté, releva les sourcils et s'agita sur son siège.

– C'est vrai... Chut ! Messieurs, mon épouse.

Les trois buveurs ôtèrent leurs chapeaux et saluèrent Mme Defarge. En réponse à leurs hommages, elle leur accorda un rapide coup d'œil et un bref signe de tête. Puis, coulant un regard anodin vers la salle, elle reprit son tricot avec le plus grand calme et parut donner à son ouvrage toute l'attention dont elle était susceptible.

– Je vous souhaite le bonjour, messieurs, dit Defarge en observant sa femme. La chambre garnie dont vous m'avez parlé et que vous désirez voir est au cinquième, escalier de gauche, au fond de la cour. Il me semble que l'un de vous l'a déjà visitée. Il pourra donc vous montrer le chemin. Au revoir, messieurs.

Les trois gaillards réglèrent leurs consommations et sortirent. M. Defarge, appuyé au comptoir, continuait d'observer son épouse absorbée dans son ouvrage quand l'homme d'un certain âge s'avança et demanda s'il pouvait lui dire un mot en privé.

– Certainement, monsieur.

Le marchand de vin fit quelques pas en direction de la porte. La conversation fut brève, mais décisive.

Dès le premier mot, le cabaretier eut un mouvement de surprise et manifesta dans les secondes qui suivirent le plus vif intérêt. Au bout d'une minute à peine, il engageait son interlocuteur et la jeune fille qui l'accompagnait à lui emboîter le pas. Mme Defarge, le sourcil désormais impassible et tricotant toujours avec la même dextérité, ne vit rien de ce qui se passa.

Le marchand conduisit Mr Lorry et miss Manette à l'escalier qu'il venait d'indiquer à ses trois clients. Pour y arriver, il fallait traverser une petite cour humide et puante, commune à plusieurs maisons habitées par un nombre considérable de locataires. Dès qu'il eut pénétré sous la voûte obscure où prenait l'escalier, M. Defarge s'agenouilla devant la fille de son ancien maître et lui baisa la main. Une transformation complète s'était opérée en lui : ce n'était plus le bon vivant, à la figure ouverte et riante, mais un homme grave, discret et menaçant.

– Prenez votre temps pour monter, il y a cinq étages et l'escalier est étroit, conseilla-t-il, s'adressant à Mr Lorry.

– Il est seul ? murmura le gentleman.

– Pardi ! Qui donc serait auprès de lui ? répliqua le marchand de vin également à voix basse.

– Il est toujours seul ?

– Toujours !

– C'est son souhait ?

– Il n'a pas le choix.

– Est-il bien changé ?

– S'il est changé !

M. Defarge s'arrêta pour frapper la muraille et maugréa entre ses dents une imprécation effroyable. Nulle réponse ne pouvait être plus significative et Mr Lorry se sentait le cœur de plus en plus triste à mesure qu'ils montaient.

L'escalier d'une maison de pareil ordre est encore actuellement dans les anciens quartiers de Paris une chose assez révoltante, mais à cette époque, il était difficile à quiconque n'y était pas habitué d'en supporter la vue et l'odeur. Chaque appartement, ou plutôt chaque pièce de cette ruche à six étages, déposait ses ordures sur le palier et jetait le reste par la fenêtre. Cette masse de débris en décomposition aurait suffi à vicier l'air le plus pur sans que la misère y ajoutât ses effluves fétides. Ces deux phénomènes combinés le rendaient quasi irrespirable.

À l'intérieur de ce puits sombre et fangeux à l'atmosphère empoisonnée progressaient le marchand de vin et ses deux visiteurs. Cédant à son propre trouble et par pitié pour miss Manette dont l'agitation ne cessait de croître, Mr Lorry s'était arrêté à deux reprises. Chacune de ces pauses avait eu lieu près de sinistres soupiraux obturés de barreaux qui semblaient laisser échapper l'air le moins corrompu et accueillir les miasmes de la rue. À travers cette grille rouillée, une masse confuse de maisons se devinait plus par l'odeur que par la vue. À l'exception du sommet des hautes tours de Notre-Dame, on n'apercevait rien qui rappelât une vie saine ou des aspirations honnêtes.

Ils gagnèrent enfin la dernière marche de l'escalier où ils reprirent leur souffle. Un second escalier, plus raide et plus étroit, conduisait au grenier. M. Defarge, toujours un peu en avant et toujours du côté de Mr Lorry, comme s'il avait redouté les questions de la jeune fille, s'arrêta pour fouiller la poche de sa veste jetée sur l'épaule et en retirer une clé.

– Vous l'enfermez à clé ? interrogea Mr Lorry, surpris.

– Comme vous dites, répliqua Defarge.

– Mais est-il nécessaire d'enfermer le malheureux à clé ?

– Indispensable, chuchota Defarge, le sourcil froncé.

– Pourquoi ?

– Parce qu'il a vécu trop longtemps en captivité et qu'il risquerait d'avoir peur, de se blesser ou de faire je ne sais quelle folie s'il trouvait la porte ouverte.

– Est-ce possible ? s'écria le banquier.

– Si c'est possible ? répéta Defarge, non sans amertume. Oui. Ah, c'est un monde heureux que celui où pareille atrocité est possible, et où tant d'autres crimes tout aussi odieux sont non seulement possibles, mais commis tous les jours à la face du ciel !

La jeune fille n'avait rien entendu de ce dialogue qui avait eu lieu à voix basse. Toutefois, son émotion était si vive, sa terreur si profonde, que Mr Lorry crut devoir lui adresser quelques mots de réconfort.

– Chère demoiselle, du courage, dit-il. Considérez qu'il s'agit d'une affaire à régler. Le plus cruel est de franchir la porte. Ensuite, pensez aux consolations, au bonheur que vous lui apporterez. Chère enfant, laissez-vous soutenir par cet excellent Defarge. Très bien, mon ami. Allons, mon enfant, du courage, ce n'est qu'une affaire.

L'escalier n'étant pas long, ils surgirent rapidement dans une espèce de corridor qui faisait un brusque détour. Trois hommes, l'œil collé à une large crevasse du mur, semblaient observer avec attention quelque chose. Ils se retournèrent en entendant marcher. Mr Lorry reconnut les trois gaillards qui s'étaient tenus au comptoir.

– Votre visite m'a tellement surpris que je les avais oubliés, fit Defarge. Laissez-nous, les amis, nous avons à faire ici.

Ils s'éloignèrent en silence et le marchand se dirigea vers l'unique porte du couloir.

– Faites-vous de M. Manette un objet de curiosité ? demanda tout bas Mr Lorry, indigné.

– Seulement pour quelques personnes de mon choix.

– Croyez-vous que ce soit bien ?

– Je le crois.

– Qui sont ces personnes ? Comment les choisissez-vous ?

– Ce sont des hommes de cœur qui portent mon nom – je m'appelle Jacques – et pour qui ce spectacle est édifiant. Vous êtes anglais, vous ne pouvez comprendre. Un instant, je vous prie.

M. Defarge se baissa, appliqua un œil à la crevasse de la muraille, puis se redressa et frappa plusieurs coups à la porte sans autre intention manifeste que de faire du bruit. Dans le même dessein, il fit grincer la clé dans la serrure le plus brusquement possible.

La porte s'ouvrit lentement. Le marchand avança la tête et prononça quelques paroles auxquelles répondit un murmure indistinct. Se retournant vers le banquier et miss Manette, il leur fit signe de le suivre. Mr Lorry sentit la jeune fille chanceler et la retint par la taille de peur qu'elle ne tombât.

– Du courage, mon enfant, bredouilla-t-il, le front trempé d'une moiteur qui n'avait rien de commun avec les affaires. Du courage. Vous voyez bien qu'il faut entrer.

– J'ai peur, souffla-t-elle en frissonnant.

– Peur de quoi, chère demoiselle ?

– De lui, de mon père !

Effrayé de l'état où il voyait la jeune fille et troublé par les signes que lui faisait le marchand de vin, Mr Lorry prit un parti désespéré. Il passa le bras de miss Manette par-dessus son épaule et l'entraîna dans la mansarde. Il la fit asseoir sur une chaise tout près de la porte et continua de la soutenir. Defarge ferma la porte à double tour et, avec fracas, retira de la serrure la clé, qu'il garda à la main. Enfin, il alla d'un pas mesuré à la fenêtre et se retourna vers les visiteurs.

Le grenier où ils venaient d'entrer, construit pour y entreposer du bois, était plongé dans une profonde pénombre. La fenêtre, une ouverture pratiquée dans la toiture, était close par une porte pleine surmontée d'une poulie qui servait à hisser les fagots de bois. Les deux battants de cette porte, à peine entrouverts, sans doute à cause du froid, laissaient pénétrer si peu de jour dans ce taudis qu'il fallait une bien longue habitude de l'obscurité pour se livrer à un travail minutieux.

Quelqu'un cependant travaillait avec application, tourné vers la fenêtre près de laquelle le marchand de vin se tenait debout. Un vieillard, assis sur un escabeau, la tête penchée sur son ouvrage, façonnait une paire de souliers, besogne qui l'absorbait entièrement.

6

Le cordonnier

– Bonjour, dit M. Defarge en s'adressant au vieillard.

– Bonjour, répondit une voix affaiblie qui semblait venir de loin.

– Toujours ferme à l'ouvrage ?

Quelques secondes s'écoulèrent, puis la tête chenue se releva, deux yeux hagards se fixèrent sur M. Defarge, et la voix murmura :

– Oui, je travaille.

Le timbre frêle du vieillard avait quelque chose de poignant et d'effroyable. Il ne traduisait pas un épuisement physique bien que la souffrance due à une longue et éprouvante captivité y fût sans doute décelable. La particularité de ce timbre résidait dans la douloureuse évocation d'un homme qui, à force de solitude, avait perdu l'usage de la parole. C'était comme le dernier écho d'un son émis il y a fort longtemps. Cette voix ténue d'où la vie était désormais absente et que n'animait plus aucune émotion humaine bouleversait, de même qu'émeut une riche et belle couleur devenue une pâle tache délavée. Oui, cette voix sourde et contenue qui semblait s'échapper d'un souterrain exprimait si bien le désarroi d'un homme égaré et sans espoir que c'est avec cet accent-là qu'un voyageur mourant de faim et de soif dans le désert pleure son pays et les êtres aimés qu'il ne reverra jamais plus.

Quelques minutes de travail silencieux s'écoulèrent. Les yeux hagards se levèrent de nouveau, non avec intérêt ou curiosité, mais mus par un réflexe mécanique dépourvu de sensibilité qui leur fit comprendre avant de le constater que la place où s'était tenu le visiteur était toujours occupée.

– Je voudrais laisser entrer davantage de lumière, dit M. Defarge qui ne le quittait pas des yeux. Pouvez-vous supporter une lumière plus vive ?

Le cordonnier cessa de travailler, jeta les yeux sur le plancher, à droite et à gauche, d'un air absent, puis regarda son interlocuteur.

– Qu'avez-vous dit ?

– J'ai demandé si vous pouviez supporter sans souffrir une lumière plus vive.

– Il le faudra bien, si c'est cela que vous voulez.

M. Defarge entrebâilla davantage l'un des volets. Un vif rayon de lumière éclaira le reclus qui, un soulier sur les genoux, avait suspendu son travail.

Il était entouré de ses outils et de lambeaux de cuir. Il avait une barbe blanche mal taillée et de longueur moyenne, de grands yeux que la maigreur de son visage agrandissait encore de façon singulière et dont l'éclat fiévreux brillait sous une masse confuse de cheveux blancs et de deux sourcils restés noirs. Une guenille jaune, ouverte sur sa poitrine et qui lui tenait lieu de chemise, révélait un corps flétri et usé. Toute sa personne, y compris les misérables haillons qui l'habillaient, c'est-à-dire une vieille blouse de grosse toile et des bas trop larges, avait pris, dans l'atmosphère confinée de la réclusion, une couleur de parchemin maussade et uniforme dont il aurait été difficile de reconnaître la nuance initiale.

Il avait intercalé entre la lumière et lui une main amaigrie et diaphane et resta, immobile, les yeux dans le vide. Il ne répondait jamais à son interlocuteur sans avoir regardé à plusieurs reprises autour de lui, comme s'il avait perdu l'habitude de rattacher les sons à leur source et qu'il eût cherché la provenance des paroles dont son oreille était frappée.

– Finirez-vous aujourd'hui cette paire de souliers ? demanda M. Defarge en faisant signe au banquier de s'approcher.

– Que dites-vous ?

– Je demande si vous avez l'intention de finir ces souliers aujourd'hui.

– Je ne peux pas dire que j'en aie l'intention... Je le suppose... Je n'en sais rien.

Cette question lui rappelant son ouvrage, il se remit au travail. Cependant Mr Lorry était à côté de M. Defarge depuis deux minutes environ lorsque le cordonnier releva la tête. Il ne témoigna aucune surprise en découvrant une seconde personne devant lui, mais ses doigts tremblants, qui avaient la même pâleur que ses ongles, se portèrent à sa bouche, puis il laissa retomber la main et se pencha de nouveau sur le soulier qu'il façonnait.

– Je vous amène une visite, vous voyez, dit le marchand de vin.

Sans lâcher son ouvrage, le captif regarda autour de lui.

– Allons, poursuivit Defarge, voilà un monsieur qui s'y connaît en chaussures, montrez-lui votre soulier, il verra qu'il est bien cousu.

Le vieillard obéit machinalement.

– Dites à monsieur comment on appelle cette chaussure et quel est le nom de celui qui l'a faite.

La réponse se fit attendre plus longtemps qu'à l'ordinaire.

– Vous me demandez quelque chose ? dit enfin l'artisan. Je ne sais plus ce que c'est.

– Je vous prie d'expliquer à Monsieur de quel genre est le soulier que vous venez de faire.

– C'est un soulier de femme, un soulier de promenade. On les fait comme cela maintenant. Je n'ai pas vu la mode mais j'ai eu un modèle, ajouta-t-il en considérant son travail avec une nuance de satisfaction et d'orgueil.

– Et le nom du fabricant ?

Depuis qu'il avait remis son soulier à Mr Lorry, le vieil homme serrait sa main droite dans le creux de sa main gauche et réciproquement, puis caressait d'une main absente sa barbe blanche, et ainsi de suite, avec régularité et sans interruption. Le tirer de la rêverie où il retombait immédiatement après avoir parlé nécessitait autant d'énergie et de patience que ranimer une personne évanouie ou un mourant dans l'espoir d'en obtenir une confidence.

– M'avez-vous demandé mon nom ?

– Oui.

– 105, tour nord.

– Est-ce tout ?

– 105, tour nord.

L'ancien prisonnier émit un faible son qui, sans être un gémissement ou un soupir, exprimait un profond sentiment de lassitude, et il reprit son travail jusqu'à ce qu'on lui adressât de nouveau la parole.

– Vous n'êtes pas cordonnier de métier, n'est-ce pas ? interrogea Mr Lorry, posant un regard résolu sur le vieillard.

Les yeux hagards sollicitèrent l'aide de Defarge, mais devant le silence de ce dernier, ils se résignèrent à affronter le gentleman, après avoir erré un instant sur le sol.

– Si je suis cordonnier de métier ? Non, ce n'était pas mon métier. C'est ici que j'ai commencé. J'ai appris tout seul. J'ai demandé la permission...

Il s'interrompit et se remit à serrer ses mains l'une dans l'autre avec une régularité machinale. Au bout de plusieurs minutes de silence, son regard rencontra de nouveau le visage de l'Anglais. Il tressaillit et, comme un homme qui s'est assoupi et se réveille en sursaut, acheva la phrase qu'il avait commencée.

– J'ai demandé la permission d'apprendre un état. J'ai eu bien de la peine. J'ai été bien longtemps à l'obtenir, mais depuis lors j'ai toujours fait des souliers.

– Docteur Manette, dit Mr Lorry en lui tendant la chaussure, ne vous souvenez-vous pas de moi ?

Le cordonnier laissa tomber le soulier, les yeux fixés sur son interlocuteur.

– Docteur Manette, reprit Mr Lorry. (Il posa une main sur le bras de Defarge.) Cet homme ne vous rappelle-t-il aucun souvenir ? Regardez-le bien. Regardez-moi. Votre ancien banquier, votre ancien serviteur, des affaires à régler... N'y a-t-il pas tout un passé qui vous revient à la mémoire ?

Le regard du cordonnier se posait tour à tour sur les deux hommes. Quelque lueur de compréhension parut percer les ténèbres qui enveloppaient son esprit, et sous l'effort de la réflexion, des plis depuis longtemps effacés, signes d'une intelligence jadis active, se creusèrent sur son front pâle pour s'évanouir presque aussitôt. Cependant, comme s'ils étaient passés de l'un à l'autre, tel le reflet d'une lumière mouvante, on les retrouvait, davantage accusés, sur le front de la jeune fille qui, au cours de cette conversation, s'était avancée sans bruit, tendant d'abord une main timide vers son père, puis lui ouvrant ses bras tremblants. L'oubli de nouveau avait jeté son voile sur le captif. L'air distrait, il regarda ses deux visiteurs, puis le plancher. Enfin, avec un long soupir, il ramassa le soulier et se remit au travail.

– Avez-vous reconnu Monsieur ? interrogea Defarge.

– Oui, j'ai cru d'abord que je ne le pourrais pas, mais je suis sûr d'avoir vu, pendant un instant, une personne que j'ai connue autrefois. Chut ! Reculons-nous un peu.

Miss Manette s'était approchée de son escabeau et c'était un spectacle affligeant que de voir le médecin, courbé sur son travail, ignorer la présence de sa fille qui aurait pu le toucher de la main.

Pendant plusieurs minutes, aucun son, aucune parole ne troubla le silence. Elle se tenait tout près de lui, telle une bonne fée, et il continuait de travailler, oublieux du monde.

Il arriva cependant qu'il eut besoin de son tranchet qui était à ses pieds. Il le ramassa et, comme il allait s'en servir, ses yeux rencontrèrent la robe de la jeune fille. Il releva la tête. Mr Lorry et M. Defarge s'avancèrent de peur qu'il ne la frappât de son outil. Elle les éloigna d'un geste car elle n'avait pas peur.

Le Dr Manette la regarda un instant avec effroi. Puis ses lèvres remuèrent et, la respiration haletante, il finit par articuler ces mots :

– Qui est-ce ?

Le visage baigné de larmes, elle porta les deux mains à ses lèvres pour lui envoyer un baiser et croisa les bras sur sa poitrine comme si elle serrait sur son cœur la tête chenue du captif.

– Êtes-vous la fille du geôlier ?

– Non.

– Qui êtes-vous ?

N'osant se fier à sa voix, elle s'assit auprès de lui sur le banc qui servait de siège et de table. Il voulut reculer. Elle mit la main sur son bras. Un frisson le parcourut. Il reposa son outil et la regarda avec attention.

La chevelure dorée de la jeune fille formait de longues boucles soyeuses. Lentement il tendit la main pour saisir une mèche qu'il contempla pendant quelques instants. Sans la lâcher, il sombra peu à peu dans l'état d'absence qui lui était coutumier et, avec un profond soupir, se remit à l'ouvrage.

Mais ce ne fut pas pour longtemps. Elle posa la main sur son épaule et après avoir jeté deux ou trois coups d'œil incertains sur cette main comme pour s'assurer qu'elle était bien réelle, il cessa de travailler. Alors, il porta la main à sa poitrine et en retira un cordon noirci auquel était attaché un bout de tissu qu'il déplia avec soin sur ses genoux. Le chiffon contenait deux longs cheveux d'un blond doré qu'il avait jadis roulés autour de son doigt.

Il prit une boucle de la jeune fille, en approcha les cheveux et les compara.

– Ils sont semblables. Est-ce possible ? Quand ai-je pu les avoir ? Comment me les suis-je procurés ?

Le front plissé, il s'abîma de nouveau dans une profonde réflexion. Il parut soudain reconnaître sur le visage de la jeune fille l'expression de sa douloureuse perplexité et, tournant miss Manette en pleine lumière, il l'étudia avec attention.

– Elle avait posé sa tête sur mon épaule. C'était la nuit où on est venu me chercher. Elle avait peur et ne voulait pas me laisser partir. Moi, je ne craignais rien. Lorsque je fus dans la tour nord, ils les ont trouvés sur ma manche. « Voulez-vous me les laisser ? leur ai-je dit. Ils ne pourront pas m'aider à m'évader mais ils permettront à mon esprit de fuir ces murs. » J'ai dit cela, je me le rappelle très bien.

À plusieurs reprises, il avait articulé simplement des lèvres chaque mot de ce discours, et quand il le répéta lentement à voix haute il le prononça avec une cohérence remarquable.

– Comment cela se fait-il ? Était-ce vous ?

Les deux spectateurs s'avancèrent de nouveau, effrayés par l'accent de folie qui perçait sous ces questions et par le mouvement brusque du médecin. Miss Manette leur fit signe de rester à leur place.

– Je vous en prie, mes bons messieurs, chuchota-t-elle, ne bougez pas, ne parlez pas, laissez-nous.

– Écoutez ! s'écria l'ancien captif. Quelle est cette voix ?

Dans un accès de frénésie, il fit mine d'arracher ses cheveux blancs. Son émotion passa comme une lueur fugitive. Sans quitter la jeune fille des yeux, et tout en hochant la tête d'un air sombre, il replia alors avec soin le morceau de toile qui renfermait les deux cheveux blonds et le noua au cordon qu'il portait autour du cou.

– Non, murmura-t-il, non, vous êtes trop jeune, trop fraîche. Cela ne se peut pas. Voyez ce qu'est devenu le prisonnier. Ce ne sont pas là les mains, le visage, la voix qu'elle connaissait. Non, elle et lui vivaient, il y a longtemps, bien longtemps, avant ces longues années passées dans la tour nord. Comment vous appelez-vous, mon bon ange ?

Émue par sa douceur, miss Manette tomba à genoux devant lui, les mains jointes et tendues dans une attitude implorante.

– Je vous le dirai plus tard, souffla-t-elle. Plus tard, vous saurez qui ont été mes parents et pourquoi je n'ai pas connu leur histoire. Aujourd'hui, c'est impossible. Tout ce dont je suis capable, c'est de vous prier de me bénir, de m'embrasser. Je vous en supplie, embrassez-moi.

Les deux têtes se rapprochèrent. La chevelure rayonnante de miss Manette semblait éclairer du flambeau de la liberté les cheveux blancs du médecin.

– Si dans ma voix, poursuivit-elle, vous reconnaissez la voix que vous aimiez jadis, laissez couler vos larmes. Si en caressant mes cheveux, vous vous rappelez la tête chérie qui s'appuyait sur votre épaule, lorsque vous étiez libre, pleurez, mon père. Si, vous parlant des soins dont vous entourera mon amour, j'éveille dans votre âme le souvenir du foyer où l'on a tant gémi de votre absence, pleurez, pleurez encore !

Elle le pressa sur sa poitrine et le berça comme un enfant.

– Cher, oh, cher père, si, en vous disant que je suis venue vous chercher pour vous donner le repos, je vous fais songer à votre existence qui pouvait être si utile, et qui s'est perdue dans l'inaction et la douleur; si, en vous disant que je vous conduis en Angleterre, je vous fais penser à la France, qui s'est montrée si cruelle envers vous, pleurez, pleurez sans crainte. Il me reste à vous parler de celle qui n'est plus, à vous dire que je me mets aux genoux de mon père afin qu'il me pardonne ma vie heureuse et tranquille, à moi qui aurais dû, nuit et jour, songer à ses tortures et hâter sa délivrance. Pleurez sur elle, pleurez sur moi... Mes bons messieurs, je viens de sentir ses larmes sacrées rouler sur ses joues et des sanglots soulèvent sa poitrine. Soyez béni, mon Dieu, soyez béni.

Le visage enfoui contre le sein de la jeune fille, le malheureux s'était abandonné aux bras qui l'entouraient, terrassé par une émotion qu'il ne pouvait plus contenir.

Bouleversés par ce spectacle, Mr Lorry et M. Defarge se couvrirent le visage et lorsque le calme qui, chez l'homme comme dans la nature, succède aux orages, se fut emparé de M. Manette, ils allèrent relever celui-ci qui gisait sur le plancher tandis que sa fille lui soutenait la tête et de ses cheveux le protégeait de la lumière crue du jour. Mr Lorry se moucha à plusieurs reprises avant de se pencher sur miss Manette.

– Si l'on pouvait tout préparer, dit-elle, de manière à ne quitter ce grenier que pour retourner en Angleterre.

– Est-il capable de supporter le voyage ? demanda le banquier.

– Plus que de rester dans cette ville dont le séjour lui est odieux.

– Mademoiselle a raison, intervint Defarge qui s'était mis à genoux pour mieux l'entendre. Il est d'ailleurs préférable à tout point de vue que M. Manette quitte la France le plus tôt possible. Faut-il que j'aille louer une voiture et des chevaux de poste ?

– Là, nous entrons dans le domaine des affaires et cela relève de mes compétences, dit Mr Lorry en reprenant son allure méthodique d'homme d'affaires avisé.

– Soyez assez bons pour me laisser avec lui, supplia miss Manette. Vous voyez comme il est calme. Soyez rassurés. Que redoutez-vous ? Si vous avez peur qu'un inconnu ne vienne ici, fermez la porte à clé. Je prendrai soin de lui en votre absence, et à votre retour, vous le trouverez aussi paisible.

Moins confiants, Mr Lorry et Defarge hésitaient à se ranger à cet avis. Cependant, comme en plus des chevaux et de la voiture, il fallait s'occuper des passeports, que la journée avançait et qu'il n'y avait pas de temps à perdre, ils décidèrent de se partager la besogne.

Ces messieurs partis, la jeune fille s'allongea près de son père pour le veiller. L'obscurité se répandit peu à peu dans la pièce et bientôt la nuit fut complète. Tous deux restèrent immobiles jusqu'au moment où la clarté d'une lampe pénétra dans le grenier par la crevasse du mur.

Mr Lorry et M. Defarge avaient pris toutes les dispositions nécessaires pour le voyage et rapportaient des couvertures et des manteaux, du pain et de la viande, du vin et du café chaud. M. Defarge posa les vivres et la lampe sur le banc de cordonnier qui constituait avec une paillasse l'unique mobilier du grenier et, aidé du banquier, releva l'ancien captif.

Nul n'aurait pu deviner les mystérieuses pensées du docteur en lisant l'expression figée de crainte et de stupéfaction mêlées de son visage. Avait-il conscience de ce qui s'était passé ? Se souvenait-il des paroles qu'on lui avait dites ? Comprenait-il surtout qu'il venait de retrouver la liberté ? Autant d'interrogations que la plus grande sagacité était incapable de satisfaire. Le banquier de chez Tellson et le marchand de vin lui adressèrent la parole, mais il paraissait si désorienté et s'exprimait avec une telle lenteur que, de peur d'augmenter son trouble, ils convinrent de ne plus l'importuner. Parfois, il se prenait la tête dans les mains et la serrait d'un air étrange qu'on ne lui avait pas vu jusqu'alors. Cependant, la voix de sa fille lui causait un plaisir manifeste et il se tournait invariablement de son côté lorsqu'elle parlait.

Habitué depuis longtemps à une obéissance passive, il but et mangea tout ce qu'on voulut et ne fit aucune observation quand on le pria d'endosser les habits et le manteau que Defarge avait apportés. Il accepta néanmoins avec empressement le bras que sa fille lui donnait et lui prit la main qu'il conserva dans les siennes.

Il ne restait plus qu'à partir. Éclairant le chemin avec la lampe, Defarge sortit le premier et Mr Lorry ferma le cortège. Ils avaient à peine descendu quelques marches de l'escalier principal lorsque M. Manette s'arrêta et parcourut d'un regard étonné plafond et murs.

– Vous rappelez-vous cet escalier, mon père ? Vous rappelez-vous être venu ici ?

– Que dites-vous ? Me rappeler ? bredouilla-t-il, après un court silence, sans attendre que sa fille répétât sa question. Non, je ne me rappelle plus. Il y a si longtemps, si longtemps.

Son transfert de la Bastille au grenier qu'il quittait ne lui avait laissé aucun souvenir. Ses compagnons l'entendirent murmurer tout bas : « 105, tour nord », et lorsqu'il regarda autour de lui, ce fut pour chercher les murailles épaisses de la forteresse où on l'avait enfermé. Arrivé dans la cour, il modifia sa marche et quand au lieu du pont-levis qu'il s'attendait à franchir il découvrit la voiture en pleine rue, il lâcha la main de sa fille et se prit de nouveau la tête entre les mains.

Il n'y avait personne devant l'entrée de la cour, personne aux nombreuses fenêtres des maisons, pas même un passant dans la rue. Un silence surnaturel planait sur ces lieux désertés. Le seul être que le petit groupe aperçut fut Mme Defarge qui, appuyée contre la porte de sa boutique, tricotait sans rien voir.

Le docteur était monté dans la voiture, suivi de sa fille, lorsque Mr Lorry pensa aux outils et au banc de cordonnier. Mme Defarge se proposa pour aller les chercher. Sans cesser de tricoter, elle traversa la cour et disparut dans l'étroit escalier. Quelques minutes plus tard, s'étant acquittée de sa mission, elle reprenait sa place, appuyée contre la porte de sa boutique, tricotant sans rien voir autour d'elle.

– À la barrière, dit Defarge en montant à côté du postillon.

Celui-ci fit claquer son fouet et la voiture s'ébranla sous les lampes vacillantes qui dégageaient une lueur blafarde.

Ils passèrent de l'éclairage mesquin des quartiers pauvres à la lumière vive des boulevards, longèrent les riches magasins, les théâtres illuminés, les cafés resplendissants, les trottoirs où se pressait une foule gaie et animée, puis traversèrent de nouveau des faubourgs miséreux. Ils arrivèrent enfin à l'une des portes de la ville. Des soldats s'avancèrent avec des lanternes.

– Vos papiers, messieurs.

– Les voilà, dit Defarge qui était descendu. (Il prit l'officier à part.) Voici le passeport du monsieur aux cheveux blancs.

Il baissa la voix, l'officier fit un signe. Un soldat brandit une lanterne à la portière et l'arrêta sur le voyageur en question. L'officier lui jeta un regard intrigué.

– C'est bien, allez, dit-il enfin.

– Adieu ! s'écria Defarge.

La voiture s'éloigna sous la lueur des lampes qui se balançaient dans la nuit, puis sous la voûte du ciel émaillé d'étoiles, lumières éternelles dont certaines sont si lointaines que leurs rayons n'ont pas encore atteint la Terre, point perdu dans l'immensité de l'espace, où l'on souffre et meurt.

Les ombres de la nuit s'étendaient, infinies et puissantes, et jusqu'au lever du jour, durant les longues heures glacées qui précédèrent l'aube, ne cessèrent de harceler Mr Jarvis Lorry.

Celui-ci, assis en face de l'homme qu'il avait rappelé à la vie, se demandait s'il était possible d'oublier dix-huit ans de captivité. Sans répit, les ombres de la nuit chuchotaient à ses oreilles la même question et la même réponse :

– Êtes-vous heureux d'être rappelé à la vie ?

– Je ne sais.

LIVRE II

LE FIL D'OR

1

Cinq ans après

La banque Tellson près de Temple Bar était un bâtiment vétuste déjà en 1780. Petit, obscur, laid, incommode, il le demeurait d'autant plus que ses actionnaires, attribuant une valeur morale aux inconvénients qu'il affichait sans scrupule, s'enorgueillissaient de sa petitesse, de son obscurité, de sa laideur, de son incommodité. Ils allaient jusqu'à vanter sa supériorité dans ces domaines-là, mus par la conviction que toute amélioration porterait atteinte à la respectabilité de la maison. Il ne s'agissait pas là d'une croyance passive, mais d'une arme active qu'ils brandissaient contre les banques mieux installées que la leur. Tellson, déclaraient-ils, n'a pas besoin de s'agrandir, Tellson n'a pas besoin d'un meilleur éclairage, Tellson n'a pas besoin de s'embellir. Cela était indispensable à Noakes & Cie. ou à Snooks Brothers, mais, Dieu merci, pas à Tellson.

Le premier de ces actionnaires aurait préféré désavouer son fils plutôt que de rénover Tellson. À cet égard, la politique de la maison rejoignait beaucoup celle du pays, lequel déshéritait souvent ses enfants qui proposaient de réviser des lois et des coutumes depuis longtemps condamnables et de ce fait depuis longtemps estimées.

Ainsi Tellson avait fini par incarner le triomphe de l'incommodité. Après avoir forcé une porte récalcitrante qui s'ouvrait dans un faible raclement, vous tombiez au bas de deux marches pour recouvrer vos sens dans un misérable petit bureau, meublé de deux comptoirs, où les plus âgés des hommes faisaient trembler vos chèques à ordre comme si le vent les froissait tandis qu'ils en examinaient la signature à la lumière de fenêtres crasseuses, qu'éclaboussait constamment la pluie de boue de Fleet Street et qu'obscurcissaient encore d'énormes barreaux de fer, sans oublier l'ombre épaisse de Temple Bar.

S'il vous fallait vous entretenir avec un « responsable » de la maison, on vous conduisait à l'arrière du bâtiment, dans une espèce de cellule de condamné où vous méditiez sur les erreurs d'une vie dissipée jusqu'au moment où, les mains dans les poches, l'éminent personnage vous apparaissait à la clarté douteuse d'un jour crépusculaire qui vous faisait cligner des yeux. Votre argent sortait ou entrait dans de vieux tiroirs qui, chaque fois qu'on les ouvrait et les refermait, vous envoyaient au nez et dans la gorge des parcelles de leur bois vermoulu. Vos billets sentaient le moisi et paraissaient sur le point de tomber en décomposition. Votre argenterie, reléguée au milieu de fosses d'aisances, perdait en un jour ou deux son brillant. Vos titres, serrés dans des chambres fortes qui s'étaient substituées à d'anciens lavoirs et cuisines, répandaient la graisse de leur parchemin dans l'atmosphère ambiante. Les boîtes qui renfermaient vos papiers de famille allaient au premier étage, dans une salle à manger de style Barmecide dotée d'une grande table mais où aucun dîner n'était jamais servi, et où les premières lettres de votre ancien amour et de vos jeunes enfants venaient à peine, même en l'année 1780, d'être délivrées du regard atroce que jetaient par les fenêtres les têtes exposées sur Temple Bar avec une férocité insensée digne des Abyssiniens ou des Cafres.

Il est vrai qu'à l'époque, la peine de mort était une recette fort en faveur auprès des honnêtes gens de toutes professions et de tous métiers, et que Tellson la tenait en haute estime. La mort est un remède souverain que la nature applique à tous les hommes; pourquoi la loi le bouderait-elle ? Il résultait de ce principe que le faussaire était mis à mort, l'émetteur d'un billet imparfait mis à mort, le malfaiteur coupable d'avoir ouvert une lettre qui ne lui était pas adressée mis à mort, le voleur de 40 shillings et 6 pence mis à mort, le frappeur d'une pièce défectueuse mis à mort, le pauvre diable chargé de veiller sur le cheval d'un client de la banque Tellson et qui s'enfuyait avec mis à mort. Les trois quarts des fausses notes qui s'égrenaient dans la gamme de la contrefaçon étaient punies de la peine capitale. Non pas que cela eût un effet salutaire en matière de dissuasion – il serait même intéressant de remarquer que le phénomène inverse se produisait. Cependant ce procédé évitait à la magistrature l'étude fastidieuse de chaque infraction commise et offrait l'avantage de régler de façon définitive le sort de leurs auteurs. Ainsi, à l'instar des grands centres d'affaires de l'époque, Tellson & Cie avait fait supprimer tant d'existences que, s'il avait été possible d'exhiber à Temple Bar toutes les têtes des suppliciés, le peu de lumière qui pénétrait au rez-de-chaussée de la banque aurait été complètement évincé.

Confinés dans divers réduits et clapiers obscurs, les vieux commis de Tellson conduisaient gravement les affaires. Quand, par aventure, un jeune homme était engagé, on le cachait en un recoin humide et sombre, comme l'on conserve le fromage, jusqu'à ce qu'il eût acquis le fumet et la saveur inhérents à la maison. On lui permettait alors de se laisser voir, absorbé, derrière ses lunettes, dans la lecture attentive de gros livres de comptes, et ajoutant ses culottes et ses guêtres au poids général de l'établissement.

À l'extérieur de Tellson – jamais en aucun cas à l'intérieur, à moins qu'on ne l'y appelât – se tenait un homme de peine, commissionnaire ou portier à l'occasion, qui servait, pour ainsi dire, d'enseigne vivante à la banque. Toujours là pendant les heures de bureau, il ne s'absentait que pour courir là où on l'envoyait et se faisait alors représenter par son fils, un sinistre gamin de douze ans qui était sa réplique vivante. Il était aisé de comprendre que Tellson, dans sa munificence, ne faisait que supportât cet individu. La tradition voulait que Tellson supportât à sa porte un homme prêt à remplir la fonction de commissionnaire. Le temps et le cours des événements avaient conduit cet hommeci à ce poste. Il s'appelait Cruncher et lorsque, dans son premier âge, il avait renoncé, par procuration, à Satan, à ses pompes et à ses œuvres, dans l'église paroissiale de Houndstich, dans l'est de Londres, il avait reçu le prénom de Jerry.

Au domicile privé de Mr Cruncher, passage de l'Épée-Suspendue, quartier de Whitefriars, la scène suivante se répétait régulièrement. C'était un matin venteux de mars, 1780 *anno domini*. (Mr Cruncher désignait toujours l'année dont il parlait sous le nom d'*anno domini*, ayant apparemment l'impression que l'ère chrétienne datait de l'apparition d'un certain jeu populaire inventé par une certaine lady Anna Dominoes.)

L'appartement de Jerry, qui jouissait d'un voisinage peu recommandable, se composait de deux pièces seulement, si toutefois un cabinet dont la fenêtre se limitait à un carreau unique pouvait passer pour l'une d'elles, par ailleurs fort bien tenues. Même à sept heures et demie de ce matin venteux de mars, la chambre où le commissionnaire se trouvait encore au lit était déjà balayée, et entre les tasses disposées sur une table de sapin se distinguait la blancheur irréprochable d'une nappe.

Semblable à un arlequin en son logis, Mr Cruncher reposait sous un couvre-pieds en patchwork bariolé, en proie à un sommeil pesant. Puis il se mit à s'agiter et, s'éveillant tout à fait, se dressa enfin. Ses cheveux drus et pleins d'épis donnèrent l'impression de lacérer la literie.

– Bonté divine, s'écria-t-il d'un ton de profonde exaspération, je t'y prends encore !

Agenouillée dans un coin, une femme à l'air propre et laborieux se releva avec une coupable précipitation qui prouvait que ces paroles s'adressaient bien à elle.

– Je t'y prends encore ! Tu diras pas non, cette fois, continua le mari en se penchant hors de sa couverture pour chercher une de ses bottes.

Après avoir accueilli la venue du jour par cette seconde salutation, Mr Cruncher, ayant trouvé le soulier qu'il cherchait, le lança d'une main vigoureuse à la tête de sa femme.

La botte était excessivement crottée. Ce détail avait

ceci de singulier que, si ce commissionnaire rentrait chez lui en fin de journée chaussé de bottes propres, il lui arrivait fréquemment de les retrouver le lendemain matin recouvertes de boue.

– Dis-moi ce que tu faisais dans ce coin, Aggerawayter, reprit Mr Cruncher, modifiant son apostrophe après avoir manqué son but.

– Je disais mes prières.

– Tes prières ! Ah, la bonne épouse ! Tu te prends pour qui à te jeter à genoux et à armer le ciel contre moi ?

– C'est pour ton bien que je priais.

– C'est faux. D'ailleurs, même si c'était vrai, tu n'en as pas le droit. Eh, Jerry ! Ta mère a tellement bon cœur qu'elle demande au Seigneur de faire échouer les entreprises de ton père. Tu as une mère pieuse, mon garçon. Une mère qui invoque le ciel pour qu'il retire le pain de la bouche de son unique enfant.

Le rejeton en question (qui était en chemise) prit la chose en mal, et, se tournant vers sa mère, protesta énergiquement contre les manœuvres religieuses qui tendaient à le priver de vivres.

– Et tu crois qu'elles seront entendues, tes prières, espèce de diablesse ? poursuivit le mari avec une inconséquence qui lui échappa. Dis-moi le prix que tu y attaches, à tes prières !

– Elles viennent du cœur, Jerry. C'est tout leur prix.

– Elles valent pas grand-chose dans ce cas-là. De toute façon, mets-toi ça dans le crâne, je veux pas qu'on prie pour moi, c'est compris ? J'en ai pas les moyens. Pas la peine que tu me portes malheur avec tes génuflexions. La vie est déjà assez difficile comme ça. Si tu tiens à te jeter par terre, fais-le pour la réussite de ton mari et de ton enfant, et arrête de comploter contre eux. Si j'avais pas une femme dénaturée, j'aurais gagné de l'argent la semaine dernière au lieu de rater des affaires importantes. Ce sont tes mauvaises prières, tes mauvaises pensées qui me portent la guigne. Bonté divine ! jura Mr Cruncher qui avait commencé à s'habiller. Bonté divine ! Avec la religion d'un côté, et de l'autre un coup dur, d'ici la fin de la semaine, je suis dans un sale pétrin. J'ai plus de malheur qu'il n'en arrive à un honnête commerçant. Habille-toi, mon garçon. Pendant que je nettoie mes bottes, surveille ta mère, qu'elle se remette pas à genoux. Car, je le répète, dit-il en se retournant vers sa femme, je ne supporterai pas que tu conspires contre moi. Je suis fourbu comme un cheval de louage, endormi comme par du laudanum. Sans les douleurs que j'ai dans les membres, je saurais plus s'ils m'appartiennent ou s'ils sont à un autre, et le comble, c'est que je suis pas plus riche... Et comment l'être quand on prie jour et nuit pour m'empêcher de réussir !

Menaçant et jurant, sans oublier de ponctuer son discours indigné d'exclamations sarcastiques du type : « Ah, oui ! Une femme pieuse ! C'est pas toi qui t'opposerais aux intérêts de ton mari et de ton fils, c'est ça ? C'est pas ton genre ? », Mr Cruncher nettoya ses bottes et se prépara à sortir. Son fils, dont la tête était hérissée de tendres épis et dont les jeunes yeux, à l'instar des yeux paternels, semblaient avoir peur de s'éloigner l'un de l'autre, surveillait sa mère, s'acquittant ainsi de la mission dont on l'avait chargé. À plusieurs reprises, il s'élança de sa chambre où il faisait sa toilette en poussant un cri étouffé : « Maman, voilà que tu vas te jeter à terre ! Hé, papa, elle recommence ! », ce qui troublait grandement la pauvre femme.

Après cette fausse alerte et avec une grimace insolente, il repartait dans sa chambre.

Mr Cruncher s'installa à table, d'humeur massacrante, et s'irrita avec une animosité toute particulière contre le bénédicité que murmura son épouse.

– Encore ! Maudite créature ! Qu'est-ce que tu radotes ?

– Je demande au Seigneur de bénir notre repas, répondit Mrs Cruncher.

– Je te le défends, répliqua son mari en regardant autour de lui comme s'il se fût attendu à voir disparaître son déjeuner grâce à l'efficacité des prières de sa femme. Pas question que je sois ruiné, sans logis et sans pain à cause de tes bénédictions. Ça suffit ! Tiens-toi tranquille !

Les yeux rouges, les traits tirés comme un homme qui a passé la nuit à une besogne qui n'a pas connu d'issue réjouissante, Jerry Cruncher dévora avec inquiétude son déjeuner, manœuvre qu'il exécuta en grognant au-dessus de son assiette à la manière des quadrupèdes d'une ménagerie. Vers neuf heures, il assagit son aspect revêche, prit l'air le plus respectable dont il lui fût possible de masquer sa nature et sortit pour prendre son emploi diurne.

En dépit du titre d'« honnête commerçant » qu'il aimait à se donner, Mr Cruncher pouvait difficilement se faire passer pour tel. Son prétendu fonds de commerce se composait en tout et pour tout d'un tabouret de bois provenant d'une chaise cassée dont on avait scié le dos et que le petit Jerry, trottinant à côté de son père, portait chaque jour sous les fenêtres de Tellson, lequel fonds de commerce s'enrichissait à l'occasion d'une poignée de paille arrachée à la première charrette venue pour protéger les pieds du commissionnaire du froid et de la pluie. Campé sur cet escabeau, Mr Cruncher n'était pas moins connu dans Fleet Street et dans tout le quartier du Temple que la porte du Bar dont il avait le lugubre aspect.

Arrivé à neuf heures moins cinq, juste à temps pour soulever son tricorne en l'honneur des vieux employés qui entraient à la banque, il prit son poste en ce venteux matin du mois de mars. Son fils se tenait à ses côtés et ne s'éloignait que pour se livrer à quelques incursions dans le Bar ou pour insulter et infliger une correction aux gosses qui vadrouillaient par là et dont la faiblesse lui permettait d'accomplir ces aimables desseins. Aussi près l'un de l'autre que leurs yeux étaient rapprochés, dotés des mêmes cheveux et des mêmes traits, et surveillant tous deux en silence la circulation matinale dans Fleet Street, le père et le fils ressemblaient à deux singes. De temps à autre Jerry l'aîné mordillait un brin de paille dont il recrachait les morceaux pendant que les yeux pétillants du jeune garçon l'épiaient avec autant de malice que celle avec laquelle ils continuaient à enregistrer tout ce qui se passait dans la rue. Mais même dans ces moments-là, la ressemblance entre le père et le fils restait frappante.

L'un des messagers intérieurs de Tellson mit la tête à la porte et jeta ces paroles d'un ton bref :

– Commissionnaire, on vous demande.
– Bravo, papa, la journée commence bien.

Après cette félicitation, le petit Jerry grimpa sur le tabouret, témoigna un intérêt atavique à l'égard des brins de paille que son père avait mâchonnés et se mit à réfléchir.

– Toujours les doigts tachés de rouille, murmura-t-il. Où prend-il toute cette rouille ? C'est pourtant pas ici.

2

Le spectacle

– Vous connaissez l'Old Bailey ? demanda au commissionnaire l'un des vieux employés de Tellson.

– Oui, monsieur, répondit Mr Cruncher d'un ton quelque peu bourru.

– Bien. Vous connaissez également Mr Lorry ?

– Beaucoup mieux qu'un honnête commerçant comme moi ne peut connaître l'Old Bailey.

– Parfait. Allez à la porte des témoins et montrez ce billet au concierge, il vous laissera entrer.

– Dans la salle où se tient la Cour ?

– Dans la salle où se tient la Cour.

Les yeux de Mr Cruncher parurent se rapprocher plus que jamais et s'adresser l'un à l'autre cette question épineuse : « Qu'en penses-tu ? »

– Dois-je attendre la réponse ? s'enquit Jerry, comme si, après s'être consultés, ses deux yeux venaient de rendre leur verdict.

– Je vais vous expliquer. Le concierge fera passer le billet à Mr Lorry dont vous attirerez l'attention afin qu'il sache où vous êtes. Ne bougez pas de votre place et tenez-vous prêt à répondre à la moindre requête de Mr Lorry.

– Est-ce tout, monsieur ?

– C'est tout. Il désire avoir un commissionnaire sous la main et ce billet l'avertira de votre présence.

Le vieil employé plia le papier avec soin, y rédigea l'adresse.

– On juge un faux ? demanda Mr Cruncher au moment où le billet allait être tamponné sur le buvard.

– Un crime de haute trahison.

– Alors c'est l'écartèlement ! Quelle barbarie !

– C'est la loi, objecta l'employé en tournant ses lunettes étonnées sur son interlocuteur. C'est la loi.

– Une loi cruelle, monsieur. Il est bien assez dur de tuer un homme sans lui arracher les membres.

– Du tout, cela ne suffit pas. Quant à vous, mon brave, je vous conseille de traiter la loi avec un peu plus de respect. Soignez votre gorge et, croyez-moi, laissez à la justice le soin de régler ses affaires.

– C'est l'humidité, monsieur, qui me tombe sur la poitrine et qui m'enroue. Je suis obligé de travailler dans l'humidité pour gagner ma vie.

– Eh bien, eh bien, nous gagnons tous notre vie d'une manière ou d'une autre. Voici la lettre. Partez vite et ne traînez pas en route.

Jerry prit le billet et maugréa à part lui avec moins de respect qu'il n'en laissa paraître :

– Si je suis enroué, vous êtes diablement maigre, vous !

Il salua l'employé, informa son fils, en passant, de l'endroit où il allait, et se dirigea vers la Cour d'assises.

À cette époque, c'est à Tyburn que l'on pendait. La rue de Newgate n'avait donc pas encore acquis l'infâme notoriété qui depuis lors est attachée à son nom. Cependant, la vieille geôle n'en était pas moins un lieu abominable où se pratiquaient mille débauches et scélératesses et où s'engendraient d'horribles épidémies qui suivaient les prisonniers en pleine salle d'audience, et parfois quittaient le banc des accusés pour s'attaquer au président de la Haute Cour de Justice en personne et le jeter dans la fosse. Plus d'une fois le juge à la coiffe noire avait reçu son propre arrêt de mort en même temps que le coupable et rendu l'âme le premier. La renommée de l'Old Bailey se comparait, du reste, à celle d'une hôtellerie meurtrière d'où voitures et charrettes emportaient sans cesse à destination de l'autre monde de pâles voyageurs qui, sur un trajet de deux milles environ de voie publique, faisaient rarement ou jamais rougir les quelques bons citoyens qu'ils croisaient, tant l'usage est puissant et tant l'on désire qu'il soit juste. L'Old Bailey était également célèbre pour son pilori, institution antique et sage, qui infligeait un châtiment dont personne ne pouvait prévoir l'étendue; pour le poteau où le criminel subissait le fouet, autre ancienne institution dont la vue était bien faite pour adoucir le caractère du spectateur et lui inspirer des sentiments d'humanité; pour les importantes transactions en prix de sang qui s'y livraient, autre élément représentatif de la sagesse de nos ancêtres et qui conduisait aux crimes vénaux les plus effroyables que l'on pût commettre sous le ciel. En bref, l'Old Bailey était, à cette époque, une illustration bien choisie du précepte qui établit que « tout ce qui existe est bon », aphorisme aussi satisfaisant pour la conscience qu'agréable pour la paresse, s'il n'entraînait pas une implication pour le moins embarrassante, à savoir que rien de ce qui a jamais existé n'est mal.

Se faufilant à travers la foule impure qui encombrait cet affreux théâtre d'actions hideuses avec l'aisance d'un homme habitué à faire tranquillement son chemin, le commissionnaire trouva la porte qu'il cherchait et remit sa lettre au concierge par un guichet de recettes. Car on payait pour voir la pièce qui se jouait à l'Old Bailey comme on payait pour assister à celle qui se donnait à Bedlam. Le premier de ces deux spectacles étant beaucoup plus cher que l'autre, toutes les portes de l'Old Bailey étaient gardées, à l'exception de celle par où entraient les prévenus et qui restait toujours grande ouverte.

Après une assez longue hésitation, la porte des témoins s'entrebâilla dans un grincement et permit à Mr Jerry Cruncher de se glisser dans la salle d'audience.

– Où on en est ? demanda-t-il tout bas à son voisin.

– Ça n'a pas encore commencé.

– C'est quoi qu'on juge ?

– Un cas de haute trahison.

– L'écartèlement, hein ?

– Oui, répondit l'homme d'un air gourmand. On traîne le coupable sur une claie pour le pendre à demi, puis on le détache de la potence, on l'écorche vif, on lui arrache les entrailles qu'on brûle sous ses yeux, on lui coupe la tête et on l'écartèle. C'est la sentence.

– S'il est reconnu coupable, commenta Jerry comme on ajoute une clause restrictive à un contrat.

– Oh, y a pas de crainte à avoir, fit l'autre, il sera condamné.

Ici l'attention de Mr Cruncher fut détournée par le concierge qui se dirigeait vers Mr Lorry, tenant à la main le billet qu'il venait de lui remettre. Le banquier, entouré de magistrats portant perruque, était assis à une table, non loin de l'avocat du prisonnier, un gentleman en perruque, et presque en face d'un autre individu en perruque également et que Mr Cruncher, à chaque coup d'œil qu'il lui lança, trouva les mains dans les poches et considérant le plafond avec une attention soutenue. Après avoir toussé à plusieurs reprises, agité vigoureusement la main et s'être frotté le menton, Jerry parvint à se faire remarquer de Mr Lorry qui s'était levé et le cherchait du regard, et qui, en l'apercevant, lui adressa un léger signe de tête avant de se rasseoir.

– Quel rapport ce monsieur a-t-il avec l'affaire ? interrogea le voisin de Cruncher.

– J'en sais fichtre rien, répliqua Jerry.

– Et vous, qu'est-ce que vous êtes dans l'affaire, si je puis me permettre ?

– J'en sais fichtre rien.

L'arrivée du juge et le tumulte qui suivit parmi la magistrature qui se leva et se rassit interrompirent ce dialogue. Le calme revenu, le banc des accusés devint le centre d'intérêt de l'assistance. Deux geôliers en faction devant la porte qui communiquait avec la prison disparurent et ramenèrent le prévenu qui fut conduit à la barre.

À l'exception de l'impassible gentilhomme en perruque qui, les mains dans les poches, s'obstinait à contempler le plafond, tout le monde attacha son regard sur le prisonnier. Avec la violence du feu, de l'ouragan, de l'océan, le souffle de toutes les poitrines roula vers lui. Des visages avides se tendirent depuis les recoins de la salle et autour des piliers afin de l'apercevoir; les spectateurs des derniers rangs se levèrent; ceux qui étaient de niveau avec la Cour, s'agrippant aux épaules de leurs voisins de devant, se dressèrent sur la pointe des pieds, se hissèrent sur le rebord des fenêtres, des sièges, de la moindre saillie, pour ne rien perdre du spectacle. Parmi ces derniers, et fort en évidence, Jerry, plus hirsute que jamais, évoquait une des nombreuses piques qui hérissaient le mur de Newgate. Son haleine, chargée d'un pot de bière qu'il avait bu en chemin, se mêlait aux relents de bière, de gin, de thé, de café et d'autres boissons exhalés par la foule, pour converger vers le prisonnier et se déposer, derrière le banc des accusés, sur les carreaux des hautes fenêtres, en une buée méphitique.

Le point de mire de ces regards multiples et la cause de tant de vacarme était un jeune homme d'environ vingt-cinq ans, de belle taille et de belle mine, l'air noble et distingué, l'œil brun, la peau foncée par le soleil. Il était sobrement vêtu de noir ou de gris foncé, et ses longs cheveux châtains étaient attachés en catogan plus par commodité que par souci d'esthétique. Comme le trouble qui agite un individu se reflète toujours dans son physique en dépit de ses efforts pour le dissimuler, l'émoi du prisonnier se trahissait par la pâleur qui perçait sous ses joues hâlées, prouvant ainsi que l'âme triomphe du soleil. Hormis ce détail, il était fort calme. Il s'inclina devant le juge et resta debout sans se départir de son sang-froid.

La fascination que le malheureux jeune homme exerçait sur ces regards insistants, sur ces poitrines haletantes, n'était pas due à un sentiment qui honore l'humanité, mais à l'effroyable arrêt dont il était menacé. Eût-il risqué une condamnation moins cruelle – eût-il pu caresser l'espoir d'échapper à une phase de l'atroce supplice qu'on lui réservait –, il n'eût pas inspiré le même attrait. Le corps qui allait être atrocement déchiqueté constituait le spectacle à part entière; les tourments que devait subir la créature immortelle qui allait être massacrée et mutilée procuraient l'émotion. Quel que fût le vernis avec lequel les spectateurs, suivant leur habileté et leur aptitude respectives à se tromper eux-mêmes, parvenaient à maquiller le motif de leur présence, l'intérêt de ce spectacle prenait sa source dans un instinct féroce et sauvage.

– Silence devant la Cour. L'acte d'accusation a

dénoncé hier Charles Darnay comme s'étant rendu coupable de trahison envers notre très-puissant, très-illustre, très-gracieux, très-auguste prince, Sa Majesté le roi; comme ayant, à diverses reprises et par des moyens frauduleux, prêté son concours au roi Louis de France dans la guerre que livre celui-ci audit prince très-illustre, très-gracieux, etc.; comme ayant effectué de nombreux voyages des États de notre auguste et puissante Majesté à ceux dudit roi Louis de France, à cette fin de révéler ignominieusement, déloyalement, traîtreusement (et autres expressions en -ment traduisant l'indignité la plus noire) audit roi Louis de France quelles forces armées notre sus dit prince très-illustre, très-gracieux, etc., se dispose à envoyer dans le nord de l'Amérique et au Canada, charges dont le prévenu susnommé s'est déclaré innocent.

Jerry, le cheveu de plus en plus hérissé au fur et à mesure que la loi déroulait ses circonvolutions, suivit les méandres de cet acte d'accusation pour découvrir, après maints détours et avec une grande satisfaction, que le procès du susnommé Charles Darnay allait enfin commencer, que les membres du jury avaient prêté serment et que l'attorney général s'apprêtait à prendre la parole.

L'accusé, qui était déjà pendu, décapité et écartelé en imagination par l'assistance et qui ne l'ignorait pas, resta digne sans qu'il y eût d'affectation dans sa pose et sa physionomie. L'air grave et attentif, il suivit avec un sérieux intérêt l'ouverture des débats et se maîtrisa assez pour ne pas déranger un seul des brins d'herbe qui couvraient la tablette où reposaient ses mains. La salle du tribunal était jonchée de plantes aromatiques et arrosée de vinaigre afin de combattre l'air vicié de la prison et de se prémunir contre les fièvres qui y sévissaient. Au-dessus du banc des accusés était accroché un miroir destiné à rabattre la lumière sur la tête du prévenu. Que de misérables et d'infortunés s'y étaient reflétés, disparaissant de sa surface au moment où ils disparaissaient de celle de la terre ! Quelle armée de spectres eût visité ce lieu abominable si le miroir avait rendu tous les visages qui s'y étaient réfléchis, comme un jour l'océan doit rejeter les morts qu'il engloutit. La pensée du déshonneur qui entacherait sa mémoire, ou l'idée du supplice qui l'attendait traversa peut-être l'esprit de l'accusé. Quoi qu'il en fût, il changea de position, et, conscient d'une barre de lumière qui frappait son visage, releva les yeux. En découvrant le miroir, il rougit et chassa de la main droite les brins d'herbe de sa tablette.

Il tourna la tête vers la Cour qui siégeait à sa gauche. Non loin du banc des juges, étaient assises deux personnes sur lesquelles son regard se figea si soudainement et en produisant une impression si vive sur sa physionomie que tous les yeux qui l'épiaient se portèrent sur cette partie-là de la salle.

Les spectateurs aperçurent alors une jeune fille de vingt ans à peine et un homme, de toute évidence son père, dont l'allure frappait d'étonnement. Il avait des cheveux d'un blanc neigeux et l'expression indescriptible de son visage reflétait un esprit peu actif mais d'une grande profondeur et d'une puissance méditative extraordinaire. Lorsqu'il se renfermait en lui-même, il paraissait vieux, mais lorsqu'il s'animait, comme en cet instant précis tandis qu'il parlait à sa fille, il était vraiment beau et semblait dans la force de l'âge.

Saisie de pitié pour le prisonnier, effrayée par les débats, la jeune fille se serrait contre son père, les deux mains croisées sur son bras. Son front pâle trahissait tant d'alarmes et de compassion qu'il était aisé de comprendre qu'elle ne voyait que le péril de l'accusé. Les spectateurs, jusqu'alors impitoyables, se laissèrent toucher par son émotion si frappante qui s'exprimait avec tant de naturel et de force. Chacun demanda tout bas qui étaient ces deux personnes.

Jerry, qui les observait en suçant la rouille de ses doigts, allongea le cou pour mieux entendre ce qui se chuchotait. De bouche en bouche, la question « qui sont-ils ? » était parvenue à un huissier de la Cour et la réponse de ce dernier revenait à ceux qui l'avaient formulée, quoique avec plus de lenteur. Elle atteignit enfin Jerry.

– Des témoins.

– De quel côté ?

– À charge.

– À charge de qui ?
– De l'accusé.

Le juge, dont les yeux avaient suivi le mouvement général, se ressaisit. Il se carra dans son fauteuil et posa un regard résolu sur l'homme dont il tenait la vie entre les mains tandis que l'attorney général se levait pour filer la corde, affûter la hache et dresser l'échafaud.

3

Désappointement

M. l'attorney général instruisit le jury que le prévenu, bien que jeune, n'était pas novice dans la pratique de la trahison, crime capital qui se punit par la peine de mort; que les relations de l'accusé avec l'ennemi public ne dataient pas d'aujourd'hui, pas d'hier, pas même de l'année passée, non plus que de l'année précédente; qu'il était certain que depuis longtemps Charles Darnay voyageait fréquemment entre Paris et Londres pour des affaires secrètes au sujet desquelles il n'avait pu fournir aucune explication satisfaisante; que s'il avait été permis au criminel de réussir dans ses coupables entreprises (ce qui heureusement ne se produisit jamais), la profonde scélératesse de l'accusé n'aurait jamais été reconnue, mais que la Providence avait inspiré au cœur d'un homme de bien, sans reproche et sans crainte, la volonté de découvrir les plans du traître et que, frappé d'horreur, il en avait rendu compte au Premier secrétaire d'État de Sa Majesté et au Très-Honorable Conseil privé; qu'il serait produit comme témoin; que sa conduite n'avait pas cessé un instant d'être sublime; que cet homme d'honneur avait été l'ami de l'accusé, mais qu'en un jour, à la fois propice et douloureux, acquérant la certitude de la culpabilité du prisonnier, il avait résolu d'immoler sur l'autel sacré de la patrie l'infâme qu'il ne pouvait plus chérir; que si l'on avait élevé en Angleterre comme jadis en Grèce et à Rome des statues à la gloire des bienfaiteurs publics, il en aurait assurément été érigé une à la gloire de cet honorable citoyen; que puisque telle n'était pas la coutume anglaise, aucune statue ne récompenserait ce bon patriote; que la Vertu, ainsi que les poètes l'avaient proclamé dans maintes œuvres que le jury tout entier, M. l'attorney général n'en doutait pas, connaissait mot pour mot (là, les jurés prirent un air coupable qui démentait l'affirmation du procureur), que donc la Vertu était contagieuse, surtout cette vertu éclatante qui portait le nom de patriotisme ou d'amour de la patrie; que le sublime exemple du témoin irréprochable de la Couronne auquel c'était un honneur de se référer avait contacté le domestique du prévenu et éveillé chez lui la pieuse détermination de fouiller les poches et les tiroirs de son maître et de s'emparer de la correspondance secrète de ce dernier; que lui, attorney général, s'attendait que de mauvais citoyens jettent l'opprobre sur la conduite de cet admirable individu; mais que personnellement, il le préférait en quelque sorte à ses frères et à ses sœurs (ceux de l'attorney général) et le tenait en plus haute estime que ses propres père et mère (ceux de l'attorney général); qu'il se reposait avec confiance sur le jury qui lui donnerait raison et ferait de même; que les dépositions des deux témoins, jointes aux documents qu'ils avaient saisis et qu'on allait produire, prouveraient que l'accusé possédait les listes des forces de Sa Majesté britannique et de leurs plans de campagne, tant sur mer que sur terre, et ne permettraient pas de douter que l'accusé eût l'habitude de transmettre ces précieux détails à la puissance ennemie; qu'on ne pouvait établir que ces documents étaient écrits de la main du prévenu, mais que ce détail n'offrait aucun intérêt, que c'était au contraire une preuve supplémentaire de la fourberie du prévenu; que les débats montreraient que ces pratiques frauduleuses dataient déjà de cinq années, c'est-à-dire qu'elles remontaient à l'époque qui précédait de quelques semaines le premier conflit entre les Américains et les troupes anglaises; que pour toutes ces raisons, les jurés, étant des hommes loyaux (ce qu'il savait qu'ils étaient) et des hommes responsables (ce qu'ils savaient qu'ils étaient), devaient nécessairement déclarer le prévenu coupable du crime dont on l'accusait et le condamner à la peine capitale, que cela leur plût ou non; qu'ils ne pourraient plus poser la tête sur l'oreiller, qu'ils ne pourraient plus souffrir la pensée que leur épouse et leurs enfants posent la tête sur l'oreiller, en bref qu'il n'y aurait plus moyen pour eux ni pour leurs familles de poser la tête sur l'oreiller, à moins que celle de l'accusé ne tombât sous la hache du bourreau. Cette tête, M. l'attorney général la leur demandait au nom de tout ce qu'il pouvait invoquer sur le ton de l'envolée lyrique, en affirmant avec une solennité ronflante qu'il considérait le coupable comme ayant déjà été condamné et exécuté.

Lorsque le dernier mot de cette harangue eut été prononcé, un bourdonnement s'éleva de tous les points de l'auditoire, comme si des nuées de grosses mouches bleues grouillaient autour du prévenu par anticipation de ce qu'il allait devenir; puis, le silence rétabli, le patriote irréprochable apparut à la barre des témoins.

M. le sollicitor général, marchant sur les traces de son chef de file, interrogea le patriote qui répondait au nom de John Barsad, gentilhomme. Le récit de cette âme pure ressembla en tout point à celui dont M. l'attorney général avait édifié l'auditoire. Le seul défaut qu'on pût lui reprocher, si toutefois il en avait un, fut d'évoquer trop fidèlement la version précédente. Après avoir déchargé sa noble poitrine du fardeau qui l'oppressait, l'éminent citoyen se serait modestement retiré si l'avocat de la défense (le gentleman coiffé d'une perruque qui se trouvait placé tout près de Mr Lorry), son dossier devant lui, n'avait demandé l'autorisation de lui poser quelques questions. L'avoué en perruque qui lui faisait face garda obstinément les yeux au plafond.

Le témoin avait-il jamais été espion ? Non, cette vile insinuation ne faisait qu'exciter son mépris. Quels étaient les moyens d'existence du témoin ? Il possédait des biens. Où ? Cela lui échappait. De quelle nature étaient ces biens ? Cela ne regardait personne. En avait-il hérité ? Oui, il en avait hérité. De qui ? D'un parent éloigné. Très éloigné ? Assez. Avait-il jamais fait de la prison ? Sûrement pas. En prison pour dettes ?

Il ne voyait pas le rapport. Jamais en prison pour dettes ? Voyons ! Jamais ? Eh bien, si. Combien de fois ? Deux ou trois fois. N'étaient-ce pas plutôt cinq ou six ? Peut-être bien. Quelle était la profession du témoin ? Gentilhomme. Ne s'était-il jamais battu ? C'était possible. Souvent ? Non. Ne l'avait-on jamais jeté dans des escaliers ? Certes non. Une fois, on l'avait poussé un peu fort mais s'il avait roulé jusqu'au bas des escaliers, c'était de sa propre volonté. N'était-ce pas pour avoir joué avec des dés pipés ? Quelque chose d'analogue avait été dit par l'ivrogne qui l'avait agressé, mais rien n'était plus faux. Le témoin pouvait-il le jurer ? Il le jurait. Trichait-il au jeu régulièrement ? Jamais. N'était-il pas un joueur professionnel ? Pas plus qu'un autre. N'avait-il jamais emprunté d'argent à l'accusé ? Si. Le lui avait-il rendu ? Non. Son amitié avec l'accusé ne se bornait-elle pas en vérité à un emprunt perpétuel sous forme de frais de voitures, d'auberges, de trajets en paquebot ? Non. Était-il sûr d'avoir vu les listes entre les mains du prévenu ? Tout à fait sûr. Que savait-il d'autre au sujet de ces documents ? Rien. N'était-ce pas lui qui se les était procurés, par exemple ? Non. Combien à son avis toucherait-il pour son témoignage ? Il ne comprenait pas. N'était-il pas employé par le gouvernement comme agent provocateur ? Mon Dieu, non. Ou pour toute autre mission ? Mon Dieu, non. L'affirmait-il sous la foi du serment ? Bien sûr. Le patriotisme le plus pur lui avait-il seul inspiré sa conduite ? Bien sûr, rien d'autre.

L'ancien et vertueux domestique du prévenu, Roger Cly, prêta serment à son tour et multiplia les serments avec volubilité au cours de son interrogatoire. C'était un honnête homme qui en toute bonne foi était entré quatre ans auparavant au service de l'accusé. Il avait demandé au prévenu rencontré sur le paquebot de Calais si par hasard il n'avait pas besoin d'un serviteur intelligent et probe et le prévenu l'avait engagé. Il n'avait pas supplié qu'on le prît par charité. Ses soupçons éveillés, il résolut d'avoir l'œil sur son maître. Au cours de leurs voyages, il avait trouvé à plusieurs reprises dans les poches du prévenu, en rangeant ses habits, des papiers semblables aux listes qu'on venait de lui présenter. Il avait trouvé les documents que la Cour avait sous les yeux dans le tiroir du bureau de son maître. Il avait surpris l'accusé montrant ces mêmes listes à des Français à Calais, et d'autres listes à Calais et à Boulogne. Il aimait son pays, il n'avait pu supporter l'idée qu'on le trahisse et s'était empressé d'en informer la justice. On ne l'avait jamais accusé d'avoir volé une théière en argent. On l'avait calomnié au sujet d'un pot à moutarde qui, en fin de compte, s'était révélé être plaqué argent. Il connaissait le premier témoin depuis sept ou huit ans. C'était là une simple coïncidence qui n'offrait rien de singulier. La plupart des coïncidences n'étaient-elles pas toujours singulières ? Et ce n'était qu'une coïncidence de plus, si seul le patriotisme le plus ardent avait dicté sa conduite. C'était un Anglais pur et dur et il espérait qu'ils étaient nombreux dans le pays.

Les mouches bleues recommencèrent à bourdonner et l'attorney général appela à la barre Mr Jarvis Lorry.

– Mr Jarvis Lorry, êtes-vous employé à la banque Tellson ?

– Oui.

– Un vendredi soir du mois de novembre 1775, n'avez-vous pas pris la malle-poste de Douvres pour un voyage d'affaires ?

– Oui.

– Y avait-il d'autres passagers dans la voiture ?

– Oui, deux.

– Sont-ils descendus avant Douvres ?

– Oui.

– Mr Lorry, veuillez regarder le prisonnier. Est-ce l'un des passagers en question ?

– Il m'est impossible de vous répondre.

– Ressemble-t-il à l'un des deux passagers de la malle-poste ?

– Les deux voyageurs étaient enveloppés dans leur manteau, la nuit était noire, nous ne nous sommes pour ainsi dire pas parlé. Je ne peux donc rien affirmer.

– Veuillez regarder l'accusé de nouveau, Mr Lorry. Imaginez-le enveloppé d'un long manteau comme les deux voyageurs que vous évoquez. Y a-t-il dans sa taille, dans son allure générale, quelque chose qui vous permette d'affirmer qu'il n'était pas dans la voiture ?

– Non.

– Êtes-vous prêt à jurer qu'il n'était pas dans la voiture ?

– Non.

– Ainsi, vous reconnaissez qu'il pourrait être l'un de ces deux voyageurs.

– Oui. Je me souviens cependant que les deux voyageurs témoignaient d'une crainte excessive des voleurs, crainte que je partageais moi-même, et l'accusé ne me paraît pas être un homme qui se laisse aisément intimider.

– Avez-vous déjà vu quelqu'un simuler la crainte, Mr Lorry ?

– Certes.

– Veuillez regarder une fois de plus l'accusé. L'avez-vous déjà vu ?

– Oui.

– Quand ?

– Quelques jours plus tard, à mon retour de Paris. À Calais, l'accusé a embarqué et nous avons fait la traversée ensemble.

– À quelle heure a-t-il embarqué ?

– Un peu après minuit.

– Au milieu de la nuit. Est-ce le seul passager qui ait embarqué à une heure aussi avancée de la nuit ?

– Le hasard voulut qu'il ait été le seul.

– Peu importe le hasard, Mr Lorry. L'accusé a donc été le seul passager à monter à bord du bateau à une heure aussi avancée de la nuit ?

– Oui.

– Étiez-vous seul ?

– Non. Je voyageais en compagnie d'un ami et de sa fille. Tous deux sont présents à ce procès.

– Bien. Avez-vous parlé avec l'accusé ?

– Nous avons à peine échangé quelques paroles. Le temps était à la tempête, la traversée fut longue et pénible et je suis resté allongé sur une banquette presque jusqu'à notre arrivée à Douvres.

– Miss Manette !

La jeune fille, sur qui tous les regards s'étaient attachés au début du procès et qui les attira de nouveau, se leva et resta à sa place sans quitter le bras de son père qui s'était levé également.

– Miss Manette, veuillez regarder l'accusé.

Tant de compassion, tant de jeunesse et de beauté soumirent Charles Darnay à une épreuve bien plus intolérable que la confrontation avec la foule qui l'épiait. En effet, du banc des accusés où il se tenait debout, loin de la jeune fille et quasiment au bord de la tombe, il fut soudain incapable de conserver l'impassibilité qui jusqu'à présent avait figé ses traits pour affronter la curiosité avide dont il était l'objet. D'un geste convulsif, il dispersa les brins d'herbes aromatiques qui étaient devant lui comme pour former des allées de fleurs dans un jardin, et ses efforts pour maîtriser sa respiration haletante firent trembler ses lèvres qui devinrent livides. Le bourdonnement des grosses mouches bleues s'éleva de nouveau.

– Miss Manette, avez-vous déjà vu l'accusé ?

– Oui, monsieur.

– Où ?

– À bord du bateau qui effectue le trajet de Calais à Douvres et dans les circonstances qui viennent d'être évoquées par Mr Lorry.

– Êtes-vous la jeune personne mentionnée par le témoin que l'on vient d'entendre ?

– Pour mon malheur, oui.

La douleur qui perçait sous ses paroles fut couverte par la voix moins musicale du juge qui déclara d'un ton féroce :

– Vous êtes priée de répondre aux questions sans ajouter de commentaires personnels. Avez-vous parlé avec le prévenu au cours de cette traversée ?

– Oui, monsieur.

– Veuillez rapporter votre conversation.

– Lorsque Monsieur fut à bord... commença-t-elle d'une voix défaillante au milieu du plus profond silence.

– S'agit-il de l'accusé, miss Manette ? interrompit le juge en fronçant les sourcils.

– Oui, Votre Honneur.

– Dans ce cas, dites l'accusé.

– Lorsque l'accusé fut à bord, il remarqua la fatigue

et la faiblesse de mon père. (Elle posa un regard aimant sur celui-ci.) Mon père était si malade que je n'osai l'installer dans les salons de peur que l'air ne vînt à lui manquer. Je lui préparai un lit sur le pont, à côté de l'escalier qui descend aux cabines et je m'assis à son chevet. Ce soir-là, il n'y avait pas d'autres passagers à bord que nous quatre. L'accusé eut la bonté de m'aider à protéger mon père du mauvais temps. J'ignorais de quel côté soufflerait le vent quand nous aurions quitté le port. Il se montra d'une grande prévenance et d'une grande douceur et témoigna pour l'affreux état de mon père une compassion profonde qui n'était pas feinte, j'en suis sûre. C'est ainsi que nous avons commencé à bavarder.

– L'accusé était-il seul au moment d'embarquer ?

– Non, monsieur.

– Combien de personnes l'accompagnaient-elles ?

– Deux Français.

– Ont-ils parlé ensemble ?

– Ils se sont entretenus jusqu'au départ du bateau, c'est-à-dire jusqu'au moment où les deux Français ont dû descendre à terre.

– Ont-ils échangé des listes semblables à celles-ci ?

– Ils se sont montré des papiers, mais j'ignore leur contenu.

– Avaient-ils la forme et la dimension de ces documents-ci ?

– C'est possible, mais vraiment, je l'ignore. Ils se tenaient au haut de l'escalier pour être plus près de la lampe et donc tout près de moi, mais l'éclairage était mauvais et ils chuchotaient. J'ai simplement vu qu'ils examinaient des papiers.

– Revenons à votre conversation avec l'accusé, miss Manette.

– L'accusé s'est montré aussi confiant – une confiance provoquée par le fait que je me trouvais quelque peu démunie – qu'il était aimable et prévenant à l'égard de mon père. J'espère bien, poursuivit la jeune fille en fondant en larmes, ne pas le remercier de ses bontés en disant quelque chose qui pourrait lui porter préjudice.

Bourdonnement des mouches bleues.

– Miss Manette, si l'accusé n'a pas déjà compris que vous répondez avec une extrême répugnance aux questions qui vous sont posées – auxquelles vous devez répondre car tel est votre devoir et auxquelles vous n'échapperez pas –, il est bien le seul. Poursuivez.

– Il m'a dit qu'il voyageait pour affaires, qu'il avait à remplir une mission délicate et qu'il avait dû changer de nom pour ne pas compromettre sa famille. Il a ajouté que ces affaires le ramèneraient sous peu en France et l'obligeraient à effectuer ce même voyage à plusieurs reprises.

– A-t-il parlé de l'Amérique ? Tâchez de rapporter les paroles de l'accusé avec fidélité.

– Il s'est efforcé de m'expliquer les motifs du conflit qui venait d'éclater entre les colons et la métropole. Autant qu'il pouvait en juger, l'attitude de l'Angleterre était insensée et irresponsable. Il a ajouté, en plaisantant, que le nom de George Washington serait peut-être un jour aussi célèbre que celui de Sa Majesté George III. Mais je répète qu'il a dit ces paroles en riant, sans y penser, comme il aurait dit autre chose.

L'expression gravée sur les traits d'un acteur principal dans une scène qui excite au plus haut degré l'intérêt du public se reflète bien souvent, et à leur insu, sur le visage des spectateurs. L'anxiété de la jeune fille au moment où elle révéla cette conversation compromettante, s'interrompant pour laisser au juge le temps d'écrire son témoignage, et observant non sans effroi les avocats de la défense et de l'accusation, se peignit donc sur les visages de l'auditoire, comme si la salle était constituée d'une myriade de miroirs reflétant tous la physionomie du témoin. C'est ce que découvrit le juge lorsque, courroucé par l'effroyable hérésie touchant la gloire de George Washington, il releva vivement la tête de ses notes.

M. l'attorney général ayant démontré à Son Honneur qu'il serait bon d'interroger le père de la jeune fille, ne fût-ce que pour la forme, le Dr Manette fut appelé à témoigner.

– Docteur Manette, veuillez regarder l'accusé. L'avez-vous déjà vu ?

– Une fois, lorsqu'il vint me rendre visite à mon

domicile à Londres. Il y a de cela trois ans, trois ans et demi.

– Reconnaissez-vous en lui l'individu rencontré sur le bateau qui vous emmenait en Angleterre et pouvez-vous dire quelques mots de la conversation qu'il a eue avec votre fille ?

– Je ne peux répondre à aucune de ces deux questions.

– Quelque raison particulière vous en empêche ?

– Oui, répondit le docteur à voix basse.

– Est-il vrai, M. Manette, que vous avez été incarcéré sans jugement et avez subi une longue captivité dans votre pays natal ?

– Une bien longue captivité, dit le témoin d'un ton qui émut tous les cœurs.

– Veniez-vous d'être libéré lorsque vous avez entrepris ce voyage en Angleterre que nous évoquons ?

– C'est ce qu'on m'a dit.

– Avez-vous quelque souvenir de la traversée ?

– Aucun. Il y a dans mon esprit un vide complet à partir de l'époque, je ne sais même plus laquelle, où, dans ma prison, je faisais des souliers jusqu'au moment où je me suis retrouvé à Londres avec ma fille. Je m'étais habitué à la présence de mon enfant quand un Dieu plein de miséricorde a permis que je recouvre mes facultés. Je demeure toutefois incapable d'expliquer comment je me suis familiarisé avec ma nouvelle vie. Je n'ai aucun souvenir de ces événements ni de leur enchaînement.

M. l'attorney général se rassit. M. Manette et sa fille reprirent leur place.

C'est alors qu'un nouveau témoin étant appelé à la barre, sa déposition provoqua un curieux incident. Il s'agissait toujours de prouver que, ce vendredi soir du mois de novembre 1775, l'accusé avait quitté Londres avec l'un de ses complices dont on n'avait pu retrouver la trace, par la malle-poste de Douvres; que tous deux, descendant de voiture en cours de route, s'étaient arrêtés dans un endroit choisi pour brouiller les pistes; qu'ils étaient alors revenus sur leurs pas, parcourant une douzaine de milles, voire plus, pour arriver dans une ville de garnison et de chantiers navals où ils s'étaient procuré les renseignements frauduleux qu'ils étaient chargés de réunir.

Le témoin déclara reconnaître en la personne de l'accusé l'individu qui se trouvait précisément à l'heure voulue dans la salle à manger d'un hôtel de cette ville de garnison en train d'attendre son acolyte. L'avocat de la défense procéda ensuite au contre-interrogatoire, mais ce fut en pure perte. Le témoin continuait d'affirmer qu'il n'avait vu l'accusé qu'une seule fois mais qu'il l'avait fort bien vu, lorsque l'avoué en perruque, qui depuis le début du procès n'avait cessé de contempler le plafond, griffonna quelques mots sur un bout de papier qu'il roula en boule pour le jeter à l'avocat. Celui-ci ouvrit le billet et, l'ayant lu, regarda l'accusé avec un vif intérêt teinté de curiosité.

– Êtes-vous bien sûr qu'il s'agissait de l'accusé ? demanda-t-il au témoin.

– Oui.

– Avez-vous jamais vu quelqu'un qui ressemblât à l'accusé ?

– Jamais au point de m'y méprendre.

– Veuillez alors regarder mon éminent collègue, poursuivit l'avocat en désignant le gentleman qui lui avait lancé le billet, puis regardez de nouveau l'accusé. Qu'en dites-vous ? Ne voyez-vous pas une ressemblance ?

Hormis l'indifférence maussade et un certain air d'ennui mêlé d'insolence qui pouvait indiquer un tempérament débauché et qui caractérisait l'éminent collègue en question, il existait entre l'accusé et l'avoué une ressemblance assez grande pour surprendre l'assistance dont on appelait l'attention sur ce point. Son Honneur fut même convié à prier l'éminent collègue d'ôter un instant sa perruque, requête à laquelle ce dernier se plia de fort mauvaise grâce. La ressemblance devint alors frappante. Son Honneur s'enquit si Mr Stryver (l'avocat de la défense) avait l'intention de juger Mr Carton (l'éminent collègue) pour crime de haute trahison. Or, Mr Stryver était bien loin de nourrir pareil dessein. Il se contenta de demander au témoin si l'incident qui venait de se produire devant la Cour ne pouvait pas se répéter en d'autres occasions, supposa que désormais le témoin comprendrait ce que toute précipitation à affirmer un fait qu'aucune preuve n'étayait avait de dangereux, et espéra que cela lui servirait de leçon. Il continua sur ce ton pendant quelques instants encore. Ce coup de théâtre eut pour effet d'anéantir le témoin qui, brisé en miettes comme une assiette qu'on fracasse, devint pour l'affaire un débris inutile.

Mr Cruncher qui, pendant les dépositions, avait eu le temps de sucer toute la rouille de ses doigts, dut subir désormais l'éloquence de Mr Stryver qui entreprit de façonner son plaidoyer à l'intention du jury comme on taille un habit. Il montra aux jurés que le patriote Barsad était un espion à gages, un vil traître, un infâme trafiquant en sang, l'un des misérables les plus éhontés qu'on eût vus depuis Judas à qui il ressemblait beaucoup d'ailleurs; quant au vertueux Roger Cly, il était son digne ami et complice depuis plus de dix ans. Il montra également comment ces deux hommes, à la fois parjures et faussaires, avaient choisi l'accusé pour victime car celui-ci avait des affaires de famille qui l'appelaient continuellement en France, son pays natal – affaires qu'il ne pouvait révéler car elles le touchaient personnellement –, comment la déposition arrachée à miss Manette, dont chacun avait pu constater l'anxiété, avait été déformée, alors qu'elle établissait simplement que l'accusé avait témoigné à l'égard de la jeune personne la politesse, les petites prévenances et galanteries bien innocentes que tout jeune homme bien élevé aurait certainement eues en pareilles circonstances; que leur conversation n'avait été qu'un charmant badinage, si l'on en exceptait les paroles concernant la gloire de Washington et qui étaient tellement extravagantes qu'il était impossible d'y voir autre chose qu'une monstrueuse plaisanterie. L'avocat ajouta que ce serait une faiblesse indigne du gouvernement que de saisir cette occasion pour chercher à se rendre populaire en flattant les antipathies et les terreurs nationales les plus basses; que malgré le zèle de M. l'attorney général, cette affaire ne reposait que sur du vent car elle faisait appel à des témoignages dont le caractère vil et infamant salissait trop souvent des causes semblables qui encombraient les tribunaux de ce pays.

Ici, Son Honneur interrompit l'avocat d'un air grave (aussi grave que s'il venait d'entendre un mensonge éhonté) et déclara qu'il ne souffrirait pas de pareilles allusions tant qu'il présiderait la Haute Cour de Justice.

Mr Stryver produisit ses quelques témoins. Puis Mr Cruncher fut contraint de subir la plaidoirie de M. l'attorney général qui, retournant l'habit que l'avocat de la défense venait de façonner pour les jurés, prouvait que Barsad et Cly étaient cent fois plus honorables et le prévenu cent fois plus perfide qu'il ne l'avait cru auparavant. Enfin, Son Honneur, se saisissant à son tour de l'habit dont il montra et l'endroit et l'envers, lui donna une coupe définitive et y tailla un linceul aux mesures de l'accusé.

Le jury se mit à délibérer. Les mouches bleues bourdonnèrent avec une force accrue.

Mr Carton, qui avait longuement observé le plafond du tribunal, resta à sa place, dans la même attitude, en dépit de l'excitation générale. Mr Stryver, l'éloquent défenseur, rassembla avec force gestes les papiers qui étaient devant lui et chuchota avec ses voisins tout en jetant des coups d'œil inquiets en direction du jury. Son Honneur quitta son siège pour se promener – fiévreusement, soupçonna-t-on dans la salle – sur l'estrade. La foule, en proie à une vive agitation, allait et venait, formait des groupes, discutait. Seul Mr Carton était assis, les mains dans les poches, la robe en désordre, la perruque de travers, les yeux levés au ciel dans l'attitude contemplative qu'il avait observée tout le jour. Il y avait chez lui un abandon qui lui conférait un air si peu recommandable et qui diminuait tellement sa ressemblance avec le prévenu (laquelle s'était véritablement imposée pourtant lorsqu'il s'était plié à l'exigence de Mr Stryver) que de nombreux spectateurs chuchotèrent que la ressemblance des deux hommes leur aurait échappé si leur attention n'avait pas été attirée sur ce point. Mr Cruncher en fit la remarque à son voisin.

– Je parie une demi-guinée, ajouta-t-il, que c'est un

avocat sans cause. Il a pas l'allure de quelqu'un qui travaille.

Cependant Mr Carton saisissait beaucoup mieux les détails de la scène qu'il n'en avait l'air. Il fut le premier à s'apercevoir que la tête de miss Manette s'affaissait sur l'épaule de son père.

– Huissier, s'écria-t-il aussitôt, occupez-vous donc de la jeune demoiselle ! Aidez son père à la transporter dehors. Ne voyez-vous pas qu'elle se trouve mal ?

Le docteur et miss Manette suscitaient la plus vive sympathie parmi l'assistance. M. Manette avait naturellement beaucoup souffert des allusions à sa captivité lors de sa déposition, et l'expression pensive ou soucieuse, tel un nuage, qui le vieillissait, n'avait pas cessé depuis lors d'assombrir sa physionomie. Au moment où le père et la fille se dirigeaient vers la sortie, le président du jury adressa la parole au président de la Cour. MM. les jurés ne parvenaient pas à se mettre d'accord et souhaitaient se retirer dans la salle des délibérations.

Son Honneur, qui peut-être avait encore sur le cœur la gloire future de Washington, fut surpris d'apprendre que MM. les jurés ne s'entendaient pas sur un fait aussi simple. Toutefois, il consentit volontiers à leur requête et en profita pour quitter lui aussi la salle d'audience. Le procès avait duré tout le jour et on allumait les lampes. Bientôt le bruit courut que les jurés seraient longs à s'entendre. Les spectateurs sortirent pour aller prendre des rafraîchissements, et l'accusé se retira au fond de son banc où il s'assit. Mr Lorry, qui avait pris soin du docteur et de sa fille, reparut dans la salle et fit signe à Jerry d'approcher. Celui-ci n'eut aucun mal à fendre la foule dont l'intérêt pour le procès s'était relâché.

– Jerry, si vous désirez aller vous restaurer, vous pouvez sortir, dit-il. Mais ne vous éloignez pas. Soyez là au moment du verdict, j'aurai besoin de vous pour le porter à la banque. Vous êtes le messager le plus rapide que je connaisse et vous serez à Temple Bar plus vite que moi.

Jerry avait tout juste assez de front pour se le toucher de l'index en remerciement du shilling qui accompagnait cet ordre. Au même instant, Mr Carton surgit et posa la main sur le bras du banquier.

– Comment va la jeune fille ? s'enquit-il.

– Elle est plongée dans un profond désarroi, mais elle va beaucoup mieux depuis qu'elle est au grand air.

– Je vais transmettre la nouvelle au prévenu. Il ne serait pas convenable qu'un homme de votre condition parlât en public à un accusé.

Mr Lorry rougit, comme pris en faute pour avoir eu cette intention et pour y avoir renoncé par souci des règles de bienséance. Mr Carton se dirigea vers le banc des accusés. La sortie se situant dans la même direction, Jerry lui emboîta le pas, l'œil écarquillé, l'oreille tendue, le cheveu dressé.

– Mr Darnay !

L'accusé se leva aussitôt.

– Il est naturel que vous désiriez savoir comment va miss Manette. Elle va beaucoup mieux. Son malaise est passé.

– Je suis désolé de l'avoir provoqué. Pourriez-vous lui présenter mes excuses et l'assurer de l'expression de ma profonde gratitude ?

– Certes, je le peux et je le ferai si vous m'en priez, répliqua Mr Carton d'un ton qui frisait l'insolence.

Il se tenait, à demi tourné vers l'accusé, un bras nonchalamment appuyé sur la barre.

– Je vous le demande et veuillez accepter mes sincères remerciements.

– Qu'attendez-vous du jury, Mr Darnay ? interrogea Carton.

– Le pire.

– Cela semble sage d'autant plus que c'est l'éventualité la plus probable. Toutefois, à mon avis, le désaccord des jurés est en votre faveur.

Jerry, qui n'avait pas le droit de s'attarder près du tribunal, dut avancer et n'entendit rien de plus. Il laissa les deux interlocuteurs aux traits si ressemblants, mais aux manières si discordantes, debout côte à côte et réfléchis par le miroir qui dominait le banc des accusés.

Une heure et demie se traîna jusqu'au retour de la Cour avec une lenteur désespérante malgré les pâtés de mouton et les pots d'ale qui aidèrent la foule truffée de voleurs et de vauriens de toutes espèces à patienter dans les couloirs du rez-de-chaussée de l'Old Bailey. Le commissionnaire à la voix enrouée, mal installé sur un banc après s'être restauré, s'était finalement assoupi lorsqu'un puissant murmure le réveilla et que la marée humaine qui se précipitait dans la salle d'audience l'emporta jusqu'au haut de l'escalier.

– Jerry, Jerry, appela Mr Lorry qui l'attendait à la porte.

– Me voilà, m'sieur ! Il va falloir se battre pour sortir. Me voilà, m'sieur !

Mr Lorry lui tendit un morceau de papier plié au-dessus de la foule.

– Vite ! Vous l'avez ?

– Oui, m'sieur.

Écrit à la hâte, le billet ne contenait qu'un seul mot : ACQUITTÉ.

– Cette fois, murmura Cruncher en s'en allant, si vous aviez mis *« rappelé à la vie »*, j'aurais compris.

Tant qu'il se trouva à l'intérieur de l'Old Bailey, il n'eut pas le temps de penser davantage. La foule se déversait au-dehors avec une force qui manquait le faire trébucher et le bourdonnement entêtant se dispersa dans la rue, comme si les mouches bleues, déçues dans leur attente, se lançaient à la recherche d'une autre charogne.

4

Félicitations

Les couloirs à l'éclairage glauque achevaient de déverser les derniers dépôts laissés par le ragoût humain qui bouillait depuis le matin entre les murs du tribunal. Pendant ce temps, le Dr Manette, sa fille, Lucie Manette, Mr Lorry, l'avocat de la défense, Mr Stryver, et son avoué s'étaient rassemblés autour de Mr Charles Darnay – qu'on venait de libérer – et le félicitaient d'avoir échappé à la mort.

Même à une lumière plus vive, il eût été difficile de reconnaître, dans le médecin à la physionomie intelligente, à la silhouette droite, le cordonnier du faubourg Saint-Antoine à Paris. Toutefois, l'on était tenté, après un premier regard, de porter davantage d'attention à cet homme, alors même que l'on n'avait pas eu l'occasion de remarquer le timbre las de sa voix grave et basse et l'air préoccupé qui, par moments et sans aucune raison apparente, obscurcissait son visage. En effet, si une cause extérieure, une simple allusion à sa longue et douloureuse captivité comme lors du procès suffisaient à tirer des profondeurs de son âme l'état d'accablement dans lequel il avait vécu, cette tristesse qui l'assombrissait avait également la faculté de surgir inopinément et c'était là un phénomène aussi incompréhensible à ceux qui ignoraient son histoire que s'ils avaient vu, par un ciel pur, l'ombre menaçante de la Bastille s'étendre sur le médecin alors que la forteresse se situait à quelque trois cents milles de là.

Seule sa fille avait le pouvoir de dissiper ces nuages.

Elle était le fil d'or qui, pour lui, rattachait ses beaux jours d'antan à la sérénité dont il jouissait de nouveau après des années de détresse. Sa voix mélodieuse, son visage radieux, sa main toujours là pour rassurer exerçaient presque toujours sur le médecin une bienfaisante et souveraine influence. En effet, Lucie se souvenait qu'en certaines occasions, sa tendresse restait vaine; mais ces moments étaient rares et fugitifs et elle croyait qu'ils ne se reproduiraient plus.

Mr Darnay baisa la main de Lucie Manette avec ferveur et reconnaissance, puis se tourna vers Mr Stryver qu'il remercia chaudement. Mr Stryver, qui avait à peine une trentaine d'années, en paraissait vingt de plus. Corpulent, le cheveu roux, le teint rubicond, il parlait fort et sans détour, témoignait d'une absence complète de délicatesse et d'une aptitude à s'imposer, moralement et physiquement, au milieu d'une société ou d'une conversation, qui était bien significative de la façon dont il se frayait un chemin dans le monde.

Ayant encore perruque et robe, l'avocat se planta en face de son client avec une brutalité qui évinça du groupe l'innocent Mr Lorry.

– Je suis heureux de vous avoir tiré de ce mauvais pas, Mr Darnay ! s'écria-t-il. Cette accusation était une véritable infamie, mais qui de ce fait même n'en devait que mieux réussir.

– Jamais je n'oublierai que je vous dois la vie, répondit son ancien client.

– J'ai fait mon possible pour vous, Mr Darnay, et je crois que mon possible vaut bien celui d'un autre.

À ce moment stratégique, il appartenait clairement à quelqu'un de placer un « beaucoup mieux ».

Mr Lorry s'en chargea, peut-être avec l'intention de réintégrer sa place au sein du groupe.

– Vous trouvez ? releva Stryver. En effet, vous avez assisté aux débats tout le jour, vous devez avoir une petite idée sur la question. Et puis vous êtes un homme d'affaires.

– En cette qualité, répondit Mr Lorry qu'un petit coup d'épaule du savant avocat, semblable à celui qui l'en avait écarté, venait de ramener dans le groupe, je fais appel au docteur pour qu'il mette un terme à cette réunion et nous donne le signal du départ. Miss Lucie semble au bord du malaise, Mr Darnay a vécu une journée éprouvante, nous sommes tous épuisés.

– Parlez pour vous, Mr Lorry, rétorqua Stryver. Moi, j'ai à travailler toute la nuit. Parlez pour vous.

– Je parle certes en mon nom personnel, et pour Mr Darnay et pour miss Lucie... Ne pensez-vous pas, mademoiselle, que je peux même parler en notre nom à tous ? ajouta-t-il en désignant du regard le docteur.

Le visage de M. Manette dont les yeux étaient rivés sur Charles Darnay s'était figé en une singulière expression : une expression concentrée qui s'accentuait en un froncement de défiance et d'aversion qui n'était pas non plus exempt de crainte.

– Mon père, fit miss Manette en posant doucement la main sur son bras.

Lentement il secoua l'ombre sinistre qui voilait son visage et se tourna vers sa fille.

– Rentrons-nous à la maison, mon père ?

– Oui, fit-il avec un long soupir.

Les amis du prisonnier acquitté avaient d'abord pensé que ce dernier ne serait pas libéré le soir même. Les lumières dans les couloirs étaient presque toutes éteintes, les portails de fer se fermaient avec force fracas et grincements. Le triste théâtre allait rester désert en attendant que le puissant intérêt que suscitaient la potence, le pilori, le fouet et le fer rouge le repeuplât le lendemain matin. Lucie Manette, qui marchait entre son père et Mr Darnay, sortit dans la rue. On héla une voiture et le père et la fille disparurent.

Mr Stryver avait pris congé de son client dans les couloirs pour se frayer un chemin jusqu'au vestiaire. Une autre personne qui à la fin de la séance ne s'était pas jointe aux amis de Darnay, ni n'avait échangé un seul mot avec aucun d'entre eux en particulier, avait suivi le groupe en silence. Appuyé contre le mur de l'Old Bailey à l'endroit où son ombre était la plus épaisse, il assista au départ des Manette. Enfin, il s'approcha de Mr Darnay et de Mr Lorry qui se tenaient sur le trottoir.

– Alors, Mr Lorry, dit-il, il semble qu'un homme d'affaires puisse maintenant adresser la parole à Mr Darnay ?

Personne n'avait remercié Mr Carton pour le rôle décisif qu'il avait joué au cours du procès. Personne n'avait eu vent de son intervention.

– Si vous saviez quelle lutte se livre dans l'esprit d'un homme d'affaires lorsqu'il est partagé entre le désir de céder à l'élan d'une bonne nature et la nécessité de garder les apparences qu'exigent les affaires, vous seriez amusé, Mr Darnay.

– Monsieur, dit-le banquier en rougissant, et avec une certaine chaleur, vous avez déjà mentionné ce fait. Permettez-moi de vous faire observer cependant que nous, les hommes d'affaires qui sommes au service d'une maison importante, ne nous appartenons en aucune occasion et que nous devons savoir nous effacer devant les intérêts qu'on nous confie.

– Je sais, je sais, répondit négligemment Carton. Ne vous fâchez pas, Mr Lorry, vous êtes aussi bon qu'un autre. Je n'en doute pas. Je dirais même que vous êtes meilleur.

– En vérité, monsieur, poursuivit le gentleman, que ces paroles n'avaient point calmé, l'importance que vous attachez à ma conduite m'échappe totalement. Veuillez m'excuser si, en ma qualité d'aîné, je me permets de vous parler avec franchise, mais vraiment, vous feriez mieux de vous occuper de vos affaires.

– Mes affaires ! Dieu merci, je n'en ai pas, moi, répliqua l'avoué.

– Voilà qui est fort regrettable, monsieur.

– Je suis entièrement de votre avis.

– Si vous en aviez, peut-être en prendriez-vous soin.

– Seigneur, non, sûrement pas ! s'exclama Carton.

– Eh bien, monsieur, vous auriez tort ! s'écria Mr Lorry, exaspéré par tant d'indifférence. Les affaires sont une excellente chose et des plus respectables. Certes, monsieur, elles imposent des contraintes, des silences et des empêchements, mais Mr Darnay, qui est un jeune homme plein de générosité, comprend ma situation et, je le sais, ne me tient nullement rigueur de l'attitude que j'ai observée à son égard. Bonsoir, Mr Darnay, j'espère que c'est pour jouir d'une existence heureuse et bien remplie que vous nous avez été conservé. Encore une fois, mes sincères félicitations. Par ici, porteurs !

Mr Lorry, quelque peu en colère contre lui-même et contre l'avoué de son mouvement d'impatience, s'engouffra vivement dans sa chaise qui le transporta chez Tellson.

– N'est-ce pas un singulier hasard que celui qui nous réunit, Mr Darnay ? dit en riant Sydney Carton qui sentait le porto et paraissait éméché. Cela doit vous sembler bien étrange de vous retrouver ce soir dans la rue, seul avec votre sosie.

– C'est à peine si je me crois encore de ce monde, répondit Charles.

– Rien d'étonnant. Il n'y a pas si longtemps, vous étiez bien près de basculer dans l'autre. Vous avez la voix lasse.

– En effet, je me sens faible.

– Pourquoi diable ne pas aller dîner ? Moi j'ai mangé pendant que ces imbéciles se demandaient à quel monde vous deviez appartenir... Celui-ci ou l'autre... Laissez-moi vous conduire à la taverne la plus proche où l'on sert un bon repas.

Lui prenant le bras, Sydney Carton entraîna Charles Darnay jusqu'au bas de Ludgate Hill, puis dans Fleet Street, enfin dans un passage couvert qui menait à une auberge. On les introduisit dans une petite salle où Charles eut bientôt recouvré ses forces grâce à un repas simple et copieux arrosé d'un bon vin. Assis en face de lui, Carton dégustait sa bouteille de porto de son air indolent et impertinent.

– Commencez-vous à sentir que vous appartenez encore à ce monde ? demanda-t-il à Darnay.

– Bien que j'aie perdu toute notion de temps et d'espace, je me sens suffisamment revigoré pour en avoir conscience.

– Cela doit être une immense satisfaction, commenta d'un ton amer Carton en remplissant son verre qui était grand. Quant à moi, mon unique désir est d'oublier que j'en fais partie. Le monde, où je suis complètement inutile, n'offre à mes yeux aucun intérêt, excepté le vin de Porto. À cet égard, nous ne nous ressemblons guère. En vérité, je commence à me dire que nous ne partageons aucun point commun. Qu'en pensez-vous ?

Troublé par les émotions du jour et croyant rêver en se voyant bavarder avec ce double de lui-même au comportement désabusé, Charles Darnay ne sut que répondre à cette question et décida de l'ignorer.

– Maintenant que vous vous êtes restauré, reprit l'avoué, pourquoi ne portez-vous pas un toast ?

– Quel toast voulez-vous que je porte ? Pour qui ?

– Vous l'avez sur le bout de la langue, non ? Il ne peut en être autrement. J'en suis persuadé.

– À miss Manette ?

– À miss Manette !

Carton but à la santé de la jeune fille, en regardant Mr Darnay droit dans les yeux, puis il jeta son verre contre le mur et sonna pour qu'on lui en apportât un autre.

– Une bien jolie demoiselle qu'il est doux de raccompagner à sa voiture dans la nuit en lui donnant la main.

– Oui, fit le jeune homme, laconique, avec un froncement de sourcils.

– Une bien jolie demoiselle dont il est doux d'exciter la pitié et les larmes. Quelle impression cela fait-il ? Être l'objet d'une telle compassion, cela vaut-il qu'on risque la peine de mort, Mr Darnay ?

Darnay garda le silence.

– Elle a été ravie du message que vous m'avez chargé de lui transmettre. Non pas qu'elle se fût trahie, mais j'imagine que vos paroles n'ont pu que lui plaire.

Cette allusion rappela fort à propos à Charles Darnay que ce désagréable compagnon lui avait, de son propre chef, témoigné de la bonté au moment de sa détresse. Il détourna la conversation pour l'en remercier.

– Je ne veux pas de vos remerciements, je ne les mérite pas. D'abord, ce n'est pas un bien grand service, ensuite, j'ignore pourquoi je vous l'ai proposé. Mr Darnay, permettez-moi de vous poser une question.

– Volontiers, je voudrais vous accorder davantage en retour de vos bons offices.

– Pensez-vous m'être sympathique ?

– Vraiment, voilà une question que je ne me suis

moi-même pas posée, fit Darnay, étrangement déconcerté.

– Faites-le donc maintenant.

– Votre conduite à mon égard est celle d'un véritable ami, mais je ne crois pas vous être sympathique.

– Moi non plus, je ne le crois pas. Je commence à me faire une excellente opinion de votre jugement.

– Néanmoins, poursuivit Darnay en se levant pour sonner, je suppose qu'il n'y a dans vos sentiments pour moi rien qui puisse m'empêcher de régler ce repas, et j'espère que nous nous séparerons sans rancune, ni d'un côté ni de l'autre.

– Dieu m'en garde ! (Darnay sonna.) Avez-vous l'intention de payer toute la dépense ?

Comme Darnay répondait par l'affirmative :

– Dans ce cas, dit l'avoué au garçon, apportez une autre bouteille de porto et venez me réveiller à dix heures.

Après avoir payé l'addition, Charles Darnay se leva et souhaita le bonsoir à Mr Carton qui, se levant à son tour, lui dit sur un ton de défi :

– Un dernier mot, Mr Darnay : vous me croyez ivre ?

– Je pense que vous avez bu, Mr Carton.

– Vous pensez ? Vous en êtes sûr !

– Puisque vous tenez à me le faire dire, Mr Carton, je sais que vous avez bu.

– Sachez-en également la raison : je suis un misérable déçu par la vie. Je ne me soucie de personne et personne ne se soucie de moi.

– Je le déplore, monsieur. Vous pourriez employer vos talents à de bien meilleures fins.

– Peut-être avez-vous raison, Mr Darnay, peut-être avez-vous tort. Mais que votre sobriété ne vous monte pas à la tête. Vous ignorez ce que l'avenir vous réserve. Bonne nuit.

Resté seul, ce déconcertant individu prit la chandelle, s'approcha du miroir accroché au mur et s'examina avec une minutieuse attention.

– As-tu de l'affection pour ce garçon ? murmura-t-il à son image. Mais pourquoi aurais-tu de l'affection pour un garçon qui te ressemble ? On ne peut rien aimer en toi. Rien. Tu le sais. Que le diable t'emporte !

Quel changement s'est opéré en toi ! En voilà une, de raison ! S'attacher à un homme sous prétexte qu'il représente ce que tu aurais pu être et te fait comprendre que tu es tombé bien bas ? Si tu avais été à sa place, c'est toi que ces yeux bleus auraient regardé, c'est toi que ce visage bouleversé aurait plaint. Allons, avoue-le franchement, tu le hais !

Il retourna à sa bouteille pour y chercher un réconfort, la vida et s'endormit, le visage sur ses bras repliés, ses cheveux épars tombant sur la table et la chandelle gouttant sur lui.

5

Le chacal

C'était une époque où l'on buvait et la plupart des gens buvaient même beaucoup. Sous ce rapport, le temps a apporté un progrès si notable dans les mœurs qu'aujourd'hui une estimation modérée de la quantité de vin ou de punch ingurgitée par un seul individu au cours d'une soirée sans que pareille conduite nuisît à son honorable réputation de parfait gentleman paraîtrait une grotesque exagération. À l'égard de ces tendances bachiques, le barreau n'avait rien à envier aux autres professions savantes et Mr Stryver qui se frayait rapidement un chemin jusqu'à une clientèle étendue et lucrative remportait le même succès dans le domaine de la bouteille que dans celui plus aride de la chicane.

En faveur à l'Old Bailey, et qui plus est aux cours civiles, Mr Stryver avait commencé par abattre avec prudence les degrés inférieurs de l'échelle qu'il gravissait. L'Old Bailey et les cours civiles réclamaient leur favori et lui tendaient leurs bras affectueux. Tous les jours, on avait donc une chance de voir le rubicond Mr Stryver qui jaillissait d'une plate-bande de perruques comme un tournesol dans un jardin touffu où se dressent d'éclatants compagnons se tourne vers le soleil.

On avait souvent remarqué dans le barreau que si Mr Stryver était doué d'une parole facile, d'un caractère peu scrupuleux, d'un esprit audacieux et prompt, il n'avait pas cette faculté de grouper les faits et d'en extraire la quintessence qui est l'un des talents les plus frappants et les plus indispensables à l'avocat.

Cependant il avait à cet égard accompli un progrès immense. Plus il avait d'affaires, plus il paraissait les creuser jusqu'à la moelle et en saisir les points saillants avec une pénétration insoupçonnée. Quelle que fût l'heure tardive à laquelle il traînait en compagnie de Sydney Carton, le lendemain matin il possédait sa cause sur le bout du doigt.

Sydney Carton, le plus paresseux des êtres et celui de tous qui promettait le moins, était l'allié inséparable de l'avocat. On aurait mis à flot un vaisseau du roi avec ce qu'ils buvaient ensemble depuis janvier jusqu'à septembre. Stryver ne plaidait jamais qu'en présence de Carton qui gardait les mains dans les poches et les yeux au plafond. Ils faisaient tous deux les mêmes circuits, se livraient en province à leurs habituelles orgies et les prolongeaient tard dans la nuit. On prétendait avoir vu Carton regagner furtivement son domicile, au grand jour, d'un pas chancelant, comme un chat qui mène une vie de débauche. Enfin, le bruit commença à courir, parmi ceux qui y avaient intérêt, que, s'il ne serait jamais un lion, Carton faisait un merveilleux chacal et que, cette modeste qualité, il en remplissait fort bien l'office auprès de Stryver.

– Dix heures, monsieur, vint dire à Sydney Carton le garçon de la taverne.

– Que me veux-tu ?

– Il est dix heures.

– Dix heures du soir ?

– Oui, monsieur. Votre Honneur m'a demandé de le réveiller.

– Ah, je me souviens maintenant. Bien, bien.

Après quelques maussades efforts pour se rendormir, efforts que le garçon de la taverne combattit avec dextérité en attisant le feu bruyamment pendant cinq bonnes minutes, Carton se leva, jeta son chapeau sur sa tête et sortit. Il se dirigea vers le Temple, parcourut deux fois le trottoir de la promenade de King's Bench et de Paper's Buildings afin de secouer sa torpeur et alla frapper au cabinet de Mr Stryver.

Le clerc de ce dernier, qui n'assistait jamais à ces conférences, était rentré chez lui et ce fut l'avocat en personne qui ouvrit la porte à son collègue. Vêtu d'une ample robe de chambre, il était en pantoufles et dépoitraillé pour être plus à l'aise. Le tour de ses yeux présentait cet éraillement enflammé qu'on observe, depuis le juge Jeffries, chez tous les francs viveurs de sa classe, et qui se retrouve, en dépit des divers artifices de l'art, dans tous les portraits des siècles de beuverie.

– Tu as un peu de retard, Mémoire, dit Stryver.

– Pas vraiment. Un quart d'heure tout au plus.

Ils entrèrent dans un bureau miteux aux murs tapissés de livres, au parquet jonché de paperasses, et où brûlait dans l'âtre un feu ardent. Une bouilloire fumait sur la plaque du foyer de la cheminée et au milieu de ce désordre de papiers brillait une table chargée de vin, de cognac, de rhum, de sucre et de citrons.

– Je vois que tu as déjà bu ta bouteille, Sydney, dit l'avocat.

– J'en ai bu deux ce soir, je crois. J'ai dîné avec le client du jour, ou plutôt je l'ai regardé dîner, c'est pareil !

– Tu as eu là une idée de génie, Sydney, de te faire confronter avec le prévenu. Comment diable y as-tu pensé ? Quand as-tu été frappé par ta ressemblance avec ce Darnay ?

– Je le trouvais beau garçon et je songeais que j'aurais été comme lui si j'avais eu de la chance.

Mr Stryver éclata de rire de manière à secouer son ventre précoce.

– La chance et toi, Sydney, vous n'avez jamais été amis ! Mais au travail, au travail.

Le chacal défit son habit d'un air sombre, disparut dans une pièce voisine d'où il rapporta un broc d'eau froide, une cuvette et deux serviettes. Il trempa les serviettes dans l'eau, les essora légèrement et s'en façonna une espèce de hideux turban.

– Je suis prêt, dit-il en s'asseyant à une table.

– Il n'y a pas grand-chose ce soir, Mémoire, dit Mr Stryver d'un ton jovial en fouillant dans les paperasses.

– Combien d'affaires ?

– Deux.

– Donne-moi la plus difficile d'abord.

– Les voilà, Sydney. Vas-y !

Avec une tranquille majesté, le lion s'étendit sur un divan placé d'un côté de la table aux alcools, pendant que le chacal s'installait de l'autre côté, devant un bureau jonché de dossiers également à portée de main des bouteilles posées sur la table. Les deux camarades puisaient avec largesse dans leurs réserves d'alcool, mais chacun d'une manière différente. Le lion, étendu nonchalamment, une main dans la ceinture, regardait le feu et jouait de temps en temps avec un dossier peu fourni; le chacal, les sourcils froncés, l'air concentré, était si profondément absorbé par sa tâche que ses yeux ne suivaient même pas la main qu'il allongeait pour prendre son verre et qui, souvent, ne le rencontrait qu'après une minute ou deux de tâtonnements. À deux ou trois reprises, la besogne devenant trop épineuse, le chacal éprouva le besoin impératif d'aller retremper ses serviettes. Il revenait de chacun de ces pèlerinages au broc d'eau et à la cuvette le chef orné d'une coiffure grotesque que son air grave et soucieux rendait encore plus excentrique.

Enfin, le chacal réunit les éléments d'un repas compact qu'il entreprit d'offrir au lion. Le lion s'en saisit avec un prudent intérêt, et grâce au concours du chacal, fit choix de ce qui lui parut convenable, et se livra à diverses remarques. Puis, le repas discuté en détail, il fourra ses deux mains dans sa ceinture et se rallongea pour méditer. Le chacal puisa de nouvelles forces dans une rasade d'alcool, retrempa ses serviettes dans l'eau, et s'occupa des ingrédients d'un second repas qui fut servi au lion de la même façon que le précédent. Lorsqu'il fut complètement expédié, trois heures sonnèrent aux horloges de la ville.

– Maintenant qu'on a fini, Sydney, prépare-nous un bol de punch, commanda Stryver.

Le chacal se débarrassa des serviettes fumantes dont il était coiffé, se secoua, bâilla, frissonna et s'exécuta.

– Sais-tu, Sydney, que tu as été fort judicieux à propos de ce témoin à charge ? Toutes les questions que tu avais prévues ont été posées.

– Je suis toujours judicieux. Tu ne trouves pas ?

– Je ne dis pas le contraire. Qu'est-ce qui t'a hérissé

le poil ? Avale donc un peu de punch pour t'adoucir l'humeur.

Le chacal obéit en grommelant.

– Ce vieux Sydney Carton de la vieille école de Shrewsbury ! dit Stryver en hochant la tête comme s'il le considérait dans le moment présent et dans le passé. Ce vieux Sydney et ses sautes d'humeur. Toujours changeant. Au sommet de l'enthousiasme, au plus bas du désespoir.

– Ah, fit Carton en soupirant. Oui, toujours le même Sydney et toujours la même chance. Déjà à cette époque, je faisais les devoirs des autres, jamais les miens.

– Pourquoi ?

– Dieu seul le sait. C'est ma destinée, je suppose.

Assis, les mains dans les poches, les jambes allongées, il regardait le feu.

– Carton, dit l'avocat en se plantant devant lui d'un air d'importance, comme si l'âtre eût été la fournaise où l'on forgeait les efforts soutenus qui donnent le succès et que la seule aide délicate que l'on pouvait apporter au vieux Sydney Carton de Shrewsbury consistât à l'y pousser d'un vigoureux coup d'épaule, Carton, ta destinée a toujours été et sera toujours boiteuse. Tu n'as ni énergie, ni ambition. Regarde-moi.

– Mon Dieu, par pitié, s'écria Carton avec un rire léger et amusé, ne joue pas au moraliste !

– Comment ai-je accompli ce que j'ai accompli ? Comment continué-je à accomplir ce que j'accomplis ?

– En partie en me payant pour que je te fasse le travail, répliqua Sydney. Mais il est inutile de m'apostropher d'un air aussi grave. Tu réussis là où tu veux réussir. Tu as toujours été au premier rang et moi au dernier.

– Il a fallu que je me pousse au premier rang, je n'y suis pas né, Sydney.

– Je n'en sais rien, je n'étais pas présent à la cérémonie, mais à mon avis, tu y es né.

Carton éclata de rire. Stryver fit de même.

– Avant Shrewsbury, pendant et depuis, reprit l'avoué, tu as toujours occupé ta place et moi la mienne. Même à Paris, lorsque nous étions étudiants et que nous habitions le Quartier latin où nous ramassions quelques miettes de langue française et de droit français et autres notions dont nous n'avons guère profité, tu étais toujours partout et moi... nulle part.

– À qui la faute ?

– Sur mon âme, je ne suis pas sûr que ce ne soit pas la tienne. Tu ne te préoccupais que de ton ascension dans la société. Toujours prêt à pousser, presser, écarter. Il ne me restait que l'ombre et le repos. Mais il est triste de revenir sur son passé lorsque le jour va paraître. Avant que je m'en aille, donne à mes réflexions une autre direction.

– Eh bien, Sydney, disons à la santé du charmant témoin. Est-ce là une perspective plus agréable ?

Apparemment non, car Carton se rembrunit.

– Le charmant témoin, maugréa-t-il en regardant au fond de son verre. J'ai assez vu de témoins dans ma vie. De qui veux-tu parler ?

– De la ravissante fille du docteur, miss Manette.

– Elle, jolie ?

– Tu n'es pas d'accord ?

– Non.

– Voyons, Sydney, elle a fait l'admiration de toute la Cour.

– Peu importe. Qui a jamais reconnu la compétence de l'Old Bailey en matière de beauté ? C'est une poupée aux cheveux d'or.

– Sais-tu, Sydney, dit Stryver en attachant sur son collègue un regard pénétrant et en passant lentement une main sur son visage florissant, que je m'imaginais que tu éprouvais une vive sympathie pour cette poupée aux cheveux d'or. Il m'a semblé que tu avais été bien prompt à t'apercevoir de son malaise.

– Prompt ? Quand une jeune fille s'évanouit sous le nez d'un homme, il n'est pas besoin d'un télescope pour le voir, répliqua Carton. Je veux bien boire à sa santé, mais je nie formellement qu'elle soit jolie. Bon, maintenant, plus d'alcool. Je vais me coucher.

Lorsque l'avocat l'accompagna à la porte, une bougie à la main, le jour regardait frileusement l'escalier à travers les vitres crasseuses. Dehors, l'air était froid et triste, le ciel maussade et plombé, le fleuve sombre et trouble, la scène entière un désert sans vie. Des nuées de poussière tourbillonnaient, chassées par le vent du petit matin, comme si le sable du désert s'était soulevé au loin et que ses premières particules commençaient à recouvrir la ville.

Seul au milieu de ce désert, hanté par le vide qui avait laissé tant de forces se gâcher en lui, Carton s'immobilisa dans une rue silencieuse bordée de maisons et, l'espace d'un instant, vit en mirage l'ambition honorable, l'abnégation, la persévérance. Dans cette éblouissante cité imaginaire, du haut de galeries aériennes se penchaient vers lui des amours et des grâces, dans une profusion de jardins mûrissaient les fruits de la vie, l'Espoir jaillissait de fontaines étincelantes. L'instant d'après, la vision disparut. Il grimpa au dernier étage d'une haute maison et se jeta tout habillé sur un lit défait, la tête enfouie dans l'oreiller qu'il mouilla de larmes inutiles.

Tristement le soleil se leva. Il se leva sur le spectacle douloureux d'un homme doté de bonnes capacités et animé de bons sentiments, mais incapable d'en diriger l'emploi, de se suffire à lui-même et de créer son bonheur, un homme conscient du malheur qui le minait mais qui, résigné, s'y abandonnait.

6

Par centaines

Le paisible domicile du Dr Manette se situait à l'angle d'une rue peu fréquentée non loin de Soho Square. Il y avait environ quatre mois que le procès pour haute trahison avait été jugé et que son souvenir s'effaçait dans l'esprit du public, quand un dimanche, par un bel après-midi d'été, Mr Jarvis Lorry quitta sa maison de Clerkenwell pour se rendre par les rues ensoleillées chez le docteur où il allait dîner.

Après s'être laissé absorber à plusieurs reprises par la routine du travail, Mr Lorry avait cédé à l'affection que lui inspiraient le docteur et sa fille, et le quartier tranquille où demeuraient ses amis était devenu le point lumineux de son existence.

Par ce radieux dimanche, Mr Lorry s'était mis en route de bonne heure et cela pour trois raisons : d'abord, parce que, le dimanche, si le temps le permettait, il avait l'habitude d'effectuer avant le dîner une promenade en compagnie du docteur et de sa fille; ensuite, parce que, si le temps ne le permettait pas, il causait en famille, prenait un livre ou regardait par la fenêtre; enfin, parce qu'il avait quelques doutes à éclaircir et qu'il connaissait assez bien le rythme de la maisonnée pour savoir qu'à ce moment-là de la journée il aurait sans doute l'occasion de satisfaire sa curiosité.

Il eût été impossible de trouver dans toute la ville de Londres un endroit plus charmant que celui qu'habitait le docteur. La rue était en fait une impasse et les fenêtres de devant donnaient sur une vue plaisante qui invitait à la sérénité. Le nord d'Oxford Road n'était guère construit alors, et de grands arbres forestiers élevaient leur ramure touffue, des fleurs sauvages croissaient, des buissons d'aubépine fleurissaient dans des champs désormais disparus. Il en résultait qu'à cette époque les brises de la campagne circulaient avec vigueur autour de Soho Square au lieu d'y pénétrer languissamment comme les pauvres échappés de leurs paroisses et qu'il y avait dans le voisinage de nombreux espaliers exposés au midi où les pêches mûrissaient en leur saison.

La brillante lumière estivale frappait le domicile des Manette le matin pour le laisser dans l'ombre au moment où la chaleur devenait torride, sans toutefois s'éloigner assez pour qu'on perdît de vue son éclat éblouissant. C'était un endroit bien exposé, paisible, sans tristesse, merveilleux pour ses échos. Un havre de paix à l'abri des rues bruyantes et animées qui appelait dans ses eaux une barque tranquille. Cette barque s'y trouvait.

Le docteur occupait les deux étages d'une grande maison qui renfermait plusieurs ateliers dont les diverses activités à peine audibles dans la journée cessaient totalement le soir. Au fond de la cour où murmurait le feuillage d'un magnifique platane, on était censé fabriquer des orgues d'église, des métaux ciselés et quelque géant mystérieux dont le bras doré – comme si lui-même s'était converti en un métal précieux – sortait de la muraille, frappait de l'or et semblait menacer les visiteurs d'un sort semblable. C'est à peine si l'on entrevoyait les employés de ces ateliers, le locataire solitaire présumé loger au dernier étage ou l'obscur tapissier pour voiture supposé avoir un comptoir dans l'une des pièces du rez-de-chaussée. De temps à autre, un ouvrier enfilait son manteau tout en traversant le hall, un inconnu, intrigué, s'y aventurait, un lointain cliquetis ou le lourd bruit sourd du géant doré s'échappait de la cour. C'étaient là cependant les seules exceptions à la règle qui établissait que du dimanche matin jusqu'au samedi soir, les moineaux du platane n'en faisaient qu'à leur guise et que les échos du quartier résonnaient librement.

Le Dr Manette recevait chez lui des patients que lui attirait son ancienne réputation, ravivée par le récit de son incarcération arbitraire que l'on se chuchotait. Son savoir médical, sa vigilance et son habileté ingénieuse à mener des expériences d'importance lui pro curaient une clientèle qui lui permettait largement de satisfaire à ses besoins.

Ces éléments étaient présents à l'esprit de Mr Lorry quand il sonna à la porte de son ami.

– Le docteur est-il là ? s'enquit-il.

– Non, mais il ne saurait tarder.

– Miss Lucie ?

– Non, mais elle ne saurait tarder.

– Miss Pross ?

– Elle est sans doute dans son appartement, mais quant à l'assurer...

– Peu importe, dit Mr Lorry, puisque, moi, je suis là, je monte au salon.

La fille du docteur n'avait jamais connu son pays natal. Toutefois, elle semblait en avoir hérité, de façon innée, la faculté de faire beaucoup avec peu de ressources, faculté précieuse qui est l'un des traits caractéristiques les plus utiles et les plus agréables des Français. La simplicité du mobilier était relevée par des ornements si gracieux, bien que dépourvus de valeur, qu'il produisait un effet charmant. La disposition de chaque objet, du plus volumineux à la plus insignifiante babiole, l'harmonie des couleurs, l'élégante variété, l'heureux contraste obtenus par une abondance de détails de rien, des mains délicates, un regard pénétrant et un remarquable bon sens formaient un délicieux ensemble et évoquaient si bien celle qui en était l'auteur que chaises et tables semblaient demander à Mr Lorry avec cette expression particulière qui lui était si familière désormais : « Cela vous plaît-il ? »

Au premier étage trois pièces se suivaient en enfilade. Les portes étaient ouvertes afin que l'air circulât librement. Mr Lorry, un sourire aux lèvres en découvrant les points communs d'une décoration pleine d'imagination, passa de l'une à l'autre. Il s'arrêta d'abord dans un charmant salon où se trouvaient les oiseaux de Lucie Manette, ses fleurs, ses livres, son pupitre, sa table à ouvrage et sa boîte d'aquarelle, puis dans le cabinet de consultation qui servait également de salle à manger, et se trouva enfin dans une pièce emplie d'ombres mouvantes que projetaient les feuilles bruissantes du grand platane de la cour. C'était la chambre à coucher du docteur. Dans un coin étaient posés le vieux banc et la sébile renfermant les outils de cordonnier, exactement comme ils étaient apparus à Mr Lorry dans le triste grenier situé au cinquième étage de la maison délabrée du faubourg Saint-Antoine à Paris qui jouxtait la boutique du marchand de vin.

– Étonnant tout de même que le Dr Manette ait conservé le souvenir de ses années de souffrances, dit le banquier.

– Et pourquoi ? s'enquit une voix derrière lui qui le fit sursauter.

Il se retourna. Miss Pross, la virago en rouge et à la poigne de fer qu'il avait rencontrée à l'hôtel du Roi-George à Douvres et à laquelle l'unissaient désormais des liens plus amicaux, venait de surgir.

– J'aurais cru... commença-t-il.

– Vous auriez cru ! l'interrompit-elle.

Il laissa tomber la conversation.

– Comment allez-vous ? reprit-elle d'un ton sec mais de manière à prouver au gentleman qu'elle ne lui gardait pas rancune.

– Bien, je vous remercie, répondit-il humblement. Comment allez-vous ?

– Ce n'est pas la joie !

– Vraiment ?

– Comment voulez-vous que je me porte bien ? Je suis continuellement tracassée au sujet de ma Lucie chérie.

– Vraiment ?

– Pour l'amour de Dieu, variez votre conversation ou vous me ferez mourir d'une crise de nerfs !

– En vérité ? dit Mr Lorry sous forme d'amendement.

– En vérité ! Ce n'est pas mieux, mais ça change, riposta la vieille fille. Oui, je suis très tracassée.

– Puis-je vous en demander la cause ?

– Rien de plus facile. Cela me contrarie énormément de voir des individus tout à fait indignes de ma Libellule venir par douzaines lui conter fleurette.

– Des douzaines de personnes rendent visite à miss Lucie ?

– Des centaines !

L'un des traits caractéristiques de cette brave dame (ainsi que de beaucoup d'autres qui l'ont précédée ou suivie) consistait à renchérir sur la proposition qu'elle venait d'émettre lorsqu'on venait à en douter.

– Mon Dieu ! hasarda Mr Lorry avec le sentiment de formuler la réflexion la moins susceptible de réveiller l'animosité de son interlocutrice.

– Je vis avec cette chère enfant, poursuivit miss Pross, ou plutôt c'est elle qui vit avec moi et me paie pour vivre avec moi, ce que je n'aurais jamais souffert (qu'elle me payât, comprenez bien) si j'avais pu suffire aux dépenses communes, depuis qu'elle a dix ans. Vraiment, c'est fort pénible.

Mr Lorry, qui ne savait au juste à quoi faisait allusion ce dernier aveu, se contenta de hocher la tête, comme si en optant pour la neutralité, il revêtait une sorte de manteau magique qui convenait à toutes les situations.

– Des individus indignes de ma chère enfant ne cessent de lui rendre visite. Quand vous avez commencé...

– Moi ? releva Mr Lorry.

– N'est-ce pas vous qui avez retrouvé son père ?

– Oh, si c'est là ce que vous appelez « commencé »...

– Ce n'était pas la fin, que je sache, et c'était déjà bien assez difficile. Non que j'aie des griefs contre M. Manette, excepté qu'il ne mérite pas une fille comme ma Lucie, soit dit en passant, mais il est vraiment très pénible de voir une foule de gens venir me chasser du cœur de ma Lucie chérie. J'aurais pu pardonner au docteur, qui m'a supplantée, mais aux autres...

La jalousie de la gouvernante était bien connue de Mr Lorry. Cependant il savait également que sous l'apparence de ce tempérament excentrique se cachait l'un de ces êtres altruistes qui se rencontrent seulement parmi les femmes; créatures généreuses qui, sous l'influence de l'admiration et de l'amour les plus purs, se font les esclaves volontaires de la jeunesse qu'elles ont perdue, de la beauté qu'elles n'ont jamais eue, des talents qu'elles n'ont pas eu la chance d'acquérir et des brillantes espérances dont leur vie froide et sombre fut déshéritée. Le banquier connaissait suffisamment la vie pour savoir combien le service d'un cœur fidèle est précieux; et dans son respect pour cet humble dévouement, aussi désintéressé qu'infatigable, il plaçait miss Pross (chacun a son idée en matière de justice distributive) infiniment plus près des anges les plus bas dans la hiérarchie du ciel que maintes dames que la Nature et l'Art avaient mieux dotées et qui déposaient leurs fonds chez Tellson.

– Il n'y a jamais eu qu'un homme digne de ma chère enfant, continua miss Pross, mon frère Salomon avant l'erreur qu'il a commise.

Mr Lorry savait depuis longtemps que la gouvernante avait pour frère un fieffé coquin qui, après l'avoir dépouillée de toute sa fortune, l'avait abandonnée sans remords à la misère la plus noire. La confiance que miss Pross s'obstinait à porter à ce frère dénaturé et la persistance qu'elle avait à voir dans une conduite ignoble une simple erreur ajoutaient encore à l'estime dans laquelle la tenait Mr Lorry.

– Puisque nous voilà seuls et que nous sommes des gens sérieux, dit Mr Lorry, permettez-moi de vous poser une question : le docteur, en bavardant avec sa fille, a-t-il quelquefois évoqué l'époque où il faisait des souliers ?

– Jamais.

– Il garde néanmoins ses outils et son banc.

– Ah, je n'ai pas dit qu'il n'y pensait pas, répliqua miss Pross en secouant la tête.

– Croyez-vous qu'il y pense beaucoup ?

– Oui.

– Imaginez-vous que...

– Je n'imagine jamais rien. Je suis dépourvue d'imagination.

– Supposez-vous alors... Vous supposez bien quelquefois ?

– Cela m'arrive.

– Supposez-vous que le docteur ait une idée de la

raison pour laquelle on l'a incarcéré, une raison qu'il tait depuis toutes ces années, et peut-être une idée du nom de son ennemi ?

– Je ne sais à cet égard que ce que me dit ma Libellule.

– Et que dit-elle ?

– Qu'il sait.

– Veuillez me pardonner toutes ces questions, mais je suis un simple homme d'affaires ennuyeux et vous êtes une femme d'affaires.

– Ennuyeuse ? demanda miss Pross avec placidité.

– Non, non, assurément non, répondit-il, regrettant de s'être laissé aller à employer par modestie un adjectif aussi embarrassant. Vous êtes douée d'un esprit pratique, sensé, c'est là ce que je voulais dire, mais revenons à notre propos. N'est-il pas singulier que le Dr Manette, dont l'innocence est incontestable, évite avec autant de soin de parler de sa captivité ? Je ne dis pas avec moi, bien que nous ayons ensemble des rapports d'affaires depuis de nombreuses années et qu'aujourd'hui je sois son ami, mais avec sa charmante fille qu'il aime tant et qui lui est si dévouée. Si j'aborde cette question délicate, ne doutez pas, miss Pross, que c'est par amitié pour le docteur, non par curiosité.

– Tout ce que je peux comprendre, et c'est peu, c'est que c'est là un sujet dont il a peur, répondit miss Pross, radoucie par le ton du banquier.

– Peur ?

– Quoi de plus naturel ? Revenir sur les tourments qui lui ont fait perdre la raison pourrait ébranler de nouveau son esprit, et peut-être même le faire retomber dans la folie. Pourquoi voulez-vous qu'il coure ce risque ?

Cette remarque était plus profonde que ne s'y attendait le banquier.

– C'est très juste, dit-il, et affreux que d'y réfléchir. Toutefois, je me demande s'il n'est pas néfaste pour le Dr Manette de garder ce terrible secret pour lui. C'est précisément l'inquiétude que son mutisme me cause qui m'a fait entamer cette conversation.

– On n'y peut rien, dit miss Pross en secouant tristement la tête. Il suffit qu'on effleure cette corde pour qu'il change d'une manière effrayante. À mon sens, il est préférable de ne pas lui en parler, que cela nous plaise ou non. Il lui arrive parfois de se lever la nuit et d'arpenter sa chambre de long en large. Nous l'entendons, car nous sommes au-dessus de sa tête. Ma Lucie chérie a fini par comprendre que dans ces moments-là, il croit parcourir sa prison comme il le faisait jadis. Elle va aussitôt le rejoindre et tous les deux marchent de long en large jusqu'à ce qu'il retrouve sa présence d'esprit et son sang-froid. Cependant il tait à Lucie la raison de son agitation et elle est persuadée qu'il vaut mieux ne pas réveiller ce souvenir. Oui, en silence ils marchent, ils marchent, de long en large...

La manière dont miss Pross, en répétant cette dernière phrase, avait exprimé la douleur d'un triste secret qui obsède et harcèle prouvait, malgré son refus d'en convenir, qu'elle n'était pas dépourvue de toute imagination.

Il a été mentionné que la maison du docteur se situait dans un endroit propice à renvoyer les échos. Or, l'impasse s'était mise peu à peu à résonner de bruits de pas, comme si l'évocation des nuits où marchait, accablé, le docteur soutenu par sa fille, avait entraîné l'écho d'un piétinement continu.

– Les voilà, dit miss Pross en se levant et en mettant ainsi un terme à la conversation. Ah ! Bientôt ça va être la foule ici !

Les propriétés acoustiques de l'angle de la rue qui constituait une sorte d'oreille où convergeaient tous les sons étaient si singulières que Mr Lorry, penché à la fenêtre, crut un instant ne jamais voir apparaître le docteur et Lucie qu'il entendait cependant approcher. Sans cesse des pas s'éloignaient, aussitôt remplacés par d'autres dont l'écho mourait définitivement au moment où on les croyait tout proches. Le père et la fille finirent par se montrer et miss Pross courut les accueillir à la porte.

Il fut touchant de la voir, en dépit de sa corpulence, de sa brusquerie et de sa mine sévère, s'emparer du chapeau de miss Manette, l'épousseter avec le coin de son mouchoir, plier son manteau et lisser les beaux cheveux de la jeune fille avec autant de fierté que si cette chevelure lui avait appartenu et qu'elle eût été la plus vaine et la plus belle des femmes. Il fut également touchant de voir sa « Libellule chérie » la remercier, l'embrasser avec effusion, protester contre la peine dont elle était l'objet, mais en riant, afin de ne pas blesser la gouvernante qui se serait retirée aussitôt dans sa chambre pour pleurer. Spectacle non moins émouvant, le docteur regardait l'une et l'autre, grondait miss Pross de ce qu'elle gâtait Lucie et prouvait par son accent et l'expression attendrie de ses yeux qu'il l'aurait gâtée davantage si cela eût été possible. Quant à Mr Lorry, rayonnant sous sa petite perruque, il remerciait son étoile de célibataire de lui avoir prodigué dans sa vieillesse les joies du foyer domestique. Toutefois, la foule annoncée par miss Pross ne vint pas jouir du tableau que présentait la famille, et le banquier attendit en vain la réalisation de la prédiction. L'heure du dîner arriva, mais sans amener les centaines de visiteurs prévus par la gouvernante.

Miss Pross, qui se chargeait des tâches ménagères, s'en acquittait avec un merveilleux brio. Ses repas, mi-français, mi-anglais, toujours simples cependant, étaient si bien préparés et servis, la table si bien dressée qu'on n'imaginait rien de mieux. Sans cesse occupée du bien-être de Lucie et de son père, elle avait fouillé tout Soho et ses quartiers limitrophes pour découvrir de pauvres Français qui, tentés par ses demi-couronnes, lui avaient révélé leurs secrets culinaires, et le talent acquis auprès de ces enfants de la Gaule était si prodigieux que les deux servantes placées sous ses ordres la tenaient pour une sorcière ou pour la marraine de Cendrillon, capable de transformer une volaille, un lapin, un légume quelconque en ce que sa fantaisie lui commandait.

Le dimanche, miss Pross dînait à la table du docteur, mais en semaine, elle prenait ses repas à des heures mystérieuses, soit dans les basses régions où se trouvait la cuisine, soit dans sa chambre au deuxième étage, une chambre tendue de bleu où seule sa Libellule avait le droit de pénétrer. Ce dimanche-là, elle se dérida complètement pour répondre aux attentions dont la comblait miss Manette et le dîner fut des plus agréables.

Il faisait une chaleur accablante et, le dîner terminé, Lucie proposa d'aller s'asseoir à l'ombre du platane. Comme le moindre de ses désirs était un ordre pour les êtres qui l'entouraient, chacun se leva immédiatement. Elle prit la bouteille de vin à l'intention de Mr Lorry dont elle était l'Hébé et le petit groupe continua à bavarder tandis qu'elle remplissait le verre du banquier. Les murs et les toits mystérieux des maisons voisines les regardaient et les branches du platane murmuraient au-dessus de leurs têtes.

Les centaines d'individus annoncés par miss Pross restaient obstinément invisibles. Mr Darnay vint s'ajouter au cercle de famille, mais cela ne faisait jamais qu'une personne de plus.

Le Dr Manette et sa fille l'accueillirent avec bienveillance. Quant à la gouvernante, elle fut saisie de tremblements qui l'obligèrent à se retirer, malaise auquel elle était fréquemment sujette et qu'elle appelait dans l'intimité sa « crise de nerfs ».

Jamais le docteur n'avait été de meilleure humeur, ni n'avait paru aussi jeune. Dans ces moments-là, sa ressemblance avec sa fille s'en trouvait accrue, et tandis que Lucie appuyait la tête sur l'épaule de son père dont le bras était posé sur le dos de sa chaise, la même expression de bonheur se lisait sur ces deux visages. La journée durant, il avait parlé avec un entrain inhabituel de nombreux sujets et, la conversation roulant sur les édifices anciens de Londres, Mr Darnay lui demanda s'il avait vu la Tour.

– Je suis simplement passé devant en me promenant avec Lucie, répondit-il, mais nous en avons assez vu pour comprendre l'intérêt qu'elle suscite.

– J'y ai séjourné, vous vous en souvenez, n'est-ce pas ? continua Mr Darnay avec un sourire crispé qui ne parvint pas cependant à dissimuler la légère rougeur qui empourprait son visage, mais ma situation de « privilégié » en quelque sorte ne m'a pas permis de la visiter pour autant. Toutefois, on m'a rapporté un incident curieux qui s'est produit pendant mon incarcération. Au cours de travaux, des ouvriers tombèrent sur un ancien cachot emmuré dont on avait oublié l'existence. Parmi les dates, les noms, les plaintes, les prières dont les parois étaient couvertes, on remarqua dans un coin trois lettres majuscules gravées d'une main tremblante et sans doute au moyen d'un instrument inadéquat. On prit d'abord ces trois lettres pour les initiales D. I. C. Mais, en y regardant de plus près, on vit que la dernière était un G. Or, comme ces initiales ne se rapportaient nullement aux prisonniers qui avaient habité la cellule, on finit par comprendre qu'elles formaient non pas un chiffre, mais un mot, le mot DIG. Cette découverte faite, on examina le dallage qui était sous l'inscription et après avoir soulevé une pierre, on trouva un chiffon de papier réduit en cendres au milieu des débris d'un portefeuille et d'un petit sac de cuir. Il fut impossible de savoir ce qu'avait écrit le prisonnier, mais il avait écrit quelque chose et l'avait caché pour le dérober aux recherches de ses gardiens.

– Père, vous êtes souffrant ? s'écria soudain Lucie.

Le docteur venait de se dresser et, se tenant la tête entre les mains, il promenait autour de lui un regard qui effraya ses amis.

– Non, ma chérie, dit-il, se ressaisissant presque aussitôt. Ce sont des gouttes de pluie qui, en s'écrasant, m'ont fait sursauter. Nous ferions mieux de rentrer.

En effet, de grosses gouttes s'abattaient et M. Manette montra que sa main était mouillée. Cependant, il ne dit pas un mot du récit dont il venait d'être question et Mr Lorry crut lire sur le visage du docteur quand il croisait celui de Mr Darnay l'étrange expression de défiance mêlée de haine qu'il avait remarquée sur les traits de son ami à l'issue du procès pour haute trahison cinq ans auparavant.

M. Manette recouvra avec une telle rapidité calme et assurance que Mr Lorry douta de ses yeux. Le bras du géant doré ne parut pas plus solide que le docteur quand ce dernier s'arrêta à sa hauteur pour remarquer que décidément – en admettant que sa guérison pût un jour être totale – il avait encore les nerfs bien fragiles si quelques gouttes de pluie suffisaient à le troubler.

C'était le moment de prendre le thé. Miss Pross le

servit avec son zèle habituel en dépit d'une nouvelle crise nerveuse. Pourtant, la foule qu'elle redoutait ne se présentait toujours pas. On venait, il est vrai, d'introduire Mr Carton au salon, mais cela ne faisait que deux visiteurs, ce qui était loin des centaines annoncées.

La soirée était étouffante en dépit des portes et des fenêtres laissées ouvertes. Le thé pris, le petit groupe s'approcha d'une croisée et plongea ses regards dans le crépuscule qui s'obscurcissait, menaçant. Lucie était assise à côté de son père, Mr Darnay auprès d'elle, et Mr Carton debout, appuyé au balcon de la fenêtre voisine. Le vent qui s'engouffrait dans le salon par bouffées violentes, suivies de grondements de tonnerre, gonflait les longs rideaux blancs et les agitait comme les ailes d'un spectre.

– Les gouttes de pluie sont toujours grosses et rares, commenta M. Manette. Comme cet orage vient lentement !

– Lentement mais sûrement, remarqua Mr Carton.

Ils échangèrent ces réflexions à voix basse, comme le font les gens dans une pièce obscure qui attendent, vigilants, la décharge électrique de l'éclair.

Dans les rues voisines on se pressait pour s'abriter de l'orage imminent, et, l'étonnant écho multipliant le bruit des pas, on eût dit qu'une foule allait et venait dans l'impasse qui cependant restait déserte.

– Le bruit de la multitude et la solitude, fit Charles Darnay après plusieurs minutes de silence.

– Cela ne vous cause-t-il pas une vive impression ? demanda Lucie. Quant à moi, lorsque, le soir, je suis assise à côté de cette fenêtre... mais je ferais mieux de me taire... je frissonne rien que d'y songer... Ce soir tout est si noir et solennel...

– Dites toujours, miss Manette, nous frissonnerons avec vous, répondit Mr Darnay.

– Il est possible que cela ne vous trouble pas, reprit la jeune fille. Ce sont des idées insensées que notre esprit crée de toutes pièces et il est malaisé de les communiquer. Lorsque le soir je reste à côté de cette fenêtre, il me semble que ces allées et venues dont l'écho amplifie le bruit sont les pas de gens qui s'approchent dans l'ombre pour se mêler à notre existence.

– S'il en est ainsi, la foule qui doit un jour se trouver sur notre chemin sera considérable, observa Sydney Carton de son ton désabusé.

De plus en plus nombreux, de plus en plus rapides, les pas résonnaient. En les répétant, l'écho réveillait d'autres échos. Un piétinement précipité se ruait sous les fenêtres, se pressait dans le salon, marchait, s'arrêtait, repartait, courait au loin, assiégeait les rues voisines et l'œil ne découvrait personne.

– Tous ces pas doivent-ils nous rejoindre en masse ou se diviser pour suivre chacun de nous, miss Manette ?

– Je l'ignore, Mr Darnay. C'est une folle idée qui ne mérite pas qu'on en discute. Lorsqu'elle m'est venue, j'étais seule et je me suis imaginé que j'entendais les pas de ceux qui un jour entreront dans ma vie et celle de mon père.

– Je veux bien d'eux, intervint Carton. Moi je ne pose ni questions, ni conditions. Une grande foule s'ébranle et se dirige vers nous, miss Manette, je la devine... (une soudaine clarté l'interrompit, emplissant le salon et le montrant négligemment accoudé à la fenêtre)... à la lueur de la foudre !

» Je l'entends, ajouta-t-il après un effroyable coup de tonnerre. Elle déferle, rapide et furieuse.

Il faisait allusion au ciel de tempête qui semblait près d'éclater et quand la pluie s'abattit soudain avec violence, couvrant sa voix, il se tut. Ils n'avaient jamais vu d'orage aussi terrible. Les claquements de tonnerre se succédaient sans répit, roulaient au milieu des éclairs et des nappes d'eau torrentielles qui se déversaient dans un gigantesque fracas. Ce n'est qu'après minuit que l'on vit la lune se lever.

La grande cloche de Saint-Paul venait de sonner une heure dans l'air enfin calme et pur lorsque Mr Lorry se mit en route pour regagner son logis. De grandes bottes aux pieds et une lanterne à la main, Jerry l'escortait. Pour se rendre de Soho Square à Clerkenwell, il fallait franchir plusieurs lieux solitaires et Mr Lorry, qui pensait toujours aux voleurs, ne manquait jamais de se faire accompagner par Jerry. D'ordinaire, ce voyage de retour s'effectuait bien deux heures plus tôt.

– Quelle nuit, Jerry ! dit le banquier. Une nuit à faire sortir les morts de leurs tombes.

– J'en sais rien, m'sieur, répondit le commissionnaire. J'ai jamais vu ça et j'espère bien jamais les voir ressusciter.

– Bonsoir, Mr Carton, dit l'homme d'affaires. Bonsoir, Mr Darnay. Quelle nuit ! Reverrons-nous jamais une nuit pareille ensemble ?

Qui pouvait savoir qu'ils verraient fondre sur eux la foule rapide et mugissante ?

7

Monseigneur à la ville

Monseigneur, l'un des grands de l'État en faveur à la Cour, recevait deux fois par mois dans son splendide hôtel particulier de Paris. C'était son jour de réception. Monseigneur se tenait dans un somptueux boudoir, le plus sacré des sanctuaires vénérés par la foule idolâtre qui, en étant exclue, attendait dans les antichambres. Monseigneur s'apprêtait à prendre son chocolat. Monseigneur pouvait sans peine engloutir nombre de choses. De méchants cerveaux pensaient même qu'il absorbait bien trop gloutonnement les trésors de la France, mais son chocolat du matin ne pouvait atteindre son noble gosier qu'avec l'aide de quatre hommes vigoureux, sans compter le cuisinier qui l'avait préparé.

Oui, pour que ce bienheureux breuvage arrivât aux lèvres de Monseigneur, il fallait quatre hommes aux poitrines étincelantes de décorations et dont le maître de cérémonie, imitant la noble et chaste coutume lancée par Monseigneur, ne pouvait vivre sans avoir moins de deux montres en or dans sa poche. Un laquais apportait la chocolatière; le deuxième faisait mousser le chocolat grâce à un petit instrument destiné à cet usage et dont il avait la charge; le troisième présentait la serviette; le quatrième, l'homme aux deux montres, versait le chocolat dans la tasse. Ces quatre valets étaient indispensables à Monseigneur pour soutenir le haut rang qu'il occupait sous les cieux admiratifs. C'eût été une tache indélébile à sa réputation si le chocolat qu'il prenait lui avait été servi par trois valets. S'il n'y en avait eu que deux, il en serait mort.

Monseigneur avait assisté la veille au soir à un petit souper où la comédie et l'opéra avaient donné de charmantes représentations. Il lui arrivait fréquemment de souper en ville et presque toujours en compagnie d'une société délicieuse. Monseigneur avait tant de délicatesse dans l'esprit, de sensibilité dans l'âme que les intérêts de la comédie et de l'opéra le touchaient davantage que les besoins de la nation; circonstance heureuse pour la France, comme pour tous les royaumes qui jouissent du même privilège, ainsi qu'il arriva en Angleterre, à l'époque regrettée où l'un des Stuarts la vendit.

Monseigneur possédait à l'égard des affaires d'intérêt public une noble théorie, à savoir qu'il fallait laisser aller les choses comme bon leur semblait. Quant aux affaires privées de l'État, il pensait, non moins noblement, qu'elles devaient aller comme bon lui semblait, c'est-à-dire qu'elles devaient gonfler ses poches et accroître sa puissance. Monseigneur entretenait également une autre idée non dépourvue de noblesse qui affirmait que le monde n'existait que pour servir ses plaisirs. « La terre et tout ce qu'elle renferme est à moi », déclarait-il, prenant pour devise le texte sacré dont il ne changeait que le pronom possessif.

Cependant, il avait fini par découvrir que de vulgaires embarras s'étaient glissés dans ses affaires, à la fois publiques et privées, et, contraint par les circonstances, il s'était allié à un fermier général. Deux raisons l'avaient décidé à opter pour ce parti désespéré. La première, c'est que, ne pouvant rien pour les finances de l'État, mieux valait les abandonner à quelqu'un de plus habile. La seconde, c'est que les fermiers généraux étaient riches et qu'après le luxe héréditaire des générations précédentes, Monseigneur, qui ne dépensait pas moins que ses aïeux, s'appauvrissait de jour en jour. Il s'était donc empressé de retirer sa sœur du couvent avant qu'elle n'eût pris le voile qui menaçait son avenir et qui était cependant l'habit le moins coûteux qu'elle pût revêtir, et avait condescendu à accorder la main de la jeune fille à un riche fermier général de fort humble extraction. Celui-ci, tenant à la main une canne à pomme d'or fort bien choisie, paradait dans les salons de son beau-frère où il était l'objet du culte des mortels, à l'exception toutefois des humains d'essence supérieure qui, sa femme y comprise, le considéraient avec un suprême dédain.

C'était un homme somptueux que ce fermier général. Trente chevaux dans ses écuries, vingt-quatre laquais dans ses antichambres et six femmes au service de son épouse. Ayant pour unique ambition celle de piller en toute occasion et en tout lieu et ne cherchant pas à s'en cacher, il était en définitive l'individu le plus authentique parmi les personnalités qui se pressaient ce jour-là chez Monseigneur. Car ces salons, splendides à voir, parés de toutes les merveilles que le goût et l'art de l'époque pouvaient produire, étaient en réalité bien fragiles, surtout si l'on pensait en même temps aux épouvantails en guenilles et en bonnet de coton qui se trouvaient ailleurs, sans doute, mais pas si loin que les tours de Notre-Dame, presque équidistantes de ces deux extrêmes, ne pussent les voir l'un et l'autre. Quelle inquiétude si l'on y avait réfléchi ! Mais personne ne s'en souciait chez Monseigneur. En effet, qui parmi ces officiers dépourvus de connaissances militaires, ces marins dépourvus de connaissances maritimes, ces administrateurs ignorant des lois, ces prêtres effrontés aux regards lubriques, aux propos grossiers et aux mœurs dissolues, qui se souciait d'une aussi basse réalité ? Tous incompétents, tous simulateurs, ils s'appropriaient le titre de fonctions qu'ils feignaient d'occuper et, appartenant de près ou de loin à la caste de Monseigneur, ils se voyaient attribuer les emplois les plus lucratifs.

Des individus qui, en dépit de l'absence de parenté avec Monseigneur ou l'État, ne nourrissaient pas de desseins plus honnêtes et utiles, encombraient également ces salons. Des médecins, enrichis grâce à de délicats remèdes prescrits pour soigner des maux imaginaires, souriaient à leur noble clientèle. Des spéculateurs, qui avaient trouvé maints expédients pour panser les plaies de l'État, chuchotaient leurs projets fumeux à l'oreille de ceux dont ils parvenaient à accaparer l'attention. Des philosophes de peu de foi qui, réinventaient le monde avec des mots creux et bâtissaient de véritables tours de Babel en cartes à jouer, s'entretenaient avec des chimistes également de peu de foi qui ne se souciaient que du secret de la transmutation des métaux. Des gentilshommes au raffinement exquis et dont l'éducation parfaite se révélait, comme aujourd'hui, par un profond dégoût pour tout sujet sérieux, affichaient leur désœuvrement et leur ennui exemplaires. Chose remarquable, les espions qui composaient la bonne moitié de cette excellente compagnie auraient eu mille peines à découvrir au milieu de ce noble monde une seule femme qui, par son allure et son aspect, confessât qu'elle était mère. À vrai dire, si l'on excepte le simple fait de mettre au monde une créature gênante, peu de ces dames connaissaient l'état de maternité. Des paysannes gardaient auprès d'elles ces marmots importuns qui n'étaient pas encore à la mode et dont les charmantes grands-mères, ayant dépassé la cinquantaine, s'habillaient et soupaient comme à vingt ans.

La lèpre de l'hypocrisie défigurait la moindre créature au service de Monseigneur. Dans la première antichambre se trouvaient cinq ou six personnalités exceptionnelles qui, depuis quelques années, pressentaient vaguement que les choses en général allaient de travers. Dans l'espérance de les remettre d'aplomb, la moitié de cette demi-douzaine de pessimistes étaient devenus membres d'une secte de fanatiques, appelés les convulsionnaires, et se demandaient s'il ne convenait pas de rugir, gronder et baver, bref de se plonger dans un état cataleptique séance tenante, afin d'avertir Monseigneur qu'il se fourvoyait. Les trois autres individus, qui ne partageaient pas la foi de ces derviches de pacotille, se proposaient de sauver le pays grâce à un savant jargon qui s'articulait autour de la notion de « Centre de la Vérité ». Selon eux, l'Homme s'était éloigné du Centre de la Vérité – la nécessité de la démonstration ne s'imposait pas –, mais sans sortir de la Circonférence. Pour le maintenir à l'intérieur de la Circonférence et le rapprocher du Centre, le jeûne et la communication avec les esprits étaient recommandés. Cette dernière partie du programme se réalisa, le remède opéra à merveille mais ses bienfaits ne furent jamais manifestes.

C'était une réelle consolation toutefois de voir que les individus qui fréquentaient les salons de Monseigneur étaient irréprochables sur le plan vestimentaire. Si, le Jour du Jugement, l'habit seul était mis à l'épreuve, la foule de courtisans aurait été admise au paradis avec un avis des plus favorables. Cheveux crêpés, frisés, poudrés, teints délicats artificiellement préservés ou retouchés, épées galantes au service d'un honneur chatouilleux sur l'article des parfums devaient sans doute conserver à jamais l'état des choses existant. À chaque mouvement d'une nonchalance affectée, les gentilshommes au raffinement exquis agitaient chaînes et pendentifs qui tintaient comme des clochettes de métal précieux; et l'air embaumé qui accompagnait le cliquetis des breloques, des colliers et des aiguillettes, le frôlement de la soie, du brocart et de la fine toile de lin chassaient bien loin Saint-Antoine et sa faim dévorante.

La parure était le charme suprême, le talisman infaillible que la société d'alors employait pour se maintenir au pouvoir. Chacun était paré pour un bal costumé qui devait se prolonger à l'infini. Depuis le palais des Tuileries, en passant par Monseigneur et la Cour, les gens d'épée, les magistrats, la bourgeoisie petite et grande, tout le monde participait à cette mascarade; jusqu'à l'exécuteur des hautes œuvres qui, afin de ne pas briser le charme, officiait en grande tenue : cheveux crêpés et poudrés, habit galonné d'or, escarpins et bas blancs. C'est dans cette toilette que M. de Paris, suivant la formule épiscopale dont ses collègues, MM. d'Orléans, de Bordeaux et autres lieux faisaient usage pour le désigner, pendait et rouait. Il était rare qu'il employât la hache. Ainsi, en l'an de grâce 1780, qui donc parmi les courtisans rassemblés chez Monseigneur aurait pu mettre en doute qu'un système appuyé sur un bourreau poudré, galonné d'or, en escarpins et bas de soie blancs ne dût survivre à la chute des étoiles ?

Monseigneur, ayant délivré ses quatre laquais de leur fardeau et pris son chocolat, donna l'ordre d'ouvrir les portes à deux battants et quitta son sanctuaire. Quelle servilité rampante ! Quelle profonde abjection ! C'est probablement parce qu'ils se prosternaient si bas devant sa personne que les adorateurs du ministre ne trouvaient plus moyen de s'incliner devant Dieu, ce qui pouvait expliquer, entre autres raisons, pourquoi ils ne redoutaient pas sa colère.

Accordant ici un geste, là-bas un signe de tête, plus loin un sourire, parfois un mot aux plus favorisés, Monseigneur passa d'un air affable de salon en salon, jusqu'aux régions lointaines où se tenaient les partisans de la Circonférence du Vrai. Arrivé là, Monseigneur revint sur ses pas, regagna son sanctuaire et disparut aux yeux de la foule ensorcelée.

La réception terminée, le souffle embaumé qui voltigeait dans les salons se transforma en un petit ouragan et les précieuses breloques tintèrent jusqu'au bas des escaliers. Un seul individu s'attarda, le chapeau sous le bras et la tabatière à la main, et traversa d'un pas lent les antichambres. Sur le seuil de la dernière porte, il se retourna vers le sanctuaire du ministre.

– Soyez maudit, dit-il.

Il secoua le tabac qui lui restait aux doigts comme si c'était la poussière de ses pieds et gagna l'escalier.

C'était un homme d'environ soixante ans, mis avec une extrême élégance, ayant les manières hautaines et pour visage un masque d'une pâleur transparente dont les traits délicats et nettement dessinés étaient d'un calme figé. Le nez, par ailleurs d'une forme admirable, était pincé au-dessus de chaque narine, et c'est dans ces deux dépressions légères que résidait l'unique changement de physionomie que ce visage impassible trahissait. En certaines circonstances, une rougeur fugitive ou de faibles pulsations lui donnaient une expression fourbe et cruelle. Après un examen attentif, l'expression fourbe et cruelle se retrouvait dans la bouche et l'orbite des yeux dont les lignes étaient trop minces et trop horizontales. Néanmoins, l'ensemble était frappant et d'une suprême distinction.

L'homme gagna la cour d'honneur et monta dans son carrosse qui l'emporta. À la réception qui venait d'avoir lieu, c'est à peine si on lui avait adressé la parole. Il était resté à l'écart et Monseigneur ne lui avait guère témoigné d'intérêt. Aussi était-il dans un état d'irritation qui lui faisait prendre plaisir à voir la canaille se disperser devant ses chevaux. Le cocher conduisait comme s'il avait eu à charger l'ennemi et sa fougue insensée n'amenait aucune réprimande sur les lèvres du maître. Bien qu'en général, dans cette ville sourde, la masse du peuple fût muette, on se plaignait souvent, même assez haut, de la rapidité avec laquelle les nobles traversaient les rues étroites où leurs équipages estropiaient les manants avec barbarie. Mais, l'instant d'après, les auteurs de ces accidents les avaient oubliés et les malheureux, dans cette occasion comme dans tant d'autres, se tiraient d'affaire comme ils le pouvaient.

Le carrosse du marquis volait avec fracas au milieu des ruelles sans trottoirs, chassant devant lui des femmes effarées et des hommes qui, dans leur fuite, tiraient vivement les enfants en arrière. Tout à coup, surgissant à un angle de rue où se dressait une fontaine, l'une des roues tressauta, un cri échappa aux passants et les chevaux reculèrent en se cabrant.

Sans cette dernière circonstance, il est probable que l'équipage eût poursuivi sa route. Il arrivait souvent aux voitures de laisser derrière elles leurs victimes. Or, cette fois-ci, l'un des valets, dans sa frayeur, avait sauté à terre et vingt poignets vigoureux avaient saisi les chevaux par la bride.

– Que se passe-t-il ? s'enquit le marquis en mettant la tête à la portière.

Un homme de haute taille, coiffé d'un bonnet de coton, avait retiré d'entre les jambes des chevaux un paquet de hardes sanglantes. Il venait de le déposer sur le soubassement de la fontaine et se penchait sur lui en hurlant comme un animal sauvage.

– Pardon, monsieur le marquis, dit avec déférence un homme en guenilles. C'est un enfant.

– Pourquoi ce misérable fait-il tant de bruit ? L'enfant est à lui ?

– Oui, monsieur le marquis, faites excuse, mais c'est une grande pitié.

La rue en cet endroit formait une petite place d'environ douze mètres carrés, et la fontaine, située à l'angle opposé de la voiture, s'en trouvait à une certaine distance. Soudain, l'homme au bonnet de coton, se relevant de la boue où il était à genoux, s'élança vers le carrosse. M. le marquis porta la main à la garde de son épée.

– Tué ! Mort ! s'écria le malheureux avec désespoir, les bras levés au ciel. Il est mort !

La foule entoura l'équipage et attacha sur son passager un regard avide qui n'exprimait cependant ni colère ni menace. Après avoir jeté le cri d'effroi que leur avait arraché la terreur, ils gardaient le silence. La seule voix qui s'était élevée était celle, humble, soumise, impersonnelle de l'homme en haillons. Le regard froid et dédaigneux du marquis se promena sur eux comme s'ils avaient été de simples rats sortis de leurs trous.

Il sortit sa bourse.

– Je ne comprends pas, dit-il, que vous autres, gens du peuple, preniez si peu soin de vos enfants et de vos personnes. On vous trouve toujours sous les roues des voitures. Je ne sais même pas si mes chevaux ne sont pas blessés. Vois-y, dit-il à son laquais, et donne-lui ça.

Toutes les têtes s'avancèrent pour voir ce qu'il jetait au valet.

– Il est mort ! répéta d'une voix déchirante le père de l'enfant.

Un homme robuste arriva d'un pas rapide et la foule s'écarta pour lui livrer passage. Le malheureux se jeta sur son épaule en sanglotant et lui montra du doigt la fontaine où plusieurs femmes se penchaient en silence sur le paquet de hardes sanglantes.

– Je sais, je sais, dit le nouvel arrivé. Courage, console-toi, mon pauvre Gaspard. Mieux vaut que le petit soit mort. Il est mort sans souffrir. A-t-il vécu une heure avec autant de bonheur ?

– Tu es philosophe, mon brave, dit le marquis en souriant. Comment t'appelle-t-on ?

– On m'appelle Defarge.

– Quel est ton état ?

– Marchand de vin.

– Tiens, philosophe, dit le marquis en jetant une nouvelle pièce d'or. Dépense-le à ta guise. Les chevaux n'ont rien ?

M. le marquis se renfonça dans sa voiture sans daigner poser un autre regard sur les badauds. Il s'éloignait de l'air de celui qui vient de rembourser quelque objet qu'il a brisé par hasard, quand sa quiétude fut troublée par le tintement d'une pièce d'or qui, lancée avec adresse, roula sur le tapis du carrosse.

– Arrêtez ! s'écria-t-il, arrêtez ! Qui a jeté cette pièce ?

Il se tourna vers l'endroit où s'était tenu Defarge. Le marchand de vin avait disparu. Le malheureux père se roulait dans la boue en sanglotant. A côté, une femme de grande taille et au visage taciturne tricotait.

– Espèces de chiens, dit, suave, le marquis, dont toutefois les narines frémissaient. J'écraserais volontiers jusqu'au dernier rejeton de votre sale race, je vous exterminerais de la surface de la terre. Si je connaissais le maraud qui m'a fait cet affront, j'aurais plaisir à le broyer sous mes roues.

Ils avaient une si longue expérience de ce que pouvait leur infliger un pareil homme, à l'intérieur ou en dehors de la légalité, que pas un regard ne se leva pour répondre à ces paroles insultantes. Seule la tricoteuse dont les yeux ne quittèrent pas le gentilhomme demeura impassible. Il était au-dessous de la dignité du marquis de s'en apercevoir et, promenant sur elle, comme sur les autres, un œil méprisant, il se rejeta au fond du carrosse en donnant l'ordre de partir.

Le marquis disparu, de nombreux autres équipages se succédèrent rapidement dans la même direction. Le ministre, le spéculateur, le fermier général, le docteur, l'avocat, l'ecclésiastique, le chanteur d'opéra, le comédien, tous les masques du bal costumé passèrent, semblables à de brillants météores. Les rats s'étaient amassés dans la rue pour voir l'élégant tourbillon. Parfois, des soldats et des agents de police formaient une barrière entre les carrosses et la foule qui, rejetée en arrière, parvenait cependant à ne rien perdre du spectacle. Le malheureux père était parti depuis longtemps, emportant le cadavre de son enfant, et les femmes, qui avaient cherché à ranimer le petit corps, regardaient avec indifférence couler l'eau de la fontaine et rouler les furieux équipages. Seule, la tricoteuse poursuivait sa tâche avec la sombre ténacité de la fatalité.

L'eau de la fontaine allait à la rivière, la rivière se précipitait vers le fleuve, le jour se hâtait vers le soir, l'existence vers la mort. Telle est la règle : la marche du temps et des événements n'attend pas. Les rats dormaient, entassés dans leurs trous obscurs, les invités du bal costumé soupaient, inondés de lumière. Chaque chose suivait son cours, chacun sa destinée.

8

Monseigneur à la campagne

Le paysage était beau là où brillait le blé, trop rare cependant. À celui-ci s'étaient substitués des parcelles de seigle chétif, des lopins de petits pois et de haricots mesquins, des carrés de grossiers légumes, succédanés du froment. Les produits de la terre, ainsi que les hommes et les femmes qui les cultivaient, avaient une tendance maladive à végéter malgré eux, une disposition funeste à se flétrir et à renoncer à vivre.

M. le marquis, calé au fond de son lourd carrosse (qui aurait pu être plus léger) attelé de quatre chevaux conduits par deux postillons, gravissait péniblement une côte escarpée. La rougeur dont son visage était couvert ne le faisait nullement déroger à sa parfaite éducation, ne provenait d'aucun trouble moral, n'avait rien qui lui fût personnel : c'était le reflet du couchant.

Le soleil frappait d'un éclat si vif l'intérieur de la voiture que le gentilhomme, lorsqu'il fut au sommet de la côte, se trouva plongé dans des flots de pourpre.

– Cela ne durera pas, dit-il en baissant les yeux sur ses mains.

En effet, tandis que le carrosse, dont un cheval boitait, glissait le long de la colline, au milieu d'un nuage de poussière, la lueur écarlate s'effaça rapidement et, soleil et marquis descendant simultanément, tout rayon disparut quand le sabot fut remis à sa place.

Mais il restait au bas de la côte une campagne triste, nue et accidentée, un petit village situé dans un vallon, une vaste étendue bornée par un coteau, la tour d'une église, un moulin à vent, une forêt pour la chasse, un énorme rocher, et sur ce rocher une forteresse qui servait de prison. Enveloppant du regard ces éléments assombris par le jour qui baissait, le marquis avait l'air de celui qui n'est plus très loin de chez lui.

Le village possédait son unique et misérable rue dotée des habituelles et misérables brasserie, tannerie, taverne, poste pour chevaux et fontaine. Il possédait également son lot de besogneux. Tous étaient pauvres et nombre d'entre eux, assis devant leur porte, épluchaient quelques oignons et autres maigres denrées pour le souper, tandis que les autres lavaient à la fontaine des herbes sauvages, des feuilles et tout autre produit comestible que prodiguait la terre. La cause de leur misère se révélait d'elle-même : des impôts pour l'État, l'Église, le seigneur, locaux et généraux, devaient être payés ici et là suivant les inscriptions placardées à chaque pas. Il était étonnant qu'un tel régime n'eût pas encore englouti le village entier.

Il y avait peu d'enfants et pas de chiens. Quant aux adultes, il leur fallait choisir entre deux perspectives : la faim dans les masures qui rampaient au pied de la colline ou la captivité et la mort dans la prison qui dominait la plaine.

Annoncé par un courrier et par le claquement des fouets qui, semblables à des serpents, se tordaient dans l'air du soir, au-dessus de la tête des postillons, comme s'il eût été conduit par des Furies vengeresses, M. le marquis s'arrêta devant l'auberge où se trouvaient les chevaux de poste. C'était près de la fontaine et les villageois interrompirent leurs activités pour le regarder. Il tourna les yeux vers le groupe de paysans et vit, sans la reconnaître, l'œuvre sûre et lente de la faim qui a rendu la maigreur des Français proverbiale en Angleterrre où elle est restée à l'état de préjugé plus d'un demi-siècle après avoir cessé d'être réelle.

M. le marquis promena un regard indifférent sur les visages soumis qui s'inclinaient devant lui, comme ses pareils s'étaient inclinés devant le ministre, avec cette seule différence que les uns baissaient la tête par humilité et que les autres l'avaient courbée par ambition.

Sur ces entrefaites, se joignit au groupe un homme aux cheveux grisonnants qui avait pour état de réparer les routes.

– Fais approcher ce rustaud, ordonna le marquis au courrier.

Le rustre, le bonnet à la main, fut amené près de la voiture. Les villageois formèrent un cercle, rappelant dans leur attitude les gens qui s'étaient rassemblés autour de la fontaine à Paris.

– Je t'ai rencontré sur la route, non ?

– Oui, Monseigneur.

– Que regardais-tu d'un air si attentif ?

– Monseigneur, je regardais l'homme.

Il se baissa en désignant de son bonnet bleu rapiécé le dessous de la voiture. Les badauds l'imitèrent pour regarder sous le carrosse.

– De qui parles-tu, imbécile ? Pourquoi regardais-tu sous la voiture ?

– Faites excuse, Monseigneur, il était accroché à la chaîne du sabot.

– Qui ?

– Monseigneur, l'homme.

– Que la peste étouffe ce coquin ! Je te demande qui. Tu connais tout le monde dans le coin. Qui était-ce ?

– Faites excuse, Monseigneur, il n'est pas de notre endroit. Je ne l'ai jamais vu de ma vie, je le jure.

– Il était accroché à la chaîne ? Étranglé ?

– Avec votre permission, Monseigneur, c'est bien ce qu'il y a d'étonnant. Il avait la tête qui pendait, comme ça.

L'homme s'appuya contre le carrosse, les pieds en avant, la tête penchée sur la poitrine, puis il se retourna et salua en tortillant son bonnet bleu.

– À quoi ressemblait-il ?

– Plus blanc que le meunier, couvert de poussière, grand et blanc comme un spectre !

Ce portrait produisit un immense effet sur l'auditoire et tous les yeux se posèrent sur le marquis, peut-être pour deviner s'il n'avait pas un spectre sur la conscience.

– Crois-tu avoir bien agi quand tu as vu ce brigand sous ma voiture de ne pas ouvrir ta grande gueule ?

Bah ! ajouta le marquis en se félicitant de ne pas avoir à s'inquiéter d'une semblable vermine. Éloignez ce maraud, Gabelle.

M. Gabelle cumulait les fonctions de maître de poste et de collecteur des impôts. Obséquieux, il s'était approché de la scène pour assister à l'interrogatoire du cantonnier qu'il avait tenu par la manche d'une manière tout officielle.

– Arrière, animal ! dit M. Gabelle.

– Ne manquez pas, Gabelle, de mettre la main sur cet individu s'il vient au village, reprit le marquis, et assurez-vous de ses intentions.

– Monseigneur, vos désirs sont des ordres.

– Cet imbécile qui était là, où est-il passé ?

L'imbécile en question était sous la voiture avec une douzaine d'amis à qui il montrait la chaîne qui avait retenu le spectre. D'autres amis l'appelèrent aussitôt et le présentèrent, essoufflé, à M. le marquis.

– L'homme s'est donc sauvé lorsqu'on a enrayé la voiture ?

– Monseigneur, il a dévalé vers le bas-côté de la route, comme qui se jette à l'eau.

– Ayez l'œil sur lui, Gabelle. Allez !

La demi-douzaine de paysans examinaient la chaîne, amassés, comme des moutons, au milieu des roues. Le carrosse partit si brusquement qu'ils s'estimèrent heureux de sauver leur peau. S'ils avaient possédé autre chose, il est probable qu'ils auraient eu moins de chance.

Avec un élan formidable, la voiture quitta le village et s'attaqua à la côte qui formait l'autre versant de la vallée. Peu à peu elle dut ralentir l'allure et c'est au pas que M. le marquis, bercé dans sa pesante machine, gravit, dans la nuit d'été embaumée, le dernier sommet qu'il avait à franchir. Les postillons, couronnés d'un cercle de moustiques, raccommodaient tranquillement la mèche de leurs fouets, le valet de pied marchait à côté des chevaux et l'on entendait le courrier qui trottait devant dans la pénombre.

À l'endroit le plus escarpé de la côte, se trouvait un petit cimetière signalé par une croix et une représentation grandeur nature d'un Christ en bois peint.

C'était l'œuvre d'un ciseau peu expérimenté, mais le statuaire avait pris modèle sur le vif, peut-être sur lui-même, car sa sculpture était d'une maigreur effroyable.

Au pied de ce déchirant emblème du dénuement, dénuement qui grandissait de jour en jour, une femme était agenouillée. Quand la voiture arriva à sa hauteur, elle se leva à la hâte et courut à la portière.

– Oh, c'est vous, Monseigneur ! Monseigneur, daignez écouter ma requête.

Avec une exclamation d'impatience, mais sans changer d'expression, le marquis sortit la tête.

– Qu'y a-t-il encore ? Toujours des requêtes !

– Monseigneur, pour l'amour de Dieu ! C'est au sujet de mon pauvre mari, le forestier...

– Qu'est-ce qu'il a, votre pauvre mari ? C'est toujours pareil. Il n'a pas payé ce qu'il doit ?

– Au contraire, mon bon seigneur, il a tout payé, il est mort.

– Eh bien ? Il est tranquille. Est-ce que je peux le ressusciter ?

– Hélas, non, Monseigneur. Il est là-bas, sous un petit tas de terre recouvert d'herbe...

– Et après ?

– Monseigneur ! Il y en a tant de ces tas de terre, ils se ressemblent tous.

– Que voulez-vous que j'y fasse ?

Malgré sa jeunesse, la femme paraissait vieille. Dans sa douleur elle joignait ses mains amaigries et en posait une de temps à autre sur la portière de la voiture avec une douceur infinie, comme si le lourd carrosse avait eu quelque chose d'humain et pouvait être sensible à ses caresses.

– Monseigneur, daignez m'entendre, écoutez ma requête ! Mon mari est mort de faim, comme tant d'autres, il y en a tant qui meurent de faim, il y en aura tant encore.

– Est-ce que je peux les nourrir ?

– Le bon Dieu le sait, Monseigneur, mais ce n'est pas là ce que je demande. Je vous demande une croix de bois pour la tombe de mon pauvre mari, avec son nom, pour savoir où il est. Autrement sa tombe sera bien vite oubliée et quand je serai morte, on ne la retrouvera plus. Je ne vais pas tarder à mourir d'ailleurs, la faim, ça ne pardonne pas, et je serai enterrée dans un autre trou de terre. Il y en a tant, Monseigneur. Les morts sont nombreux, la misère est si grande. Je vous en supplie, Monseigneur, je vous en supplie !

Le valet de pied l'avait écartée de la portière, le carrosse, dont les postillons accéléraient la marche, prit de la vitesse et Monseigneur, conduit de nouveau par les Furies, vit diminuer de minute en minute la distance qui le séparait de son château.

Les parfums du soir s'élevaient sur sa route et se répandaient avec la même impartialité que la pluie sur le groupe d'affamés en guenilles et couverts de poussière qui étaient rassemblés à la fontaine. Ceux-ci écoutaient toujours l'histoire du spectre que le cantonnier, son bonnet à la main, répétait dans ses moindres détails. Enfin, ils se dispersèrent pour rentrer chez eux. Des lueurs tremblantes apparurent aux lucarnes. Peu à peu celles-ci s'obscurcirent et les étoiles commencèrent à briller; l'on eût dit qu'au lieu de s'éteindre, la clarté des chaumières avait gagné le ciel.

Pendant ce temps, une vaste demeure dont les toits s'élevaient au-dessus d'un parc touffu couvrait de son ombre le carrosse du marquis. Un flambeau dissipa les ténèbres, une lourde porte s'ouvrit et M. le marquis entra dans son château.

– M. Charles est-il arrivé d'Angleterre ? demanda-t-il.

– Non, Monseigneur, pas encore.

9

La tête de Gorgone

C'était une construction bien massive que le château de M. le marquis. Pourvu d'une grande cour d'honneur pavée et d'un monumental escalier en fer à cheval qui s'ouvrait en un vaste perron devant l'entrée principale, il se livrait à une véritable débauche de pierre : urnes en pierre, balustrades en pierre, fleurs en pierre, têtes de lion et visages d'homme en pierre en occupaient le moindre recoin. Comme si la tête de Gorgone avait promené son regard sur l'édifice deux siècles auparavant, au moment où l'on venait de l'achever.

Le marquis gravit la large volée de marches, précédé d'un flambeau qui troubla suffisamment les ténèbres pour éveiller les plaintes d'un hibou logé sous le toit d'un imposant bâtiment entouré d'arbres qui abritait les écuries. L'air était d'un calme si profond que la flamme qui éclairait le marquis et celle qui se tenait à l'entrée du château brûlaient sans vaciller comme dans une pièce close. Excepté les cris du hibou et le murmure d'un jet d'eau retombant dans son bassin de pierre, le silence régnait. C'était l'une de ces nuits obscures qui retiennent leur souffle et poussent de loin en loin un long soupir las.

La grande porte se referma bruyamment. Monseigneur traversa une salle sinistre décorée de vieux épieux à sanglier, d'épées et de couteaux de chasse et que rendaient non moins sinistre des cravaches épaisses et de lourds fouets dont nombre de paysans avaient été cinglés quand leur seigneur était en colère, avant de rejoindre la Mort, leur unique bienfaitrice.

Évitant les salons obscurs que l'on avait fermés pour la nuit, le marquis, toujours précédé du laquais qui tenait le flambeau, gagna le premier étage. Dans un corridor il ouvrit une porte et entra dans ses appartements privés : deux salons et une chambre à coucher. Ces trois pièces aux hauts plafonds en forme de voûte, aux sols nus et frais, aux grands âtres munis de crochets pour brûler d'énormes bûches l'hiver, contenaient tout le faste qui convenait à la position d'un marquis appartenant à un âge et à un pays où régnait le luxe. Le style du dernier Louis, fidèle à l'inspiration, qui ne devait jamais cesser, de Louis le quatorzième, prédominait dans le riche ameublement, diversifié toutefois par une quantité d'objets précieux dont l'origine se rattachait aux plus anciennes pages de l'histoire de France.

Deux couverts étaient dressés dans la dernière pièce de cet appartement, une petite pièce circulaire qui occupait l'une des quatre tourelles du château coiffées d'un éteignoir. La fenêtre était ouverte, mais les persiennes fermées et la nuit se révélait seulement par les raies noires qui alternaient avec leurs lattes couleur de pierre grise.

– On m'a dit que mon neveu n'était pas arrivé, dit le marquis en jetant un coup d'œil vers la table.

– On l'attendait avec Monseigneur.

– Il est probable qu'il ne viendra pas ce soir. Néanmoins, laissez son couvert. Je serai prêt dans un quart d'heure.

Un quart d'heure plus tard, Monseigneur s'asseyait devant un souper délicat et somptueux. M. le marquis venait de déguster son potage et tenait à la main son verre de vin de Bordeaux quand, au lieu de le porter à ses lèvres, il le reposa sur la table.

– Qu'est-ce que c'est ? demanda-t-il en observant avec attention la fenêtre qui lui faisait face.

– Où cela, Monseigneur ?

– Dehors. Ouvrez les persiennes.

Le laquais obéit.

– Je ne vois rien, Monseigneur, que la nuit et les arbres.

Le laquais, qui avait ouvert les volets en grand et

regardé dans l'obscurité, se retourna vers son maître.

– C'est bon, fermez.

Les persiennes closes, Monseigneur continua son repas. Il en était au rôti lorsque de nouveau, il se figea, le verre à la main, en entendant le bruit d'une voiture.

– Demandez qui arrive.

C'était le neveu de M. le marquis. Il avait fait de son mieux pour rejoindre le carrosse de son oncle mais n'avait pu atteindre la dernière poste qu'au moment où M. le marquis arrivait au château.

Monseigneur le fit prévenir que le souper était servi et qu'il était attendu. L'instant d'après, le neveu du marquis entrait. En Angleterre, il portait le nom de Charles Darnay.

Le marquis le reçut avec grâce mais ne lui tendit pas la main.

– Avez-vous quitté Paris hier, monsieur ? demanda le jeune homme en prenant place à table.

– Hier matin. Et vous, monsieur ?

– Je suis venu directement.

– De Londres ?

– Oui, monsieur.

– Vous avez été bien long à venir, dit le marquis en souriant.

– Au contraire, je ne me suis pas arrêté en route.

– Je ne parle pas de la durée de votre voyage, mais du peu d'empressement que vous avez mis à l'entreprendre.

– J'ai été retenu par... diverses affaires, répondit le jeune homme non sans hésitation.

– Je n'en doute pas, répliqua l'oncle avec une grâce parfaite.

En présence du domestique, ils n'échangèrent aucune autre parole. Mais, lorsque le café fut servi et qu'ils se retrouvèrent seuls, Charles regarda son oncle dans les yeux et entama la conversation.

– Je suis revenu, sans doute l'avez-vous deviné, avec l'intention de poursuivre la mission qui m'a conduit en Angleterre et m'a jeté dans un péril aussi effroyable qu'inattendu. Cette mission est sacrée pour moi et je la continuerai en dépit de tout. Si elle me mène à la mort, j'espère que le sentiment qui me l'inspire me soutiendra jusqu'à la fin.

– Pourquoi parler de mourir ? C'est une exagération.

– Je doute, monsieur, qu'au moment fatal, vous preniez la peine de me tendre une main secourable.

Le nez du marquis se pinça et les fines lignes de son visage cruel s'accusèrent. Le geste plein d'élégance qu'il fit afin de protester de son dévouement parut d'autant plus menaçant qu'il était évident qu'il ne s'agissait que d'une simple formule de politesse.

– Je vais même plus loin, poursuivit le jeune homme. Il paraîtrait que vous ayez contribué à rendre suspectes les circonstances fâcheuses où je me suis trouvé placé.

– Non, du tout, dit le marquis d'un air aimable.

– Quoi qu'il en soit, reprit le neveu en lançant un regard méfiant à son interlocuteur, je sais que vous ferez votre possible pour m'empêcher de réussir et que vous n'avez jamais été scrupuleux quant au choix des moyens.

– Mon ami, vous avez été prévenu, dit l'oncle, les narines frémissantes. Faites-moi la grâce de vous le rappeler.

– Je ne l'ai point oublié.

– Merci.

La voix du marquis laissa dans l'air une vibration prolongée, comme celle d'un instrument harmonieux.

– Je crois, en effet, continua le jeune homme, que c'est à ma bonne étoile et plus encore à votre mauvaise fortune que je dois de ne pas être enfermé dans quelque prison française.

– Je ne vous comprends pas, dit l'oncle en buvant son café à petites gorgées. Auriez-vous l'amabilité de vous expliquer ?

– Si vous n'étiez pas en disgrâce à la Cour et si vous n'aviez pas tant abusé, une lettre de cachet aurait pris soin de m'envoyer dans une forteresse pour un temps indéfini.

– C'est fort possible, concéda le marquis avec le plus grand calme. J'aurais pu aller jusque-là pour sauver l'honneur de la famille. Je vous en fais mes excuses.

– Je devine que, heureusement pour moi, la réception d'avant-hier a été, comme toujours, froide à votre égard.

– Je ne suis pas convaincu qu'il y ait là matière à vous féliciter, mon ami, répliqua le marquis avec une exquise courtoisie. Non, je n'en suis pas convaincu. Les avantages de la solitude, l'occasion qui vous eût été fournie de réfléchir avec sérieux auraient pu influer sur votre avenir d'une manière plus favorable que vous ne l'imaginez. Mais il est inutile de discuter à ce propos. Je suis, comme vous dites, en disgrâce à la Cour. De nos jours, on n'accorde plus qu'à l'intérêt et à l'importunité les instruments de correction qui venaient autrefois en aide aux familles pour affermir leur pouvoir et conserver leur honneur. Il y a tant de demandes que le nombre des favorisés est (comparativement) fort restreint. Ce n'était pas comme cela jadis, mais tout est changé en France, et pour le pire. Nos ancêtres avaient droit de vie et de mort sur les manants des environs. Combien de ces rustres sont sortis de ce château pour être pendus ! Sachez que dans la pièce voisine, qui est ma chambre à coucher, on a poignardé l'un de ces paysans pour l'insolente délicatesse dont il faisait parade à l'égard de sa fille. Sa fille ! Nous avons perdu de nombreux privilèges, une nouvelle philosophie est à la mode, et de nos jours, soutenir son rang est souvent (je n'irais pas jusqu'à dire tout le temps) une source de désagréments. Cela va mal, très mal.

Le marquis puisa dans sa tabatière avec une suprême élégance et secoua la tête d'un air inquiet sans toutefois désespérer de la régénération d'un pays qui avait l'avantage de le posséder.

– Nous avons si bien soutenu le rang de notre famille depuis des siècles, dit le neveu d'une voix sourde, que je ne crois pas qu'il y ait en France de nom plus détesté que le nôtre.

– Je l'espère bien. La haine que l'on porte aux grands est, de la part des humbles, un hommage involontaire.

– Dans tout le voisinage, poursuivit le jeune homme sur le même ton, il n'existe pas un seul individu qui ne me regarde avec crainte et servilité.

– C'est un compliment à la famille, un éloge mérité par la manière dont elle a soutenu sa grandeur.

Le marquis aspira lentement une nouvelle prise de

tabac et croisa les jambes. Pourtant, quand son neveu, le coude appuyé sur la table, se couvrit les yeux de la main d'un air accablé et soucieux, le masque fourbe et cruel de Monseigneur s'attacha sur lui avec une puissance de pénétration et de haine qui démentait singulièrement l'attitude dégagée du noble personnage.

– La répression est, dit-il, l'unique philosophie qui soit durable, la crainte de l'esclave est salutaire, mon ami, et le fouet maintiendra les chiens dans l'obéissance tant que ce toit (il leva les yeux au plafond) nous cachera du ciel.

Cela risquait d'être moins long que ne le supposait le marquis. Si, ce soir-là, il avait pu voir son château tel qu'il serait quelques années plus tard – le sien et une cinquantaine d'autres –, il aurait été fort embarrassé pour reconnaître son bien parmi l'affligeant amoncellement de ruines pillées et noircies par les flammes. Quant au toit dont il vantait les mérites, il risquait de cacher le ciel d'une autre façon, à savoir qu'il le dissimulerait à jamais aux yeux des corps criblés de son plomb déversé par les canons de cent mille mousquets.

– En attendant, je prendrai soin du repos et de l'honneur de la famille dont vous refusez de vous soucier. Mais vous devez être las et je craindrais d'accroître votre fatigue en prolongeant cet entretien.

– Veuillez m'accorder quelques minutes encore.

– Une heure si vous voulez.

– Nous avons fait le mal et nous récoltons les fruits que nous avons semés.

– *Nous* avons fait le mal ? releva le marquis avec un sourire et en se désignant après avoir montré le jeune homme.

– Je parle de notre famille dont l'honneur nous préoccupe tous deux, bien que d'une façon différente. Même du vivant de mon père, nous avons causé de grands torts, nous avons insulté et brisé tous ceux qui se dressaient entre nos plaisirs et nous. Ai-je besoin de rappeler cette époque alors que vous l'avez vécue ? N'étiez-vous pas le frère jumeau de mon père, le cohéritier des titres et des biens de la famille, celui qui profita de sa succession ?

– C'est la mort qui est responsable, dit le marquis.

– Et qui m'a laissé désarmé face à un système odieux dont je me trouve responsable et contre lequel je suis impuissant. Mon unique souhait est de respecter la dernière volonté de ma mère, d'obéir à son dernier regard qui me suppliait d'avoir pitié et de rendre justice. Mon existence est une torture car je ne puis rien et ne trouve nulle part l'assistance dont j'ai besoin.

– Si c'est à moi que vous réclamez cette assistance, vous êtes certain de ne pas l'obtenir, mon ami, dit le marquis en heurtant de l'index la poitrine du jeune homme.

Ils se tenaient tous deux devant la cheminée et, sous le calme apparent de sa figure pâle, il observait son neveu d'un air froid et perfide. Il répéta son geste et on eût dit que l'extrémité de son doigt fin et blanc était la pointe d'une courte épée qu'il lui enfonçait avec délicatesse à travers le corps.

– Mon ami, je mourrai en soutenant l'ordre des choses dans lequel j'ai vécu.

Il appuya ces paroles d'une prise de tabac décisive et remit la tabatière dans sa poche.

– Mieux vaudrait vous raisonner et accepter votre destinée, ajouta-t-il en agitant la sonnette. Mais je vois que vous êtes perdu, monsieur Charles.

– Ce domaine est perdu pour moi, ainsi que la France, murmura le neveu avec tristesse. J'y renonce.

– Il faut que ces biens vous appartiennent pour y renoncer. Sont-ils vôtres ? La France, peut-être, mais ce domaine, vous ne l'avez pas encore.

– Je le sais, monsieur, j'ai seulement voulu dire que si demain il passait de vous à moi...

– J'ai la vanité de croire qu'il n'en sera pas ainsi.

– Remettons la chose à vingt ans.

– Vous me faites trop d'honneur, mais cette supposition me sourit davantage.

– J'abandonnerais cette propriété pour aller vivre ailleurs et autrement qu'on y a vécu. Ce serait un faible sacrifice après tout. Tout n'y est que ruine et misère.

– Ah ? fit le marquis en jetant les yeux sur le luxe qui l'entourait.

– Certes, dans cette pièce l'œil est satisfait, mais à la clarté du jour et en grattant la surface des choses, ce château n'est qu'un amas croulant de désordres, d'extorsions, de dettes scandaleuses, de tyrannies révoltantes soutenues par la faim, la nudité et la maladie.

– Ah ! fit de nouveau le marquis avec satisfaction.

– Si un jour ce domaine m'appartient, je le confierai à des mains plus habiles que les miennes pour que les enfants des misérables qui habitent cette campagne où ils souffrent tant aient plus tard moins de maux à supporter. Malheureusement, ce n'est pas moi qui rendrai justice. Cette terre est maudite, tout comme la famille qui la possède.

– Et vous ? s'enquit l'oncle. Pardonnez-moi ma curiosité, mais avec vos principes, avez-vous l'intention de vivre ?

– Je vivrai, comme tant d'autres et comme beaucoup de gentilshommes pourront un jour y être contraints, je vivrai en travaillant.

– En Angleterre, par exemple ?

– Oui, l'honneur de la famille est sauf puisque je ne porte plus son nom.

Le tintement de la clochette avait transmis l'ordre d'éclairer la chambre du marquis. Monseigneur jeta un regard vers la porte de communication, prêta l'oreille et attendit pour reprendre la conversation que le valet se fût éloigné.

– Il faut que l'Angleterre ait pour vous un charme infini car votre prospérité ne m'y paraît guère assurée, dit-il en souriant.

– C'est à vous que je suis redevable de ma mauvaise fortune, je crois vous l'avoir déjà dit, monsieur. Du reste, je suis allé en Angleterre pour y trouver un refuge, non pour m'y enrichir.

– L'Angleterre se vante d'être une terre d'asile pour nombre d'exilés. N'y connaissez-vous pas un Français, un docteur en médecine ?

– Si, monsieur.

– Il a une fille ?

– Oui, monsieur.

– Fort bien, je vous souhaite le bonsoir, vous devez être las.

Comme il inclinait la tête avec grâce, son visage souriant prit une expression secrète et énigmatique, soulignée par les paroles sibyllines qui venaient d'être prononcées, et le sarcasme tordit les lignes de ses paupières et de ses lèvres, leur conférant un aspect diabolique qui n'était pas dépourvu de beauté.

– Le docteur a une fille, répéta le marquis. Fort bien. C'est ainsi que débute la philosophie nouvelle. Mais vous êtes las. Bonsoir.

Il aurait été tout aussi inutile d'interroger les masques de pierre qui ornaient le château que d'interroger la figure de Monseigneur. Son neveu cherchait en vain à en percer le mystère.

– Bonsoir, répéta le marquis. J'aurai plaisir à vous revoir demain matin. Reposez-vous bien. Conduisez Monsieur à son appartement ! Et rôtissez Monsieur dans son lit, ajouta-t-il à part lui avant de sonner pour qu'on vînt l'aider à se coucher.

Débarrassé du valet, M. le marquis, sa robe de chambre ouverte, arpenta la pièce de long en large pour se disposer au sommeil en cette nuit chaude et immobile. Ses pieds glissaient en silence sur le parquet et le bruissement de son vêtement accompagnait ses pas. La souplesse de ses mouvements lui conférait une grâce féline, comme si, le marquis étant condamné pour ses fautes à se métamorphoser régulièrement en tigre, l'enchantement était sur le point de s'accomplir ou de s'évanouir.

Tout en allant et venant, il se remémora malgré lui les menus incidents de son voyage : la montée longue et pénible de la côte, le soleil couchant, la descente, le moulin, la prison au sommet de la butte escarpée, les villageois rassemblés autour de la fontaine, le cantonnier désignant la chaîne du sabot. La fontaine du village évoquait celle de Paris, le petit paquet de hardes sanglantes déposé sur la margelle de pierre, les femmes penchées sur le cadavre et l'homme de haute taille qui criait, les bras levés au ciel : « Mort ! »

– Je suis calme maintenant, je peux me coucher, dit-il.

Il souffla les bougies des candélabres, à l'exception d'une seule, laissa retomber les légers rideaux de gaze, ferma les yeux, écouta la nuit pousser un long soupir et s'abandonna au sommeil.

Pendant trois heures oppressantes, les masques de pierre qui décoraient la façade regardèrent les ténèbres de leurs yeux aveugles, les chevaux s'agitèrent dans leurs stalles, les chiens aboyèrent et le hibou lança des cris différents de ceux que les poètes lui assignent. Mais c'est la sotte coutume de ces créatures de ne jamais s'exprimer ainsi qu'on le leur commande.

Pendant trois heures oppressantes, l'obscurité la plus épaisse ajouta son ombre au silence qui planait sur la campagne. Dans le cimetière, les petites buttes recouvertes d'une herbe chétive ne se distinguaient plus les unes des autres. L'image du Christ aurait pu se détacher de la croix à l'insu de tous. Dans les chaumières, les villageois dormaient. Peut-être rêvaient-ils de banquets ainsi qu'il arrive souvent à ceux qui souffrent de la faim; peut-être rêvaient-ils de repos comme doivent le faire l'esclave et le bœuf accablés sous le poids du joug; cependant ils dormaient et, oubliant la faim et la misère, ils se sentaient libres et rassasiés.

Pendant trois heures ténébreuses, l'eau de la fontaine du village et de celle du château s'écoula, invisible et muette, se volatilisant comme les minutes que le temps égrenait. Puis, à la lueur du jour, l'eau grise des deux fontaines devint spectrale et les visages de pierre du château soulevèrent leurs paupières.

La lumière s'intensifia. Le soleil effleura la cime des arbres, enflamma la colline. À la faveur de ce rougeoiement, l'eau du bassin prit la teinte du sang et les masques de pierre s'empourprèrent.

Les oiseaux chantaient, haut et fort. Perché sur le rebord battu par les intempéries de la grande fenêtre de la chambre à coucher de Monseigneur, un petit oiseau modula son hymne le plus doux avec une puissante ardeur. Le monstre de pierre le plus proche en parut étonné et, les yeux fixes, la gueule béante, sembla frappé d'effroi.

Le soleil levé, le village s'anima. Lucarnes et portes biscornues s'ouvrirent et les paysans frissonnèrent, comme saisis de froid, dans l'air doux et neuf. Le labeur toujours pesant qui occupait chacun reprit aussitôt. Certains travaillaient à la fontaine, d'autres aux champs, là-bas des hommes et des femmes piochaient et bêchaient, d'autres soignaient de pauvres bestiaux et conduisaient de maigres vaches sur les chemins pour y tondre l'herbe qui pouvait s'y trouver. Dans l'église et au pied de la croix du cimetière se distinguaient une ou deux silhouettes à genoux tandis qu'une vache broutait patiemment en guise de petit déjeuner les mauvaises herbes qui l'entouraient.

Comme il seyait à sa qualité, le château s'éveilla plus tard, lentement et sûrement. Les épieux et les couteaux de chasse rougirent d'abord aux premiers rayons du jour pour briller d'un éclat acéré à la franche lumière du soleil. Portes et fenêtres s'ouvrirent, les chevaux tournèrent la tête vers le jour qui se déversait dans l'écurie et humèrent l'air frais du matin, les feuilles des arbres étincelèrent, rutilantes, aux barreaux de fer des fenêtres, les chiens tirèrent sur leurs chaînes et se dressèrent sur leurs pattes de derrière, impatients d'être lâchés.

Tous ces incidents insignifiants appartenaient au train-train de la vie et se répétaient chaque matin. On ne pouvait en dire autant cependant de la grande cloche du château qui se mit à sonner soudain, des allées et venues précipitées dans l'escalier et sur la terrasse, des piétinements affairés qui résonnaient de toutes parts, des chevaux sellés à la hâte et lancés, bride abattue, sur la route.

Fut-ce le vent qui porta la nouvelle de ce tumulte au cantonnier aux cheveux grisonnants déjà au travail au sommet de la colline qui dominait le village et dont l'ordinaire, peu encombrant à porter et indigne d'attirer l'attention d'une corneille, reposait sur un tas de pierres ? Les oiseaux qui disséminaient les graines avaient-ils par hasard laissé tomber près de lui quelques bribes de la nouvelle ? Toujours est-il qu'en cette matinée maussade, il dévala la pente en courant comme s'il en allait de sa vie, la poussière lui montant jusqu'aux genoux, et ne s'arrêta qu'à la fontaine.

Les habitants du village s'y étaient rassemblés et, debout, avec l'accablement résigné qui leur était familier, parlaient à voix basse mais sans témoigner d'autre émotion qu'une curiosité et une surprise sévères. Les vaches, ramenées à la hâte et attachées au premier endroit venu, assistaient à la scène d'un air stupide, ou, couchées dans la poussière, ruminaient lentement sans que rien dans leur maigre pâture les dédommageât de leur peine. De l'autre côté de la rue, et plus ou moins armés, se tenaient, dans une attitude indécise qui trahissait une tension indéfinissable, des gens du château, plusieurs postillons et tous les fermiers généraux. Le cantonnier se faufila dans un groupe d'une cinquantaine d'amis où il agita son bonnet bleu. Que signifiait cette effervescence ? Que présageait le saut de M. Gabelle en croupe d'un domestique et le galop du cheval qui, malgré sa double charge, disparut rapidement, telle une nouvelle version de la ballade allemande de Léonore ?

Cela annonçait que le château venait de s'enrichir d'un visage de pierre supplémentaire.

Dans la nuit, la Gorgone était venue rendre une nouvelle visite à l'édifice pour y ajouter l'unique tête qui lui manquait et qu'elle attendait depuis deux cents ans.

Sur l'oreiller du marquis reposait le masque d'un homme éveillé en sursaut, rendu furieux et pétrifié dans sa colère. Dans la poitrine de cet homme, enfoncé droit au cœur, était fiché un couteau. Le manche du couteau était entouré d'un papier où un message avait été griffonné :

Ne tardez pas à le mettre en terre. De la part de Jacques.

10

Deux promesses

Un an après, Mr Charles Darnay était établi à Londres où il enseignait le français. Aujourd'hui on le qualifierait de professeur; à cette époque c'était un maître de langues. Il faisait un cours aux jeunes gens qui se trouvaient assez de loisir et d'intérêt pour cultiver une langue vivante parlée dans le monde entier et s'efforçait de répandre parmi ses élèves le goût de la littérature française dont il exposait les beautés en un anglais excellent. Dans ce temps-là, de pareils maîtres étaient rares. Les princes qui un jour devaient monter sur le trône n'enseignaient pas encore les sciences dont plus tard ils devaient donner des leçons, et les nobles, inscrits sur les grands registres de Tellson, n'étaient pas encore réduits à se faire cuisiniers ou charpentiers. Grâce à son érudition de maître de langues qui rendait, fait inhabituel, l'étude savoureuse et profitable pour ses élèves, et grâce à son tour d'esprit élégant qui enrichissait ses travaux de traduction au-delà du simple savoir lexical, le jeune Mr Darnay n'avait pas tardé à gagner une bonne réputation et à être encouragé dans cette voie. Il était fort au courant des affaires de son pays qui devenaient chaque jour de plus en plus intéressantes et c'était un motif supplémentaire pour qu'on s'empressât de le rechercher. Ainsi, à force de persévérance et de travail infatigable, il avait réussi.

En venant à Londres, il ne s'était attendu ni à rouler sur l'or ni à mener une vie de plaisirs. S'il avait nourri de telles ambitions, il est certain qu'il eût connu une amère déception. Mais il avait demandé du travail, en avait obtenu, s'en acquittait avec zèle, et c'était là tout le secret de sa fortune. Il donnait des leçons à l'université de Cambridge où l'on tolérait qu'il passât en contrebande les richesses d'une langue moderne, au lieu d'y faire entrer du grec et du latin avec l'approbation de la douane académique. Il consacrait le reste de son temps à ses élèves de Londres.

Depuis l'époque où régnait dans l'Éden un été perpétuel jusqu'à aujourd'hui où il est rare que l'hiver abandonne ces latitudes déchues, l'homme a toujours suivi le même chemin, celui qui mène à l'amour d'une femme, et Charles Darnay le suivait à son tour. Il aimait Lucie Manette depuis l'instant où il avait failli mourir. Jamais il n'avait entendu de voix plus douce, jamais il n'avait contemplé de visage plus céleste, d'émotion plus touchante qu'au moment où, sommée de déposer contre lui, elle l'avait regardé avec compassion. Cependant, c'était un secret qu'il n'avait confié à personne. Depuis un an que le marquis était mort assassiné, de l'autre côté du détroit, Charles n'avait pas dit à miss Manette un seul mot qui pût faire soupçonner l'état de son âme. Il y avait à cela de bonnes raisons dont il connaissait trop bien la valeur.

Un soir, de retour de Cambridge, Charles Darnay se dirigea vers la tranquille maison de Soho avec l'intention de s'ouvrir au docteur. C'était encore l'été et il savait qu'en fin d'après-midi, Lucie avait l'habitude de sortir en compagnie de miss Pross.

Le Dr Manette lisait dans son fauteuil près de la fenêtre. Il avait recouvré peu à peu la puissance morale qui l'avait soutenu dans les premiers temps de son incarcération et qui en avait aggravé les tortures. Cette énergie retrouvée s'effondrait parfois pour reparaître brusquement, comme l'avaient fait ses autres facultés avant de revenir à leur état normal. Mais ces crises, qui n'avaient jamais été fréquentes, s'espaçaient de plus en plus. Il étudiait beaucoup, dormait peu, supportait bien la fatigue, avait le caractère égal et ne manquait pas d'enjouement. En voyant entrer Charles Darnay, il posa son livre et tendit la main au jeune homme.

– Je suis enchanté de vous voir, dit-il. Nous vous

attendions depuis plusieurs jours. Mr Stryver et Mr Carton disaient hier que vous restiez à Cambridge beaucoup plus que de raison.

– Je leur suis fort obligé de l'intérêt qu'ils me portent, répondit Charles d'un ton assez froid qui ne concernait que ces messieurs. Miss Manette...

– Se porte à merveille, l'interrompit le docteur. Elle est sortie faire quelques emplettes mais ne va pas tarder à rentrer. Elle sera ravie de votre visite.

– Je pensais bien ne pas la trouver, répliqua Mr Darnay, et je profite de l'occasion pour vous demander un instant d'entretien.

Il y eut un silence profond.

– Oui ? Approchez et parlez, dit enfin le médecin avec une retenue évidente.

Charles Darnay prit une chaise mais sembla trouver plus délicat d'aborder la question.

– J'ai le bonheur depuis dix-huit mois de compter parmi vos amis. Cela me permet d'espérer que la chose dont j'ai à vous entretenir...

– S'agit-il de Lucie ? questionna M. Manette en l'interrompant d'un geste de la main.

– Oui, docteur.

– C'est toujours pour moi un sujet de conversation pénible et je vous avoue qu'il m'est douloureux d'entendre parler d'elle avec le ton que vous y mettez, Charles Darnay.

– C'est le ton de l'admiration la plus fervente, de l'amour le plus sincère, expliqua le jeune homme avec déférence.

– Je le crois et je vous rends justice, dit M. Manette après un long silence.

Le médecin tardait tellement à répondre et le faisait avec une répugnance si manifeste que son interlocuteur eut un instant d'hésitation.

– Puis-je continuer ?

Un autre silence, puis :

– Oui, poursuivez.

– Vous avez deviné l'objet de ma visite, mais vous ne pouvez juger de la sincérité de mes paroles et de ma passion si vous ignorez les inquiétudes, les tourments qui m'assaillent depuis. J'aime votre fille d'un amour profond, dévoué, désintéressé. Si jamais l'amour a existé, c'est cet amour-là que je porte à votre fille. Vous-même avez aimé. Que ce sentiment parle en ma faveur.

M. Manette avait détourné la tête et regardait avec obstination le parquet. Aux derniers mots du jeune homme, il avança une main et s'écria :

– Non, monsieur, taisez-vous, je vous en conjure ! Ne me rappelez pas mon passé...

Sa voix exprimait une douleur si vive qu'elle résonna longtemps à l'oreille de Charles Darnay après avoir cessé de retentir. Sa main continua de s'agiter auprès du jeune homme pour lui demander grâce. Ce dernier garda le silence.

– Pardonnez-moi, murmura le docteur au bout de quelques minutes, je ne doute pas de votre amour pour ma fille, croyez-le.

Il se tourna vers son interlocuteur, mais ne releva pas la tête et, le front appuyé sur sa main, il demeura ainsi, ses cheveux blancs retombant sur son visage.

– Avez-vous parlé à Lucie ?

– Non, monsieur.

– Lui avez-vous écrit ?

– Non plus.

– C'est par égard pour son père que vous avez agi avec tant d'abnégation. Il serait peu généreux de ne pas le reconnaître et son père vous en remercie.

Le docteur offrit une main au jeune homme mais garda les yeux rivés au sol.

– Je sais, dit Darnay avec respect. Comment ne le saurais-je pas, moi qui vous ai vus tous les jours ? Je sais qu'il existe entre miss Manette et vous un lien si fort, si touchant, si exceptionnel, en raison des circonstances où il s'est développé, qu'il est impossible de le comparer au sentiment le plus vif qui ait jamais uni un père à sa fille. Je le sais, docteur. Il y a dans l'amour dont elle vous entoure la tendresse profonde et dévouée qui appartient à la femme et la confiance instinctive de l'enfant. Je sais que vous incarnez pour elle quelque chose de sacré dont rien ne saurait diminuer le prestige. En vous regardant, elle se souvient de sa mère et vous aime tous deux à l'âge où nous sommes aujourd'hui.

Elle souffre de vos malheurs, elle bénit le ciel de votre délivrance et tout cela vient accroître la tendresse qu'elle vous porte. Je le sais, j'y ai pensé nuit et jour depuis que vous m'avez admis dans votre intimité.

M. Manette garda le silence. Sa respiration s'était accélérée. Pourtant, il ne donna aucun autre signe d'agitation.

– C'est parce que je savais cela et que, moi-même, je vous voyais avec l'auréole du martyr, que je me suis abstenu de parler, tant que j'en ai eu le courage. Je sentais et je sens encore maintenant que placer mon amour entre vous deux est presque une faute. Mais je l'aime trop et je n'ai plus la force de me taire.

– Je l'avais deviné, fit le père avec tristesse.

– Ne croyez pas, répliqua Darnay à qui cette voix douloureuse produisit l'effet d'un reproche, que si un jour je devais lui appartenir, l'idée me vînt jamais de vous séparer l'un de l'autre. Ce serait d'ailleurs impossible en supposant que j'aie la cruauté d'essayer. Non, ne craignez rien, ajouta-t-il en prenant la main du docteur, je ne peux pas l'envisager. Comme vous, chassé de la France par ses folies et ses misères, comme vous, n'exigeant qu'un moyen de gagner ma vie et de garder espoir en un avenir meilleur, je n'ai d'autre ambition que de m'asseoir à votre foyer et de vous être fidèle jusqu'à la mort. Bien loin de songer à vous enlever Lucie, je demande à me joindre à elle pour augmenter votre bonheur et resserrer vos liens, si cela est possible.

La main du jeune homme s'attarda sur celle du docteur qui répondit à sa pression. Enfin, M. Manette releva la tête pour la première fois depuis le début de l'entretien. Son visage trahissait la lutte qui troublait son âme et avait une tendance manifeste à exprimer le doute et l'effroi. Il fit un effort sur lui-même pour répondre.

– Je vous remercie, Charles Darnay, vos paroles sont dignes et touchantes et je vais à mon tour vous parler avec franchise. Avez-vous quelque motif de croire à l'amour de Lucie ?

– Aucun jusqu'à présent.

– Est-ce pour vous assurer de son sentiment, après

m'en avoir averti, que vous m'avez ouvert votre cœur ?

– Non. En venant ici, je n'élevais pas jusque-là mes prétentions. J'espère, toutefois – tant pis, si c'est une erreur de ma part – que vous me permettrez demain d'en acquérir la certitude.

– Me demandez-vous un conseil ?

– Je n'en demande aucun. Je désire seulement que vous agissiez à mon égard comme vous le croyez bon.

– Est-ce une promesse que vous êtes venu chercher ?

– Oui.

– Laquelle ?

– Je sais que sans vous je n'ai rien à espérer. Miss Manette nourrirait-elle quelque sympathie pour moi, ce que je suis bien loin de prétendre, qu'elle ne me la garderait pas contre la volonté de son père.

– S'il en est ainsi, l'effet inverse pourrait se produire. Y avez-vous réfléchi ?

– Il est facile de comprendre qu'une parole de votre bouche en faveur d'un soupirant quelconque balancerait ses propres sentiments et que vos désirs l'emporteraient sur les siens. C'est pour cela, docteur, que je ne vous demanderai pas cette parole, dussé-je en mourir.

– Je n'en doute pas. Mr Darnay, il existe entre les personnes les plus étroitement liées des mystères impénétrables qui naissent précisément de l'étendue de leur affection et je ne saurais deviner ce que renferme le cœur de Lucie.

– Puis-je vous demander, monsieur, si vous pensez qu'elle...

– Qu'elle a d'autres prétendants ? souffla le docteur en voyant l'hésitation du jeune homme.

– Oui.

– Vous avez vu ici Mr Carton, répondit le docteur après un instant de réflexion. Mr Stryver vient également de temps à autre. Cela ne pourrait être que l'un ou l'autre.

– À moins que ce ne soient les deux.

– Je n'en crois rien. Il est même probable qu'aucun n'y ait songé... Mais la promesse dont il est question ?

– Si jamais Mademoiselle votre fille venait à vous faire une confidence analogue à celle que vous venez d'entendre, promettez-moi de lui rapporter mes paroles et de lui dire que vous y avez ajouté foi. J'espère vous avoir inspiré une assez grande estime pour que vous ne me desserviez pas auprès d'elle. C'est là ma requête. Veuillez, à votre tour, m'imposer la condition que vous avez le droit d'y mettre, je l'accepte immédiatement et sans réserve.

– Je vous promets d'accéder à votre requête sans aucune condition. Je vous crois sincère et je suis convaincu que vous n'avez nulle intention d'affaiblir les liens qui m'unissent à la plus chère partie de moi-même. Si elle me disait que vous êtes nécessaire à son bonheur, je vous la donnerais.

Le jeune homme saisit la main du docteur et la pressa avec reconnaissance.

– S'il existait des raisons ou des craintes de me défier de l'homme qu'elle aimerait, je les tairais pour son bonheur. Lucie est tout pour moi, elle a sur mon âme plus d'influence que la douleur, que le souvenir, elle est plus puissante que... Mais à quoi bon ces paroles ?

Il y eut quelque chose de si étrange dans la manière dont sa voix s'éteignit et dont son regard se fixa dans le vide que Darnay sentit sa main se refroidir dans celle du docteur qui se retira et retomba, inerte.

– Que disiez-vous ? reprit M. Manette en souriant.

Déconcerté, Darnay se souvint qu'il avait parlé d'une condition à remplir en échange de la promesse du médecin.

– Votre confiance à mon égard doit être payée de retour. Vous vous rappelez que le nom que je porte aujourd'hui, bien qu'il soit à peu près celui de ma mère, est un pseudonyme. Je désire que vous sachiez à quelle famille j'appartiens et pourquoi je vis en Angleterre.

– Non ! s'écria le médecin de Beauvais.

– Je veux cependant mériter votre confiance et ne pas avoir de secret pour vous.

– Je vous en conjure !

Le docteur, qui avait d'abord porté les mains à ses oreilles, en couvrit les lèvres du jeune homme.

– Vous m'apprendrez ce secret plus tard, lorsque je vous le demanderai. Si Lucie vous aime, vous me l'apprendrez le matin de votre mariage. Promettez-moi de ne rien me dire avant.

– Volontiers.

– Votre main. Lucie ne va plus tarder maintenant. Il est préférable qu'elle ne nous voie pas ensemble. Bonsoir, et que Dieu vous garde.

Le soleil venait de se coucher lorsque Darnay s'éloigna et miss Manette rentra une heure plus tard avec la nuit tombante. Elle courut au salon et fut surprise de le trouver vide.

– Mon père ! s'écria-t-elle. Père chéri !

Pour toute réponse, le bruit sourd d'un marteau retentit dans la chambre du docteur. Elle s'enfuit, effrayée, puis, revenant sur ses pas, frappa à la porte et appela son père à voix basse. Le bruit cessa aussitôt. Le docteur lui ouvrit et tous deux marchèrent en silence jusqu'à une heure assez avancée. Dans la nuit, elle se leva et alla le voir. Il dormait d'un sommeil profond. Le banc, la sébile d'outils et le soulier inachevé avaient été remis en place.

11

Portrait d'un ami

– Sydney, prépare un nouveau bol de punch, dit Mr Stryver à son chacal au cours de cette même nuit. J'ai une nouvelle à t'annoncer.

Sydney avait travaillé d'arrache-pied ainsi que les nuits précédentes afin de mettre de l'ordre dans les dossiers de l'avocat et d'expédier, avant les vacances, toutes les affaires dont il était chargé. La besogne était terminée, l'arriéré mis à jour et ledit avocat débarrassé de toute préoccupation jusqu'à ce que le mois de novembre, escorté des brumes atmosphériques et légales, ramenât la mouture au moulin.

Toutes ces nuits laborieuses n'avaient rendu Carton ni plus gai ni plus sobre. Ce n'est qu'à force de serviettes mouillées et de libations incessantes qu'il avait pu venir à bout de sa tâche. Aussi était-il dans un état déplorable lorsqu'il enleva son turban qu'il jeta dans la cuvette où il l'avait plongé à maintes reprises au cours des six dernières heures.

– Tu le fais, ce bol de punch ? reprit Stryver, majestueusement vautré sur le divan, les mains dans la ceinture et promenant un regard alentour.

– Oui.

– Bon, écoute-moi. J'ai une nouvelle à t'annoncer qui ne va pas manquer de te surprendre et qui risque de te faire penser que je suis moins habile que tu ne l'as cru jusqu'ici. J'ai décidé de me marier.

– De te marier ?

– Oui, et pas pour l'argent. Qu'en dis-tu ?

– Rien. Qui est l'heureuse élue ?

– Devine.
– Je la connais ?
– Devine.
– Il n'est pas question de deviner à cinq heures du matin avec une cervelle qui frit dans ma tête comme dans une poêle. Si tu veux me proposer des énigmes, invite-moi à dîner.
– Je vais donc t'affranchir, dit Stryver en se mettant lentement sur son séant. Néanmoins, Sydney, je doute de parvenir à me faire comprendre. Tu manques tellement de sensibilité.
– Et toi, répondit son acolyte, occupé à préparer le punch, tu es d'une nature si sensible, si poétique !
– Allons, répliqua Stryver avec un rire satisfait, je n'ai pas le tempérament romanesque, j'ai trop de raison pour cela, je suis cependant un tendre, à l'inverse de toi.
– Disons que tu as de la chance.
– Non, ce n'est pas le mot qui convient. J'ai davantage de...
– De galanterie. Dis-le pendant que tu y es.
– Précisément. Dans le monde, continua Stryver en se rengorgeant, je me mets en frais et je sais comment me rendre agréable à la gent féminine. Alors que toi, tu en es incapable.
– Passons.
– Non, avant d'aller plus loin, répondit l'avocat sentencieux qui hocha la tête avec son aplomb habituel, je veux en finir sur ce sujet. Tu te rends chez le Dr Manette aussi fréquemment, si ce n'est plus que moi. Pourquoi ai-je toujours à rougir de l'air renfrogné que tu affiches dans cette maison ? Ton silence y est maussade, ta mine piteuse comme celle d'un chien perdu. Je te le répète, Sydney, j'en ai honte pour toi.
– C'est un grand avantage pour un membre du barreau que de connaître la honte, répliqua Sydney. Tu devrais me savoir gré de t'avoir appris à rougir.
– Pas de moyens dilatoires, je te prie, riposta l'orateur. Je dois te dire, en ma qualité d'ami, et je te le dis en face, dans ton propre intérêt, que tu es diablement mal tourné et malappris en société. Tu es un individu détestable.
Carton se mit à rire et avala une rasade du punch qu'il venait de concocter.

– Regarde-moi, poursuivit l'avocat qui se cala sur le sofa. Avec ma position et ma fortune, je pourrais bien plus que toi me dispenser d'être aimable. Or, je ne néglige aucun effort dans ce sens. Pourquoi ?
– Je ne t'ai jamais vu dans ces moments-là, maugréa l'avoué.
– Ce n'est pas par nécessité, mais par principe. C'est une question de politique. Et regarde-moi ! J'avance.
– En tout cas tu n'avances pas dans la communication de tes intentions matrimoniales, constata Sydney avec son insouciance coutumière. J'aimerais te voir aborder le fait. Quant à mon caractère, ne comprendras-tu jamais que je suis incorrigible ?
– Tu as tort de t'obstiner. Cela ne peut qu'entraver la marche de tes affaires.
– Je n'ai pas d'affaires à servir, que je sache. Qui est la future ?
– J'espère que son nom ne va pas te faire rougir, Sydney, dit Mr Stryver en manière de précaution oratoire. Je sais que tu parles à tort et à travers et quand tu es sincère, cela n'a guère d'importance. Je me livre à ce petit préambule parce que autrefois tu m'as parlé de cette jeune fille en termes quelque peu méprisants.
– Moi ?
– Oui, et ici même.
Sydney Carton regarda tour à tour le punch et son ami, puis but un verre de la liqueur brûlante avant de reporter les yeux sur son interlocuteur.
– Tu as traité cette jeune fille de poupée aux cheveux d'or. Il s'agit de miss Manette. Si tu avais le moindre tact, la moindre délicatesse à l'égard des femmes, j'aurais pu t'en vouloir de cette expression insultante, mais comme tu possèdes aussi peu de jugement que de sensibilité, je ne m'inquiète guère plus de ton opinion sur ma future que de celle d'un homme qui n'aurait aucun goût pour la peinture ou la musique et à qui je soumettrais mes œuvres.
Sans quitter son collègue des yeux, Sydney Carton se mit à boire de grands verres de punch.
– Te voilà maintenant dans la confidence. Je ne tiens pas à la fortune. Miss Manette est charmante et je suis résolu à m'en passer la fantaisie. J'ai les moyens

de satisfaire mes caprices. Elle aura en moi un homme déjà pourvu d'une jolie fortune, qui s'élève rapidement et qui n'est pas sans mérite. Pour elle, c'est une chance inouïe. Il est vrai qu'elle vaut la peine qu'on lui offre cette chance-là. Es-tu surpris ?

– Pourquoi le serais-je ?

– Approuves-tu ma décision ?

– Pourquoi te désapprouver ?

– Tu prends la chose plus facilement que je ne l'aurais cru, et tu te soucies moins de mes intérêts que je ne le pensais. À vrai dire, connaissant la puissante volonté de ton ami, tu sais que tes observations seraient inutiles. Oui, Sydney, je veux changer de manière de vivre. Il me semble qu'il est fort agréable d'avoir une maison où l'on puisse rentrer quand on veut (il est si aisé d'être ailleurs lorsqu'on s'ennuie chez soi) et que miss Manette me convient à merveille. Elle est née pour occuper un haut rang et me fera honneur. Je suis donc bien décidé à ce mariage. Et maintenant, mon pauvre Sydney, parlons un peu de ton avenir à toi. Tu es dans une mauvaise passe, une fort mauvaise passe. Inutile de le démontrer, n'est-ce pas ? Tu es incapable de rétablir l'état de tes affaires. Tu ne connais pas le prix de l'argent, tu vis mal et avec beaucoup de peine. Un de ces jours, tu seras au bout du rouleau, malade et pauvre. Il faut te trouver une garde-malade.

Il dispensa ce conseil avec un air de protection et de condescendance qui le fit paraître deux fois plus gros et quatre fois plus insolent que d'ordinaire.

– Réfléchis à mes paroles, poursuivit l'avocat. J'ai bien examiné la situation. Crois-en celui dont tu aurais dû imiter la conduite à tous égards. Suis mon exemple, marie-toi, trouve-toi quelqu'un qui voudra bien te soigner. N'invoque pas ton dégoût des femmes, le peu de succès que tu remportes auprès d'elles, ton manque de tact et d'esprit. Peu importe, il te faut quelqu'un. Par exemple, une veuve nantie d'une petite propriété ou d'un immeuble de rapport et qui vit de ses rentes. Il faut te marier pour échapper à la misère. C'est la seule solution à ton problème. Penses-y, mon ami.

– J'y penserai.

12

Un homme plein de délicatesse

Mr Stryver, ayant pris la résolution magnanime de faire à miss Manette la faveur de l'épouser, décida qu'il lui apprendrait cette bonne fortune avant de quitter la ville pour les vacances d'été. À la réflexion, il songea qu'il ferait aussi bien d'en terminer avec les préliminaires. Libre à lui, par la suite, de donner sa main à la charmante Lucie une semaine ou deux avant l'automne – et la rentrée de la Cour – ou pendant les courtes fêtes de Noël, entre Noël et Saint-Hilaire.

Quant à la cause en elle-même, il ne doutait pas le moins du monde qu'elle ne fût gagnée d'avance. À l'égard des avantages matériels, les seuls qui dussent entrer en ligne de compte, l'affaire ne souffrait aucune observation et ne présentait aucune faiblesse. Il appelait à la barre le plaignant qui n'était autre que lui-même et dont le témoignage était inattaquable, l'avocat de la jeune fille renonçait à la parole, les jurés n'avaient pas même besoin de réfléchir et jamais verdict n'avait été plus favorable. Le procès terminé, Stryver, C. J., avait la satisfaction de ne pouvoir plaider de cause plus élémentaire.

Mr Stryver inaugura donc ses vacances en écrivant à miss Manette pour lui proposer une promenade dans les jardins de Vauxhall. L'invitation ayant été repoussée, il se rejeta peu de temps après sur le Ranelagh et, n'ayant pas été plus heureux, il se décida enfin à se présenter chez la jeune fille pour lui faire part de la noble résolution qu'il avait arrêtée.

Quiconque l'aurait vu porter sa figure épanouie vers la maison du docteur, alors même qu'il était encore dans le voisinage de Temple Bar, quiconque l'aurait vu se carrer sur le trottoir sans souci des passants qu'il bousculait aurait deviné qu'il était sûr de son fait et qu'aucun obstacle ne pouvait lui résister.

Comme il passait devant Tellson, et qu'en dehors des capitaux qu'il avait dans la maison il connaissait Mr Lorry pour l'avoir rencontré chez les Manette, il lui vint à l'esprit de révéler au banquier le brillant horizon qui s'ouvrait à la fille du docteur. Il poussa vigoureusement la porte qui grinçait, sauta malgré lui les deux marches, passa près des deux caissiers et se dirigea vers le bureau moisi où Mr Lorry passait toute la journée devant de grands livres de comptes remplis de chiffres, près d'une fenêtre dotée de barreaux perpendiculaires, laquelle évoquait à son tour une page remplie de chiffres, comme s'il n'existait sous les nuages que les éléments d'un total.

– Bonjour, comment allez-vous ? s'écria Mr Stryver. Bien, j'espère ?

C'était l'une des particularités de l'avocat de sembler toujours trop volumineux pour l'endroit où il se trouvait, quelle que fût la dimension des lieux. Lorsqu'il entra chez Tellson, l'espace fut tellement encombré que du fond de leurs guichets, les vieux employés levèrent la tête d'un air de reproche comme si sa présence ne leur laissait que le choix de s'écraser contre le mur. Quant aux responsables de la maison qui lisaient le journal au bout d'une sombre perspective, ils ne cachèrent pas leur mécontentement, comme si l'effigie de l'avocat eût été frappée dans leur important gilet.

– Bonjour, Mr Stryver. Comment allez-vous ? s'enquit le discret Mr Lorry avec une réserve qu'il aurait recommandée à tout aspirant banquier en pareilles circonstances.

Il lui serra la main.

Il y avait dans la manière dont il s'acquitta de cette formalité un caractère commun à tous les employés lorsque ceux-ci recevaient un client et que Tellson en personne hantait les lieux. Il salua l'avocat avec l'abnégation de celui qui serre la main pour Tellson & Cie.

– Que puis-je pour vous, Mr Stryver ? reprit l'homme d'affaires dans l'exercice de ses fonctions.

– Rien, merci, Mr Lorry. C'est une visite personnelle. J'ai une nouvelle à vous annoncer.

– Vraiment ? fit le gentleman en approchant l'oreille de son visiteur pendant que son œil s'égarait dans le lointain à la recherche de Tellson.

– Je vais, commença Stryver... (il s'appuya avec assurance sur l'énorme pupitre qui sembla soudain trop étroit...) je vais, enchaîna-t-il, m'offrir en mariage à miss Manette, votre aimable amie.

– Ô mon Dieu ! s'écria Mr Lorry en se frottant le menton et en regardant l'avocat d'un air incrédule.

– Ô mon Dieu ? répéta Stryver qui recula d'un pas. Qu'entendez-vous par là, monsieur ?

– Ce que j'entends est tout à votre avantage, n'en doutez pas. J'apprécie votre intention comme elle mérite de l'être. Soyez persuadé qu'à mes yeux elle vous fait le plus grand honneur, mais, vous savez, Mr Stryver...

Mr Lorry hocha la tête en regardant l'avocat de la façon la plus singulière, comme s'il eût ajouté à part lui : mais elle est vraiment beaucoup trop bien pour vous.

– Je veux bien être pendu si je vous comprends.

Belliqueux, Stryver frappa le pupitre, ouvrit grands les yeux et respira avec force. Mr Lorry rajusta sa petite perruque et mordilla les barbes de sa plume.

– Bon sang, monsieur, ne suis-je pas un beau parti ?

– Si, bien sûr que si, vous êtes un beau parti.

– Ma position n'est-elle pas excellente ?

– Assurément.

– Ne s'améliore-t-elle pas de jour en jour ?

– Je n'en doute pas, répondit le banquier, ravi de pouvoir approuver en toute conscience.

– Eh bien alors, pourquoi cette réticence ? insista Stryver, quelque peu déconfit.

– C'est que... Y allez-vous maintenant ?

– De ce pas ! répliqua l'avocat en assenant un coup de poing sur le pupitre.

– Eh bien, à votre place... je n'irais pas.

– Pourquoi ? Je veux une réponse franche. Je vous pousserai dans vos derniers retranchements, ajouta-t-il en remuant l'index suivant un mouvement oratoire en usage au barreau. Vous êtes un homme d'affaires, vous parlez donc en connaissance de cause. Exposez vos raisons. Pourquoi n'iriez-vous pas ?

– Je préférerais m'assurer au préalable de mes chances de succès.

– Le diable m'emporte ! Cela dépasse l'entendement !

Mr Lorry jeta un coup d'œil prudent à Tellson avant de reporter les yeux sur son interlocuteur.

– Voici un homme d'affaires, un banquier qui a l'âge pour lui, un homme sensé, un homme d'expérience, qui après voir énoncé trois excellentes raisons d'espérer un succès total déclare que ma démarche n'a aucune chance d'aboutir et qui vous annonce cela froidement, la tête sur les épaules !

Mr Stryver prononça ces derniers mots avec une emphase particulière, comme s'il eût été moins bizarre que Mr Lorry eût avancé la chose la tête coupée.

– Quand je parle de chances de succès, je pense aux raisons qui peuvent influencer la jeune fille, dit Mr Lorry en tapotant gentiment la main de Mr Stryver. C'est là le point capital. Il faut être agréé par la jeune personne et lui convenir avant tout.

– Ainsi, votre opinion est arrêtée, monsieur. (L'homme de loi croisa les bras sur la poitrine.) La jeune fille dont nous parlons n'est qu'une folle ou une bégueule.

– Vous vous méprenez, monsieur, riposta le banquier en rougissant. Jamais je ne permettrai à quiconque de manquer en ma présence de respect à l'égard de cette demoiselle, et s'il existait un homme assez malappris, ce que je crois impossible, pour parler d'elle en termes insolents ici même, la réserve que m'imposent mes devoirs pour cette maison ne m'empêcherait pas de dire à ce grossier personnage ma façon de penser. Voilà, monsieur, le sens exact de mes paroles, et je vous prie instamment de ne pas vous y méprendre, poursuivit le gentleman dont le système nerveux, d'ordinaire si paisible, n'était pas moins troublé que celui de l'avocat.

Mr Stryver se frappa les dents avec une règle après en avoir sucé l'extrémité.

– J'avoue que j'étais loin de m'attendre à une réaction pareille, dit-il enfin, rompant le silence gêné qui régnait dans le petit bureau. Vous, un homme de bon sens, vous me conseillez, à moi, Stryver, avocat à la cour du King's Bench, de ne pas demander miss Manette en mariage ?

– Souhaitez-vous entendre mon avis, Mr Stryver ?

– Certes.

– Bon, il est inutile que je le répète, vous venez de l'exprimer.

– Tout ce que je puis vous répondre, dit l'avocat en riant jaune, c'est que ça me renverse, ça me dépasse.

– Comprenez-moi bien, en tant qu'homme d'affaires, je ne suis nullement qualifié pour émettre une opinion à ce sujet. Sous ce rapport, je ne sais rien de ce qui peut advenir et je garde le silence le plus complet. Mais j'ai tenu miss Manette dans mes bras, je jouis de la confiance du père et de la fille et nourris à leur égard l'amitié la plus profonde. C'est donc en ma qualité de vieil ami de la famille que j'ai parlé. Ce n'est pas moi qui ai provoqué cette confidence, veuillez vous en souvenir. Après cela, vous pensez que je me trompe ?

– Du tout, répondit Mr Stryver qui se mit à siffler. Pourquoi m'étonnerais-je de la folie des autres ? Je suis habitué à ne voir de bon sens que chez moi. J'avais cru qu'il pouvait exister ailleurs. Vous qui connaissez les lieux, vous supposez qu'on y aurait la sottise de faire la fine bouche et de repousser la fortune ? Permettez-moi d'en être surpris, mais c'est vous qui avez raison et moi qui me suis trompé.

– Je ne laisse à personne le droit de me prêter des suppositions que je n'ai point exprimées, répliqua Mr Lorry en s'enflammant de nouveau. Je prétends dire moi-même ce que je suppose et je ne souffrirai pas, même ici, qu'on se charge d'interpréter ce que je pense.

– Veuillez m'excuser, je retire mes paroles, je vous en demande pardon.

– Avec plaisir. Merci. Si j'ai parlé comme je viens de le faire, Mr Stryver, c'est parce qu'il pourrait vous être pénible d'essuyer un refus et qu'il ne serait pas moins délicat pour le docteur et miss Manette d'avoir à vous le formuler. La relation privilégiée dont j'ai l'honneur et le bonheur de jouir auprès de cette famille ne vous est pas inconnue. Voulez-vous que, sans révéler vos projets, sans vous représenter en aucune façon, je vérifie mon jugement par des observations plus précises et plus complètes ? Il sera toujours temps de sonder le terrain vous-même si mon rapport ne vous satisfait pas. En revanche, s'il vous est favorable, la démarche que vous vous proposiez d'entreprendre aujourd'hui n'en souffrira pas. À moins que vous ne préfériez que je m'en acquitte, ce qui pourrait être plus agréable pour tout le monde. Qu'en pensez-vous ?

– Combien de temps cela me retiendra-t-il à Londres ?

– Oh, c'est l'affaire de quelques heures. Je puis me rendre ce soir chez le docteur et vous retrouver ensuite à votre bureau.

– Dans ce cas, j'accepte. Je me sens moins pressé de conclure que je ne l'étais en arrivant. Je vous attends dans la soirée. Au revoir.

Il s'éloigna en disant ces mots et provoqua sur son passage un tel déplacement d'air qu'il faillit renverser les deux employés placés derrière leur comptoir. Ces faibles et vénérables personnages que le public voyait toujours saluant passaient généralement pour n'avoir d'autre emploi chez Tellson que de s'incliner sans cesse depuis l'arrivée du premier client jusqu'au départ du dernier.

L'avocat avait assez de finesse pour deviner que Mr Lorry ne se serait point exprimé avec autant de franchise s'il n'avait eu qu'une certitude morale pour étayer son opinion, et bien que la pilule fût aussi grosse qu'inattendue, l'avocat finit par l'avaler.

– Pour me sortir de là, dit-il en menaçant Temple Bar de l'index, il ne me reste qu'à rejeter les torts sur vous.

Rejeter sur la partie adverse le désavantage de la situation où l'on se trouve n'était qu'un jeu pour un tacticien de l'Old Bailey. Cette décision apporta à Mr Stryver un soulagement immédiat.

– Ce n'est pas vous qui me prendrez en faute, ma petite demoiselle, mais moi.

En conséquence, lorsque Mr Lorry se présenta vers dix heures du soir, Mr Stryver, qui s'était entouré de livres et de paperasses pour les besoins de sa cause, parut préoccupé de tout autre chose que de l'affaire du matin. Il s'offrit même le luxe de témoigner quelque surprise en voyant son visiteur et le reçut d'un air distrait comme une personne que l'on dérange au milieu d'un travail sérieux.

– Eh bien, dit le banquier aux généreuses intentions après avoir essayé pendant une demi-heure d'amener l'avocat à la question, je me suis rendu chez le docteur ainsi qu'il était convenu.

– Chez le docteur ? répéta froidement Mr Stryver. Ah, j'y suis. À quoi pensais-je !

– Il n'est plus possible d'avoir le moindre doute. J'avais raison, mon jugement est confirmé et je vous réitère le conseil que je vous donnais ce matin.

– J'en suis désolé, dit Stryver de son ton le plus amical, et pour vous et pour ce pauvre père. Je sais combien la famille doit en être malheureuse. Qu'il n'en soit plus question, je vous prie.

– Excusez-moi, monsieur, je ne comprends pas.

– Cela doit être, mais peu importe, peu importe.

– Au contraire, monsieur, il importe beaucoup.

– Nullement, je vous assure. J'avais supposé du bon sens et une noble ambition là où il n'y en a pas. C'est une méprise de ma part. Me voilà détrompé. Il n'y a pas de mal. Bien d'autres demoiselles ont commis semblables sottises, et plus tard, dans la gêne et l'obscurité, s'en sont repenties. J'en suis navré pour elle, c'était une bonne fortune qui ne se représentera plus. Mais d'un point de vue tout égoïste, je ne puis que m'en féliciter. Inutile de vous préciser que c'était pour moi une triste affaire qui ne m'aurait rien rapporté. Il n'y a pas de mal. Je n'ai pas demandé la jeune fille en mariage, et entre nous, à la réflexion, j'ai bien fait de m'en abstenir. Mr Lorry, il ne faut pas vous leurrer, vous ne pourrez jamais diriger les caprices de ces jeunes filles légères et vaniteuses dont le visage est agréable mais la tête vide. Croyez-moi, vous éprouveriez un amer désappointement. Enfin, je vous en prie, n'en parlons plus. Comme je vous le disais, si je déplore que le marché n'ait pas été conclu, c'est pour la famille. En ce qui me concerne, je suis satisfait. Je vous sais un gré infini de vos bons conseils. Vous connaissez mieux que moi cette demoiselle et vous aviez raison, ça n'aurait pas fait l'affaire.

Mr Lorry, qui tombait des nues, posait un regard ahuri sur Mr Stryver qui le poussait vers la porte avec l'humilité de celui qui reconnaît ses erreurs et qui, grâce à la générosité, l'indulgence et la bonne volonté de son tempérament, sait en tirer les leçons qui s'imposent.

– Prenez-en votre parti, mon cher monsieur, n'en parlez plus, merci encore d'avoir bien voulu m'éclairer de vos lumières. Bonsoir.

Sans savoir comment, Mr Lorry se retrouva dehors dans la nuit. Quant à Mr Stryver, étendu sur son sofa, il clignait de l'œil au plafond d'un air satisfait.

13

Un homme dépourvu de délicatesse

Si jamais Sydney Carton avait brillé quelque part, ce n'était certainement pas chez le Dr Manette. Il y était allé souvent au cours de cette année-là et toujours il y affichait un air morose et désabusé. Quand il daignait parler, il parlait fort bien, mais le nuage d'indifférence qui l'enveloppait de son ombre fatale laissait rarement percer la lumière qui brillait en lui.

Cependant il affectionnait le voisinage de cette maison et chérissait jusqu'aux pierres dont les rues étaient pavées. Il avait passé plus d'une nuit à les parcourir alors que l'ivresse ne le distrayait pas de lui-même. Plus d'un morne petit matin y avait surpris sa silhouette solitaire, et il s'y attardait, tandis qu'avec les premiers rayons du soleil restituant les beautés architecturales cachées des flèches des églises et des grands édifices, la douceur du moment lui rendait le souvenir des nobles choses qu'il ne pouvait plus atteindre. Le grabat qu'il avait dans Temple Court le voyait moins que jamais et souvent, quand il allait s'y étendre, il y restait quelques minutes à peine pour hanter de nouveau le quartier de Soho.

Un jour du mois d'août, alors que Mr Stryver avait transporté sa galanterie dans le Devonshire (après avoir informé son chacal qu'à la réflexion il abandonnait toute idée de mariage) et que la vue et le parfum des fleurs dans la ville inspiraient de meilleurs sentiments aux plus méchants, redonnaient la santé aux malades et la jeunesse aux vieillards, Sydney Carton parcourait son quartier de prédilection. Tout à coup ses pas irrésolus s'animèrent et, se dirigeant vers l'endroit qui leur était désigné, le conduisirent à la porte du docteur.

On le fit monter. Lucie était seule et travaillait au salon. Elle n'avait jamais été bien à l'aise en compagnie de Mr Carton et c'est avec un certain embarras qu'elle le vit s'asseoir près de sa table à ouvrage. Toutefois, tout en répondant aux lieux communs que l'on échange en début de visite, elle regarda le jeune homme avec plus d'attention, et la pâleur de son visage l'étonna.

– Êtes-vous souffrant ?

– Non, mais la vie que je mène est mauvaise pour la santé. Que voulez-vous attendre de la dissipation et des veilles ?

– Pardonnez-moi, Mr Carton, si vous me jugez indiscrète, mais n'est-il pas regrettable d'avoir adopté ce genre de vie ?

– Plus que regrettable, c'est honteux.

– Pourquoi ne pas en changer ?

Elle attacha sur lui un regard plein de douceur et fut à la fois surprise et attristée de lui voir les yeux mouillés de larmes.

– Il n'est plus temps, répondit-il avec un sanglot dans la voix. Je ne puis que tomber plus bas.

Il appuya un coude sur la table et se couvrit les yeux de la main. La petite table trembla dans le silence qui suivit. Sans regarder Lucie qu'il devinait profondément émue, il ajouta :

– Pardonnez-moi, miss Manette, mon courage défaille au moment de tout avouer. Voulez-vous bien m'écouter ?

– De grand cœur, si cela peut vous faire du bien, ou vous être agréable, Mr Carton.

– Soyez bénie pour tant de bonté et de compassion ! (Il ôta la main de son front et parla avec davantage de fermeté.) Ne craignez pas de m'entendre. Je suis semblable à un homme qui est mort jeune. Toute ma vie aurait déjà pu être.

– Ne dites pas cela, Mr Carton, vous avez devant vous la meilleure partie de votre existence. Vous êtes capable de vous ressaisir, j'en suis sûre.

– Je n'en crois rien, miss Manette. Je me connais

trop. Mais je n'oublierai jamais que vous avez pensé un instant que je pourrais un jour être moins indigne de vous.

La voyant pâle et tremblante, il poursuivit avec un désespoir si bien maîtrisé qu'il parut presque serein :

– En supposant, miss Manette, que vous eussiez répondu à l'amour de celui qui est devant vous, malgré tout le bonheur qu'il en aurait conçu, cet homme égaré, déchu, cet ivrogne pitoyable ne vous aurait apporté en échange que le regret, la honte et la misère. Je sais que vous n'avez pour moi nulle affection. Je n'en demande aucune. Je suis même soulagé de penser que la chose est impossible.

– Mais ne puis-je vous aider, Mr Carton ? Ne puis-je vous payer en retour de la confiance que vous placez en moi ? Car enfin, ajouta-t-elle, les larmes aux yeux, je sais bien que vous ne feriez pas cet aveu à une autre. Ne puis-je vous aider à sortir de cette voie déplorable ?

– Hélas, dit-il en secouant la tête. L'unique secours que vous puissiez m'apporter, c'est de m'entendre quelques instants encore. Vous avez été le dernier rêve de mon âme, et je suis heureux de vous le dire. Malgré ma dépravation, je ne suis pas dépourvu de toute sensibilité et je n'ai pu demeurer indifférent à l'amitié que vous m'avez témoignée avec votre père. Vous avez réveillé en moi des souvenirs que je croyais morts. Depuis que je vous ai vue, je suis troublé par des remords dont je ne me croyais plus capable. J'entends le murmure de voix anciennes qui m'ordonnent de me ressaisir et que j'avais crues éteintes à jamais. J'éprouve de vagues désirs de rentrer dans la lutte, de secouer ma paresse, de renoncer à la débauche et de recommencer une vie nouvelle. Tout cela n'est qu'un songe, rien qu'un songe, et celui qui le fait se retrouve, à son réveil, là où il était, mais je désirais vous dire que c'est grâce à vous qu'il rêve.

– Pourquoi laisser perdre ces bonnes impulsions ? Courage, Mr Carton, essayez.

– Impossible, miss Manette. Je suis indigne d'exciter votre intérêt, et cependant j'ai la faiblesse de vouloir que vous sachiez avec quelle force vous m'avez transformé, moi, pauvre tas de cendres, en un feu ardent qui toutefois, participant de ma triste nature, ne répand au-dehors ni chaleur ni lumière et se consume sans profit pour personne.

– Puisque j'ai le chagrin, Mr Carton, d'avoir ajouté à votre malheur...

– Ne dites pas cela, miss Manette. Vous m'auriez sauvé si mon salut avait été possible.

– Puisque, selon vos propres termes, j'ai sur vous un ascendant réel, permettez-moi d'en user à votre avantage, Mr Carton. Je ne sais si je me fais comprendre. Mais aurais-je le pouvoir de vous troubler sans exercer quelque influence bénéfique à votre endroit ?

– Mieux que cela, miss Manette, vous m'avez élevé au meilleur de moi-même. Au milieu des folies de mon existence, je me rappellerai toujours que c'est à vous que, pour la dernière fois en ce monde, j'ai ouvert mon cœur, et que vous y avez trouvé quelques qualités qui vous inspirèrent des regrets et de la pitié.

– Des qualités qui, je le crois de tout mon cœur, sont capables de s'épanouir dans de nobles sentiments.

– Inutile de chercher à m'en convaincre. J'ai vécu et je me connais. Mais pardon, cet entretien vous afflige. Je vais en finir. Un mot encore toutefois. Puis-je avoir la certitude que ma dernière confidence reposera au fond de votre âme et que personne ne la partagera ?

– Si cela vous apporte quelque réconfort, soyez-en assuré.

– Pas même celui qui vous sera plus cher que tous les autres ?

– Mr Carton, c'est votre secret et non le mien, répondit-elle après un silence. Je vous promets de le respecter.

– Merci. Que Dieu vous protège !

Il posa les lèvres sur la main de la jeune fille et se dirigea vers la porte.

– N'ayez crainte, je ne reviendrai jamais sur cette conversation, dit-il en se retournant. Je n'y ferai pas même allusion. J'aurais cessé de vivre que la chose ne serait pas plus certaine. À l'heure de ma mort, le souvenir sacré m'en reviendra. Je bénirai de toute mon âme celle à qui je me suis ouvert et dont le cœur indulgent se rappellera mon nom, mes fautes et mes misères. Sinon, gardez un souvenir heureux de notre amitié.

Il ressemblait si peu à l'image habituelle qu'il donnait de lui-même, il exprimait si bien l'amertume d'une existence vouée au gâchis, que miss Manette se mit à pleurer de compassion.

– Consolez-vous, je ne mérite pas vos larmes. D'ici deux heures, les ignobles compagnons et les ignobles habitudes que je méprise m'entraîneront de nouveau et me rendront moins digne de votre pitié que le misérable qui tombe dans le ruisseau. Consolez-vous ! Mais du fond du cœur, je resterai pour vous ce que je suis maintenant, ce que je serai à jamais. Croyez-le. C'est la prière que je vous adresse. Ne doutez pas de ma sincérité.

– Je n'en doute pas.

– Il ne me reste plus qu'à prendre congé et à vous libérer de la présence d'un individu avec lequel vous n'avez rien en commun, car il est vrai qu'un abîme nous sépare. Je voudrais cependant ajouter un mot. C'est inutile, je sais, mais cela s'échappe de mon âme. Pour vous et pour tous ceux que vous aimez, je ferais tout au monde. Si ma position me le permettait, je me sacrifierais avec bonheur pour vous et les vôtres. Retenez bien mes paroles. Pensez-y, parfois, et dites-vous que je retrouverais une volonté ardente pour accomplir le sacrifice qui vous sauverait. Un jour viendra – qui ne saurait tarder – où de nouveaux liens, plus puissants et plus doux, vous attacheront au foyer domestique dont vous êtes la joie, et vous rendront la vie plus précieuse. Alors, miss Manette, quand le visage d'un père heureux s'abaissera vers le vôtre et quand votre charmant visage se retrouvera dans l'enfant auquel vous sourirez, n'oubliez pas qu'il existe un homme prêt à donner sa vie pour vous conserver l'un des êtres qui vous sont chers.

Il lui dit adieu, un dernier « Dieu vous bénisse ! » et partit.

14

Un honnête commerçant

Un nombre infini d'objets en mouvement se présentaient chaque jour aux yeux de Jérémiah Cruncher tandis que, perché sur son escabeau, son affreux gamin près de lui, il attendait à la porte de Tellson qu'on lui confiât quelque message. Qui aurait pu s'asseoir dans Fleet Street et y passer la journée sans être ébloui et assourdi par deux immenses processions, l'une se dirigeant vers l'ouest avec le soleil, l'autre suivant la direction opposée, et toutes deux tendant vers les plaines au-delà de l'étendue d'écarlate et de pourpre où le soleil disparaît ?

Un brin de paille à la bouche, Mr Cruncher regardait passer les deux courants avec l'attention d'un paysan qui observe depuis plusieurs siècles un seul et même cours d'eau, si ce n'est qu'il n'avait pas l'espoir de les voir se tarir. Perspective d'ailleurs qui, pour lui, n'eût pas été brillante, puisqu'il tirait une maigre partie de ses revenus du pilotage des femmes timorées (ayant pour la plupart la quarantaine passée) qui cherchaient à quitter le trottoir de Tellson pour gagner l'autre rive. Si bref que fût le trajet, Mr Cruncher avait le temps de s'intéresser à la dame au point de lui exprimer le vif désir de boire à sa santé, et les sommes plus ou moins minimes qu'il recevait pour mettre à exécution ce bienveillant dessein constituaient l'un des moyens d'augmenter ses finances.

Il fut un temps où un poète allait s'asseoir sur la place publique et y méditait sous les yeux des passants.

Mr Cruncher, également installé dans un lieu de passage, mais n'étant pas poète, méditait aussi peu que possible et regardait beaucoup autour de lui. Or, il se trouvait en une saison où les rues étaient désertes, les passantes timorées rares et où ses affaires périclitaient si bien qu'il soupçonnait son épouse d'indisposer le ciel à son égard. Soudain, une foule bruyante qui se dirigeait vers l'ouest de la ville attira son attention. Il reconnut un cortège funèbre et conclut qu'il y avait contre ces funérailles quelque opposition populaire qui provoquait le tumulte général.

– Jerry, c'est un enterrement, dit Mr Cruncher.

– Bravo, papa ! s'écria le gamin en donnant à ce cri de triomphe une signification mystérieuse.

Mais le père prit cet enthousiasme en mauvaise part et souffleta le gamin.

– À quoi penses-tu, mauvais drôle ? Ouvre la bouche et tu auras de mes nouvelles ! Il devient trop rusé, ajouta-t-il en surveillant son fils du coin de l'œil.

– Il n'y a pas de mal à crier bravo, rétorqua le garçon en se frottant la joue.

– Tu vas la boucler ? Je t'interdis de me répondre. Grimpe là-dessus et regarde.

Le fils obéit. La foule se rapprochait, criant, sifflant, se pressant autour d'un corbillard et d'une voiture, laquelle ne contenait qu'un seul « ami du défunt » affublé des miteux attributs de deuil jugés essentiels à la dignité de la situation. Toutefois, cette dernière ne paraissait nullement le ravir. La populace qui grandissait le prenait à partie, l'injuriait, lui faisait des grimaces et mêlait au cri de « À bas les espions » une averse de compliments beaucoup trop corsés pour être rapportés.

En toute saison, les pompes funèbres exerçaient une véritable fascination sur Mr Cruncher. Il suffisait d'un enterrement pour le mettre en émoi. On se figure dès lors combien il fut surexcité par le bruyant cortège qui s'avançait.

– Qu'est-ce que c'est ? demanda-t-il à un passant.

– J'en sais rien, dit l'homme. À bas les espions ! Oui ! À bas les espions !

– Qui est mort ? demanda-t-il à un autre.

– Je sais pas, répondit cet autre qui se fit un porte-voix de ses mains et vociféra avec ardeur : À bas les espions !

Enfin il apprit qu'on enterrait un certain Roger Cly.

– Il était donc espion ?

– Espion de l'Old Bailey.

– Mais je l'ai vu, j'en suis sûr, s'écria Jerry qui se souvenait du procès de Charles Darnay. Il est donc mort ?

– On ne peut plus mort et il ne le sera jamais trop. À bas les espions ! Qu'on les saisisse et qu'on les traîne !

En l'absence de toute autre suggestion, celle-ci parut tellement acceptable que la foule se rua sur les deux véhicules dont elle interrompit la marche. La portière de la voiture fut ouverte et l'ami du défunt, pendant quelques secondes, devint la proie de mains avides. Mais, audacieux et fluet, il fit si bon usage de ses ressources qu'en moins d'une minute il gagna l'extrémité d'une ruelle transversale, après s'être débarrassé du crêpe, du manteau, du chapeau, du mouchoir blanc et autres emblèmes des larmes symboliques.

Tout cela fut mis en pièces et dispersé au loin, tandis que les marchands fermaient leurs boutiques à la hâte. À cette époque, la foule était un monstre redouté que rien n'arrêtait. Les plus entreprenants avaient ouvert le corbillard et se disposaient à s'emparer du cercueil sans trop savoir qu'en faire, lorsqu'un brillant génie proposa de laisser le défunt à sa place et de le conduire à sa dernière demeure au milieu des acclamations générales. Cette idée pratique fut accueillie avec transport. La voiture se remplit de huit personnes et s'en chargea d'une douzaine à l'extérieur tandis que le corbillard recevait tous les individus qui pouvaient s'y accrocher ou grimper sur son toit. Parmi les plus empressés de ces volontaires se trouvait Jérémiah Cruncher dont la tête ébouriffée se dissimula modestement dans un coin de la voiture afin d'échapper à la vigilance d'un agent de la maison Tellson.

Les employés des pompes funèbres essayèrent bien d'élever la voix contre ce changement de cérémonial, mais la proximité alarmante de la Tamise et diverses remarques à propos de l'effet bénéfique des bains d'eau froide sur les croque-morts réticents eurent rapidement raison des protestations émises qui manquaient quelque peu de conviction. Un ramoneur, assisté du cocher de métier qui pour ce motif avait été placé à côté de lui, menait la voiture de deuil, et un marchand de pâtés, également assisté de son chef de cabinet, conduisait le char funèbre. Un bateleur et son ours célèbre dans la City, dont le pelage noir et galeux apportait au cortège une note particulièrement funèbre, rejoignirent la procession.

C'est ainsi que buvant, fumant, chantant, hurlant, parodiant la douleur, le convoi désordonné qui grossissait à chaque pas chemina vers la vieille église Saint-Pancras, bâtie hors les murs. Finalement, il arriva à destination, força les portes du cimetière et finit par enterrer à sa façon et à sa vive satisfaction le défunt Roger Cly.

Le mort expédié et la foule ayant besoin d'un nouveau divertissement, un autre brillant génie, ou peut-être le même, conçut la pensée drolatique d'accuser les passants d'être des espions de l'Old Bailey et de les traiter en conséquence. À peine eut-on répandu cette idée lumineuse, qu'une vingtaine de personnes inoffensives qui n'avaient jamais approché des parages de l'Old Bailey furent sans ménagement bousculées et battues. D'un pareil amusement au bris des fenêtres et au pillage des tavernes, la transition était aussi facile que naturelle. Enfin, après un certain nombre d'heures, quand les esprits belliqueux eurent saccagé plusieurs pavillons de jardin et arraché les barreaux des grilles pour s'en faire des armes, le bruit courut que les soldats approchaient et la foule – il en est d'ailleurs toujours ainsi – se dispersa immédiatement sans chercher à vérifier la rumeur.

Mr Cruncher n'assista pas au divertissement final. Après la descente du corps, il offrit ses condoléances aux employés des pompes funèbres. Le cimetière, avec son calme, l'apaisait. Il en examina les grilles et en étudia les moindres détails tout en fumant une pipe achetée dans une auberge du quartier.

– Jerry, tu as vu ce Roger Cly de tes propres yeux, dit-il en se parlant à lui-même selon son habitude. Il était jeune, robuste et bien tourné.

Il médita quelques instants encore, la pipe éteinte, puis reprit la direction de Tellson afin de s'y trouver à la fermeture. Mais soit que ses méditations sur la mort lui eussent troublé la bile, soit que depuis quelques jours il fût mécontent de sa santé ou qu'il n'eût d'autre intention que de présenter ses respects à un homme de mérite, il s'arrêta chez son médecin – un éminent chirurgien – sur le chemin du retour.

Avec un zèle consciencieux, Jerry fils rendit à son père la place qu'il occupait et déclara qu'elle n'avait produit aucun bénéfice en son absence. Les vieux employés ne tardèrent pas à sortir, la banque ferma et les deux Jerry rentrèrent chez eux pour dîner.

– Je sais où il est, annonça en entrant Mr Cruncher à sa femme, et si ça tourne mal ce soir, c'est à toi que je m'en prendrai parce que tu auras dressé le ciel contre moi qui suis un honnête commerçant.

La pauvre femme secoua la tête d'un air accablé.

– Tu remets ça, et à ma barbe en plus, reprit-il avec colère en donnant toutefois des signes d'inquiétude.

– Je n'ai rien dit.

– Mais tu n'en penses pas moins. Que tu penses ou que tu te jettes par terre pour prier, c'est pareil. Je t'interdis de penser.

– Oui, Jerry.

– « Oui, Jerry », répéta-t-il en s'asseyant à table. « Oui, Jerry. » Facile à dire quand tu n'en fais qu'à ta tête.

Mr Cruncher n'attachait aucun sens particulier à ses bougonnements. Il y recourait, comme souvent ses semblables, pour exprimer sur le mode ironique un mécontentement général.

Il mordit dans sa tartine de pain beurré.

– Toi et tes « Oui, Jerry » ! poursuivit-il, avalant avec effort sa bouchée qu'il sembla accompagner, pour la faire passer, d'une huître invisible. Ah, je te crois. Tu as intérêt à obéir.

– Tu sors ce soir ?

– Oui, je sors.

– Je peux aller avec toi, papa ? demanda Jerry fils.

– Non. Ta mère le sait. Je vais à la pêche.

– L'hameçon de ta ligne est tout rouillé. C'est quand que tu y vas, à la pêche ?

– Ça ne te regarde pas.
– Tu rapporteras du poisson ?
– Ça dépendra. Si la pêche n'est pas bonne, le dîner sera frugal demain. Maintenant, assez de questions comme ça, conclut Cruncher en hochant la tête. De toute façon, tu seras couché depuis longtemps quand je sortirai.

Tout au long de la soirée, Mr Cruncher eut l'œil sur Mrs Cruncher et l'obligea à prendre part à la conversation afin de l'empêcher de s'adresser au ciel pour contrecarrer ses entreprises. Il engagea son fils à le seconder dans ses efforts et rendit la vie dure à la pauvre femme en insistant sur les fautes qu'il avait à lui reprocher, ne voulant point lui laisser une minute de réflexion. Un dévot plein d'ardeur n'eût pas reconnu plus hautement l'efficacité de la prière qu'il ne le faisait par sa crainte des oraisons de sa femme. Son comportement rappelait celui d'un esprit fort qui prétend ne pas croire à l'existence des fantômes mais qui a peur des histoires de revenants.

– Et retiens bien mes paroles, continua-t-il. Pas de jérémiades demain. Si la chance est de mon côté et que l'honnête commerçant que je suis rapporte un morceau de viande, j'entends qu'on en mange et qu'on ne se mette pas au pain sec. Si l'honnête commerçant que je suis peut rapporter un peu de bière, ne me déclare pas que tu bois de l'eau. À Rome, fais comme les Romains. Dans cette maison, Rome, c'est moi, et si tu ne m'obéis pas, tu t'en mordras les doigts. À cause de tes reproches incessants, je me demande comment on a de quoi manger, femme sans cœur ! Regarde ton fils. Il est maigre comme un chat de gouttière. Tu ne sais pas que le premier devoir d'une mère, c'est d'engraisser son enfant ?

Ému de ces paroles qui le touchaient là où il fallait, l'enfant adjura sa mère de remplir à son égard le devoir impérieux qui lui était rappelé avec tant de délicatesse. C'est ainsi que se déroula la soirée jusqu'au moment où Jerry fils fut envoyé au lit. Sa mère, invitée à suivre son exemple, obéit. Resté seul, Mr Cruncher trompa les premières heures de veille en fumant plusieurs pipes et se mit en route vers une heure. Un peu avant, il se leva, tira une clé de son gousset, ouvrit une armoire d'où il prit un sac, une pioche, un levier de belle taille, une corde, une chaîne et d'autres outils du même genre. Lorsqu'il eut réparti habilement ces divers objets sur sa personne, il lança un regard empli de défiance en direction de Mrs Cruncher, souffla la bougie et sortit.

Jerry fils, qui ne dormait pas et qui s'était couché tout habillé, fut immédiatement sur les talons de son père. À la faveur des ténèbres, il le suivit dans l'escalier, dans la cour, dans la rue. Il ne s'inquiéta pas de savoir comment il rentrerait car l'immeuble était plein de locataires, et la porte restait ouverte toute la nuit.

Poussé par la noble ambition de connaître et d'étudier l'art et le mystère de l'honnête vocation de son père, Jerry fils rasa les murs et ne perdit pas de vue son honorable père. Celui-ci, qui se dirigeait vers le nord, fut bientôt rejoint par un autre disciple d'Isaac Walton. Ils continuèrent leur progression et, une demi-heure après avoir échappé à la lanterne du dernier veilleur, se retrouvèrent sur une route solitaire. Là surgit soudain un troisième pêcheur et son apparition inopinée fut si discrète que s'il avait été enclin à la superstition, le jeune Jerry aurait volontiers cru que l'un des deux premiers compères venait de se dédoubler.

Enfin, les trois camarades s'arrêtèrent sous une espèce de remblai qui surplombait la route. Sur le remblai il y avait un mur bas en brique surmonté d'une grille en fer. Les trois pêcheurs s'engagèrent dans une impasse dont le mur, ayant à cet endroit deux mètres cinquante ou trois mètres de hauteur, formait l'un des côtés. La première chose qui frappa Jerry fils, couché à plat ventre afin de rester dans l'ombre, fut la silhouette de son père qui se dessinait contre une lune pâle et couverte de nuages et qui escaladait la grille. Les deux autres l'imitèrent et, après être restés quelques secondes immobiles, l'oreille tendue peut-être, ils s'éloignèrent à quatre pattes sur le sol.

Ce fut au tour du jeune Jerry de s'approcher de la grille. Retenant sa respiration, il se tapit dans un coin et vit les trois hommes ramper dans l'herbe touffue d'un cimetière – c'était un grand cimetière – dont les pierres tombales évoquaient de blancs fantômes et que dominait l'église semblable au spectre d'un géant monstrueux. Ils ne tardèrent pas à s'immobiliser, se relevèrent et se mirent à pêcher.

Ils utilisèrent d'abord une bêche, puis il sembla au petit Jerry que son honorable père appliquait à la fosse un énorme tire-bouchon. Quel que fût l'outil employé, les pêcheurs œuvraient avec zèle. Le gamin les observait, quand soudain l'horloge frappa plusieurs coups. Il s'enfuit, terrifié, ses cheveux pleins d'épis dressés sur la tête tout comme ceux de son père.

Mais le désir qu'il chérissait depuis si longtemps de s'éclairer sur la profession paternelle l'arrêta dans sa course et le fit revenir sur ses pas. Lorsqu'il se retrouva à la grille, les trois hommes pêchaient toujours avec courage. Enfin ils parurent avoir fait une prise importante car il y eut un grincement, une plainte étouffée et les trois silhouettes penchées au bord de la fosse remontèrent avec effort un objet pesant. Lentement, l'objet en question fit surface. Bien qu'il devinât sans peine de quoi il s'agissait, le jeune Jerry, pour qui ce spectacle était nouveau, fut saisi d'une telle épouvante en voyant son père se disposer à ouvrir la bière qu'il prit ses jambes à son cou et ne s'arrêta, cette fois, qu'après une course d'un kilomètre.

Sans l'obligation où il était de reprendre haleine, il n'aurait pas cessé de courir car il s'imaginait avoir le cercueil à ses trousses et n'avait qu'une envie : lui échapper. Dressé de toute sa hauteur, le cercueil bondissait sur ses pas, toujours près de le rattraper, de le dépasser, de le saisir par le bras. Cet assaillant, qu'il fallait fuir à tout prix, était également un démon insaisissable et doué d'ubiquité. Non content de transformer la nuit qui se refermait sur Jerry en un cauchemar infernal, il surgissait immanquablement des ruelles obscures, tel un cerf-volant hydropique, sans ailes et sans queue, obligeant sa victime à s'élancer à tout moment sur la chaussée pour l'éviter. Il se dissimulait sous les porches, frottait contre les murs sa carcasse grotesque, remontait jusqu'aux oreilles ses épaules secouées de rire, projetait des ombres géantes sur la route, s'allongeait sur le dos pour faire trébucher l'enfant, sans oublier de sautiller derrière lui et de toujours gagner du terrain. En arrivant devant sa porte, le pauvre Jerry avait raison de se croire à demi mort. Toutefois, l'odieux cercueil ne s'en tint pas là : il sauta pesamment les marches, entra dans la chambre et, dans un soubresaut final, retomba sur la poitrine de l'enfant dès que celui-ci ferma les yeux.

Au point du jour, Jerry fils fut tiré de son sommeil oppressant par la présence de son père dans la pièce voisine. Sans doute les choses avaient-elles mal tourné car Mr Cruncher tenait sa femme par l'oreille et lui martelait la tête contre le bois du lit.

– Cela t'apprendra. Je t'avais prévenue.

– Jerry, Jerry, Jerry ! supplia Mrs Cruncher.

– C'est à cause de toi si les affaires vont mal. Tu veux donc ma ruine et celle de mes associés ? Tu me dois respect et obéissance. Pourquoi diable tu ne m'obéis pas ?

– Je fais de mon mieux pour être une bonne épouse, répondit-elle en pleurant.

– Est-ce être bonne que de m'empêcher de gagner ma vie ? Est-ce m'honorer que de jeter le blâme sur mon commerce ? Est-ce m'obéir que de me contrecarrer dans tout ce que j'entreprends ? Tu avais pourtant juré d'être soumise et respectueuse.

– À cette époque, Jerry, tu n'avais pas encore cet horrible métier.

– Ça ne te regarde pas. Tu as bien assez de tes obligations envers moi sans te mêler de ce que je fais. Une femme qui remplit convenablement ses devoirs ne s'occupe pas du métier de son mari. Tu te dis pieuse ? J'en veux pas de tes prétendues bontés ! Tu n'as pas plus le sens du devoir que la terre n'a celui du bâton qu'on y enfonce. C'est à coups de marteau qu'il faut t'en pénétrer.

Après avoir morigéné sa femme à voix basse, l'honnête commerçant se débarrassa de ses bottes crottées, se coucha sur le dos à même le sol et, posant la tête sur ses mains couvertes de rouille, ne tarda pas à s'endormir. Le jeune Jerry risqua un timide regard dans sa direction et fit de même.

Il n'y eut pas de poisson au déjeuner qui, d'ailleurs, se composa de fort peu de chose. Mr Cruncher, d'une humeur plus massacrante que jamais, gardait à côté de lui le couvercle de la marmite afin de le lancer à la tête de sa moitié si la pauvre créature manifestait la moindre velléité de proférer ses grâces.

À l'heure habituelle, il fut toutefois lavé et brossé pour aller exercer sa profession officielle. Le petit Jerry, marchant à côté de son père, le tabouret sous le bras, dans Fleet Street ensoleillée et animée, n'évoquait en rien le gamin effrayé qui, si peu d'heures auparavant, courait dans la solitude de la nuit, poursuivi par un fantôme. La clarté du jour lui avait rendu sa malicieuse effronterie et ses terreurs s'étaient dissipées en même temps que les ténèbres. Il est probable qu'à ce double point de vue, il ne manquait pas de confrères dans Fleet Street ni dans la City de Londres.

– Papa, dit le gamin en prenant soin de se placer à distance respectueuse de son géniteur et de s'abriter derrière son tabouret, c'est quoi un résurrectionniste ?

Mr Cruncher s'immobilisa.

– Comment veux-tu que je le sache ?

– Je croyais que tu savais tout, répondit Jerry fils avec candeur.

– Hum ! fit Cruncher qui souleva son chapeau pour permettre aux épis de ses cheveux de se dresser en toute liberté. C'est un commerçant.

– Il vend quoi ?

– Il vend des objets scientifiques, répliqua le père après réflexion.

– Des cadavres, non ?

– Quelque chose dans ce goût-là.

– Papa, quand je serai grand, je serai résurrectionniste.

Mr Cruncher, flatté du désir de sa progéniture, se sentit de meilleure humeur. Il n'en hocha pas moins la tête d'un air dubitatif et sentencieux.

– Cela dépendra de tes dispositions et du développement que tu sauras leur donner, expliqua-t-il. Il faut cultiver ton intelligence et ne jamais dire plus que ce que tu dois dire. Qui sait ? Il est pas impossible que tu sois capable un jour de remplir ces fonctions.

Ravi de cet encouragement, le jeune Jerry courut planter l'escabeau à l'ombre de Temple Bar.

– Jerry, ajouta Cruncher à part lui, toi qui es un honnête commerçant, il y a tout lieu d'espérer que ce gosse-là sera la consolation de tes vieux jours et te dédommagera de ce que sa mère te fait souffrir.

15

En tricotant

La boutique de M. Defarge s'était remplie plus tôt qu'à l'ordinaire. Dès six heures du matin, des visages cireux collés aux barreaux des fenêtres avaient aperçu à l'intérieur du cabaret d'autres figures blêmes, penchées au-dessus de leurs mesures de vin. Même dans les meilleures années, M. Defarge débitait un vin frelaté, mais jamais sa piquette n'avait été aussi mauvaise qu'à cette époque. Un vin aigre, de surcroît, et aigrissant à en juger par l'humeur lugubre des buveurs. Aucune flamme bachique ne sortait du jus de la grappe que vendait M. Defarge. Dans la lie de ses tonneaux, couvait un feu sinistre qui brûlait dans l'ombre.

Depuis trois jours consécutifs la boutique du cabaretier s'emplissait dès l'ouverture. Cela commença un lundi et le mercredi le même phénomène se produisit. À vrai dire, on paraissait y aller moins pour boire que pour discuter. La plupart des individus qui s'y étaient glissés furtivement et y chuchotaient n'auraient pu mettre un sou sur le comptoir, même pour sauver leur âme. Cependant, leur intérêt pour la boutique n'était pas moindre et, circulant d'une table à l'autre, ils buvaient des paroles à la place de vin avec des regards de convoitise.

Malgré ce flot continu de clients, le propriétaire des lieux demeurait invisible. Toutefois, son absence passait inaperçue. Personne ne le demandait, ni ne le cherchait du regard, ni ne s'étonnait de voir Mme Defarge présider à la distribution du vin, à côté d'un bol rempli de menues pièces de monnaie rognées et tordues et dont l'effigie primitive était aussi effacée que chez le billon humain qui les avait tirées de sa poche déchirée.

Les espions qui s'introduisirent dans la boutique de M. Defarge, comme ils le faisaient partout, depuis le palais du roi jusqu'à la cour des prisons, n'observèrent peut-être sur les visages que les signes d'un désintérêt distrait et une tendance généralisée à l'indifférence. Les parties de cartes languissaient, on construisait des tours avec les dominos, on traçait du bout du doigt des chiffres dans les gouttes de vin répandues sur les tables. Mme Defarge dessinait sur le comptoir le patron de ses manches avec la pointe de son cure-dents tout en distinguant quelque chose d'invisible et d'inaudible dans le lointain.

C'est ainsi que s'écoula la matinée dans Saint-Antoine aux relents vineux. Midi sonnait lorsque deux voyageurs longèrent les rues du faubourg et passèrent sous ses lampes qui oscillaient. L'un était M. Defarge, l'autre un paysan coiffé d'un bonnet bleu. Couverts de poussière et mourant de soif, ils entrèrent dans la taverne. L'annonce de leur arrivée, en se répandant sur leur passage, avait allumé dans la poitrine de Saint-Antoine un feu intérieur qui animait de ses flammes les visages surgis aux portes et aux fenêtres. Cependant personne ne les suivit, et quand ils entrèrent dans la boutique, les regards se tournèrent vers eux mais pas un client ne leur adressa la parole.

– Bonjour, messieurs, dit M. Defarge.

À ce signal, les langues se délièrent et lui rendirent son salut en chœur.

– Mauvais temps, messieurs, reprit Defarge en secouant la tête.

Chacun regarda son voisin, baissa les yeux et garda le silence. Quelqu'un se leva et sortit.

– J'ai fait une partie de la route avec ce brave cantonnier qui s'appelle Jacques, continua le marchand de vin en s'adressant à sa femme. Je l'ai rencontré à un jour et demi de Paris. Donne-lui à boire car c'est un brave gars, ce Jacques.

Un deuxième client se leva et sortit pendant que

Mme Defarge posait un verre de vin devant le nouvel arrivé. Le cantonnier ôta son bonnet bleu, salua la compagnie et avala d'un trait la piquette du marchand. Puis il tira de sa blouse un morceau de pain noir et tandis qu'il se restaurait et se désaltérait tour à tour, un troisième individu se leva pour disparaître comme les deux autres.

M. Defarge étancha sa soif mais, le vin n'étant pas pour lui chose rare, il en but fort peu comparativement à son invité, et resta debout en attendant que le paysan eût terminé son déjeuner. Personne ne le regardait et il ne regardait personne, pas même sa femme qui avait repris son tricot.

– Tu as fini, l'ami ? demanda-t-il au moment opportun.

– Oui.

– Alors, viens voir ta chambre. Elle te conviendra à merveille.

Ils sortirent, allèrent dans la cour, gravirent un escalier raide et surgirent dans un grenier, le grenier où jadis, assis sur un banc, un homme à tête blanche façonnait un soulier. Le vieillard n'y était plus, mais les trois buveurs, qui avaient quitté un par un la boutique, s'y trouvaient réunis, et l'unique lien qui les rattachait au cordonnier d'autrefois, c'est qu'ils l'avaient épié par les fentes du mur.

Le marchand de vin referma la porte avec soin et prit la parole à voix basse :

– Jacques un, Jacques deux, Jacques trois ! Voici le témoin avec qui moi, Jacques quatre, j'avais rendez-vous. Il va tout vous raconter. Tu as la parole, Jacques cinq.

Le cantonnier essuya son front basané avec son bonnet.

– Par où faut-il commencer, monsieur ?

– Par le commencement, fut la réponse non dépourvue de bon sens de Defarge.

– Je l'ai vu, messieurs, il y aura un an cet été. Il était sous le carrosse du marquis et se cramponnait à la chaîne du sabot. C'était l'heure de quitter l'ouvrage, le soleil se couchait, la voiture du marquis montait lentement la côte, et lui, il se tenait à la chaîne, comme ça !

Il répéta la pantomime qu'il avait exécutée devant le marquis et qu'il avait nécessairement perfectionnée car depuis douze mois, elle avait été la seule distraction du village.

– Tu l'avais déjà vu ? demanda Jacques un.

– Jamais, dit-il en se redressant.

– Comment as-tu pu le reconnaître alors ? demanda Jacques deux.

– À sa grande taille, répliqua le villageois en touchant de l'index le bout de son nez. Quand M. le marquis m'a dit comme ça : « Comment il est ? – Grand comme un spectre, que j'ai répondu. »

– Il fallait dire petit comme un nain, rétorqua Jacques deux.

– Est-ce que je savais ? La chose n'était pas faite et j'étais pas dans la confidence. D'ailleurs, moi, je disais rien. J'étais près de la fontaine et M. le marquis a passé la main par la portière. « Gabelle, qu'il s'écrie en me montrant, fais approcher ce maraud ! » Sur ma vie, messieurs, je n'ai pas pu faire autrement.

– Il a raison, Jacques, murmura Defarge. Continue, Jacques cinq.

– Bon, reprit le cantonnier avec un air mystérieux. Voilà qu'on a perdu la trace du gaillard, on le recherche. Depuis combien de mois ? Neuf, dix, onze ?

– Peu importe, interrompit Defarge. Sa cachette était peut-être sûre, malheureusement on a fini par le retrouver. Continue.

– Je travaillais sur la même route et le soleil allait se coucher, comme la première fois. Je ramasse mes outils pour descendre au village où il fait déjà nuit et je relève la tête. Des soldats montent la côte, six ils sont, et au milieu, je vois un homme de grande taille qui a les bras attachés au corps, comme ça !

Au moyen de son indispensable bonnet, le paysan représenta un homme dont les deux coudes étaient liés dans le dos.

– Je me range sur le côté, près de mon tas de pierres, pour voir le prisonnier et les soldats car la route est si déserte que le peu qui s'y passe, on est bien aise d'en profiter. Les voilà qui avancent et, comme je vous le disais tout à l'heure, ils sont six à encadrer un homme de grande taille. On dirait qu'ils sont noirs à cause de l'obscurité, sauf du côté où le soleil se couche où ça leur fait comme une arête rouge. Leurs ombres s'allongent sur la pente, des ombres de géants. Et puis, ils sont couverts de poussière et la poussière de la route s'élève à chaque pas qu'ils font : plan, plan, plan ! Quand ils sont tout près, je reconnais le prisonnier et il me reconnaît aussi. Il aurait été bien content de dévaler au bas de la pente comme le premier soir où on s'était rencontrés, presque au même endroit.

Le cantonnier semblait encore y être. Il était évident que la scène évoquée se retraçait devant ses yeux avec une acuité particulière. Peut-être après tout n'avait-il pas vu de spectacle plus frappant car il n'avait pas connu grand-chose dans sa vie.

– Comme vous l'imaginez, je fais comme si je ne le connaissais pas, lui aussi, mais d'un coup d'œil, on se dit qu'on se connaît. « Allez, vite, dit le capitaine des soldats en montrant le village, il n'y en a plus pour longtemps. Dépêchons-nous de le conduire à sa tombe. » Ils accélèrent le pas. Je les suis. Il a les bras gonflés à cause des cordes qui le serrent. Ses sabots, lourds et mal faits, le font boiter et, comme il va pas assez vite, les soldats le poussent avec leurs armes, comme ça !

Le cantonnier mima l'attitude d'un homme qui avance, poussé dans le dos par la crosse d'un fusil.

– Ils descendent la colline au pas de course, comme des enragés, le prisonnier tombe. Les soldats se mettent à rire et le ramassent. Il a la figure en sang et couverte de poussière, mais comme il peut pas s'essuyer puisqu'il a pas les mains libres, ça fait rire de plus belle. Quand ils arrivent au village, tout le monde accourt. Ils passent près du moulin, et s'en vont droit à la prison. Tout le monde a vu les portes s'ouvrir et l'engloutir, comme ça !

Il écarta les mâchoires de toutes ses forces et les rapprocha dans un claquement de dents.

– Continue, intervint Defarge, devinant qu'il était prêt à recommencer sa démonstration.

– Tout le village reste à la fontaine à bavarder, dit le cantonnier en baissant la voix et en se dressant sur la pointe des pieds. Chacun dit son mot, on va se coucher et on rêve du malheureux qui ne doit sortir de prison que pour être pendu. Le lendemain matin, je m'en vais à l'ouvrage, en mangeant mon pain noir, mes outils sur l'épaule, et je fais un détour pour passer devant la prison. Je le vois, derrière les barreaux d'une énorme cage de fer, couvert de sang et de poussière comme la veille, qui regarde. Il a les bras toujours attachés, alors il peut pas me faire signe mais ses yeux fixes me regardent comme ceux d'un homme mort.

Les trois Jacques et Defarge, qui écoutaient ce récit d'un air sombre, échangeaient parfois un coup d'œil trahissant une haine contenue et la soif de vengeance. Leur visage était calme, leur attitude sévère et pleine d'autorité. Deux de ces juges implacables siégeaient sur le grabat, la main sous le menton, le regard rivé sur le paysan. Derrière eux, Jacques trois, non moins attentif, un genou à terre, promenait ses doigts crispés sur le réseau de nerfs qui entourait ses lèvres pâles et ses narines frémissantes. Defarge se tenait debout entre les juges et le témoin qu'il avait placé près de la fenêtre et ses yeux les observaient tour à tour.

– Continue, Jacques, dit-il.

– Il est resté là-haut pendant plusieurs jours. Tout le village a peur et personne n'ose s'approcher de la prison, mais on le regarde de loin et à la chute du jour, quand après l'ouvrage on se rassemble pour causer à la fontaine, on regarde la forteresse. Avant on se tournait vers le relais de poste, maintenant on se tourne vers la prison. On raconte qu'il sera pas exécuté, qu'on a fait des pétitions qui prouvent que la mort de son enfant l'a rendu fou. Il paraît qu'une pétition a été présentée à la Cour. Est-ce que je sais, moi ? C'est bien possible, après tout.

– Écoute, Jacques, c'est vrai, une pétition a été présentée au roi et à la reine, intervint Jacques un avec sévérité. C'est Defarge qui, au péril de sa vie, s'est élancé au-devant des chevaux pour la remettre. Nous quatre, ici présents, nous avons vu cette pétition dans les mains du roi.

– Écoute encore, Jacques, dit Jacques trois qui passait la main sur sa bouche avec un air avide, comme s'il était en proie à un désir ardent qui n'était provoqué ni par la faim ni par la soif, écoute-moi bien, Jacques : les gardes du roi, à pied et à cheval, sont intervenus aussitôt et ont frappé le pétitionnaire. Tu entends, Jacques ?

– Oui, messieurs.

– Continue, dit Defarge.

– Donc, à la fontaine on raconte qu'on l'a ramené chez nous pour le faire mourir à l'endroit même du crime, et que pour sûr, il sera exécuté. On dit même que, ayant tué Monseigneur et Monseigneur étant le père de ses tenanciers, il subira la peine des parricides. Un vieux explique qu'on lui mettra un couteau dans la main droite et qu'on la lui brûlera, puis qu'on lui fera dans les bras, dans la poitrine, dans tout le corps des blessures pour y verser de l'huile bouillante, du plomb fondu, de la résine chaude, du soufre, de la cire et qu'enfin on lui arrachera les membres en l'écartelant avec quatre chevaux robustes. Le vieux a dit qu'un prisonnier avait subi cette torture pour avoir tenté d'assassiner feu le roi Louis XV. Enfin, moi, je sais pas s'il a menti. Je suis pas savant.

– S'il a menti ! s'exclama Jacques trois. Écoute-moi bien, Jacques. Le nom de cet homme était Damiens et toutes ces horreurs ont été commises au grand jour, en pleine rue et, parmi la foule qui venait assister à ces réjouissances, les dames de qualité sont venues nombreuses et sont restées jusqu'à la fin du supplice, jusqu'à la fin, Jacques ! À la nuit tombée, le malheureux qui avait perdu un bras et deux jambes respirait encore. Oui, ça s'est passé... Quel âge as-tu ?

– Trente-cinq ans, dit Jacques cinq qui en paraissait soixante.

– Tu avais plus de dix ans quand ça s'est passé, tu aurais pu assister à cette exécution.

– Assez ! intervint Defarge avec une impatience sévère. Vive le diable ! Allez, continue.

– Bref, on chuchotait une chose et l'autre, on parlait plus que de ça. Même la fontaine semblait avoir son mot à dire. Enfin, un dimanche soir – tout le village dormait –, des soldats descendent de la prison et on entend leurs fusils résonner sur les pavés de la rue. Des ouvriers prennent la pioche, et les voilà qui creusent et cognent pendant que les soldats rient et chantent. Le lendemain matin, il y avait une potence haute de douze mètres près de la fontaine.

Le regard du cantonnier sembla percer le plafond bas du grenier et il leva les mains comme si la potence se dressait sous ses yeux en plein ciel.

– On travaille pas, on mène pas les bêtes aux champs. On reste tous là autour de la fontaine. À midi, on entend battre le tambour. Les soldats, qui avaient regagné la prison, en redescendent avec le prisonnier. Ils sont nombreux à l'encadrer. Il a toujours les bras derrière le dos et en plus un bâillon qui lui fend la bouche jusqu'aux oreilles et lui donne l'air de rire. (Le villageois étira sa bouche avec ses deux pouces pour mimer la grimace du condamné.) Tout en haut de la potence, il y a le couteau, le tranchant de la lame tourné vers le ciel. C'est là qu'on le pend à douze mètres du sol et qu'on l'a laissé pendu au-dessus de la fontaine.

Les quatre Jacques se regardèrent tandis que le paysan s'essuyait le front avec son bonnet bleu car il s'était mis à transpirer en évoquant ce spectacle.

– C'est épouvantable, messieurs. Comment voulez-vous que les femmes et les enfants aillent puiser de l'eau ? Comment se réunir autour de la fontaine et bavarder sous un pendu ? Quand je suis parti le lundi soir, le soleil se couchait. Je me suis retourné au sommet de la côte : l'ombre du malheureux s'étendait sur l'église, sur le moulin, sur la prison, elle barrait tout le paysage jusqu'à l'endroit où la terre rejoint le ciel, messieurs.

L'homme au regard avide se rongeait les ongles en observant ses trois camarades, et ses doigts frémissaient du terrible besoin dont il était saisi.

– Voilà tout, messieurs, conclut le paysan. J'ai quitté le village au coucher du soleil, comme on me l'a conseillé. J'ai marché toute la nuit, toute la matinée du lendemain pour retrouver le camarade que voilà. Nous avons voyagé ensemble, tantôt à pied, tantôt en voiture, et me voici.

– Bien, dit Jacques un après un silence pesant. Tu as agi loyalement et ton récit est fidèle. Veux-tu bien nous attendre dehors pendant quelques minutes ?

– Volontiers, dit le villageois qui, accompagné de Defarge, sortit dans le couloir et alla s'asseoir sur la première marche de l'escalier.

Quand Defarge regagna le grenier, les trois Jacques s'étaient rapprochés les uns des autres et délibéraient.

– Qu'en dis-tu ? demanda Jacques un. Il faut enregistrer la plainte ?

– Oui, répondit le marchand de vin. On enregistre et le mot d'ordre est de détruire.

– Splendide ! fit l'homme qui se rongeait les ongles avec avidité.

– Le château et la famille ? s'enquit le premier.

– Le château et la famille, répliqua Defarge. Extermination complète.

– Splendide, répéta l'homme dans un croassement ravi en se mettant à ronger un autre ongle.

– Tu es sûr que la façon de tenir nos comptes est fiable ? Ça ne peut pas nous attirer d'ennuis car on est les seuls à connaître le code. Mais tu es sûr qu'on saura le déchiffrer sans problème, ou plutôt, qu'elle en sera toujours capable ?

– Jacques, répondit le marchand de vin en se redressant de toute sa hauteur, ma femme aurait gravé tous nos comptes dans sa mémoire qu'elle n'en oublierait pas une syllabe. Les mailles de son tricot correspondent à des symboles qu'elle a mis au point et cette écriture aura toujours la clarté du soleil. Fais confiance à Mme Defarge. Il serait plus aisé au dernier des poltrons de sortir de ce monde que d'effacer du tricot de Mme Defarge une lettre de son nom ou de la liste de ses crimes.

Un murmure approbateur accueillit ces paroles.

– J'espère qu'on va renvoyer ce paysan dans sa campagne. Il est tellement naïf. Tu ne crois pas qu'il pourrait être dangereux ?

– Il ne sait rien. Tout ce qu'il pourrait dire ne servirait qu'à le faire pendre. Soyez tranquilles, je me charge de lui. Je le renvoie dans son village dans quelques jours. Il veut voir le beau monde, le roi, la reine, la Cour. Je les lui montre dimanche.

– Comment ? s'exclama l'homme affamé en ouvrant grands les yeux. Tu te fies à un homme qui veut voir le roi et la Cour ?

– Jacques, montre du lait à un chat si tu veux qu'il ait soif, et mets un chien face à sa proie si tu veux qu'il te l'apporte.

La conversation arrivait à son terme. Les quatre Jacques conseillèrent au cantonnier qui s'était assoupi sur les marches de l'escalier d'aller s'allonger sur le matelas du grenier. Le brave homme ne se le fit pas répéter et il s'endormit aussitôt.

Il aurait été difficile, pour un pauvre hère provincial de cette espèce, de trouver dans Paris une hospitalité plus confortable que celle du marchand de vin. Le genre de vie qu'il menait chez les Defarge était aussi agréable que nouveau, excepté la crainte mystérieuse que lui inspirait Madame. Assise toute la journée derrière son comptoir, la maîtresse de maison se souciait si peu de lui et paraissait tellement résolue à ne pas s'apercevoir que sa présence était liée à quelque raison souterraine qu'il tremblait jusque dans ses sabots toutes les fois que ses yeux se posaient sur elle. Qui pouvait prédire ce qu'elle allait imaginer ou entreprendre ? Il était convaincu que s'il lui prenait la fantaisie d'affirmer qu'elle l'avait vu tuer un homme, elle irait jusqu'au bout et assisterait sans broncher à son exécution.

Ainsi, lorsque arriva le dimanche, le cantonnier ne fut-il pas enchanté, bien qu'il prétendît le contraire, d'apprendre que Mme Defarge les accompagnait à Versailles. Il fut d'autant plus déconcerté que Mme Defarge tricota pendant tout le trajet qu'ils firent en transport commun, et son trouble s'accrût encore quand, dans l'après-midi, au milieu de la foule qui guettait le carrosse du roi et de la reine, elle continua sa besogne.

– Quelle ardeur à la tâche, madame, dit un de ses voisins.

– J'ai beaucoup à faire, répondit-elle.

– Peut-on demander ce que vous faites ?

– Une foule de choses.

– Par exemple ?

– Par exemple, des linceuls, répliqua-t-elle, impassible.

L'homme s'éloigna dès que possible et le cantonnier, sur le point de suffoquer, s'éventa de son bonnet bleu. Si toutefois, pour surmonter ces défaillances, il avait besoin d'un cortège royal, le remède n'était pas bien loin. Le carrosse doré ne tarda pas à apparaître avec le roi aux fortes mâchoires et la reine au gracieux visage, escortés de l'étincelant Œil-de-Bœuf de leur Cour, brillante multitude de beaux seigneurs et de dames souriantes. À la vue de tant de bijoux, de soie, de poudre, de splendeur, de figures dédaigneuses et de regards insolents, le cantonnier fut saisi de vertige et, dans son ivresse temporaire, se mit à crier : « Vive le roi ! Vive la reine ! Vive tout le monde ! Vive tout ! » comme s'il n'avait jamais entendu parler d'un Jacques doué d'ubiquité. Il regardait les jardins, les cours, les terrasses, les fontaines, les parterres verts, le roi, la reine, l'Œil-de-Bœuf, les seigneurs et les dames et criait : « Vive eux tous ! » Il finit par pleurer d'émotion. Pendant les trois heures que dura ce spectacle, il ne cessa de crier, de pleurer et de s'attendrir en compagnie. Le marchand de vin le retenait par sa blouse comme pour l'empêcher de se ruer sur les objets de son culte et de les mettre en lambeaux.

– Bravo ! dit Defarge en le frappant dans le dos, le spectacle terminé, tu es un brave garçon.

Se ressaisissant, le villageois songea qu'il s'était mal conduit et que ses manifestations de joie pouvaient bien être une faute. Mais non, car M. Defarge lui chuchota à l'oreille :

– Ce sont de gens comme toi qu'on a besoin, tu leur fais croire que ça durera encore longtemps. Ça les tranquillise, ils n'en sont que plus insolents, et on en finira plus vite.

– Ma foi, c'est vrai, dit le cantonnier, pensif.

– Ils ne se doutent de rien, ces imbéciles qui te méprisent. Ils feraient périr cent de tes pareils plutôt qu'un de leurs chevaux ou un de leurs chiens, mais ils croient ce que tu leur dis, rien d'autre. Continue à les tromper, tu ne les tromperas jamais assez.

Mme Defarge regarda le cantonnier avec dédain et hocha du chef.

– Toi, tu applaudiras et tu pleureras toujours si la foule applaudit et pleure, n'est-ce pas ?

– Je le crois, madame. Pour l'instant.

– Si on te montrait un énorme tas de poupées et qu'on te dise de les déchiqueter pour ton profit, tu choisirais les plus brillantes, n'est-ce pas ?

– Bien sûr que oui, madame.

– Si on te plaçait en face d'une bande d'oiseaux qui ne peuvent pas voler et qu'on t'ordonne de les plumer pour ton profit, tu choisirais ceux qui ont le plus beau plumage, n'est-ce pas ?

– C'est bien vrai, madame.

– Eh bien, tu viens de voir de magnifiques poupées et de superbes oiseaux, conclut Mme Defarge en indiquant d'un geste de la main l'endroit où étaient passés les carrosses. Maintenant, rentre chez toi !

16

Toujours tricotant

Tandis que Mme Defarge et son époux regagnaient amicalement le giron de Saint-Antoine, un point imperceptible, coiffé d'un bonnet bleu, cheminait dans les ténèbres et la poussière, le long d'une route interminable, et se dirigeait vers l'aire de vent où le château de feu M. le marquis, maintenant dans sa tombe, écoutait chuchoter les arbres. Les visages de pierre avaient désormais le loisir de prêter l'oreille au murmure des feuilles et de la fontaine, et les rares épouvantails du village qui, à la recherche d'herbes pour se nourrir ou de bois mort pour se chauffer, arrivaient en vue de la grande cour pavée et de la terrasse de pierre s'imaginaient dans leurs esprits affamés que les masques pétrifiés n'avaient plus la même expression. La rumeur courait dans le village, une rumeur faible et exténuée à l'image des paysans, qu'au moment où le couteau atteignit sa cible, l'orgueil, empreint sur ces sculptures, fit place à une colère mêlée de douleur; et qu'à dater du jour où le corps ballant du malheureux Jacques fut hissé à douze mètres au-dessus de la fontaine, elles changèrent de nouveau de physionomie et prirent une expression de cruauté satisfaite qui ne les quitterait plus. Le visage qui surmontait la grande fenêtre de la chambre à coucher où avait été commis le meurtre portait au-dessus des narines deux empreintes frémissantes, invisibles jadis, mais que tout le monde reconnaissait. Les rares fois où deux ou trois paysans en haillons, plus aventureux que leurs compagnons qui les suivaient de loin, s'aventurèrent pour jeter un coup d'œil hâtif au marquis pétrifié, un doigt maigre ne l'eut pas plus tôt désigné que tous prirent la fuite pour se cacher dans les sous-bois feuillus et moussus où se réfugient les lièvres les plus chanceux.

Château et masures, masques de pierre et corps pendu, tache rouge de sang sur le sol dallé, eau pure du puits du village, étendues de milliers d'arpents de terre, une province entière, la France entière reposaient sous le ciel nocturne, occupant un espace infime réduit à l'épaisseur d'un cheveu. Ainsi est contenu dans une étoile qui scintille tout un monde, avec ses grandeurs et ses petitesses. Et de même que le simple savoir humain peut diviser un rai de lumière et en analyser la composition, des intelligences plus sublimes savent lire dans le faible éclat de notre planète les pensées et les actes, les vices et les vertus de chaque créature responsable qui la peuple.

À la clarté des étoiles, la voiture publique ramenait pesamment les époux Defarge à la porte de Paris où se terminait leur voyage. Il y eut l'habituel arrêt à la barrière. Les habituelles lanternes surgirent pour se livrer à l'examen et à l'enquête de rigueur. M. Defarge descendit. Il connaissait un ou deux soldats du poste et l'un des agents de police. Il était même si intimement lié avec ce dernier qu'il l'embrassa avec une grande affection.

Aux abords du faubourg, les Defarge quittèrent le véhicule et, de nouveau enveloppés des sombres ailes de Saint-Antoine, ils avancèrent à tâtons à travers la fange noire et les immondices qui encombraient la rue.

– Que t'a dit Jacques de la police, mon ami ? s'enquit Mme Defarge.

– Pas grand-chose, ce qu'il savait, répondit son mari. Un nouvel espion est commissionné pour notre quartier. Il y en a peut-être plusieurs, il n'a pas pu me le dire.

– Il faut l'enregistrer, déclara Mme Defarge, les sourcils relevés, avec la froideur que confère le sens des affaires. Qui est-ce ?

– Un Anglais.

– Tant mieux. Son nom ?

– Barsad, dit Defarge en prononçant le mot à la française.

Toutefois, il l'avait appris avec tant de soin qu'il l'épela correctement.

– Barsad, répéta sa femme. Bon. Son prénom ?

– John.

– John Barsad, dit-elle après l'avoir murmuré à part soi. Bien. Son signalement ?

– Âge, la quarantaine; taille, un mètre soixante-quinze; cheveux noirs, teint mat, traits réguliers, yeux bruns, visage long, mince et cireux, nez aquilin mais qui s'écarte de la ligne droite pour s'incliner nettement vers la joue gauche. Au total, une physionomie sinistre.

– Ma foi, le portrait est complet, dit Mme Defarge en riant. Il sera enregistré demain.

La boutique étant fermée (car il était minuit), ils passèrent par une porte latérale. Mme Defarge reprit immédiatement sa place à la caisse, compta les petites pièces de monnaie reçues en son absence, examina les bouteilles qui restaient, vérifia les registres, y inscrivit divers articles, questionna le garçon de mille façons et finit par l'envoyer se coucher. Puis, renversant pour la seconde fois le bol qui renfermait la recette du jour, elle en plaça le contenu dans une série de nœuds qu'elle fit à son mouchoir pour plus de sécurité. Pendant ce temps, Defarge, la pipe à la bouche, allait et venait dans la boutique, admirant l'efficacité de son épouse sans jamais intervenir dans ses actions. C'est ainsi qu'il parcourait la vie, sans plus se mêler de son commerce que de ses affaires domestiques.

La nuit était chaude, et la boutique hermétiquement close, dans le voisinage fétide de ses rues, exhalait une odeur effroyable. M. Defarge n'avait pas l'odorat délicat, mais le vin sentait plus fort qu'il n'avait de saveur, de même que l'eau-de-vie, le rhum et l'anisette qu'il débitait. Il se protégea du mélange de senteurs immondes en chassant la fumée qui lui remplissait la bouche et reposa sa pipe éteinte sur la table.

– Tu es fatigué ? demanda Mme Defarge. (Elle jeta un regard rapide à son mari sans cesser de nouer l'argent dans son mouchoir.) C'est l'odeur de tous les jours.

– Oui, je suis un peu fatigué, avoua son mari.

– Et un peu découragé, dit l'épouse dont l'œil vif n'était pas tellement absorbé par ses comptes qu'il n'eût dardé quelque rayon sur M. Defarge. Oh, les hommes, les hommes !

– Mais ma chère... commença Defarge.

– Mais mon cher ! interrompit la dame en hochant énergiquement la tête. Mais mon cher, tu n'as pas d'énergie ce soir !

– En fait, dit Defarge comme si on lui arrachait une pensée pénible, c'est que ça dure depuis longtemps.

– Depuis longtemps, en effet, répéta son épouse, mais la vengeance et la rétribution exigent du temps, beaucoup de temps. C'est la règle.

– Il en faut si peu à la foudre pour anéantir un homme.

– Mais combien faut-il de temps pour que l'orage se prépare ? répliqua l'épouse avec calme.

Defarge releva pensivement la tête avec l'air de dire que cet argument-là n'était pas dépourvu de tout bon sens.

– Un tremblement de terre engloutit une ville en quelques secondes, continua Mme Defarge sans s'émouvoir, mais dis-moi en combien de temps la catastrophe se prépare ?

– Beaucoup, sans doute.

– Et quand l'heure vient, la terre éclate et il ne reste plus rien. Pour l'instant, le changement se prépare, même si nous ne pouvons ni le voir ni l'entendre. Raccroche-toi à cette idée si ça peut te consoler.

Elle serra le nœud de son mouchoir et ses yeux flamboyèrent comme si elle étranglait un ennemi.

– Je te le dis, reprit-elle en faisant un geste de la main droite pour donner plus de vigueur à ses paroles, l'heure de la vengeance arrive. Elle met du temps, mais elle est en route et ne s'arrêtera pas. Regarde autour de toi, regarde tes amis, vois leur mécontentement, vois leur colère. D'heure en heure la jacquerie prend davantage de force. Est-ce que ces choses-là peuvent durer ? Bah, tu me fais pitié !

– Ma brave femme, répondit le marchand de vin qui, debout face au comptoir, la tête légèrement inclinée, les mains croisées dans le dos, ressemblait à un élève soumis qui tremble devant sa catéchiste, ma brave femme, je n'en doute pas. Mais nous attendons depuis si longtemps... On ne connaîtra peut-être jamais ce changement, tu le sais.

– Et alors ? dit Mme Defarge en serrant un second nœud comme si elle étranglait un second ennemi.

– Et alors ? répliqua le mari avec un mouvement d'épaules où la plainte se joignait à l'excuse, nous n'assisterons pas au triomphe.

– Oui, mais nous y aurons contribué, dit Mme Defarge avec un geste plein de puissance. Rien de ce que nous entreprenons ne sera perdu. Je crois fermement que nous verrons nos efforts récompensés, mais, dans le cas contraire, montre-moi un aristocrate, un tyran et je...

Les dents serrées, elle fit un dernier nœud énergique à son mouchoir.

– Moi non plus, ma chère, répliqua le mari en rougissant comme s'il eût senti qu'elle le taxait de couardise, moi non plus, je ne reculerai devant rien.

– Je te crois, mais tu as besoin d'être en face de ta victime et d'entrevoir l'occasion pour remonter ton courage. C'est de la faiblesse. Puise tes forces en toi, quelles que soient les circonstances. Le moment venu, sois un tigre et un démon. En attendant, cache le tigre et le démon et tiens-toi prêt.

Mme Defarge appuya ses paroles en frappant le comptoir de la sorte de chaîne qui renfermait son argent, puis, ramassant le pesant mouchoir, elle le mit sous son bras et fit observer non sans sérénité qu'il était l'heure d'aller se coucher.

Le lendemain vers midi, Mme Defarge occupait sa place habituelle et tricotait avec assiduité. Une rose était à côté d'elle, mais si elle lui jetait de temps à autre un coup d'œil, c'était de l'air distrait qui ne la quittait jamais. Quelques clients, éparpillés dans la salle, assis ou debout, buvaient ou ne buvaient pas. Il faisait une chaleur torride et d'innombrables mouches poussaient leurs perquisitions aventureuses dans les petits verres poisseux, placés auprès de Madame, pour y trouver la mort au fond. Leur trépas ne laissait aucune impression sur les autres mouches qui, du dehors, les regardaient avec une suprême indifférence, comme si elles avaient été des éléphants ou quelque animal aussi éloigné de la classe des défuntes, jusqu'au moment où elles partageaient le même sort. Il est curieux de voir combien les mouches sont inconsidérées. Peut-être qu'en cette radieuse journée d'été, ceux qui hantaient la Cour ne réfléchissaient pas davantage.

En franchissant la porte, la silhouette d'un homme jeta sur Mme Defarge une ombre qu'elle sentit appartenir à un inconnu. Elle posa son tricot et, avant de lever les yeux vers le nouvel arrivé, fixa la rose à son turban.

Dès que la fleur fut fixée à la coiffure, un fait curieux se produisit : les clients se turent et l'un après l'autre sortirent.

– Bonjour, madame, dit le nouveau venu.

– Bonjour, monsieur, dit Mme Defarge qui, reprenant son tricot, poursuivit en elle-même : « La quarantaine, un mètre soixante-quinze, cheveux noirs, traits réguliers, teint mat, yeux bruns, visage long, mince et cireux, nez aquilin qui s'écarte de la ligne droite et s'incline vers la joue gauche, physionomie sinistre. C'est bien cela. »

– Pourrais-je avoir un petit verre de cognac et un gobelet d'eau fraîche, madame ?

Mme Defarge satisfit à cette demande d'un air poli.

– Ce cognac est merveilleux, madame.

C'était la première fois que l'eau-de-vie du cabaretier recevait pareil compliment et Mme Defarge connaissait trop bien son origine pour s'abuser sur son compte. Elle répondit toutefois que son cognac s'en trouvait flatté, et reprit son tricot. L'inconnu observa pendant quelques instants les doigts qui s'agitaient, puis profita de ce que son interlocutrice était occupée pour examiner la salle.

– Vous tricotez avec beaucoup d'habileté, madame.

– C'est l'effet d'une grande habitude.

– Le motif est joli.

– Vous trouvez ? dit-elle avec un sourire.

– En vérité. Peut-on savoir à quoi vous le destinez ?

– C'est un passe-temps, dit-elle sans le quitter des yeux et sans cesser de sourire tandis que ses doigts travaillaient avec agilité.

– Ce bel ouvrage ne servira pas ?

– Ça dépendra. Il est possible que plus tard je lui trouve un emploi. Si c'est... bien fait, continua la dame en respirant avec force et en hochant la tête avec une mimique à la fois sévère et coquette, je m'en servirai.

Il fallait qu'une rose à la coiffure de Mme Defarge fût souverainement antipathique à Saint-Antoine. Deux hommes venaient d'entrer séparément et allaient commander à boire, lorsque, avisant la fleur, ils bredouillèrent une excuse, gagnèrent la porte sous prétexte de guetter un ami et disparurent. Les clients qui s'étaient trouvés dans la salle avant que Mme Defarge ne mît la rose dans ses cheveux étaient tous partis. L'espion avait gardé les yeux bien ouverts mais n'avait découvert parmi les fuyards aucun signe d'intelligence : ils étaient sortis en flânant avec cet air languissant et indécis qui appartient aux pauvres et qui ne constitue pas un indice.

« John, pensa Mme Defarge en vérifiant son travail sans cesser de tricoter, les yeux rivés sur l'inconnu. Reste encore un peu et j'aurai tricoté *Barsad* avant ton départ. »

– Vous avez un mari, madame ?

– Oui.

– Des enfants ?

– Non.

– Le commerce ne va pas très fort ?

– Il va fort mal, les gens sont tellement pauvres.

– Ah, les malheureux, les miséreux ! On les opprime, comme vous dites.

– C'est vous qui le dites, monsieur, rétorqua la dame en ajoutant au nom de Barsad quelques mailles particulières qui ne présageaient rien de bon à celui qui les provoquait.

– Pardon, madame, en effet c'est moi qui ai prononcé ces paroles, mais vous partagez cette opinion, n'est-ce pas ?

– Moi ? releva la dame d'une voix forte. Mon mari et moi avons assez à faire pour garder notre commerce ouvert sans avoir d'opinions à partager. Nous ne pensons qu'à une chose : comment vivre. C'est notre sujet de conversation du matin au soir et ça nous occupe tellement qu'on n'a pas le temps de penser aux autres. Moi, penser aux autres ? Sûrement pas !

John Barsad, qui était venu là pour glaner les quelques bribes d'informations qu'il espérait trouver ou fabriquer de toutes pièces, ne permit pas à sa sinistre physionomie d'exprimer sa déception. Il appuya le coude au comptoir et, l'air propice aux confidences, bavarda galamment tout en trempant les lèvres de temps à autre dans le merveilleux cognac qu'on lui avait servi.

– Une douloureuse affaire, madame, que cette exécution de Gaspard, dit-il avec un sourire triste.

– Ma foi, quand on veut jouer du couteau, il faut s'attendre à payer. Cet homme-là savait d'avance ce que coûtait la partie. L'enjeu était gros, il ne l'ignorait pas.

– Entre nous, je crois, dit Barsad à voix basse et d'un ton qui invitait à la confidence, que dans le quartier on a de la pitié pour le malheureux et de la colère pour ceux qui l'ont fait pendre.

– Vraiment ? fit Mme Defarge d'un air distrait.

– Je me trompe ?

– Voici mon mari.

Le marchand de vin entra, l'espion porta la main à son chapeau et lui dit avec un sourire engageant :

– Bonjour, Jacques.

Defarge s'arrêta net et le regarda.

– Bonjour, Jacques, répéta l'espion avec un peu moins d'allant, troublé qu'il était par le regard du marchand de vin.

– Vous me prenez pour un autre, monsieur. Je m'appelle Ernest Defarge.

– Peu importe, répliqua l'espion, quelque peu déconcerté. Bonjour quand même.

– Bonjour, répondit Defarge d'un ton sec.

– Je disais à Madame, avec qui j'avais le plaisir de faire la conversation, que les gens avaient de la compassion et de la colère, ce qui se comprend, touchant le malheureux sort de l'infortuné Gaspard.

– Personne ne m'a rien dit. Je n'en sais rien.

Defarge passa derrière le comptoir et, posant une

main sur le dos de la chaise de sa femme, regarda l'inconnu qui lui faisait face. Barsad, en bon espion, conserva l'attitude qu'il avait adoptée, avala sa dernière goutte de liqueur, but lentement une gorgée d'eau et demanda un second verre de cognac. Mme Defarge le servit immédiatement, puis se remit à tricoter tout en fredonnant un petit air.

– Vous paraissez bien connaître notre quartier, mieux que moi, dit Defarge à l'espion.

– Pas du tout, mais j'espère le découvrir. Je m'intéresse tant au sort des malheureux qui l'habitent.

– Ah ? marmonna le cabaretier.

– Le plaisir que j'ai à bavarder avec vous, monsieur Defarge, me rappelle que votre nom est lié à une curieuse coïncidence.

– Vraiment ? dit Defarge avec indifférence.

– Mon Dieu, oui. Je sais qu'à l'époque où le Dr Manette fut mis en liberté, c'est vous, son ancien domestique, qui vous êtes chargé de prendre soin de lui.

– En effet.

Un léger mouvement du coude de sa femme, qui tricotait toujours, indiqua au marchand de vin qu'il valait mieux répondre à Barsad, mais le plus brièvement possible.

– C'est chez vous, continua l'espion, qu'on envoya sa fille et c'est grâce à vos soins qu'elle put emmener son père. N'était-elle pas accompagnée d'un homme d'un certain âge, bien tenu, en habit brun ? Comment s'appelle-t-il déjà ? Son nom m'échappe... Avec une petite perruque... Lorry, de la banque Tellson & Cie en Angleterre.

– C'est vrai, répéta Defarge.

– Des souvenirs pleins d'intérêt. J'ai connu le docteur et sa fille en Angleterre.

– Ah ?

– Vous n'avez pas souvent de leurs nouvelles ?

– Non.

– Nous n'en avons jamais, intervint Mme Defarge, interrompant son ouvrage et sa chanson. Lors de son arrivée à Londres, Mlle Manette nous a écrit pour nous dire qu'ils avaient fait bon voyage. Nous avons reçu encore une lettre ou deux, mais depuis rien. Chacun suit son chemin et nous ne correspondons plus.

– Elle va se marier.

– Elle est assez jolie pour l'être depuis longtemps, dit Mme Defarge, mais vous autres, Anglais, vous me paraissez d'une froideur...

– Comment ! Vous savez que je suis anglais ?

– Je m'en aperçois à votre accent, et je suppose que l'homme est du même pays que son accent.

L'espion ne parut pas flatté. Toutefois, il prit le parti de faire contre mauvaise fortune bon cœur et rit de la remarque.

– Oui, Mlle Manette va se marier, dit-il après avoir savouré son verre de cognac jusqu'au bout. Ce n'est pas un Anglais qu'elle épouse. Son fiancé est français, comme elle. Et puisque nous parlions tout à l'heure de Gaspard – ah, mon Dieu, ce pauvre Gaspard, que la vie est cruelle ! –, n'est-ce pas une singulière coïncidence que la fille du docteur épouse précisément le neveu du marquis dont la mort a entraîné l'exécution de Gaspard ? Elle épouse le nouveau marquis. Il est vrai qu'en Angleterre où il vit il ne porte pas son titre. On ne le connaît que sous le nom de Charles Darnay. Sa mère, comme vous savez, était une demoiselle d'Aulnais.

Mme Defarge tricotait toujours de son air impassible, mais la nouvelle ne laissa pas son mari indifférent. Il eut beau faire pour se donner une contenance, battre le briquet et rallumer sa pipe, sa main tremblait et il ne put dissimuler son trouble. L'espion n'aurait pas été du métier s'il ne s'en était aperçu et s'il n'en avait pris note.

Ayant recueilli du moins cette seule information, quelle que fût sa valeur, et aucun client ne venant l'aider à extorquer d'autres renseignements, Mr Barsad régla sa consommation et prit congé, sans oublier de préciser avec courtoisie qu'il espérait avoir l'occasion de revoir M. et Mme Defarge. Craignant qu'il ne revînt sur ses pas, ces derniers conservèrent pendant plusieurs minutes l'attitude où il les avait laissés.

– Est-ce possible ? chuchota le marchand de vin qui, le bras toujours appuyé sur la chaise, baissa les yeux sur sa femme.

– Venant d'un pareil homme, dit l'épouse en relevant les sourcils, la nouvelle est probablement fausse, mais elle n'a rien d'impossible.

– Si la chose est vraie et si... commença Defarge.

– Et si ?

– Et si la victoire doit arriver de notre vivant, j'espère que, pour son bien à elle, le destin empêchera son mari de remettre le pied en France.

– Le destin, répliqua Mme Defarge avec son calme ordinaire, conduira le mari de Mlle Manette où il doit venir et ne lui imposera que la mort qu'il doit avoir. Voilà ce que j'en sais, du destin.

– Mais n'est-ce pas bien curieux, dit le cabaretier cherchant à la faire convenir de cette bizarrerie du sort, qu'après toute notre affection, tout notre dévouement pour son père et pour elle, le nom de celui qu'elle épouse soit proscrit de ta bouche à l'instant même... et qu'il se trouve accolé au nom de ce maudit chien d'espion qui vient de partir ?

– L'heure venue, on verra des choses plus étranges que celle-là, répondit Madame. Il est vrai que j'ai ici leurs deux noms, et pour des faits précis dont ils sont responsables. Cesse d'ergoter maintenant.

En disant ces paroles, elle roula son tricot et ôta de son turban la rose qu'elle y avait placée. Il se peut que Saint-Antoine ait eu l'intuition que la déplaisante fleur avait disparu ou peut-être guettait-il le moment où elle disparaîtrait, toujours est-il que, reprenant courage, il s'aventura dans la boutique du marchand de vin et que la salle retrouva son aspect habituel.

Le soir, à l'heure où Saint-Antoine, se retournant comme un habit, s'asseyait sur les marches des portes, sur l'appui des fenêtres, s'adossait aux murailles, se répandait au coin des rues pour tâcher de respirer, Mme Defarge sortait, son tricot à la main, et allait de groupe en groupe, semblable à une missionnaire telle que le monde ferait bien de ne pas en créer de nouvelles. Toutes les femmes tricotaient. Elles tricotaient des choses sans valeur, mais ce travail mécanique suppléait au manque de nourriture. Les mains remuaient à la place des mâchoires et fonctionnaient comme un appareil digestif. Si les doigts étaient restés inoccupés, l'estomac aurait crié famine.

En même temps que les doigts, s'agitaient pensées et regards, et au fur et à mesure que Mme Defarge se déplaçait d'un groupe à l'autre, doigts, pensées et regards déployaient chez les tricoteuses une rapidité et une fureur accrues.

Son mari, qui fumait devant sa porte, la regardait avec admiration.

– Une femme courageuse, forte, extraordinaire, terriblement extraordinaire ! murmura-t-il.

La nuit se resserrait. Puis les cloches de l'église sonnèrent et l'on entendit au loin les tambours de la Garde royale. Les femmes continuaient de tricoter. L'obscurité les enveloppait. D'autres ténèbres approchaient tout aussi sûrement et les envelopperaient lorsque les cloches qui sonnaient plaisamment au sommet des nombreux clochers de France seraient transformées en canons foudroyants et que le roulement des tambours étoufferait les voix éplorées cette nuit-là, aussi puissantes que la voix du Pouvoir et de l'Abondance, de la Liberté et de la Vie. Les femmes qui tricotaient seraient assises un jour autour d'un édifice où elles tricoteraient sans relâche en comptant les têtes que ferait tomber le bourreau.

17

Un soir

Jamais le soleil ne se coucha plus radieux sur le coin paisible de Soho que certain soir mémorable où le docteur et sa fille étaient assis sous le platane de la cour. Jamais la lune en se levant ne répandit un éclat plus doux sur la ville de Londres que ce même soir où, à travers le feuillage de l'arbre, elle éclairait leurs visages.

Lucie devait se marier le lendemain. Elle avait consacré cette dernière soirée à son père et ils étaient seuls sous le platane.

– Père chéri, tu es heureux, n'est-ce pas ?

– Oui, mon enfant.

Ils étaient là depuis longtemps mais s'étaient peu parlé. Même à l'heure où elle aurait pu lire ou travailler, Lucie n'avait pas songé à prendre son ouvrage ou à faire la lecture à son père ainsi qu'il lui arrivait toujours en pareille occasion. Ce soir-là ne ressemblait à aucun autre et rien ne pourrait lui enlever ce caractère exceptionnel.

– Je suis heureuse ce soir, père chéri, tellement heureuse que le ciel ait béni mon amour pour Charles. Pourtant, si ma vie ne pouvait plus t'être dévouée, si mon mariage devait nous séparer, ne fût-ce que de quelques rues, je serais bien malheureuse et j'aurais plus de remords que je ne pourrais le dire. Même ainsi...

Il lui fut impossible de continuer. À la triste clarté de la lune, elle se jeta au cou du docteur et se cacha le visage contre son épaule. À la clarté de la lune qui est, comme la lumière du soleil et comme cette autre lumière qu'on nomme vie humaine, toujours triste à sa naissance et à son déclin.

– Dis-moi, père chéri, que tu es bien convaincu que ni mes nouvelles affections ni mes nouveaux devoirs ne se placeront entre nous ? J'en ai la certitude, mais toi, le sens-tu au fond de ton cœur ?

– Oui, ma chérie, oui. Mieux que cela, ajouta-t-il en l'embrassant avec tendresse, ton mariage me rend l'avenir plus brillant qu'il ne l'a jamais été.

– Si je pouvais le croire...

– N'en doute pas, chère enfant, rien n'est plus vrai. C'est d'ailleurs très simple. Tu es trop jeune, trop dévouée pour le comprendre, mais j'ai craint de voir ton existence gâchée à cause de moi, rejetée à cause de moi en dehors de ce qui est l'ordre naturel des choses. Ton abnégation empêchera toujours que tu puisses savoir à quel point cette inquiétude me tourmentait. Je te le demande, comment mon bonheur aurait-il pu être complet si le tien ne l'était pas ?

– Si je n'avais jamais rencontré Charles, père, j'aurais été heureuse de rester avec vous.

Il sourit de lui voir admettre, sans y penser, qu'ayant rencontré Charles, elle aurait été malheureuse sans lui.

– Or, tu l'as rencontré, dit-il. Si ça n'avait pas été Charles, ç'aurait été un autre. Si personne ne t'avait plu, c'est moi qui en aurais été la cause, c'est que la partie obscure de mon existence aurait projeté son ombre au-delà de moi-même, et serait retombée sur toi.

Jamais, à l'exception du procès de Charles, Lucie n'avait entendu son père faire la moindre allusion à sa captivité. Ces paroles l'impressionnèrent vivement et, longtemps après, elle se rappela l'étrange émotion qui l'avait envahie alors.

– Regarde, reprit le docteur en levant la main vers la lune. Je l'ai vue du carreau de ma prison à une époque où je ne pouvais pas supporter sa lumière, où la pensée qu'elle brillait sur ce que j'avais perdu était pour moi une affreuse torture, si odieuse que je me frappais la tête contre le mur. Je l'ai vue quand, plongé dans une léthargie profonde, je ne pensais plus à rien, si ce n'est à compter les lignes transversales dont je pouvais la couvrir lorsqu'elle était pleine, sans oublier les perpendiculaires dont je les coupais ensuite. Dans les deux sens il y en avait vingt, ajouta-t-il, pensif, sans quitter la lune des yeux, et il était bien difficile d'y faire tenir la vingtième.

Le frisson qui avait parcouru Lucie la fit tressaillir de nouveau. Rien pourtant ne motivait son émotion : le docteur comparait les souffrances désormais révolues de ses années d'emprisonnement avec sa félicité présente.

– Des milliers de fois, je l'ai contemplée en songeant à l'enfant qui n'était peut-être pas né et auquel on m'avait arraché, continua-t-il. Avait-il vécu ? Avait-il été tué par le coup douloureux qui avait frappé sa mère ? Était-ce un fils qui plus tard me vengerait? (Il fut un temps où dans ma prison mon désir de vengeance était intolérable.) En supposant que ce fût un fils, connaîtrait-il mon histoire? Ne pouvait-il pas supposer que j'étais parti librement, croire que je l'avais abandonné? Et si c'était une fille, grandirait-elle jusqu'à l'âge adulte?

Lucie se rapprocha et lui baisa la joue et la main.

– Ma fille, pensais-je, oubliera qu'elle a un père, ou plutôt elle ne le saura jamais et n'aura pas conscience de son existence. Année après année, j'ai calculé son âge. Je l'ai vue épouser un homme qui ignorait tout de mon destin, je disparaissais du souvenir des vivants et la génération suivante ne voyait pas même un vide à la place que j'occupais.

– Mon père ! Ces sentiments que tu prêtes à une fille qui n'a jamais existé me frappent au cœur comme si j'avais été cette enfant.

– Toi, Lucie ? Mais c'est grâce au réconfort et aux soins que tu m'as donnés que ces souvenirs affluent et passent entre nous et la lune, en cette dernière soirée... Que disais-je ?

– Elle ne te connaissait pas, elle ne se souciait pas de toi...

– Oui. Pourtant, d'autres fois, lorsque la solitude et le silence m'apportaient ce repos douloureux qui est au fond du désespoir, la lune avait un autre pouvoir sur mon imagination. Je croyais voir ma fille entrer dans ma cellule, m'emporter au-delà des murs de la forteresse, me rendre à la liberté. J'ai souvent vu son image à la clarté de la lune comme je te vois aujourd'hui, sauf qu'elle ne me tenait pas dans ses bras. Elle restait entre la porte et les barreaux de ma lucarne. Mais, comprends bien, il ne s'agissait pas de l'enfant dont je parle.

– N'était-ce pas son image ?

– Non, c'était autre chose. Elle se tenait debout. Je la voyais devant mes yeux troublés, mais elle demeurait immobile. Le fantôme que mon esprit poursuivait était celui d'une enfant plus réelle. Je ne connaissais pas son apparence extérieure, je savais seulement qu'elle ressemblait à sa mère. L'autre avait bien cette ressemblance, comme toi, mais ce n'était pas pareil. Tu me suis, Lucie ? Difficilement sans doute. Il faut avoir vécu seul au fond d'un cachot pour saisir ces différences qui laissent perplexe.

Malgré le calme que témoignait le docteur en s'efforçant d'analyser son ancienne condition de captif, Lucie sentit son sang se glacer dans ses veines.

– Dans les moments paisibles dont je te parle, continua-t-il, je m'imaginais, à la clarté de la lune, qu'elle venait me chercher et qu'elle m'emmenait pour me montrer que sa maison était remplie du souvenir de ce père chéri qu'elle avait perdu. Il y avait mon portrait dans sa chambre et elle ne m'oubliait pas dans ses prières. Elle menait une vie active, gaie et utile et cependant ma pauvre histoire se révélait partout.

– Cette fille-là, mon père, c'était moi. Je n'en ai pas les qualités, mais j'ai tout son amour.

– Elle me montrait ses enfants, ils connaissaient mon nom et avaient appris à me plaindre. Quand ils passaient devant une prison d'État, ils s'éloignaient des sombres murailles, levaient les yeux vers les barreaux des fenêtres et parlaient à voix basse. Cependant elle ne pouvait pas me délivrer. Je me figurais qu'après m'avoir montré tout cela, elle me ramenait dans ma cellule. Mais alors, goûtant le bienfait des larmes, je tombais à genoux et bénissais mon enfant.

– C'était moi, mon père. Oh, me béniras-tu demain avec la même ferveur ?

– Si j'évoque ces tristes souvenirs, Lucie, c'est parce

que j'ai ce soir plus de raisons que je ne peux l'exprimer de t'aimer et de remercier Dieu de mon bonheur. Jamais, dans mes pensées les plus insensées, je n'ai rêvé la joie que tu m'as fait connaître, encore moins celle que nous promet l'avenir.

Il l'embrassa, la recommanda au Seigneur et humblement remercia Dieu de la lui avoir donnée. Quelques instants plus tard, le docteur et sa fille regagnèrent leur maison.

Il n'y aurait aucun invité au mariage, excepté Mr Lorry. Il n'y aurait pas même d'autre demoiselle d'honneur que miss Pross. Rien ne devait être changé dans les habitudes de la famille, les jeunes gens ne quitteraient pas M. Manette, ils avaient donc loué l'étage supérieur de la maison, occupé jusqu'ici par le locataire invisible, et cela leur suffisait.

Le docteur fut gai au cours du souper. Avec miss Pross, ils n'étaient que trois à table. Il regretta que Charles Darnay fût absent, blâma le petit complot qui avait éloigné le jeune homme et but à la santé de son futur gendre avec beaucoup d'affection.

Arriva le moment où il dit bonsoir à sa fille et où ils se séparèrent. Vers trois heures du matin, dans le silence de la nuit, Lucie, tourmentée par de vagues inquiétudes, descendit chez son père. Dans la chambre tout était en ordre, tout était tranquille et le docteur dormait d'un profond sommeil. Son visage encadré de cheveux blancs étalés sur l'oreiller qui n'avait pas même un pli formait un tableau émouvant, et ses mains reposaient avec calme sur la couverture. Après avoir éloigné sa bougie, la jeune fille s'approcha du lit, embrassa son père et, penchée au-dessus de lui, le regarda avec attention.

Les larmes amères de la captivité avaient sillonné de rides ce beau visage, mais le docteur en masquait les traces avec tant de soin et de détermination qu'il les dissimulait même en dormant. Ce soir-là, on n'aurait pas trouvé dans l'immense empire du sommeil de visage plus remarquable que celui-ci, à la fois calme, résolu et vigilant dans sa lutte incessante contre un ennemi invisible.

Lucie posa timidement la main sur cette poitrine

vénérée et demanda au Seigneur d'être aussi dévouée à son père qu'il le méritait par ses souffrances et qu'elle y aspirait de tout son amour. Elle retira sa main, embrassa son père et regagna sa chambre. Puis le soleil commença à apparaître et l'ombre des feuilles du platane remua aussi doucement sur le front du docteur que les lèvres de la jeune fille lorsqu'elle priait pour lui.

18

Neuf jours

Le jour du mariage, le temps était radieux. Enfermé dans sa chambre, le docteur s'entretenait avec Charles Darnay. Lucie Manette, Mr Lorry et miss Pross attendaient pour se rendre à l'église. La gouvernante s'était peu à peu réconciliée avec l'inévitable et aurait même trouvé cet événement un véritable bienfait si elle ne s'était dit que son frère Salomon aurait dû être le marié.

– C'était donc pour cela, dit Mr Lorry qui, ne pouvant se lasser d'admirer la jeune fille, tournait autour d'elle afin de voir les moindres détails de sa jolie toilette, c'était donc pour cela, ma charmante Lucie, que je vous ai fait traverser la Manche. Vous étiez si jeune ! Ma foi, je ne pensais guère à ce que je faisais alors. Combien je me doutais peu de l'obligation que je conférais à notre ami Charles !

– Puisque vous n'y songiez pas, vous ne pouviez pas le savoir, fit observer la réaliste miss Pross. Vous déraisonnez !

– Vraiment ? Voyons, ne pleurez pas, dit l'excellent homme.

– Ce n'est pas moi qui pleure, répliqua la vieille fille, mais vous.

– Moi, Pross ?

À cette époque, Mr Lorry osait se permettre de temps à autre un langage familier avec la gouvernante.

– Vous pleuriez à l'instant, je vous ai vu et cela n'a rien d'étonnant. Une aussi belle argenterie ! C'est plus qu'il n'en faut pour faire venir les larmes aux yeux. Il n'y a pas une fourchette ni une cuiller qui ne m'ait fait pleurer; hier soir, quand on a reçu votre cadeau, je pleurais tellement que je ne pouvais plus les voir.

– Vos remerciements me vont droit au cœur, bien que, sur mon honneur, je n'aie jamais eu l'intention de rendre ce souvenir, qui n'est qu'une bagatelle, invisible. Bonté divine ! Un jour comme celui-ci, on réfléchit à ce qu'on a perdu. Mon Dieu, mon Dieu, penser qu'il y a cinquante ans il aurait pu y avoir une Mrs Lorry et que...

– Balivernes ! interrompit miss Pross.

– Vous ne croyez pas qu'une Mrs Lorry aurait pu exister ?

– Bah, déjà au berceau vous étiez célibataire.

– C'est probable, répondit Mr Lorry en rajustant sa petite perruque d'un air radieux.

– Vous étiez taillé pour cela avant même de naître, renchérit la gouvernante.

– Dans ce cas, on n'a pas agi très élégamment avec moi, dit le banquier. J'aurais dû être consulté quant au choix du patron qui a déterminé la coupe. Mais assez parlé de moi. Chère Lucie, continua-t-il en enlaçant la taille de la jeune fille, j'entends remuer dans la pièce voisine, et miss Pross et moi sommes des gens trop pratiques pour perdre la dernière occasion de vous rassurer. Les mains entre lesquelles vous laissez votre père ne seront ni moins attentives ni moins affectueuses que les vôtres. On l'entourera de tous les soins imaginables. Pendant ces deux semaines où vous serez dans le Warwickshire et ses environs, même Tellson (façon de parler) se sacrifiera pour lui et, lorsque dans une quinzaine ce bon docteur ira vous rejoindre, votre époux bien-aimé et vous, dans le pays de Galles, vous le trouverez non seulement en bonne santé mais dans la plus heureuse des dispositions d'esprit. Allons, j'entends le pas de Quelqu'un se diriger vers la porte. Permettez-moi de vous embrasser, chère enfant, et de vous donner la bénédiction d'un vieux célibataire avant que ce Quelqu'un ne vienne vous réclamer comme son bien le plus précieux.

Pendant quelques minutes, il tint entre ses mains le ravissant visage de la jeune fille pour contempler ce front dont les lignes expressives lui étaient si familières, et rapprocha la brillante chevelure dorée de sa petite perruque de soie avec une délicatesse, une affection qui, si l'on peut dire que de pareilles choses aient vieilli, étaient aussi vieilles que le monde.

La porte s'ouvrit et le docteur sortit avec Charles Darnay. Son visage, d'une pâleur mortelle, ne conservait pas la trace des couleurs qui s'y trouvaient auparavant. Pourtant, ses manières demeuraient inchangées, excepté pour Mr Lorry dont le regard pénétrant, alerté par quelque signe indistinct, décela que l'air de répugnance et de crainte mêlées, remarqué jadis, venait de passer sur l'ancien prisonnier, comme un vent froid. Le docteur donna le bras à sa fille et la conduisit à la calèche que le banquier avait louée pour la circonstance. Les autres les suivirent dans une seconde voiture et l'on se rendit à l'église voisine où, loin des regards anonymes, l'heureuse union de Charles Darnay et de Lucie Manette fut consacrée.

La cérémonie terminée, outre les larmes qui brillèrent parmi les sourires du petit groupe, quelques diamants de la plus belle eau, tirés de l'obscurité profonde de l'une des poches du banquier, étincelèrent au doigt de la jeune mariée.

Ils revinrent déjeuner à la maison, tout alla pour le mieux. Les heures s'écoulèrent et les cheveux aux reflets d'or qui, à Paris, s'étaient jadis mêlés aux cheveux blancs du pauvre cordonnier, s'y joignirent de nouveau sur le seuil de la porte.

Bien qu'il ne fût question que d'une absence de quinze jours, la séparation fut cruelle à Lucie. Son père enfin la consola et, se dégageant avec douceur des bras qui l'entouraient :

– Prenez-la, Charles, dit-il à son gendre, elle est à vous.

Elle agita la main à la portière et disparut.

Le coin paisible qu'habitait le docteur n'étant pas sur le chemin des oisifs et des curieux et les préparatifs du mariage ayant été réduits à leur plus simple expression, M. Manette, Mr Lorry et miss Pross se retrouvèrent tout à fait seuls. C'est en regagnant le vieux hall d'entrée, rempli d'ombre et de fraîcheur, que Mr Lorry observa le changement qui s'était opéré chez le docteur. On aurait dit que le bras doré au-dessus de la porte lui avait décoché une flèche empoisonnée.

Le docteur s'était contenu devant sa fille et il était

naturel que la réaction intervînt dès qu'il n'avait plus de motif pour rien dissimuler. Cependant, c'était l'air égaré d'autrefois qui troublait Mr Lorry et à la manière dont l'ancien captif se pressait la tête tout en gagnant sa chambre d'un pas incertain, le gentleman pensa malgré lui au cabaretier de Saint-Antoine et au voyage qu'ils avaient fait à la clarté des étoiles.

– Je crois, chuchota-t-il à la gouvernante après un instant de réflexion, que nous ferions bien de le laisser tranquille. Je dois aller chez Tellson. J'y vais de suite et je reviens. Nous lui ferons faire une promenade en voiture, je dîne ici et tout se passera bien, j'en ai la conviction.

Il était plus facile à Mr Lorry d'entrer chez Tellson que d'en ressortir. Il fut retenu pendant deux heures. À son retour, il monta sans avoir parlé à la domestique et se dirigea vers la porte de M. Manette. Le bruit d'un marteau l'arrêta.

– Mon Dieu ! Que se passe-t-il ? dit-il en tressaillant.

Miss Pross, le visage bouleversé, surgit à côté de lui.

– Tout est perdu, s'écria-t-elle avec désespoir. Que dirons-nous à ma Libellule ? Il ne m'a pas reconnue et a repris son soulier.

Mr Lorry dit ce qu'il put pour calmer miss Pross et entra dans la chambre du docteur. Le petit banc était tourné vers la lumière, comme la première fois qu'il avait vu le cordonnier à la besogne, et celui-ci, la tête penchée sur son ouvrage, paraissait fort occupé.

– Docteur, cher ami, docteur Manette !

Le docteur regarda le gentleman d'un air à demi curieux, à demi fâché de ce qu'on lui adressât la parole et se remit au travail.

Il avait ôté son habit et son gilet. Sa chemise était ouverte sur sa poitrine comme toujours quand il travaillait ainsi, et son visage ridé avait retrouvé l'air égaré des mauvais jours. Il travaillait avec ardeur, avec impatience, comme pour rattraper le temps que lui avait fait perdre l'arrivée de Mr Lorry. Le soulier qu'il paraissait vouloir finir était d'une forme ancienne. Mr Lorry en ramassa un autre et lui demanda ce que c'était.

– Un soulier de femme, un soulier pour la rue, murmura M. Manette sans lever les yeux de son ouvrage. Il devrait être fini depuis longtemps. Laissez-moi travailler.

– Docteur Manette, regardez-moi.

Il obéit avec cette soumission passive du prisonnier, mais n'interrompit pas sa besogne.

– Me reconnaissez-vous, mon ami ? Réfléchissez. Ce n'est pas là votre véritable métier. Pensez-y, mon cher ami.

Rien ne put l'inciter à parler. Il relevait la tête lorsqu'on réclamait son attention, mais il était impossible de lui arracher un mot. Il travaillait, travaillait, travaillait en silence et chaque parole de Mr Lorry se heurtait à son mutisme comme à un mur sans écho ou se dispersait dans l'air. Parfois, le docteur relevait furtivement les yeux sans qu'on l'en eût prié, et il semblait y avoir dans ce regard une vague expression de curiosité ou de perplexité, comme s'il tentait de comprendre certains doutes qui assaillaient son esprit. C'était là le seul rayon d'espoir qu'entrevoyait Mr Lorry.

Deux décisions s'imposèrent aussitôt au banquier comme étant indispensables. La première était de cacher complètement cette rechute à Lucie; la seconde, de faire en sorte que rien ne transpirât de cette crise douloureuse parmi les connaissances du docteur. De concert avec miss Pross, on répondit aux clients de M. Manette que celui-ci était souffrant et que son état de fatigue exigeait un repos absolu. Afin de réaliser la bienveillante supercherie imaginée à l'égard de Lucie Manette, miss Pross fut chargée de lui écrire que le docteur venait d'être appelé hors de Londres en sa qualité de médecin, et fit allusion à une lettre imaginaire de quelques lignes écrite à la hâte par M. Manette.

Ces mesures, qu'il était recommandé de prendre dans tous les cas, Mr Lorry les prit avec l'espoir que le docteur recouvrerait la raison. Si cela ne tardait pas à se produire, il envisageait de recourir à une autre décision que l'opinion qu'il se faisait du cas du médecin lui semblait justifier.

Dans l'espoir que la guérison du docteur serait prochaine et que par conséquent le recours à ce troisième parti serait réalisable, il prit la résolution de garder le malade lui-même et d'empêcher que celui-ci ne se doutât qu'on le surveillait. Il s'arrangea donc de manière à s'absenter de la banque pour la première fois de sa vie et alla s'installer dans la chambre de son ami, près de la fenêtre.

Dès le premier jour, il s'aperçut qu'il était non seulement inutile d'adresser la parole à M. Manette, mais que toutes les fois qu'on lui parlait, c'était pour lui une fatigue et un tourment. Se décidant à rester silencieux, le banquier se contenta de demeurer en face du malade afin de protester par sa seule présence contre l'erreur où celui-ci était tombé ou était en train de tomber. Il resta donc dans son fauteuil près de la fenêtre, lisant, écrivant, et s'attachant à montrer par des façons naturelles et plaisantes qu'il était libre de ses mouvements.

Le docteur mangea et but ce qu'on lui apporta, puis se remit à l'ouvrage, et travailla jusqu'à l'instant où la lumière lui manqua, au moins une demi-heure après que le banquier eut cessé toute activité, incapable qu'il était de lire ou d'écrire, même au prix de sa vie. Lorsque l'ancien captif rangea ses outils comme ne pouvant lui être d'aucun usage jusqu'au lendemain matin, Mr Lorry se leva.

– Voulez-vous faire une promenade ?

Le docteur jeta un regard absent sur le plancher, à droite et à gauche, comme autrefois, releva ses yeux égarés comme autrefois et répéta d'une voix étouffée :

– Une promenade ?

– Oui, une promenade avec moi. Pourquoi pas ?

Il ne fit pas l'effort de répondre et retomba dans un profond silence. Mais le banquier crut l'entendre, alors qu'il était penché dans la pénombre, les coudes sur les genoux, la tête entre les mains, se répéter confusément à lui-même : « Pourquoi pas ? » La sagacité de l'homme d'affaires perçut là un signe certain de réussite et décida de garder cet atout dans son jeu.

Miss Pross et Mr Lorry se partagèrent le soin de le veiller pendant la nuit et l'observèrent de la pièce vosine. Il arpenta sa chambre de long en large pendant longtemps, mais lorsque enfin il se coucha, il s'endormit tout de suite. Le lendemain, il se leva de bonne heure et alla droit à son banc pour se remettre à l'ouvrage.

Le deuxième jour donc, Mr Lorry entra dans la chambre, lui souhaita le bonjour, l'appela par son nom et l'entretint des divers sujets d'intérêt qui les avaient occupés ces derniers temps. Le malade ne répondit pas aux paroles du banquier, mais il les avait entendues et paraissait y réfléchir, bien que d'une manière confuse. Mr Lorry, encouragé par ce symptôme favorable, dit à miss Pross d'apporter son ouvrage et l'engagea à venir plusieurs fois dans la journée travailler auprès d'eux. Il profita de la présence de la gouvernante pour s'entretenir avec elle de Lucie et du docteur, ainsi qu'ils avaient l'habitude de le faire lorsqu'ils étaient ensemble et comme si rien de fâcheux ne s'était produit dans la maison. Tous les deux apportèrent le plus de naturel possible à ces conversations qu'ils veillèrent à ne pas prolonger, ni à trop répéter, afin de ne pas fatiguer le malade. Le banquier crut voir le docteur relever la tête plus souvent, l'air étonné de ce qui se passait autour de lui.

Le soir tomba.

– Cher ami, voulez-vous faire une promenade ? demanda Mr Lorry comme il avait fait la veille.

Comme la veille, le malade répéta :

– Une promenade ?

– Oui, avec moi. Pourquoi pas ?

N'ayant point obtenu de réponse, Mr Lorry fit semblant de sortir et ne revint dans la chambre qu'après une heure d'absence qu'il avait passée au salon. M. Manette alla s'asseoir près de la fenêtre et attacha ses yeux sur le platane, mais dès le retour du banquier, il s'installa à son banc.

Le temps s'écoulait lentement. Chaque soir, l'espoir de Mr Lorry était plus faible et son cœur plus accablé. Le troisième jour arriva et s'acheva, puis le quatrième et le cinquième. Il y eut cinq jours, six jours, sept jours, puis huit et neuf. Son espoir allant s'amenuisant et son cœur s'affligeant, Mr Lorry traversa cette épreuve. Le secret était bien gardé et Lucie heureuse, mais le gentleman voyait avec douleur que l'ancien cordonnier, qui tout d'abord maniait gauchement ses outils, reprenait à vue d'œil une habileté désespérante. Jamais il n'avait travaillé avec plus d'ardeur, jamais ses doigts n'avaient été plus agiles, plus experts que le soir du neuvième jour.

19

Une consultation

Accablé de fatigue et d'inquiétude, Mr Lorry s'endormit à son poste. Il sombra dans un pesant sommeil alors qu'il faisait encore nuit noire et au matin du dixième jour d'anxiété, la clarté du soleil qui pénétrait dans la pièce le surprit.

Il se frotta les yeux pour se réveiller tout à fait, s'avança jusqu'à la porte, jeta les yeux dans la chambre du malade et se dit qu'il rêvait. Les outils, le petit banc et l'ouvrage du cordonnier étaient à la même place que la veille et, assis près de la fenêtre, le docteur, en robe de chambre, lisait. Son visage (que Mr Lorry voyait distinctement) encore pâle était cependant calme et attentif.

Assuré de ne pas dormir, Mr Lorry fut, l'espace de quelques instants, saisi de vertige. Il commençait à croire que tout ce qu'il avait souffert depuis dix jours n'était qu'un affreux cauchemar. En effet, son ami n'était-il pas là sous ses yeux, dans le vêtement qu'il portait à son lever, avec sa physionomie habituelle et se livrant à son occupation coutumière ? Et trouvait-on dans ce comportement le signe du changement qui, Mr Lorry en était persuadé, s'était produit ?

La réponse se présentait d'elle-même. Si l'appréhension qu'il avait éprouvée n'avait pas eu de motif réel, si ce qu'il avait vu n'avait été qu'un rêve, comment se faisait-il que lui, Mr Jarvis Lorry, fût là ? Pourquoi serait-il venu dormir, tout habillé, sur un sofa, dans le cabinet de consultation de M. Manette ? Comment enfin se poserait-il ces questions sur le seuil de cette chambre à une heure aussi matinale ?

Quelques minutes après, la gouvernante lui parlait à l'oreille, et si le banquier avait conservé le moindre doute, les paroles de miss Pross auraient achevé de le convaincre, mais il avait recouvré sa présence d'esprit et se souvenait à merveille de ce qui s'était passé. Après avoir réfléchi au meilleur parti à prendre, Mr Lorry proposa de laisser M. Manette à sa lecture jusqu'à l'heure habituelle du petit déjeuner et de le rejoindre à table comme si de rien n'était. Si le médecin semblait jouir de toute sa raison, Mr Lorry chercherait à savoir, en s'entourant de précautions, quelle marche à suivre adopter quant à l'avenir, un avis que dans son anxiété il était impatient d'obtenir.

Miss Pross s'en remit entièrement au jugement du banquier et le complot fut combiné avec soin. Mr Lorry, ayant eu tout loisir de se livrer aux soins méthodiques de sa toilette quotidienne, se présenta au moment du déjeuner avec le linge blanc et le bas immaculé et bien tendu qu'on lui voyait toujours. Quant au docteur, averti par la formule d'usage, il se rendit à la salle à manger d'un air qui ne trahissait ni hésitation ni surprise.

Sans franchir les limites qu'imposait l'approche délicate et progressive que Mr Lorry estimait l'unique attitude sensée, il fut possible de comprendre que le docteur supposait que le mariage de sa fille avait eu lieu la veille. Une allusion détournée, faite à dessein par le banquier, concernant le jour de la semaine et le quantième du mois fit réfléchir M. Manette et lui causa un malaise évident. Toutefois, il était si bien, à tous égards, en possession de lui-même que Mr Lorry se décida à chercher auprès de lui les conseils qu'il désirait depuis longtemps et qui ne pourraient être que salutaires pour la santé morale du médecin.

C'est pourquoi lorsque, le petit déjeuner terminé, la table fut desservie et que le docteur se retrouva en tête à tête avec son ami, Mr Lorry dit avec chaleur :

– Mon cher Manette, j'ai le plus vif désir d'avoir votre opinion tout à fait confidentielle au sujet d'un cas curieux qui m'intéresse au plus haut degré. Quand je dis curieux, je parle pour moi. Il est fort possible qu'avec la science que vous avez en pareille matière, vous en jugiez différemment.

Le docteur, qui avait déjà jeté plus d'un coup d'œil rapide à ses mains que le travail avait noircies, les regarda de nouveau, se troubla et prêta une oreille attentive.

– Cher Manette, continua Mr Lorry en touchant le bras du médecin, le cas dont je désire vous entretenir est celui d'un ami qui m'inspire l'attachement le plus sincère. Accordez-moi, je vous en prie, toute l'attention dont vous êtes capable et donnez-moi un conseil. Je vous le demande pour le bien de cet ami et surtout pour le bien de sa fille – sa fille, mon cher Manette.

– Si je comprends, il s'agirait d'un choc psychologique, fit le docteur d'une voix sourde.

– Oui.

– Veuillez être explicite et n'épargnez aucun détail.

Le banquier vit qu'ils se comprenaient et continua.

– Il s'agit en effet, mon cher Manette, d'un choc déjà ancien, mais à la fois violent et prolongé, qui ébranla jusque dans leur base la plus profonde des affections, les sentiments, le... l'esprit même pour reprendre le terme que vous employez parfois. Ce choc fut effroyable. Il terrassa mon malheureux ami pendant un certain laps de temps. J'en ignore la durée. C'est par lui seul qu'on aurait pu la connaître et son état ne lui permettait pas de s'en rendre compte. Il ne saurait pas dire davantage par quels degrés insensibles il recouvra ses forces abattues. Je l'ai entendu le déclarer en public d'une manière que je n'oublierai jamais. Bref, il a triomphé de cette terrible secousse et l'a fait assez complètement pour être aujourd'hui un homme d'une intelligence remarquable, capable d'une grande concentration d'esprit et d'efforts soutenus tant au moral qu'au physique et dont s'augmente tous les jours la somme de connaissances qu'il possédait jadis. Mais par malheur, il y a eu... (Mr Lorry fit une pause et soupira profondément)... une légère rechute.

– Qui a duré... ? s'enquit son interlocuteur dans un souffle.

– Neuf jours.

– Par quels symptômes s'est-elle manifestée ? Je suppose... (il regarda ses mains...) que le malade aura repris certaine occupation étroitement liée à ce choc ?

– Précisément.

– Avez-vous, poursuivit le médecin avec fermeté et sang-froid bien que toujours à voix basse, avez-vous eu l'occasion de le voir en d'autres temps se livrer au travail dont vous parlez ?

– Une fois.

– A-t-il ressemblé, dans cette dernière rechute, sous divers rapports, à ce qu'il était jadis ?

– Sous tous les rapports.

– Vous parliez de sa fille. Sait-elle qu'il a eu cette rechute ?

– Non, le secret a été gardé et j'espère qu'elle l'ignorera toujours. Ce léger accident n'est connu que de moi seul et d'une personne à qui l'on peut se fier également.

M. Manette saisit la main du banquier.

– Quelle bonté, quelle délicatesse ! murmura-t-il.

Le banquier pressa à son tour la main du père de Lucie. Il y eut un moment de silence.

– Voyez-vous, mon cher Manette, dit enfin Mr Lorry d'un ton prévenant, je suis un simple homme d'affaires, incapable, vous le savez, d'entrer en lice avec de pareilles difficultés. Je n'ai pour en triompher ni le savoir ni l'intelligence nécessaires. J'ai besoin d'avoir un guide et je ne connais personne qui m'inspire à cet égard autant de confiance que vous. Répondez à mes questions : d'où est venue cette rechute ? Faut-il craindre pour l'avenir ? Peut-on empêcher qu'il y en ait d'autres ? En cas de malheur, quel traitement pourrions-nous suivre ? Comment est-ce que cela se produit ? Que puis-je faire pour mon ami ? Personne n'est plus désireux que moi de lui venir en aide mais j'en ignore le moyen. Si votre sagacité et votre expérience me mettaient sur la voie, mes efforts auraient quelque chance de ne pas être réduits à néant, mais, abandonné à moi-même, que voulez-vous que je fasse ? Je vous en prie, donnez-moi votre avis, aidez-moi à y voir plus clair, expliquez-moi comment je puis être utile à cet ami.

Le docteur, qui paraissait réfléchir à ces paroles vibrantes de sincérité, resta quelques instants sans répondre et Mr Lorry respecta ce silence.

– Il est probable, dit avec effort M. Manette, que votre ami avait prévu cette rechute dont vous parlez.

– La craignait-il ?

– Énormément, répondit le docteur avec un frisson involontaire. Vous ne pouvez savoir combien cette appréhension pèse sur l'esprit, et combien il est difficile, voire impossible, de dire un mot du souci qui vous accable.

– Serait-ce pour mon ami un réel soulagement s'il parvenait à s'en ouvrir à quelqu'un ?

– À mon avis, oui, mais, comme je l'expliquais tout à l'heure, ce serait difficile et dans certains cas impossible.

– Quelle est, d'après vous, la cause de cette nouvelle attaque ? s'enquit Mr Lorry en posant la main sur le bras du médecin après un silence.

– Je crois que divers incidents ont réveillé chez votre ami des souvenirs qui ont été à l'origine du mal, des souvenirs affligeants lui auront été rappelés d'une manière trop vive. Il est probable que depuis longtemps il redoutait cette crise, sachant bien que ces associations d'idées renaîtraient, provoquées par certaines circonstances, à l'issue d'une occasion particulière... En vain il a essayé d'y habituer son esprit. L'effort que cette préparation exigeait de sa part a peut-être rouvert ses blessures.

– Pensez-vous qu'il ait conscience de ce qui s'est passé pendant cette dernière crise ? demanda le banquier avec hésitation.

Le docteur regarda autour de lui d'un air accablé, secoua la tête et répondit à mi-voix :

– Nullement.

– Et à quoi faut-il s'attendre ? insista Mr Lorry.

– Pour ce qui est de l'avenir, répliqua M. Manette, recouvrant sa fermeté, je l'envisage avec confiance. Puisque dans sa miséricorde le Seigneur a permis que cette crise ne durât pas plus longtemps, vous pouvez espérer. Votre ami a succombé sous la douleur que ravivaient les circonstances. Il n'a pu résister à la pression des faits. Le nuage a crevé sur sa tête, mais puisqu'il a guéri si promptement, j'espère qu'il n'a plus rien à craindre.

– C'est une grande consolation et j'en rends grâces à Dieu, s'écria Mr Lorry.

– Oui, rendons-en grâces à Dieu, répéta M. Manette en s'inclinant avec respect.

– Il y a encore deux autres points que je voudrais éclaircir, poursuivit le banquier. Me permettez-vous de...

– Vous ne sauriez rendre de plus grand service à votre ami, interrompit le docteur en lui tendant la main.

– Je continue donc. Mon ami est un individu d'un naturel studieux et qui témoigne dans ses travaux d'une énergie peu commune. Sans cesse préoccupé d'accroître son savoir professionnel, il s'applique avec beaucoup d'ardeur à l'étude et effectue, entre autres, de nombreuses recherches. En un mot, il a toujours l'esprit tendu vers quelque problème. N'y a-t-il pas un danger dans cet excès de travail ?

– Je ne le pense pas. La nature de son esprit exige peut-être qu'il soit toujours occupé. Ce besoin impérieux, qui lui est naturel, s'est singulièrement accru de ses misères. Moins ses facultés seront absorbées par l'étude, plus vous aurez à craindre qu'elles ne se repaissent d'idées malsaines et ne s'égarent dans une fausse direction. Votre ami a pu s'en faire la réflexion et en avoir la preuve.

– Vous êtes sûr que tant d'application ne peut lui être néfaste ?

– J'en ai la certitude.

– Cependant, mon cher Manette, si le travail venait à excéder ses forces ?

– Je doute que cela soit aisé, mon cher Lorry. Tout ce qu'il y avait de puissant chez cet homme a été violemment refoulé d'un côté, il faut à cela un contrepoids.

– Veuillez m'excuser, cher docteur, mais permettez-moi d'insister, je suis, vous le savez, un homme d'affaires opiniâtre. Supposons, je vous prie, que le travail ait excédé ses forces. Le désordre qui en résulterait se manifesterait-il par une rechute dans l'ancienne maladie ?

– Je ne pense pas, dit M. Manette d'un ton convaincu. Il n'y a qu'un seul courant d'idées qui puisse produire ce résultat, et je crois pouvoir affirmer que désormais il faudrait faire vibrer cette corde avec une terrible violence pour que le mal se renouvelât. Après ce qui est arrivé, je n'entrevois rien d'assez fort pour amener un pareil choc, oui, tout ce qui en aurait eu le pouvoir est maintenant épuisé.

M. Manette parlait avec la défiance d'un homme qui sait combien l'intelligence humaine est fragile et cependant avec la fermeté de celui qui, au milieu des épreuves, a gagné la certitude qu'il peut avoir foi en lui-même. Il n'appartenait pas à Mr Lorry de diminuer la confiance du médecin. Il manifesta, au contraire, plus de satisfaction qu'il n'en éprouvait réellement et se mit en mesure d'aborder le second point dont il souhaitait entretenir son ami. La chose était embarrassante : jamais il ne l'avait mieux compris, mais, se rappelant une ancienne conversation qu'il avait eue certain dimanche avec miss Pross, se rappelant surtout les événements des derniers jours, il sentit qu'il était indispensable d'affronter la difficulté.

– La rechute de mon ami, dont il s'est si bien remis, commença-t-il en toussant pour s'éclaircir la voix, s'est donc manifestée, comme vous l'avez deviné, par la reprise d'un ancien travail qui l'avait occupé jadis, appelons-le un travail de forgeron, oui, de forgeron. Il avait autrefois, dirais-je pour mieux illustrer mon idée, l'habitude de travailler à une petite forge, et c'est à cette forge précisément qu'on l'a retrouvé il y a quelques jours alors qu'on s'y attendait le moins. N'est-il pas fâcheux qu'il ait gardé auprès de lui ce souvenir ?

Le médecin se couvrit les yeux d'une main et battit du pied avec nervosité.

– Mon ami a conservé cette petite forge dans un coin de son appartement. Ne ferait-il pas mieux de s'en séparer ? continua le banquier en jetant un regard inquiet sur son interlocuteur.

Celui-ci conserva la même attitude et battit du pied avec la même fébrilité.

– Il vous est difficile de vous prononcer à cet égard,

reprit Mr Lorry. Je comprends, la question est délicate. Il me semble néanmoins...

Il secoua la tête et se tut.

– Si vous saviez, répondit le docteur en se tournant vers le banquier après un silence pénible, combien il est ardu d'expliquer d'une manière satisfaisante le travail qui s'opère dans l'esprit de ce pauvre homme. Il a soupiré jadis avec tant d'ardeur après cette occupation manuelle, il a éprouvé une joie si vive lorsqu'on la lui accorda ! Elle a été pour lui une si grande consolation, en substituant d'abord l'incertitude des doigts aux perplexités de l'esprit, et plus tard, quand il y devint expert, l'ingéniosité des mains à celle de la torture morale, qu'il n'a jamais pu se résoudre à s'en séparer tout à fait. Aujourd'hui même, où il croit à une guérison complète, où il parle de lui avec une certaine confiance, l'idée qu'un jour il pourrait avoir besoin de ce travail manuel et ne pas en retrouver les instruments sous la main lui cause une terreur subite analogue à celle qui doit glacer le cœur d'un enfant perdu.

Le visage altéré du docteur n'en donnait que trop la preuve.

– Mais n'est-il pas permis de penser... Excusez-moi, je cherche à m'instruire et j'y apporte la laborieuse persévérance d'un homme d'affaires accoutumé à ne traiter qu'avec des objets purement matériels tels que les guinées, les shillings, les billets de banque. N'est-il pas permis de supposer que garder l'instrument maintient la cause du mal ? Si l'objet en question disparaissait, mon cher Manette, la crainte que vous évoquiez ne s'évanouirait-elle pas en même temps ? Bref, n'est-ce pas entretenir une inquiétude que de garder cette petite forge ?

Un silence suivit ces paroles.

– C'est une si vieille compagne, dit enfin le docteur d'une voix tremblante.

– Pour ma part, je n'hésiterais pas à m'en séparer, répliqua le banquier, opinant de la tête et devenant d'autant plus ferme que M. Manette se troublait davantage. Je voudrais demander à mon ami d'en faire le sacrifice, je n'attends pour cela qu'une parole de votre bouche. Cette forge lui est fatale, j'en suis sûr. Allons, sanctionnez mon désir de votre autorité. Faites-le pour sa fille, mon cher Manette.

Singulière chose à voir que la lutte qui se livrait en lui !

– Au nom de sa fille alors, dit-il, demandez-lui ce sacrifice. J'y consens. Mais n'enlevez pas cet objet en présence de votre ami. Profitez d'un moment où il ne sera pas là. Une absence de plusieurs jours le préparera à la perte de cette vieille compagne d'infortune.

Mr Lorry s'empressa de souscrire à cette exigence, puis il mit fin à la conversation en proposant d'aller faire une promenade.

Les trois journées suivantes se passèrent à merveille. Le quatorzième jour, M. Manette, parfaitement rétabli, partit rejoindre Lucie et son mari. On l'avait prévenu du stratagème employé auprès de sa fille pour dissimuler son état. Il écrivit donc dans le même sens et elle ne nourrit aucun soupçon quant à l'incident.

Dans la nuit qui suivit le départ du médecin, Mr Lorry, accompagné de miss Pross qui portait la lumière, et chargé d'une hache, d'une scie, d'un ciseau et d'un marteau, entra dans la chambre du docteur. Là, après avoir refermé la porte d'un air mystérieux et coupable, le gentleman procéda à la mise en pièces du petit banc de cordonnier tandis que miss Pross, dont la mine rébarbative se trouvait de circonstance, tenait la chandelle comme si elle eût assisté à un meurtre. L'extermination du corps (disloqué au préalable pour faciliter l'opération) fut perpétrée sans retard dans la cheminée de la cuisine et outils, souliers et pièces de cuir furent enterrés dans le jardin. L'horreur qu'inspirent aux esprits honnêtes la destruction et la conspiration est si grande qu'en accomplissant leur action charitable et en en faisant disparaître les traces, Mr Lorry et miss Pross éprouvaient les mêmes émotions et affichaient le même air que s'ils étaient les complices d'un crime effroyable.

20

Un plaidoyer

Ce fut Sydney Carton qui, le premier, vint féliciter les jeunes mariés de retour de leur voyage de noces. Ils étaient arrivés depuis quelques heures à peine, quand il se présenta. Il n'avait pas changé : ni ses habitudes, ni ses manières, ni son aspect extérieur ne s'étaient améliorés. Cependant, il y avait en lui un certain air de félicité bourrue qui était nouveau aux yeux de Charles Darnay.

Carton guetta l'occasion d'entraîner ce dernier dans l'embrasure d'une fenêtre afin de pouvoir lui parler sans être entendu de personne.

– Mr Darnay, je désire que nous soyons amis.

– Ne le sommes-nous pas déjà, Mr Carton ?

– C'est une façon de parler, vous êtes assez bon pour l'employer à mon égard, mais il me faut autre chose. En exprimant le vœu sincère de devenir votre ami, je ne donne pas à mes paroles le sens que vous pourriez leur prêter.

Avec une aimable bonhomie, Charles Darnay demanda, ce qui était naturel, ce qu'il voulait dire.

– Sur l'honneur, répondit Carton en souriant, il m'est beaucoup plus facile de le concevoir que de vous l'expliquer. Enfin, je vais essayer. Vous rappelez-vous une circonstance mémorable où j'étais un peu plus ivre que de... coutume ?

– Tout ce dont je me souviens, c'est que dans une circonstance, il est vrai mémorable, vous m'avez forcé de convenir que vous aviez un peu trop bu.

– Je ne l'ai pas oublié. Le souvenir de ces jours maudits pèse terriblement sur mon âme. J'espère que plus tard, quand j'en aurai fini avec la vie, ce que j'en aurai souffert sera pris en considération... Ne vous effrayez pas, je n'ai nulle intention de prêcher.

– Loin de moi cette idée. La gravité chez vous n'a rien d'alarmant.

– Bah, fit Carton avec un geste négligent de la main comme pour éloigner ces paroles. Cette fois-là où j'étais ivre, ce qui est loin d'être rare, je me suis montré insupportable à votre égard et je serais heureux que vous n'y songiez plus.

– Voilà qui est fait depuis longtemps.

– Là encore, façon de parler ! Voyez-vous, Mr Darnay, pour moi il est difficile d'oublier et cette soirée est trop présente à mon esprit pour qu'une phrase en l'air puisse l'effacer de ma mémoire.

– Si mes paroles ne vous ont pas paru sérieuses, veuillez me pardonner, répondit Darnay. J'ai cru devoir traiter légèrement un incident sans intérêt et j'avoue ma surprise en voyant l'importance que vous y attachez. Je le déclare sur l'honneur, il y a longtemps que j'ai oublié ces détails. D'ailleurs, je vous le demande, que pouvais-je me rappeler, sinon l'éminent service que vous m'avez rendu ce jour-là ?

– L'éminent service en question n'était qu'un simple moyen de défense, une astuce du métier, voilà tout. Je suis obligé de l'avouer. Je me souciais fort peu de vous être utile lorsque je vous l'ai rendu. Notez bien que c'est au passé que je parle.

– C'est traiter à la légère l'obligation que je vous conserve, répliqua Darnay.

– C'est la vérité pure, croyez-le. Mais pour en revenir au sujet qui me tient à cœur, je vous demandais si nous pouvions être amis. Vous savez que je suis indigne de frayer avec un honnête homme. Parlez-en à Stryver, il vous le dira comme moi.

– Je n'ai pas besoin de Stryver pour me former une opinion.

– À votre guise ! Dans tous les cas, vous savez que je ne suis qu'un débauché qui n'a jamais rien fait et ne fera jamais rien de bon.

– Je ne suis pas certain que vous ne ferez « jamais rien de bon ».

– Moi, je le suis, et vous pouvez vous fier à mon intuition ! Si donc il ne vous répugne pas de voir entrer chez vous un individu de mon espèce, dépourvu de valeur et de médiocre réputation, je sollicite la permission de venir ici de temps à autre, et d'y être considéré comme un objet inutile (j'ajouterais dépourvu d'agrément, sans la ressemblance qui existe entre nous), comme un meuble qu'on tolère pour ses anciens services et qu'on ne remarque plus. Cela m'étonnerait beaucoup si j'abusais de cette liberté. Je gagerais que je n'en userai pas plus de trois ou quatre fois par an, mais ce serait pour moi un réel plaisir de penser que je pourrais venir davantage.

– Pourquoi ne pas en profiter ?

– Voilà donc une façon d'accepter ma requête. Je vous en remercie, Darnay. Puis-je également prendre la liberté de vous appeler ainsi ?

– Naturellement, Carton, et dès aujourd'hui.

Ils se serrèrent la main et Sydney s'éloigna. Une minute plus tard, il était retombé dans son indolence et n'était plus, selon son habitude, que l'ombre de lui-même.

Dans le courant de la soirée, passée en compagnie de miss Pross, de Mr Lorry et du docteur, Charles Darnay évoqua, sans entrer dans les détails, la conversation qu'il avait eue avec Sydney Carton et définit ce dernier comme un individu au tempérament complexe qui alliait une insouciance et une audace gratuites. Il en parla, d'ailleurs, sans amertume ni rudesse et, en vérité, comme quiconque l'aurait fait en se fiant aux apparences.

Il était loin de penser que son allusion à Sydney Carton assombrirait l'humeur de sa tendre et jeune épouse. Quand il monta dans leur chambre, il y trouva Lucie, son front charmant barré d'une ligne profonde, qui l'attendait.

– Nous sommes pensive ce soir, dit-il en lui enlaçant la taille.

– Oui, dit-elle en posant les mains sur la poitrine de Charles et en attachant sur lui son regard sérieux et pénétrant, nous sommes pensive parce que nous avons quelque chose sur le cœur.

– Qu'y a-t-il, ma Lucie ?

– Promets-tu de ne pas me presser de questions si je te demande de ne pas en poser ?

– Si je te promets ? Que pourrais-je ne pas te promettre, mon Amour ?

En effet, que pouvait-il refuser à cette jeune femme ravissante dont il écartait les cheveux blonds pour mieux voir le visage tandis que son autre main était appuyée contre ce cœur qui battait pour lui ?

– Charles, ce pauvre Mr Carton mérite d'être traité avec plus de considération et de respect que tu ne l'as fait ce soir.

– Vraiment, mon Ange ! Pourquoi ?

– C'est là justement ce qu'il ne faut pas me demander, mais je le pense et je le sais.

– Cela suffit, je n'en doute plus. Quels sont tes ordres, ma Vie ?

– J'aimerais que tu lui témoignes toujours beaucoup de générosité, d'indulgence pour ses fautes et que tu le défendes en son absence. Je voudrais te persuader de ses bons sentiments. Il a un cœur qu'il montre rarement, mais qui est brisé par de profondes blessures, et ce cœur, je l'ai vu saigner, Charles.

– Il m'est douloureux de penser que j'ai été injuste à son égard, dit Darnay, stupéfait. Je n'ai jamais songé à lui en ces termes.

– Pourtant, rien n'est plus vrai. Je crains qu'il ne soit trop tard pour le sauver. Son caractère ou sa position ne semblent offrir aucun espoir. Mais j'ai la certitude qu'il est capable d'être bon, noble et même magnanime.

Elle était si belle dans la pureté de sa foi en cet homme perdu que Charles ne se serait jamais lassé de la contempler.

– Oh, mon bien-aimé ! (Elle se serra contre lui, appuya la tête sur sa poitrine et leva les yeux vers les siens.) Rappelle-toi combien nous sommes forts dans notre bonheur, combien il est faible dans sa misère.

– Je ne l'oublierai pas, mon Cœur, dit-il, profondément ému. Je m'en souviendrai jusqu'à mon dernier jour.

Il se pencha sur la tête aux cheveux d'or, posa les lèvres sur sa bouche rose et l'enlaça. Si le vagabond solitaire qui, au même moment, parcourait les rues obscures, avait pu entendre cette pieuse confidence, s'il avait pu voir les larmes de pitié que répandaient ces yeux bleus et que Charles essuyait de ses baisers, il se serait écrié dans les ténèbres, et ce n'eût pas été la première fois :

– Qu'elle soit bénie pour sa douce compassion !

21

Échos

La maison du Dr Manette était située, comme il a déjà été indiqué, à un angle de rue où les sons se répercutaient étonnamment. Sans cesse occupée à tisser le fil d'or qui enveloppait son mari, son père, sa vieille gouvernante et compagne et elle-même, Lucie, assise près de la fenêtre, dans la demeure silencieuse, écoutait résonner les pas des ans dont ce coin paisible renvoyait l'écho.

Les premiers temps de son mariage, bien que son bonheur lui parût aussi parfait que possible, il lui était arrivé plus d'une fois de laisser échapper son ouvrage et d'avoir les yeux voilés de larmes, car l'écho vibrait d'un murmure insaisissable, lointain et léger, qui cependant se rapprochait et lui serrait le cœur. L'espoir et le doute – espoir d'un amour encore inconnu, crainte de cesser de vivre au moment de jouir de cette nouvelle joie – l'agitaient et se partageaient son âme. Alors, parmi les échos, se distinguait le bruit des pas qui se dirigeaient vers sa propre tombe et à la pensée de son mari qui resterait seul et dont sa mort ferait le désespoir, elle éclatait en sanglots.

Ces inquiétudes passèrent. La petite Lucie se blottit contre son sein, puis les pas de l'extérieur annoncèrent ceux de l'enfant. Quelle que fût la puissance des autres échos, la jeune mère, assise près du berceau, entendait venir le trottinement des petits pieds et le babillage de la voix enfantine. Ils arrivèrent. La demeure ombreuse s'illumina d'un rire frais et joyeux et l'Ami

Divin des enfants à qui, dans ses souffrances, la jeune mère avait confié le sien, parut tendre les bras à l'innocente créature et fit de sa protection une joie sacrée pour la jeune femme.

Toujours active à filer le lien d'or qui les réunissait, mêlant discrètement sa douce influence à la trame de leur vie, Lucie n'entendit pendant des années que des échos agréables et apaisants. Le pas de son mari évoquait la force et la prospérité; celui de son père était égal et ferme; et, couverte de son harnais rustique ainsi qu'un cheval de bataille indiscipliné qui renâcle et frappe la terre d'impatience, la gouvernante éveillait vigoureusement l'écho chaque fois qu'elle marchait sous le platane.

Les larmes coulèrent sans amertume quand des cheveux dorés pareils à ceux de Lucie entourèrent d'une auréole le visage amaigri d'un petit garçon qui disait en souriant : « Chers papa et maman, je suis bien fâché de vous quitter tous les deux et de quitter ma sœur, mais on m'appelle et il faut que je m'en aille. » Lorsque l'esprit qui lui avait été confié s'échappa de ses bras, ce ne furent pas des larmes de désespoir que versa la jeune mère. Souffrez qu'ils partent. Ils verront la face du Père. Bénies soient vos paroles, ô mon Dieu !

Le frémissement des ailes d'un Ange se mêla désormais à tous les bruits renvoyés par l'écho et y ajouta quelque chose de céleste. Les soupirs de la brise qui effleurait la petite tombe dans le jardin s'y joignirent à leur tour. Lucie les entendait bruire dans l'air en un chuchotement léger, semblable à la respiration de la mer, l'été, qui soupire, endormie, sur le rivage de sable, tandis que la petite Lucie étudiait avec un sérieux comique la leçon du matin ou, assise aux pieds de sa mère, habillait sa poupée en babillant dans la langue des deux villes qui formaient sa patrie.

Il était rare que les pas de Sydney Carton fussent reproduits par l'écho. À peine usait-il cinq ou six fois par an du privilège qu'il avait obtenu de venir sans qu'on l'eût invité, et de passer quelques heures en compagnie de ses amis, comme il le faisait souvent jadis. Il n'avait jamais bu quand il venait chez les Manette, et à ce sujet l'écho murmurait autre chose qu'ont murmuré d'âge en âge tous les échos fidèles.

Un homme qui aima réellement une femme et qui, après l'avoir perdue, a conservé son amour dans toute sa profondeur, n'a jamais pu la revoir sans évoquer chez l'enfant de cette femme une singulière sympathie, une pitié délicate et instinctive à son égard. Quels sont les courants invisibles qui en pareilles circonstances éveillent cette sensibilité exquise ? Nul écho ne le dévoile, mais c'est ainsi, et Carton en fournit une nouvelle preuve. Ce fut le premier étranger à qui la petite Lucie tendit ses bras potelés, et en grandissant, elle lui garda cette préférence. Quant au petit garçon qui était mort, il avait parlé de Carton à ses derniers moments : « Pauvre Carton, embrassez-le bien pour moi ! »

Semblable à une lourde locomotive qui passe de vive force à travers l'eau bourbeuse, Mr Stryver continuait à se frayer un chemin dans le barreau et traînait dans son sillage son indispensable ami, comme un bateau pris en remorque. Les bateaux qui jouissent de cette faveur se trouvent en général dans un état fâcheux et sont submergés la plupart du temps : par conséquent, Sydney Carton était presque toujours embourbé. Mais l'habitude si aisée, si forte, était malheureusement plus puissante chez lui que le sentiment de la dégradation où cette manière de vivre le plongeait. Il ne songeait donc pas plus à sortir de l'ignoble dépendance où le retenait son odieux camarade qu'un véritable chacal n'envisage de se transformer en lion. Stryver était riche. Il avait épousé une veuve au teint fleuri, possédant de la fortune et trois garçons qui n'avaient de brillant dans toute leur personne que les cheveux raides de leur tête pareille à un chausson aux pommes.

L'avocat, exsudant par tous les pores un air de protection de la qualité la plus offensante, avait poussé devant lui les trois fils de son épouse, et, les conduisant au coin paisible de Soho, les avait présentés comme élèves à Charles Darnay en s'écriant avec délicatesse : « Hé, Darnay ! Voilà trois morceaux de pain et de fromage que j'apporte à votre pique-nique matrimonial ! » Le refus poli de ces trois morceaux de pain et de fromage avait gonflé Mr Stryver d'une indignation dont il tira ensuite parti en expliquant aux trois jeunes gens, pour le bien de leur éducation, qu'il fallait se méfier de l'orgueil des mendiants tels que cet insolent professeur. Il avait également l'habitude de raconter à Mrs Stryver, en savourant son vin capiteux, les manœuvres que Mrs Darnay avait employées autrefois pour le « prendre dans ses filets », et de s'étendre avec éloquence sur « les artifices qu'il avait opposés, madame, à ces menées insidieuses, et qui l'avaient empêché d'en être victime ». Quelques-uns des familiers du King's Bench qui venaient de temps à autre chez l'avocat goûter au vin capiteux et à la susdite éloquence excusaient leur collègue en disant qu'à force de répéter ce mensonge, il avait fini par y croire; circonstance tellement aggravante, au contraire, du délit primitif, qu'elle aurait motivé l'enlèvement du coupable et sa pendaison en un lieu écarté.

Tous ces discours reproduits par l'écho se mêlaient aux bruits lointains que Lucie, parfois pensive, parfois amusée et riant, écoutait. Combien l'écho des pas de sa fille, de son mari, de son père, toujours plein de vigueur et d'activité, lui était doux à entendre ! Combien l'écho du bonheur qui régnait dans leur maison où l'ordre se joignait à l'élégance était plein de charme à son oreille ! Combien elle se réjouissait d'y retrouver cette assurance mille fois répétée par son père qu'elle lui était encore plus dévouée (si cela était possible) depuis son mariage ! Comme elle aimait les paroles de Charles lorsque, touché des preuves d'amour dont elle l'entourait sans cesse, il lui demandait par quel secret magique elle trouvait le moyen d'être tout entière à chacun d'eux, comme si chacun avait été seul, et de ne jamais paraître ni affairée ni absorbée par ses devoirs.

Pourtant, roulaient au loin des bruits sourds dont l'écho répercuta jusqu'au paisible foyer des Manette, l'année des six ans de la petite Lucie, des grondements menaçants, prélude à la tempête et à l'effroyable raz-de-marée qui allaient déferler sur la France.

Un soir de la mi-juillet 1789, Mr Lorry, qui sortait tard de chez Tellson, rendit visite aux Manette. Il s'assit à côté de Lucie et de son mari, installés près de la fenêtre. Le vent et la chaleur étouffante rappelèrent aux trois amis l'orage dont ils avaient regardé les éclairs précisément de la même place.

– Je commençais à croire, dit Mr Lorry en rejetant sa petite perruque en arrière, que je passerais la nuit à la banque. Nous avons eu tant à faire depuis ce matin que c'était à ne plus savoir où donner de la tête. L'inquiétude est si vive à Paris que nous sommes littéralement submergés. C'est à qui nous confiera sa fortune et il semble qu'on ne puisse y mettre assez de précipitation. Nos clients sont possédés de la manie de placer leurs fonds en Angleterre.

– Mauvais présage ! commenta Charles.

– C'est possible, mon cher Darnay, mais jusqu'à présent, nous ignorons la raison de ce vent de folie. Nous nous faisons vieux chez Tellson et l'on ne devrait pas nous donner un pareil surcroît de travail sans un motif bien avéré.

– Vous savez cependant combien le ciel est menaçant, dit Darnay.

– Je ne le nie pas, acquiesça le banquier, cherchant à se persuader qu'il était aigri et que ses paroles le laissaient voir, mais après les tracas de cette longue journée, je suis résolu à être d'une humeur massacrante. Où est Manette ?

– Me voici, répondit le docteur en entrant.

– Je suis heureux de vous trouver chez vous. L'état de précipitation où je me suis trouvé toute la journée, sans rien dire de ces tristes présages, m'a rendu horriblement nerveux. Vous n'allez pas sortir, j'espère ?

– Non, je vous propose une partie de tric-trac, si vous le voulez.

– Je ne crois pas que je le veuille, si toutefois il m'est permis de le dire. Je serais bien incapable de vous affronter ce soir. Lucie, a-t-on débarrassé le thé ? Je vois mal.

– Nullement, on vous attendait.

– Merci, ma chère. Le petit ange est couché ?

– Et dort du plus profond sommeil.

– Parfait. Tout est tranquille, tout va bien. Je ne vois aucune raison, grâces à Dieu, pour que tout n'aille pas bien dans cette maison, mais j'ai été tellement tracassé depuis ce matin et je ne suis plus jeune comme autrefois ! C'est ma tasse de thé, ma chère ? Merci. Venez vous rasseoir parmi nous et restons un peu tranquilles pour entendre l'écho. Vous avez, Lucie, une théorie à ce sujet.

– Non pas une théorie. C'est une idée que je me fais.

– Soit, ma chère. Dans tous les cas, les bruits qu'il nous rapporte sont nombreux et fracassants, écoutez.

Des pas impétueux, furieux et dangereux se ruaient avec violence dans la vie de chacun; des pas, dont il serait difficile un jour d'effacer l'empreinte sanglante, parcouraient avec rage des rues lointaines, celles de Saint-Antoine, pendant que le petit cercle de famille se tenait, à Londres, près de la fenêtre dans le salon obscur.

Le matin même, Saint-Antoine n'avait offert qu'une sombre masse d'épouvantails dont les flots ondulaient sous les éclairs des lames tranchantes frappées par le soleil. Au rugissement affreux sorti de la gorge du saint patron, une forêt de bras nus s'étaient dressés, pareils à des rameaux flétris qu'agite le vent d'hiver, et toutes ces mains avides s'étaient emparées des armes ou de ce qui faisait office d'armes qu'on leur jetait des caves.

Qui les avait données ? Qui les avait recueillies ? Par quelle entremise vibraient-elles au-dessus des têtes lorsque, vingt à la fois, elles brillaient dans l'air où on les brandissait ? Personne n'aurait pu le dire, mais des mousquets étaient distribués, ainsi que des cartouches, de la poudre, des balles, des barres de fer, des leviers, des couteaux, des haches, des piques, tous les outils que l'esprit en démence peut transformer en moyen de destruction. Ceux qui ne trouvèrent pas autre chose arrachèrent, les mains en sang, les pierres et les briques des murs. Saint-Antoine avait la fièvre et chaque créature vivante qui l'habitait, en proie au délire, était prête à sacrifier sa vie.

Comme dans un tourbillon les eaux se précipitent vers le centre, la foule, saisie de vertige, se pressait autour de la boutique du marchand de vin, et les gouttes humaines qui formaient cette onde bouillonnante étaient attirées vers le vortex où Defarge en personne, barbouillé de sueur et de poudre, donnait des ordres, distribuait des mousquets, repoussait celui-ci, attirait celui-là, désarmait l'un pour armer l'autre, et s'escrimait au plus fort du tumulte.

– Ne t'éloigne pas, dit-il à Jacques trois. Jacques un et Jacques deux, séparez-vous et mettez-vous chacun à la tête d'un groupe de patriotes. Où est ma femme ?

– Ici ! dit Mme Defarge, non moins impassible qu'à l'ordinaire mais qui ce jour-là ne tricotait pas.

Au lieu de coton et d'aiguilles, sa main tenait une hache et à sa ceinture pendaient un pistolet et un couteau cruellement affilé.

– Où vas-tu ? s'enquit son mari.

– Avec vous tous, dit-elle. Je marche à la tête des femmes.

– Alors, en avant ! s'écria Defarge. Patriotes et amis, nous sommes prêts ! À la Bastille !

Comme si la voix de la France entière eût retenti dans ce mot exécré, le flot humain se souleva, les vagues se pressèrent, le fond de l'abîme s'élança vers le ciel : la ville fut submergée. Au bruit du tocsin, au roulement des tambours, au rugissement de cette mer en furie qui débordait ses rives, commença l'attaque de la forteresse.

Fossé profond, double pont-levis, murailles épaisses, huit hautes tours, canons, mousquets, feu et fumée. Au milieu du feu et de la fumée car le flot l'avait rejeté contre un canon et en un instant il s'était improvisé canonnier, Defarge, le marchand de vin, se conduisit en brave pendant deux heures durant.

Fossé profond, double pont-levis, murailles épaisses, huit hautes tours, canons, mousquets, feu et fumée. Un pont-levis de passé !

– En avant, camarades, en avant ! À l'œuvre, Jacques un, Jacques deux, Jacques trois, Jacques cinq cents, Jacques vingt mille ! Au nom de tous les anges, au nom de tous les démons, à votre guise, à l'attaque ! s'écria le marchand de vin, toujours à son canon dont le métal était devenu brûlant.

– Femmes, suivez-moi ! cria à son tour Mme Defarge. La place prise, nous tuerons aussi bien que les hommes !

Avec des cris aigus, accoururent des femmes diversement armées mais toutes également poussées par la faim et le désir de vengeance.

Feu et fumée, canons et mouquets. Et toujours le fossé profond, le pont-levis, les murailles épaisses, les huit hautes tours. La chute des blessés obligeait la vague furieuse à se déplacer légèrement, les armes étincelaient, les torches flamboyaient, les charrettes de foin mouillé fumaient, des barricades se dressaient de toute part. Clameurs, cris d'enthousiasme, cris de haine, de courage sans réserve, craquements sourds, volées d'artillerie, rugissements rageurs de la mer humaine, et toujours le fossé profond, le pont-levis, les murailles épaisses, les huit hautes tours. Le canon de Defarge fut bientôt doublement rougi par quatre heures de ce combat effroyable.

Un drapeau blanc et un soldat sortirent de la forteresse, le tout à peine perceptible à travers la tempête qui faisait rage. On n'entendit rien. Brusquement, le flot se souleva, entraîna Defarge sur le pont-levis qui venait de s'abaisser, devant les épaisses murailles, et le déposa au milieu de la cour où donnaient les huit hautes tours qui se rendaient.

La force qui le portait était si irrésistible qu'il ne put reprendre son souffle qu'une fois dans la cour de la Bastille. Là, appuyé à un angle du mur, il fit un effort pour regarder autour de lui. Jacques trois était à côté. Mme Defarge, toujours à la tête des femmes, le couteau à la main, apparut à peu de distance. Tout n'était que vacarme, joie délirante, folle ivresse, bruit assourdissant, pantomime effrénée.

– Les prisonniers !
– Les archives !
– Les oubliettes !
– Les instruments de torture !
– Les prisonniers !

De tous ces cris, et de mille autres indistincts, la foule répétait davantage celui qui réclamait les prisonniers. Elle se précipita dans la geôle, comme si l'éternité existait pour le supplice, de même que pour le temps et l'espace, et qu'elle dût retrouver dans ces murs tous les captifs qu'ils avaient enfermés. Les premières vagues s'écoulèrent, entraînant les officiers de la prison et les menaçant de mort s'il restait un seul recoin qui ne leur fût pas montré. Defarge saisit de sa large main l'un des geôliers, un homme à cheveux gris qui tenait une torche, le sépara de la foule et le plaça entre la muraille et lui.

– Conduis-moi à la tour nord, et vite, ordonna-t-il.

– Je veux bien, mais vous n'y trouverez personne.

– Que signifient ces mots : « 105, tour nord » ? Vite !

– Ce qu'ils signifient, monsieur ?

– Ils désignent le prisonnier ou son cachot ? Réponds ou tu es mort.

– Tue-le donc, croassa Jacques trois qui s'était approché.

– C'est la cellule, monsieur.

– Montre-la-moi.

– Par ici, monsieur.

Comme il avait agrippé le porte-clés, Defarge agrippa par le bras Jacques trois, de toute évidence déçu que la conclusion de ce bref entretien ne promît aucune effusion de sang. Il leur avait fallu rapprocher leurs trois têtes, se crier aux oreilles ce qu'ils avaient à se dire, et c'est à peine s'ils avaient pu s'entendre au milieu du tumulte que faisait le flot populaire, envahissant les cours, les passages, les escaliers. À l'extérieur, il battait les murailles et de ces rugissements s'échappaient des acclamations lancées en l'air qui retombaient comme la fine écume des vagues.

Defarge, son ami et le porte-clés traversèrent à la hâte de sinistres voûtes que jamais n'éclairait le jour, franchirent les portes de cavernes hideuses, descendirent des escaliers sombres, puis escaladèrent entre deux murs des sillons qui ressemblaient au lit desséché d'un torrent. La multitude les suivit tout d'abord, mais quand, après être descendus ils gravirent la spirale qui conduisait jusqu'à la plate-forme de la tour, ils se retrouvèrent seuls. Le bruit de la tempête n'était plus pour eux qu'un murmure étouffé, comme si la violence de l'ouragan les avait rendus sourds.

Le geôlier s'arrêta devant une porte basse, tourna la clé dans une serrure grinçante et, poussant la petite porte avec effort :

– Voilà, dit-il, le 105 de la tour nord.

Tout en haut du mur, il y avait une fenêtre minuscule sans vitre, solidement barrée de fer et masquée aux trois quarts par des briques, de sorte que pour apercevoir le ciel il fallait se coucher au pied de la muraille et lever les yeux perpendiculairement. Il y avait une petite cheminée traversée d'énormes barreaux à plusieurs centimètres du sol. Une pincée de vieilles cendres frissonnait dans l'âtre. Un tabouret, une table, une paillasse formaient tout l'ameublement. Les quatre murs étaient noircis et dans l'un d'eux se trouvait scellé un anneau couvert de rouille.

– Passe la torche lentement devant les murs, ordonna le marchand de vin au porte-clés.

L'homme obéit et Defarge suivit la lumière avec attention.

– Un moment ! Regarde ici, Jacques.

– Un A et un M, croassa Jacques trois en lisant avec avidité.

– Alexandre Manette, expliqua Defarge, dont l'index profondément incrusté de poudre désignait les initiales. Et ici, c'est encore lui qui a écrit : un pauvre médecin. Et ce calendrier, c'est lui qui l'aura gravé. Tu as un levier ? Passe-le-moi.

Defarge, qui avait encore à la main son boute-feu, l'échangea contre le levier que tenait son ami et, se retournant vers la table et l'escabeau, il les mit tous deux en pièces.

– Plus haut, la lumière ! dit-il avec impatience au geôlier. Fouille ces débris avec soin, Jacques. Prends mon couteau et éventre la paillasse. Et toi, tiens la lumière plus haut !

Il foudroya le porte-clés du regard, rampa dans l'âtre, leva les yeux et frappa dans tous les coins de la cheminée dont il ébranla les barreaux de fer. Un peu de poussière et de mortier se détacha. Il détourna la tête pour éviter de les recevoir, puis chercha dans les cendres, dans les crevasses, dans les trous, dans les moindres fissures.

– Rien dans le bois, rien dans la paille ? demanda-t-il à Jacques.

– Rien.

– Pousse tout au milieu, et toi, mets-y le feu, dit-il au geôlier.

Le porte-clés approcha sa torche du tas de paille et de copeaux vermoulus qui s'enflamma immédiatement. Se baissant pour franchir la porte basse, ils se dirigèrent par le même chemin vers la cour de la forteresse et semblèrent recouvrer l'ouïe à mesure qu'ils se rapprochaient de la foule déchaînée.

Ils trouvèrent les patriotes s'agitant au sujet du marchand de vin qu'on réclamait à grands cris. Saint-Antoine voulait que son cabaretier fût à la tête de l'escouade chargée d'emmener le gouverneur qui avait défendu la Bastille et tiré sur le peuple. Sans cette précaution, l'officier en question ne pouvait être conduit à l'hôtel de ville où l'attendaient ses juges. Il s'échapperait, et le sang du peuple, qui après tant de siècles de mépris acquérait tout à coup de la valeur, resterait sans être vengé.

Au milieu de ces bouches hurlantes, de ces visages convulsés qui entouraient ce vieil et sinistre officier, reconnaissable de loin à son uniforme gris et à son ruban rouge, seule une femme demeurait impassible.

– Voilà mon mari, cria-t-elle en désignant Defarge.

Elle se tenait tout près du vieil officier et ne s'éloigna pas d'un pouce quand le cortège s'ébranla. Dans la rue, elle resta près de lui, calme et froide. Comme ils arrivaient à destination, une pluie de coups s'abattit sur le prisonnier et lorsque enfin il s'écroula mort, elle se trouvait si près que, s'animant d'une fureur subite, elle lui mit le pied sur la gorge et lui trancha la tête de son couteau depuis longtemps préparé.

L'heure était venue où Saint-Antoine allait suspendre des hommes à la place de ses lanternes afin de montrer de quoi il était capable. Saint-Antoine avait le sang échauffé tandis que le sang de la tyrannie se glaçait sur les marches de l'hôtel de ville où gisait le corps du gouverneur, se glaçait sous le pied de Mme Defarge qui avait assujetti de sa semelle le cadavre de la victime pour le mutiler plus facilement.

– Baissez la lanterne, là-bas, cria Saint-Antoine après avoir cherché un nouvel instrument de supplice, baissez la lanterne, voilà un soldat qu'il faut monter au poste.

La sentinelle se balança dans l'air et le flot poursuivit sa course. Onde obscure et menaçante dont les vagues destructrices se pressaient avec furie, dont personne ne connaissait encore la profondeur ni ne soupçonnait la puissance, flot aveugle et dépourvu de remords, océan implacable d'où s'élevaient des bras inflexibles, des cris de haine et de vengeance, des visages si bien sculptés par la misère que la pitié ne pouvait plus y laisser sa trace.

Parmi ces têtes que la fureur et l'ivresse du triomphe animaient, il s'en trouvait quatorze, divisées en deux groupes, sept dans chaque, dont les traits pâles et figés contrastaient avec l'excès de vie qui débordait autour d'elles. Jamais l'océan courroucé ne roula dans ses flots de débris plus mémorables : sept captifs dont l'orage venait de briser la tombe apparaissaient au-dessus de la foule, effrayés, éperdus, stupéfaits, comme si leur dernière heure était arrivée et que la joie sauvage qu'on leur témoignait était celle d'esprits infernaux. Derrière eux, sept têtes dominaient les autres, sept visages de mort dont les paupières attendaient pour se soulever l'heure du jugement suprême, sept masques imperturbables dont l'expression était suspendue et pas encore anéantie, immobilisés dans la crainte, comme si, fermés un instant, leurs yeux devaient se rouvrir et leur bouche livide crier : « C'est toi qui as fait cela. »

Sept têtes sanglantes brandies au bout d'une pique, sept prisonniers portés en triomphe, les clefs des huit tours de la forteresse maudite, quelques lettres et autres souvenirs d'anciens détenus, depuis longtemps morts, le cœur brisé, voilà ce que rapporta, le 14 juillet 1789, l'escorte de Saint-Antoine dont l'écho répéta la colère. Plaise au ciel que Lucie Darnay se trompe et que ces pas, loin de pénétrer dans sa vie, s'écartent de la jeune femme ! Furieux, rapides, ils renversent tout sur leur passage, et tant d'années après que la barrique de vin s'était répandue devant la boutique de Defarge, leur empreinte, une fois souillée de rouge, s'effacera difficilement.

22

Le flot monte toujours

Il y avait une semaine que Saint-Antoine exultait, adoucissant l'amertume de son pain noir et dur et suppléant à la modicité de la ration par des embrassements fraternels et des félicitations. Mme Defarge, assise derrière son comptoir, présidait comme à l'ordinaire la salle de la taverne. Elle ne portait pas de rose à sa coiffure car la grande confrérie des espions manifestait depuis huit jours une extrême répugnance à visiter les domaines du saint patron. Les lanternes de ses rues avaient un balancement qui, pour eux, étaient de mauvais augure.

En cette matinée chaude et lumineuse, Mme Defarge, les bras croisés, contemplait la boutique et la rue. Dans l'une et l'autre erraient çà et là des groupes de flâneurs décharnés et crasseux mais chez qui le sentiment de leur force l'emportait sur leur détresse. Le bonnet de coton déchiré qui coiffait de travers le plus misérable de ces individus disait : « Je sais combien il m'est difficile, à moi qui porte cette guenille, d'entretenir la vie dans mes veines, mais savez-vous combien il me serait aisé de l'éteindre dans les vôtres ? » Chaque bras nu et maigre qui, plus d'une fois, avait été sans travail, savait qu'à défaut d'autre ouvrage il aurait à frapper. Les doigts des tricoteuses étaient féroces et avaient acquis l'expérience qu'ils pouvaient lacérer. Une transformation s'opérait dans l'aspect de Saint-Antoine. Il y travaillait sans relâche depuis des siècles, mais les derniers coups de marteau avaient puissamment fait ressortir l'expression de l'effigie.

Mme Defarge observait ce phénomène avec un sentiment d'approbation contenue, ainsi qu'il appartenait au chef des femmes de Saint-Antoine. L'une de ses consœurs tricotait à côté d'elle. La petite et rondelette épouse d'un épicier famélique, qui était mère de deux enfants, avait, en sa qualité de lieutenant de la cabaretière, gagné le surnom flatteur de La Vengeance.

– Écoute un peu, dit La Vengeance. Qui vient ?

Comme une traînée de poudre qui, de l'extrémité de Saint-Antoine aurait abouti à la porte du marchand de vin et se serait enflammée brusquement, un murmure accourait, en prenant de l'ampleur, des limites du faubourg.

– C'est Defarge, dit la cabaretière. Silence, patriotes !

Defarge entra tout essoufflé, ôta son bonnet rouge et parcourut la salle des yeux.

– Écoutez-le, ordonna sa femme.

Debout et pantelant, il se détachait sur un fond de regards avides, de bouches ouvertes, qui s'étaient rassemblés dehors sur le seuil de la porte. Quant aux clients de la boutique, ils s'étaient levés.

– Que se passe-t-il, mon mari ?

– Des nouvelles de l'autre monde !

– De l'autre monde ? releva Madame avec mépris.

– Est-ce que quelqu'un se souvient du vieux Foulon, ce misérable qui avait déclaré que le peuple, s'il avait faim, n'avait qu'à manger de l'herbe, et qui est mort depuis et parti en enfer ?

Personne n'avait oublié Foulon.

– On a de ses nouvelles. On l'a arrêté.

– Arrêté ? Mais puisqu'il est mort ! s'écrièrent toutes les voix.

– C'est faux ! Il a eu si peur de nous, et avec raison, qu'il s'est fait passer pour mort et s'est commandé un magnifique enterrement. Mais il est vivant. On l'a retrouvé à la campagne où il se cachait. On l'a ramené. Je viens de le voir. On le conduit à l'hôtel de ville. Il avait bien raison de nous craindre, c'est pas vrai ?

S'il avait pu douter de ce qu'il avait à craindre, ce vieux pécheur de plus de soixante-dix ans en aurait acquis la certitude en entendant l'imprécation qui répondit au marchand de vin.

Un profond silence succéda au tumulte. Defarge et sa femme s'adressèrent un regard résolu. La Vengeance se baissa et l'on entendit le grincement d'un tambour qu'elle traînait derrière le comptoir.

– Patriotes, reprit le cabaretier d'une voix ferme, êtes-vous prêts ?

Mme Defarge eut immédiatement le couteau à la ceinture, le tambour résonna, La Vengeance poussa des cris stridents, terrifiants, et, agitant les bras au-dessus de la tête comme s'il s'agissait des quarante Furies de l'enfer, frappa de porte en porte pour ameuter les femmes du quartier.

Les hommes, terribles dans leur colère, se penchèrent aux fenêtres, saisirent leurs armes et se précipitèrent dans la rue. Les femmes, dont l'aspect aurait glacé d'effroi les spectateurs les plus hardis, s'arrachèrent aux occupations que leur laissait la pauvreté, à leurs enfants, à leurs parents infirmes, à leurs malades nus et affamés qui gisaient sur le plancher, et coururent, les cheveux épars, accroissant leur haine de leur fureur mutuelle. « L'odieux Foulon est arrêté, ma sœur. Le vieux Foulon est arrêté, ma mère. L'infâme Foulon est arrêté, ma fille. » Une vingtaine d'entre elles couraient, se déchirant la poitrine, s'arrachant les cheveux et criant : « Foulon est en vie, Foulon qui a dit que le peuple affamé n'avait qu'à manger de l'herbe, Foulon qui a dit à mon vieux père de manger de l'herbe quand je n'avais plus de pain à lui donner, Foulon qui a dit à mon bébé de téter de l'herbe quand mes seins étaient desséchés. Ô mère de Dieu, ce Foulon est un misérable ! ô ciel, quelle souffrance ! Entendez-moi, mon enfant qui est mort et mon père qui agonise : je jure à genoux sur ces pavés de vous venger de ce Foulon ! Époux, frères, jeunes gens, donnez-nous le sang de Foulon, donnez-nous la tête de Foulon, donnez-nous le cœur de Foulon, donnez-nous le corps et l'âme de Foulon, que nous le mettions en pièces, nous lui creuserons une tombe de nos ongles où il se rassasiera d'herbe ! » Exaltées jusqu'à la rage, elles tournaient sur elles-mêmes, hurlant et frappant leurs propres amis.

Plusieurs s'évanouirent et auraient été piétinées si des hommes ne les avaient pas relevées.

Néanmoins, on ne perdit pas une minute, ni une seconde ! Foulon était à l'hôtel de ville et pouvait être relâché d'un instant à l'autre. Non ! Saint-Antoine avait trop le sentiment de ce qu'il avait souffert et des torts qu'on avait eus envers lui. La foule qui se précipitait avec violence attirait la lie du quartier avec une telle force d'aspiration qu'en moins d'un quart d'heure, il ne resta plus dans le giron de Saint-Antoine qu'un petit nombre de vieillards ratatinés et d'enfants vagissants.

Ils emplissaient déjà la grande salle où était le vieux Foulon et débordaient jusque dans les rues voisines. Les Defarge, mari et femme, La Vengeance et Jacques trois étaient au premier rang, non loin de l'accusé.

– Vous le voyez ? s'écria Mme Defarge en brandissant son couteau pour désigner le prisonnier. Le voilà, le vieux monstre ! On a bien fait de le charger d'un fagot d'herbe ! Qu'il en mange, maintenant !

Elle mit son couteau sous le bras et applaudit comme au théâtre. Les gens qui étaient derrière elle expliquèrent le motif de sa satisfaction à leurs voisins de derrière, et de proche en proche les applaudissements retentirent jusque dans les rues environnantes. C'est ainsi que pendant trois heures les réflexions que l'impatience arrachait à Mme Defarge se transmirent au loin avec une rapidité d'autant plus merveilleuse que des hommes, accrochés aux sculptures de la façade, plongeaient leurs regards par les fenêtres et, dominant la foule, établissaient une communication télégraphique entre la cabaretière et la foule rassemblée à l'extérieur du bâtiment.

Enfin, un rayon de soleil qui vers midi pénétra dans la salle tomba directement sur la tête chauve du vieillard et sembla le protéger. Cette faveur mit le comble à l'exaspération. La fragile barrière qui par miracle était encore debout vola aussitôt en éclats et Saint-Antoine s'empara du prisonnier.

La suite des événements fut immédiatement connue jusqu'aux dernières lignes de la multitude. Defarge franchit la balustrade, bondit par-dessus la table et saisit le malheureux Foulon dans une étreinte mortelle.

Mme Defarge le suivit et passa la main dans l'une des cordes qui attachaient le prisonnier. Jacques trois et La Vengeance n'eurent pas le temps de s'approcher, ni les hommes aux fenêtres de s'abattre dans la salle comme des oiseaux de proie qui du haut de leurs perchoirs prennent leur envol, que les cris « À la lanterne, à la lanterne ! » retentirent et planèrent sur toute la ville.

On le renverse et on le traîne dans l'escalier sur les genoux, sur les pieds, sur le dos. Des centaines de main le frappent, lui jettent au visage des poignées d'herbe et de paille. Suffoquant, pantelant, meurtri, ensanglanté, il supplie et implore ou, se relevant avec force toutes les fois qu'on se recule pour le regarder, il lutte avec désespoir. Enfin, tiré comme un morceau de bois mort à travers une forêt de jambes, on l'entraîne à l'angle de la rue voisine où se balance la lanterne fatale. Arrivée là, Mme Defarge le lâche comme un chat l'aurait fait d'une souris, et le contemple, impassible, en silence. Il cherche à l'attendrir. On prépare le pilori. Les femmes lui crachent leurs injures et les hommes demandent d'un air sombre qu'il meure la bouche remplie d'herbe. On le hisse, la corde se rompt, il retombe en hurlant. Deux fois, la corde se casse. Enfin, elle a pitié de lui et l'étrangle. Sa tête fut mise au bout d'une pique et sa bouche suffisamment gavée d'herbe pour qu'à cette vue tout Saint-Antoine dansât avec ivresse.

L'affreuse besogne du jour n'était pas encore achevée. Saint-Antoine, à force de danses et de cris, s'échauffa au point que son sang bouillonna quand on lui apprit que le gendre de celui qu'on venait d'expédier dans l'autre monde, un autre ennemi du peuple, arrivait sous l'escorte de cinq cents hommes de cavalerie. Saint-Antoine inscrivit sur de virulentes feuilles de papier les crimes dont il l'accusait, s'empara de lui – il l'aurait arraché à une armée entière pour qu'il tînt compagnie à Foulon. Sa tête et son cœur furent brandis à l'extrémité d'une pique et les trois butins du jour promenés dans les rues en une procession vorace.

Il faisait nuit lorsque les gens du faubourg retournèrent à leurs enfants qui pleuraient parce qu'ils n'avaient pas de pain. Les misérables boulangeries furent alors assaillies par de longues queues patientes. L'estomac vide, le corps défaillant, on trompa l'attente en s'embrassant et en se félicitant des victoires du jour qu'on revivait en se les relatant. Peu à peu, ces files de gens en guenilles se raréfièrent et disparurent. De chétives clartés brillèrent aux étages supérieurs, de maigres feux s'établirent dans les rues, on y fit la cuisine en commun et on soupa devant la porte.

Soupers insuffisants, vierges de toute espèce de viande et n'ayant d'autre sauce pour tremper le pain qu'un peu d'eau. Cependant une fraternité réelle insufflait quelque chose de nourrissant à ces aliments durs comme du silex et en faisait jaillir des étincelles de gaieté. Des pères et des mères qui avaient participé activement aux massacres jouaient avec leurs enfants, et des amoureux, dans un environnement et face à un avenir aussi noirs, s'aimaient et espéraient.

L'aube approchait lorsque M. Defarge, dont les derniers clients venaient de s'éloigner, verrouilla la porte.

– Enfin, l'heure du triomphe est arrivée, dit-il à mi-voix.

– Oui, c'est pour bientôt, répondit sa femme.

Saint-Antoine s'endormit, les Defarge et La Vengeance au côté de son épicier famélique aussi, et le tambour se reposa. Son roulement était désormais la seule voix du quartier à même de proclamer que le sang et l'émeute faisaient la loi. Si La Vengeance, sa gardienne, l'avait réveillé, elle en aurait sans peine tiré le même discours ardent qui avait retenti avant la chute de la Bastille ou la capture du vieux Foulon. Mais il n'en allait pas de même avec les hommes et les femmes épuisés du giron de Saint-Antoine dont les voix s'étaient enrouées à force de crier.

23

Les flammes s'élèvent

Il y avait du changement dans le village où murmurait la fontaine et d'où tous les jours sortait le cantonnier pour aller extraire des cailloux le peu de pain qui retenait son âme ignorante à son corps amaigri. La prison bâtie sur le roc avait l'air moins effrayante que jadis. Il y avait toujours des soldats pour la garder, mais il y en avait moins, et parmi les officiers qui gardaient les soldats, pas un seul n'aurait pu dire ce que feraient ses hommes en cas d'attaque, en dehors de cette vérité : qu'ils n'obéiraient sans doute pas aux ordres.

De toutes parts régnait une campagne dévastée qui ne produisait rien si ce n'est la désolation. Chaque feuille verte, chaque brin d'herbe, chaque épi de céréale était aussi flétri et chétif que les gens du village. Tout était écrasé, abattu, opprimé, brisé. Habitations, clôtures, animaux domestiques, hommes, femmes, enfants, jusqu'à la terre qui les supportait, languissaient, dépérissaient.

Monseigneur (souvent un gentilhomme des plus accomplis en tant qu'individu) était un trésor national. Il savait imprimer un tour chevaleresque aux actions les plus simples, donnait l'exemple d'une politesse raffinée, d'une vie élégante et splendide, et servait à mille autres choses de pareille importance. Néanmoins, c'était Monseigneur, envisagé comme classe sociale, qui avait provoqué cette misère. N'était-il pas étrange que la Création, exclusivement destinée à Monseigneur, se fût si vite desséchée sous la pression qui la tordait et l'écrasait ? Il fallait qu'il y eût bien peu de prévoyance dans les arrangements éternels ! Le fait n'en existait pas moins. Les veines pressurées n'exprimaient plus une goutte de sang et les mâchoires de l'étau, après avoir tout broyé, n'ayant plus rien à mordre, Monseigneur avait déserté ce phénomène aussi imprévu qu'inexplicable.

Mais ce n'était pas là ce qui constituait le changement notable que vivait le village, et d'autres avec lui. Depuis longtemps Monseigneur avait fait rendre à ses domaines tout ce qu'ils pouvaient donner et il était rare qu'il les favorisât de sa présence, hormis pour y goûter aux plaisirs de la chasse, soit qu'il poursuivît les hommes, soit qu'il attaquât le gibier dont la conservation exigeait la constitution édifiante de vastes terrains d'une stérilité barbare. Non, ce qui changeait la physionomie de cette bourgade, c'était l'apparition de visages inconnus appartenant à la classe des humbles et non la disparition des traits de noble race, ciselés, béatifiés et béatifiants, qui caractérisaient Monseigneur.

À cette époque, il était habituel que le casseur de pierres qui travaillait, seul, sur la route, au milieu d'un tourbillon poudreux, ne songeât pas qu'il était poussière et redeviendrait poussière, mais pensât au maigre souper qui l'attendait et à tout ce qu'il aurait mangé s'il avait eu davantage; en levant les yeux ce jour-là, il aperçut un voyageur qui se dirigeait vers lui. C'était un de ces rudes personnages qui autrefois étaient rares en ces lieux et dont la présence devenait désormais fréquente. Le voyageur approcha et le cantonnier vit, sans surprise, que c'était un homme de grande taille, à l'allure farouche, au teint basané, aux cheveux hirsutes, aux sabots grossiers, même aux yeux d'un paysan, maculé de la boue et de la poussière des chemins, imprégné de l'humidité marécageuse des vallons, hérissé des épines, des feuilles et de la mousse des nombreux sentiers qui coupaient à travers bois.

À midi, en ce mois de juillet, cet individu, aussi intimidant qu'un fantôme, aborda le cantonnier au moment où celui-ci s'asseyait sur son tas de pierres dans l'une des cavités que formait la berge afin d'y trouver un abri contre une subite averse de grêle.

L'inconnu le regarda, regarda le village au fond du val, le moulin, la prison au sommet du rocher escarpé, et, après avoir reconnu les lieux, prit la parole dans un dialecte à peine intelligible.

– Comment ça va-t-il, Jacques ?

– Tout va bien, Jacques.

– Touche là.

Ils se donnèrent la main et le voyageur s'assit à côté du paysan.

– Tu dînes pas ?

– Non, je mangerai ce soir, dit le casseur de pierres d'un air affamé.

– C'est la mode, grommela le voyageur. Partout, y a que des gens qui dînent pas.

Il sortit une pipe noircie, la bourra lentement, battit le briquet et aspira jusqu'à ce que la pipe fût complètement allumée. La retirant alors de sa bouche, il y mit une pincée de poudre qui s'enflamma brusquement et produisit une petite colonne de vapeur grisâtre.

– Touche là.

Ce fut le paysan qui, après avoir suivi avec attention l'opération, prononça ces paroles. Ils se serrèrent la main une nouvelle fois.

– Ce soir ? demanda-t-il.

– Ce soir, répondit l'inconnu en remettant la pipe à sa bouche.

– Où ?

– Ici.

Les deux hommes se regardèrent en silence tandis que la grêle tombait entre eux comme une minuscule décharge de baïonnette. Quand le ciel s'éclaircit, on vit distinctement le village et le voyageur gagna le sommet de la colline.

– Indique-moi le chemin.

– Tu vois, tu suis la rue tout droit, répondit le paysan en pointant un doigt, tu dépasses la fontaine...

– Au diable ! l'interrompit l'inconnu. Je ne suis pas les rues et je m'éloigne des fontaines. Après ?

– Deux lieues environ, de l'autre côté de la colline.

– Bon. À quelle heure tu quittes l'ouvrage ?

– Au coucher du soleil.

– Tu veux bien me réveiller avant de partir ? Voilà deux jours et deux nuits que je marche sans m'arrêter. Je finis ma pipe et je vais dormir comme un enfant. Tu n'oublies pas de me réveiller ?

– Compte sur moi.

Le voyageur termina sa pipe, la replaça dans sa poche de poitrine, ôta ses gros sabots et se coucha sur le tas de pierres. Il s'endormit aussitôt.

Les nuages de grêle se dispersèrent, laissant apparaître des barres et des raies de ciel auxquelles répondaient çà et là dans le paysage des lueurs argentées. Le villageois, qui portait un bonnet rouge au lieu d'un bonnet bleu, avait repris son labeur poussiéreux mais y mettait peu de zèle et semblait fasciné par l'homme qui dormait sur le tas de pierres. Ses yeux se tournaient si fréquemment vers la silhouette endormie qu'il manipulait ses outils de façon mécanique et pour un bien piètre résultat. Le visage bronzé, les cheveux et la barbe noirs et hirsutes, le grossier bonnet de laine rouge, ses vêtements curieux, un mélange rudimentaire d'étoffe rugueuse et de peaux de bêtes à longs poils, son corps vigoureux amaigri par le jeûne, ses lèvres serrées et son air désespéré même dans son sommeil inspiraient au cantonnier un sentiment de crainte et de respect mêlés. Le voyageur venait de loin : il avait les pieds blessés, les chevilles meurtries et en sang. Ses sabots remplis d'herbe avaient été lourds à soulever pendant une aussi longue route, ses vêtements comportaient autant de trous que son corps de plaies. Le cantonnier se baissa pour voir s'il cachait des armes sous son habit. En vain. L'homme avait les bras croisés sur la poitrine avec la même fermeté qu'il serrait les lèvres. Les places fortes avec leurs tranchées, leurs corps de garde, leurs bastions et leurs ponts-levis parurent au paysan bien vulnérables en face d'un tel homme. Quand il releva les yeux pour regarder au loin, il vit, dans sa faible imagination, d'autres individus, également intrépides, qui se dirigeaient vers tous les points de France et qu'aucun obstacle ne pourrait arrêter.

Indifférent aux averses de grêle et aux éclaircies, au soleil et à l'ombre qui passaient sur son visage, au crépitement des morceaux de glace terne que la lumière façonnait et transformait en diamants, le voyageur continua de dormir jusqu'au moment où, le soleil descendant à l'ouest, le ciel rougeoya. Après avoir rassemblé ses outils, le cantonnier le réveilla.

– Bon, dit l'homme en se levant sur son coude. À deux lieues de l'autre côté de la vallée ?

– À peu près.

– Bon.

Le paysan, précédé par la poussière que le vent chassait devant lui, ne tarda pas à arriver à la fontaine et, se faufilant parmi les vaches maigres qu'on avait ramenées là pour boire, il parut leur confier son secret en même temps qu'il le révélait au village. Le souper terminé, au lieu de se mettre au lit comme à l'ordinaire, tout le monde se retrouva dans la rue. Parmi les paysans qui se rassemblaient autour de la fontaine dans l'obscurité croissante, se développa une curieuse manie, visiblement contagieuse, qui consistait à chuchoter tout en observant avec un air d'expectative un même point du ciel. M. Gabelle, premier fonctionnaire de l'endroit, en conçut de l'inquiétude. Il monta sur le toit de sa maison, regarda dans la même direction et envoya dire au bedeau qui gardait les clés de l'église de ne pas être surpris si tout à l'heure on lui ordonnait de sonner le tocsin.

L'obscurité s'épaissit. Les arbres qui entouraient le vieux château et le séparaient du reste de la commune s'agitèrent sous le vent d'orage qui se levait et semblèrent menacer l'édifice seigneurial dont la masse noire se distinguait dans l'ombre. La pluie s'abattit bientôt avec violence, ruissela sur les deux escaliers de pierre, fouetta les murailles et frappa aux volets et aux portes comme un messager rapide qui veut réveiller ceux qu'il doit avertir. Des rafales de vent hésitantes parcoururent la grande salle au milieu des piques et des coutelas, franchirent l'escalier en sanglotant et secouèrent les rideaux du lit où l'ancien marquis dormait autrefois. Pendant ce temps, des quatre points de l'horizon, quatre hommes à la marche intrépide, aux cheveux broussailleux, écrasaient l'herbe sous leurs pas et faisaient craquer les branches tout en se dirigeant avec précaution vers la cour d'honneur. Là quatre lueurs apparurent, glissèrent dans différentes directions et tout fut replongé dans la nuit.

Pas pour longtemps, cependant. Le château fut soudain étrangement visible comme s'il s'éclairait de lui-même et parut illuminé. Une raie de feu se dessina sur la façade, laissa voir les fenêtres, les balcons, les voûtes, puis, s'intensifiant, elle s'étendit et la flamme qui éclata soudain par toutes les ouvertures montra les masques de pierre effarés et béants.

Des murmures indistincts s'élevèrent de la bâtisse où quelques personnes vivaient encore, un cheval fut sellé et s'éloigna au galop. Pressé et de la voix et de l'éperon, il franchit les ténèbres et s'immobilisa, écumant, près de la fontaine du village, devant la porte de M. Gabelle. « Au secours, Gabelle ! À l'aide, tout le monde ! » Le tocsin sonna avec impatience, mais de secours, il ne fut pas question. À la fontaine, le casseur de pierres et ses deux cent cinquante amis contemplaient, les bras croisés, le pilier de feu qui se dressait dans le ciel.

– Il doit bien faire douze mètres de haut, dirent-ils d'un air de revanche, et chacun resta à sa place.

Le cavalier du château et son cheval écumant quittèrent le village au galop pour se diriger vers la prison. À la porte de la geôle un groupe d'officiers regardaient l'incendie, un peu plus loin se tenaient des soldats.

– Au secours, messieurs les officiers ! Le château a pris feu. On sauverait des objets de prix si on nous venait en aide.

Les officiers regardèrent les soldats qui regardaient l'incendie, mais ne donnèrent pas d'ordres.

– Que voulez-vous ? Il faut qu'il brûle ! répondirent-ils en haussant les épaules et en se mordant les lèvres.

Quand le serviteur et sa monture regagnèrent la grand-rue, le village s'illuminait. Le casseur de pierres et ses deux cent cinquante amis, inspirés comme un seul homme, s'étaient précipités dans leurs masures et mettaient des chandelles allumées au moindre carreau vitré. La pénurie générale avait forcé les villageois à emprunter leur éclairage au malheureux Gabelle et, comme celui-ci paraissait y mettre quelque hésitation, le casseur de pierres, autrefois si humble envers l'autorité, avait fait observer à ses concitoyens que les voitures font d'excellents feux de joie et que les chevaux de poste rôtiraient à merveille.

Abandonné à lui-même, le château continuait à brûler. Dans le grondement de l'incendie, le vent torride qui soufflait de ces régions infernales parut disloquer la bâtisse, et, à la lueur vacillante des flammes, les masques de pierre se tordirent comme s'ils subissaient le supplice des damnés. Un pan de muraille s'écroula, entraînant une partie de la charpente. Le masque dont les narines pincées avaient l'air de frémir s'obscurcit, sortit du nuage qui l'enveloppait, lutta de nouveau contre les flammes et sembla incarner le visage cruel du marquis expirant sur le bûcher.

Le château brûlait. Les arbres les plus proches, contaminés par le feu, grillèrent et se racornirent; les arbres plus lointains, embrasés par les quatre farouches individus, entourèrent le bâtiment d'une nouvelle forêt de fumée. Du fer et du plomb fondus bouillonnaient dans le bassin de marbre. L'eau tarissait devant la flamme, les éteignoirs des tourelles s'évanouissaient comme la neige sous un soleil ardent et ruisselaient au fond des tours transformées en puits de feu. D'énormes crevasses et déchirures éclataient aux flancs des murs, s'y propageaient dans tous les sens comme une arborisation fulgurante. Des oiseaux fascinés, planant au-dessus du gouffre, tombaient, happés par la fournaise. Guidés par la lueur de l'incendie qu'ils avaient allumé, les quatre farouches individus gagnèrent les routes enveloppées par la nuit et se dirigèrent vers les quatre points de l'horizon où les appelait leur ministère.

Bannissant le sonneur légal, le village illuminé s'était emparé de la cloche et remplaçait le tocsin par un joyeux carillon. Puis, l'estomac vide, la tête exaltée par le bruit et le feu, il se souvint que M. Gabelle entretenait d'étroits rapports avec la perception des impôts et l'encaissement des fermages (bien que ces derniers temps, il perçût un impôt minime et n'encaissât aucun fermage) et, saisi d'impatience, décréta qu'il lui fallait une entrevue avec le fonctionnaire en question qu'il réclama à grands cris. Mais M. Gabelle mit la barre à la porte de sa maison, se réfugia de nouveau sur le toit et, caché derrière un massif de cheminées, décida (c'était un petit homme du Midi à l'humeur vindicative) que si la porte venait à être enfoncée, il se jetterait sur la foule, la tête la première, et aurait la satisfaction d'écraser un homme ou deux.

Il est probable que M. Gabelle trouva la nuit bien longue avec le château pour luminaire et le vacarme qu'on faisait à sa porte, sans compter la terreur que lui inspirait la lanterne suspendue en face de ses fenêtres et que la foule inclinait à déplacer en sa faveur. Terrible épreuve que de passer toute une nuit d'été au bord d'un abîme sans autre consolation que de s'y précipiter ainsi que M. Gabelle y était résolu. La clarté réconfortante de l'aube finit par se montrer, les chandelles qui avaient coulé jusqu'à la dernière goutte s'éteignirent, les assiégeants se dispersèrent gaiement et M. Gabelle put descendre, pour l'instant du moins, sain et sauf.

Cette nuit-là et bien des nuits suivantes, à la lueur des incendies, bon nombre de fonctionnaires moins fortunés que Gabelle se balancèrent, au point du jour, en travers des rues jadis paisibles qu'ils habitaient depuis leur naissance. Il y eut aussi des villageois et des citadins qui, moins chanceux que le casseur de pierres et ses amis, furent dispersés par les soldats et pendus à leur tour. Mais les hommes qui se dirigeaient, intrépides, vers les quatre points de l'horizon, poursuivaient leur chemin. Peu importait qui l'on pendait, le feu était mis le soir et la flamme dévorait les châteaux. La hauteur des potences qui, changées en sources vives, auraient pu arrêter l'incendie, nul fonctionnaire, en dépit de tous les calculs mathématiques, n'était capable de la déterminer.

24

Attiré vers l'abîme

Au milieu de ce gigantesque déferlement de feu et d'eau, au milieu des tressaillements de la terre ébranlée par la course précipitée d'un océan en colère qui ne connaissait plus de reflux mais montait toujours plus haut au grand effroi et à la stupeur de ceux qui le regardaient du rivage, trois années de tempête s'écoulèrent. Trois années ramenèrent l'anniversaire de la naissance de la petite Lucie Darnay, ajoutant leurs fils d'or à la trame que constituait le paisible foyer des Manette.

Que de journées et de soirées les locataires de ce coin tranquille passèrent, le cœur serré, à écouter le piétinement que renvoyait l'écho. Les pas qu'ils entendaient étaient ceux d'une foule éperdue qui suivait le drapeau rouge, déclarait la patrie en danger et, en proie à un terrible sortilège, se métamorphosait en une troupe de bêtes sauvages.

Monseigneur, par sa classe sociale, s'était dissocié de ce phénomène qui refusait de l'apprécier selon son mérite et qui déclarait sa présence en France indésirable, de sorte qu'en y restant, il aurait pu recevoir son congé à la fois de ce pays et de cette terre. Comme ce paysan de la légende qui, après avoir évoqué à grand-peine le diable, fut si effrayé à sa vue qu'il s'enfuit au lieu de questionner l'ennemi, Monseigneur, après avoir, des années durant, hardiment lu à rebours l'oraison dominicale et fait usage de tous les moyens possibles pour contraindre l'esprit infernal à se montrer, ne l'eut pas plus tôt aperçu qu'il prit ses nobles jambes à son cou.

L'étincelant Œil-de-Bœuf de la Cour s'était éclipsé pour ne pas être le point de mire d'une averse de balles patriotiques. Jamais il n'avait été bon de regarder cet œil qui avait à la fois l'arrogance de Satan, la splendeur de Sardanapale et l'aveuglement de la taupe, mais il avait disparu. La Cour, depuis le cercle intime qui en était le centre jusqu'à ses limites vermoulues d'où débordaient l'intrigue, la corruption et l'hypocrisie, la Cour entière avait pris la fuite. Le roi était parti, avait été ramené, assiégé dans son palais et venait d'être suspendu au moment où les dernières dépêches avaient traversé la Manche.

On était au mois d'août 1792 et Monseigneur s'était dispersé en tous lieux.

Naturellement c'était la banque Tellson qui, à Londres, était son quartier général. Les esprits hantent de préférence les lieux qui furent le plus souvent habités par leurs corps et Monseigneur, dont la poche était vide, hantait le lieu qui avait abrité son or. C'était également en cet endroit qu'arrivaient les informations les plus fiables que l'on recevait de France. Tellson était d'ailleurs une maison hospitalière qui témoignait de grandes libéralités à l'égard de ses clients déchus. Il y avait en outre, parmi les émigrés, des nobles qui, prévoyant le pillage ou la confiscation, avaient, dès les premiers jours de la tempête, placé leurs fonds à Londres et c'était chez Tellson que les nécessiteux avaient la certitude de trouver leur adresse. Il fallait ajouter à cela que tous ceux qui quittaient la France accouraient chez le banquier, d'où il résultait qu'à cette époque Tellson était, quant aux nouvelles, une espèce de Bourse hautement privilégiée. La chose était si connue du public et les renseignements qu'il venait demander si nombreux que Tellson avait pris le parti d'écrire sur un morceau de papier les dernières informations reçues et de le coller à ses fenêtres pour le bénéfice des passants.

Par un après-midi humide et brumeux, Charles Darnay, accoudé sur le bureau de Mr Lorry, s'entretenait à voix basse avec le gentleman. L'antre pénitentiaire, réservé jadis aux entrevues avec les chefs de la maison, servait désormais de Bourse aux nouvelles et était bondé. C'était environ une demi-heure avant la fermeture de la banque.

– Vous êtes certainement l'un des hommes les plus jeunes qui aient jamais vécu, dit Charles non sans hésitation, mais je ne dois pas moins vous mettre en garde...

– J'ai compris. Je suis trop vieux, n'est-ce pas ? dit Mr Lorry.

– Un temps capricieux, un voyage long, des moyens de transport incertains, un pays désorganisé, une ville où vous-même pouvez avoir à craindre...

– Mon cher Darnay, vous me donnez là quelques-uns des motifs qui m'incitent précisément à partir, et pas un seul qui pourrait me convaincre de rester. Je ne crains rien : qui voudrait s'attaquer à un vieillard de bientôt quatre-vingts ans lorsqu'il existe tant d'individus plus dignes d'être pris à parti ? Un pays désorganisé, dites-vous ? Mais si ce n'était pas le cas, il n'y aurait nul besoin d'y envoyer un agent de notre maison qui connaît les lieux, les affaires de longue date et qui possède la confiance de Tellson. Quant au mauvais temps, à la longueur du voyage et à ses difficultés, si après tant d'années de service, je ne m'y soumettais pas d'avance pour l'intérêt de la maison, qui les accepterait ?

– Je voudrais tant y aller ! dit Charles avec animation et comme un homme qui réfléchit tout haut.

– Vous ? s'écria le gentleman. Parlez-moi d'être prudent ! Vous qui êtes français, vous voudriez aller en France ? Mais c'est le comble de la déraison !

– Mon cher Mr Lorry, si je le désire, c'est parce que je suis français. Toutefois, je n'avais pas l'intention d'exprimer cette pensée ici... Enfin ! On ne peut s'empêcher de plaindre ce malheureux peuple, de souffrir de son égarement et d'espérer, au nom du peu de bien qu'on lui a fait, lui imprimer une direction moins fâcheuse. Hier soir, poursuivit-il d'un air songeur, après votre départ, je disais à Lucie...

– À Lucie ? releva le vieillard. N'avez-vous pas honte de prononcer son nom alors que vous parlez de vous rendre en France ?

– Je n'y vais pas, répondit Charles avec un sourire. C'est à propos de votre départ que cette idée m'est venue.

– Pour moi, c'est différent. Il faut que je parte et rien ne m'en empêchera. À la vérité, Charles, vous ne sauriez...

Mr Lorry jeta un regard au chef de la maison qu'il apercevait dans le lointain et reprit en baissant la voix :

– Vous ne sauriez concevoir avec quelle difficulté se font là-bas nos affaires et quels dangers courent nos livres. Dieu seul pourrait dire quelles tristes conséquences en résulteraient si nos papiers étaient anéantis ou dispersés. Et qui peut affirmer que Paris ne sera pas brûlé ce soir ou mis à sac demain ? Vous comprenez qu'un choix judicieux et pris dans les plus brefs délais préviendrait la perte de documents essentiels, et personne mieux que moi ne saurait juger de leur importance relative. La maison n'en doute pas. Puis-je refuser quand elle me prie d'agir ? Une maison dont je mange le pain depuis soixante ans ! Puis-je manquer à mon devoir sous prétexte que mes membres se sont raidis ? D'ailleurs, je suis un jeune homme comparativement aux ganaches que nous avons dans nos bureaux.

– J'admire votre loyauté et votre jeunesse d'esprit, Mr Lorry.

– Ne plaisantez pas, monsieur. Vous devez savoir, Charles, poursuivit le banquier en adressant un nouveau coup d'œil furtif au chef de la maison, qu'il est presque impossible de sortir de Paris quoi que ce soit en ce moment. Des documents et des objets précieux (je vous parle en stricte confidence, je ne devrais le dire à personne, pas même à vous) nous ont été remis aujourd'hui par les porteurs les plus bizarres que vous puissiez imaginer et dont la vie ne tenait qu'à un fil lorsqu'ils ont franchi les barrières. Autrefois, nos paquets circulaient en France avec la même facilité que dans notre vieille Angleterre si entreprenante, mais aujourd'hui tout est arrêté.

– Et vous partez ce soir ?

– Ce soir même. La situation est trop pressante pour supporter le moindre retard.

– Vous ne partez pas seul ?

– On m'a proposé toutes sortes d'individus, mais il ne me convenait pas d'avoir affaire à eux. J'ai l'intention d'emmener Jerry. Il est depuis longtemps mon garde du corps le dimanche soir, je suis habitué à ses bons offices. Personne ne le soupçonnera d'être autre chose qu'un bouledogue et d'avoir d'autre dessein que de mordre quiconque voudrait toucher à son maître.

– Je le répète, je ne puis qu'admirer votre loyauté et votre jeunesse d'esprit.

– Et je vous prie une fois de plus de ne pas vous moquer ! Ce dernier travail accompli, il est possible que j'accepte la proposition que me soumet Tellson et que je prenne ma retraite afin de vivre à ma guise. J'aurai bien le temps, alors, de penser à la vieillesse !

Cette conversation se tenait dans le bureau de Mr Lorry. À deux pas de là, Monseigneur se vantait du châtiment qu'il infligerait, sous peu, à la canaille en révolte. C'était, chez Monseigneur subissant les revers de fortune de sa vie de réfugié, et chez les membres de l'orthodoxie britannique, un parti pris d'envisager cette effroyable Révolution comme l'unique moisson qui eût jamais mûri sans avoir été semée, d'en parler comme si l'on n'avait rien fait ou rien omis de faire pour amener ce résultat. Pourtant des observateurs, frappés du sort de ces millions de malheureux et du mauvais emploi des ressources qui leur auraient apporté la prospérité, avaient vu, des années auparavant, s'amasser la tempête et s'étaient clairement rendu compte de ce qu'ils avaient sous les yeux. Pour tout individu sain d'esprit et instruit de la situation, il était difficile de supporter sans protester tant de fatuité de la part de Monseigneur, fatuité jointe à des projets extravagants pour rétablir un ordre des choses qui s'était épuisé de lui-même et avait lassé le ciel et la terre. Et c'étaient ces forfanteries qui, bourdonnant aux oreilles de Charles Darnay, augmentaient le malaise moral qu'il éprouvait et causaient son agitation.

Au nombre des orateurs se trouvait Mr Stryver, avocat du King's Bench, sur le point d'accéder à un avancement et qui, par conséquent, déployait son éloquence sur ce thème d'actualité. Il exposait à Monseigneur une foule de plans ingénieux pour exterminer le peuple, l'effacer de la surface de la terre, se passer à tout jamais de cette détestable engeance, et réaliser de nombreux autres desseins qui au fond relevaient de la suppression des aigles dont on se débarrasse en versant du sel sur la queue de toute la race. Au comble de l'irritation, Charles était partagé entre l'envie de s'en aller pour ne pas en entendre davantage et celle de rester pour dire son mot, lorsque survint un incident qui trancha la question.

Tellson approcha, mit sur le bureau de Mr Lorry une lettre salie et cachetée et demanda au banquier s'il avait découvert quelque chose au sujet de la personne à qui cette lettre était destinée. Darnay, qui se trouvait à côté de Mr Lorry, ne put s'empêcher de voir l'adresse et la saisit d'autant plus qu'il s'agissait de son propre nom. Elle était ainsi conçue :

« Urgent. À monsieur le marquis de Saint-Évremond, remise aux soins de MM. Tellson & Cie, banquiers à Londres. »

Le jour du mariage de sa fille, le docteur avait exigé de Mr Darnay la promesse de ne révéler sa véritable identité à quiconque, à moins que lui, Dr Manette, ne l'eût dégagé de cette obligation impérieuse. Darnay avait donc gardé le secret. Lucie était loin de se douter qu'il s'appelait autrement et Mr Lorry ne le soupçonnait pas davantage.

– Non, répondit Mr Lorry au chef de la maison. J'ai présenté cette lettre à tous ceux qui viennent ici et personne n'a su me dire où se trouvait ce gentilhommme.

Les aiguilles de l'horloge s'apprêtant à marquer l'heure de la fermeture de la banque, le flot de bavards passa à côté de Mr Lorry pour gagner la sortie. Ce dernier tendit la lettre, le regard interrogatif. Monseigneur, dans la personne de cet émigré outré aux airs de conspirateur, jeta les yeux sur l'adresse et chacun laissa tomber un mot de mépris sur le compte de l'introuvable marquis.

– Le neveu, je crois, mais en tout cas, l'indigne héritier de ce parfait gentilhomme qui mourut assassiné dans son château, dit l'un. Je suis heureux de ne l'avoir jamais connu.

– Un lâche qui a déserté son poste, il y a plusieurs années, dit un autre qui avait quitté Paris, à demi étouffé dans une charrette de foin.

– Infecté par les doctrines philosophiques, reprit un troisième, examinant l'adresse à travers son lorgnon. En conflit permanent avec l'ancien marquis. Il a hérité des domaines pour les abandonner à cette vile canaille. J'espère que ces manants vont l'en récompenser comme il le mérite.

– Vraiment ? s'écria l'insolent Mr Stryver. Un garçon pareil ? Que je voie un peu le nom de ce vaurien ? Au diable, cet homme !

Darnay, incapable de se contenir plus longtemps, frappa sur l'épaule de l'avocat du King's Bench.

– Je connais cet homme, dit-il.

– Bah, par Jupiter, j'en suis fâché, répondit l'autre.

– Et pourquoi ?

– N'avez-vous pas entendu ce qu'il a fait ? Ne me demandez donc pas pourquoi.

– Je vous le demande au contraire.

– Alors, je vous le répète, Mr Darnay, j'en suis fâché pour vous, et fâché de vous entendre poser cette question. Voilà un individu imbu de doctrines pestilentielles, gangrené de principes blasphématoires, qui abandonne ses terres à cette canaille sanguinaire, et vous me demandez pourquoi je suis fâché qu'une pareille brute soit connue d'un homme qui instruit la jeunesse ? Je n'ai qu'une réponse à vous faire, monsieur : j'en suis fâché parce qu'il y a dans le contact d'un drôle de cette espèce une souillure pour celui qui le fréquente. Voilà pourquoi.

Se rappelant le secret qu'il avait promis de garder, Darnay étouffa sa colère, bien qu'avec beaucoup de peine, et dit à l'avocat :

– Vous ignorez tout de cet homme, dès lors vous ne pouvez comprendre...

– Dans tous les cas, je n'ignore pas comment vous clouer le bec, Mr Darnay, l'interrompit cette brute de Stryver. Si ce faquin est vraiment né gentilhomme, non, je ne comprends rien à sa manière de voir. Vous pouvez le lui dire avec mes compliments. Vous pouvez également ajouter de ma part qu'après leur avoir abandonné ses biens, je suis étonné qu'il ne soit pas allé se mettre à la tête de ces manants sanguinaires. Mais non, messieurs, continua l'orateur qui fit claquer ses doigts en jetant un regard à la ronde, je connais assez la nature humaine pour savoir que ce coquin ne se fie pas à la clémence de ses *précieux* protégés. Il a eu soin de leur tourner le dos et de s'enfuir au plus vite.

Après avoir appuyé ces derniers mots d'un claquement de doigts final, Mr Stryver s'engouffra dans Fleet Street au milieu de l'approbation de ses auditeurs. Mr Lorry et Mr Darnay restèrent seuls.

– Si vous connaissez le marquis, dit le banquier, voulez-vous avoir l'amabilité de vous charger de lui remettre cette lettre ?

– Volontiers.

– Vous aurez bien soin de dire à son destinataire que nous avons fait tous nos efforts pour découvrir son adresse et que nous regrettons vivement de n'avoir pu lui transmettre plus tôt cette missive qui est chez nous depuis un certain temps.

– Je n'y manquerai pas, soyez tranquille. Est-ce d'ici que vous partez pour Paris ?

– Oui, à huit heures.

– Je reviendrai vous faire mes adieux.

En colère contre lui-même, contre l'avocat, contre la plupart des hommes, Darnay s'engagea dans Temple Bar. Loin du tumulte, il décacheta sa lettre et lut les lignes suivantes :

Prison de l'Abbaye, 21 juin 1792

Monsieur et ci-devant marquis,

Après avoir connu un réel danger entre les mains des gens du village, c'est dans la violence et l'indignité qu'on m'a arrêté et conduit à Paris. J'ai dû faire ce long voyage à pied et j'ai enduré des souffrances terribles. Mais ce n'est pas tout. Ma maison a été détruite et rasée.

Le crime dont on m'accuse et pour lequel je vais être condamné à mort (sans votre aide généreuse), monsieur le marquis, est de m'être rendu coupable de haute trahison à l'égard du peuple en agissant au nom d'un émigré. Je leur explique en vain que c'est au contraire pour le peuple que j'agissais d'après vos ordres mêmes; que bien avant le séquestre des biens des émigrés, j'avais, toujours selon vos ordres, enlevé l'impôt à ceux qui ne le payaient pas (personne ne le payait) et que, ne recevant aucun fermage, je m'étais abstenu de poursuivre les débiteurs. Ils me répondent à cela que je n'en suis pas moins le fondé de pouvoir d'un émigré et ils me demandent où est cet émigré.

Ah, mon très-gracieux monsieur, et ci-devant marquis, où êtes-vous ? Je le crie dans mon sommeil, je le demande au Seigneur, viendrez-vous à mon secours ? Mais je n'obtiens pas de réponse. Ah, monsieur et ci-devant marquis, j'adresse en Angleterre cette plainte désolée dans l'espoir qu'elle pourra vous arriver par l'entremise de la banque Tellson bien connue à Paris.

Pour l'amour de Dieu et de la justice, au nom de votre générosité, de votre honneur, je vous en conjure, monsieur et ci-devant marquis, venez me délivrer. Ma seule faute est de vous avoir été fidèle. Je vous en supplie, à votre tour, ne m'abandonnez pas.

De cette horrible prison d'où à chaque instant je m'approche de la mort, je vous envoie, monsieur et ci-devant marquis, l'assurance de mon douloureux et infortuné dévouement,

Votre affligé,
Gabelle

Darnay comprit immédiatement la nature du malaise qu'il éprouvait : c'était le remords d'avoir failli à son devoir. Le danger que vivait cet ancien et brave serviteur dont le seul crime était de leur être resté fidèle, à lui et à sa famille, surgissait tout à coup et lui adressait de tels reproches qu'il se cacha le visage pour dissimuler sa rougeur tandis qu'il allait et venait dans Temple Bar en réfléchissant à la décision qu'il lui fallait prendre.

Il savait fort bien que, dans son horreur que lui inspiraient la mauvaise réputation et les mauvaises actions de sa famille, dans son ressentiment pour la mémoire de son oncle, dans son aversion pour un domaine dont il avait pu disposer, il n'avait pas agi comme il l'aurait fallu. Il savait fort bien qu'absorbé par son amour pour Lucie, s'il avait, en changeant d'existence, renoncé aux privilèges et à la fortune qui lui étaient échus, cette renonciation était incomplète et sans valeur. Il se disait qu'il aurait dû rédiger un acte légal, reconnaître ses droits, se démettre à bon escient de la fortune dont il était le dépositaire et en surveiller l'emploi fécond. Jadis, il se l'était promis et, le moment venu, il n'en avait rien fait.

Le bonheur qu'il connaissait au sein de son foyer en Angleterre où il avait choisi de s'installer, la nécessité d'un travail continu, les troubles survenus en France, la rapidité des événements, leur instabilité qui détruisait le lendemain les projets formés la veille, autant de raisons qui l'avaient empêché de tenir la promesse qu'il s'était faite. Il avait cédé aux circonstances, non pas sans se le reprocher, mais sans tenter de résister au courant. Il attendait le moment d'agir : l'occasion fuyait toujours et il en fut ainsi jusqu'à l'époque où, les aristocrates ayant quitté la France, leurs biens furent confisqués, leurs châteaux détruits, leurs titres déchirés.

Cependant, il n'avait opprimé personne, n'avait jeté personne en prison. Loin d'avoir exigé les versements qu'on lui devait, il y avait renoncé de son propre gré. Dépouillé de toutes les faveurs qu'il devait à la naissance, il avait gagné son pain par un travail honnête. M. Gabelle, le régisseur du domaine appauvri et grevé qu'il possédait depuis le décès de son oncle, avait reçu l'ordre, écrit de sa propre main, d'épargner les paysans, de leur distribuer en hiver le peu de bois et en été le peu de céréales que laisseraient les créanciers. Il pouvait en fournir la preuve. N'était-ce pas suffisant pour qu'il n'eût rien à craindre ?

Cette pensée acheva de décider Charles Darnay, qui formait le projet désespéré de se rendre à Paris.

Oui, comme le marin de l'ancienne ballade, les flots

et les vents l'avaient poussé dans la zone d'influence du rocher aimanté qui l'attirait à sa perte. Impossible de résister. Chaque réflexion l'en rapprochait davantage, de plus en plus vite, de plus en plus sûrement. Son anxiété latente s'expliquait par le fait que de mauvais instruments soumettaient son pays à de néfastes desseins, qu'il se savait mieux qu'eux et qu'il n'était pas là pour tenter d'arrêter l'effusion de sang et revendiquer la miséricorde et l'humanité. Mû par cette angoisse à demi étouffée, il s'était fait ces reproches et s'était comparé au courageux vieux gentleman chez qui le sentiment du devoir était si fort. À cette comparaison, toute à son désavantage, avaient succédé les insolences de Monseigneur qui l'avaient profondément blessé, les injures de Stryver qui étaient avant tout grossières et fielleuses pour des raisons anciennes. Là-dessus, était arrivée la lettre de Gabelle : la prière d'un prisonnier innocent en danger de mort qui le suppliait au nom de la justice et de l'honneur de venir à son secours.

Sa résolution était prise. Il irait à Paris.

Oui, l'aimant l'attirait par une force invincible. Il voguerait jusqu'à ce qu'il le percutât. Il ne voyait pas l'écueil, il ne songeait plus au danger. Il lui semblait qu'une fois en France, il n'aurait qu'à prouver ses bonnes intentions, même si elles n'avaient pas abouti, pour obtenir la reconnaissance générale. Alors, la pensée de faire le bien, mirage sublime qui se présente souvent à tant d'esprits généreux, s'éleva en lui et, séduit par cette illusion, il se vit même doté d'une certaine influence pour guider la révolution qui, livrée à la fureur, se déchaînait avec une effrayante férocité.

Son projet arrêté, il continua d'arpenter le trottoir en songeant aux préparatifs qui lui restaient à faire. Lucie et le docteur ne devaient apprendre son départ que lorsqu'il serait parti. Il épargnerait à sa femme les déchirements de la séparation. Quant à M. Manette qui répugnait toujours à tourner ses pensées vers un passé douloureux, il fallait le mettre devant le fait accompli. Il ne chercha pas à savoir dans quelle mesure le désir d'éviter au docteur de replonger dans les souvenirs pénibles associés à la France le poussa à agir sans se soucier de la précarité de sa situation, mais il est certain que cette considération pesa sur sa décision. L'esprit ainsi préoccupé, il marchait dans Temple Bar. Puis ce fut l'heure de retrouver Mr Lorry pour lui faire ses adieux. Dès son arrivée à Paris, il rendrait visite au vieux gentleman, mais il devait le laisser partir sans lui révéler sa décision.

Une voiture et des chevaux de poste étaient devant la banque et Jerry, botté et tout équipé, attendait les ordres de son maître.

– J'ai remis la lettre à son destinaire, dit Darnay à Mr Lorry. Je n'ai pas consenti pour votre sécurité que la réponse fût écrite. Peut-être vous chargerez-vous de la transmettre verbalement ?

– Volontiers. Elle n'offre aucun danger ?

– Aucun. Elle s'adresse cependant à un prisonnier de l'Abbaye.

– Quel est son nom ? s'enquit Mr Lorry en ouvrant son carnet.

– Gabelle.

– Bien. Que faut-il dire à cet infortuné ?

– Qu'il a reçu sa lettre et qu'il arrive.

– Il n'y a pas de date à mentionner ?

– Il part demain.

– Pas de nom à citer ?

– C'est inutile.

Darnay aida Mr Lorry à s'envelopper d'un certain nombre de manteaux, et passa de l'air chaud de la vieille banque à l'atmosphère brumeuse de Fleet Street.

– Embrassez bien Lucie et la petite Lucie pour moi, dit Mr Lorry au moment de partir, et prenez bien soin d'elles jusqu'à mon retour.

Darnay secoua la tête et esquissa un sourire indécis.

Ce soir-là – c'était le 14 août –, il veilla tard et écrivit deux lettres ferventes. Dans la première, destinée à Lucie, il expliquait l'obligation impérieuse qui s'imposait à lui d'aller en France et exposait longuement les raisons qu'il avait d'être assuré de ne courir aucun danger. Dans la seconde lettre, adressée au docteur, il confiait sa femme et sa fille à son beau-père et s'étendait également sur les mêmes sujets en s'appuyant sur les mêmes assurances. Enfin, il promettait aux deux de leur écrire dès son arrivée.

La journée du lendemain fut douloureuse. Pour la première fois depuis leur mariage, Charles avait une préoccupation qu'il taisait à Lucie. Il était difficile de garder pour soi l'innocente tromperie dont ils étaient profondément inconscients. Mais un regard affectueux à sa femme, si heureuse et souriante, le persuada de ne pas lui révéler son projet (il avait failli lui ouvrir son cœur, tant il lui était étrange d'agir sans avoir recours à son doux soutien) et la journée s'écoula rapidement. Le soir il prétexta un rendez-vous qui l'appelait au-dehors et risquait de le retenir jusqu'à une heure avancée. Il embrassa plusieurs fois sa femme et sa fille, alla prendre la petite valise préparée en secret et, le cœur serré, s'enfonça dans l'épais brouillard qui stagnait dans les rues sombres.

Désormais, la puissance invisible l'entraînait avec une rapidité prodigieuse vers l'abîme, et vents et marées l'y poussaient avec force. Il confia ses deux lettres à un ami fidèle avec la recommandation de les remettre à onze heures et demie, puis il monta à cheval, rejoignit la route de Douvres et commença son voyage. « Pour l'amour de Dieu et de la justice, au nom de votre générosité, de votre honneur », avait écrit le malheureux Gabelle dans son appel au secours. Le cœur défaillant au souvenir de tout ce qu'il avait de plus cher au monde et qu'il laissait derrière lui, retrouvant des forces dans ce cri de détresse qu'il se répétait, Darnay courait vers l'écueil.

LIVRE III

1

La tempête

Le voyageur qui, dans l'automne de l'année 1792, se rendait d'Angleterre à Paris, s'engageait dans une entreprise de longue haleine. L'état pitoyable des équipages, des routes et des chevaux aurait plus que suffi à le retarder si l'infortuné roi de France déchu avait encore régné dans toute sa gloire, mais en cette époque bouleversée, des embûches autrement plus graves entravaient sa marche. La porte de chaque ville, le bureau de l'octroi de chaque village possédait sa troupe de citoyens patriotes, munis de mousquets nationaux toujours prêts à exploser, qui arrêtaient tout individu, lui faisaient subir interrogatoire sur interrogatoire, examinaient ses papiers, cherchaient son nom sur des listes qu'ils avaient eux-mêmes établies, le laissaient passer, ou le renvoyaient d'où il venait, ou le mettaient en état d'arrestation suivant ce que leur imagination ou leur caprice jugeait plus favorable à la naissance d'une République Une et Indivisible et à l'avènement de la devise : Liberté, Égalité, Fraternité ou la Mort !

Charles Darnay avait à peine fait quelques lieues en France qu'il s'aperçut de l'impossibilité où il se trouvait de retourner sur ses pas tant qu'il n'aurait pas reçu son brevet de bon citoyen à Paris. Quoi qu'il advînt désormais, il lui fallait poursuivre son voyage. Aucun village ne se refermait sur lui, aucune barrière ne s'abaissait sur lui, pourtant il n'en sentait pas moins un obstacle infranchissable qui se dressait entre l'Angleterre et lui. On l'aurait pris dans un filet ou transporté dans une cage à sa destination qu'il n'aurait pas eu le sentiment plus réel de la perte de sa liberté.

La surveillance tous azimuts des patriotes ne le retardait pas seulement vingt fois par étape, mais vingt fois par jour. Elle courait après lui et le ramenait au point de départ, elle le précédait et l'arrêtait par anticipation, elle l'escortait et ralentissait sa marche. Plusieurs jours s'étaient écoulés depuis qu'il avait mis le pied sur le sol de France, et il était encore loin de Paris, lorsque, épuisé, il coucha dans une petite ville que traversait la grand-route.

S'il n'avait eu la lettre de Gabelle, il ne serait jamais arrivé jusque-là, et les difficultés sans nombre rencontrées au corps de garde du bourg où il venait d'entrer lui donnaient à penser qu'il touchait à une étape cruciale de son voyage. Il fut donc aussi peu surpris qu'on peut l'être quand on vint le réveiller au milieu de la nuit dans l'auberge où on l'avait consigné jusqu'au matin.

C'était un timide fonctionnaire local, accompagné de trois patriotes en bonnet rouge qui, la pipe à la bouche, s'installèrent sans façon sur le lit du voyageur.

– Émigré, dit le fonctionnaire, je t'envoie à Paris sous escorte.

– Mon plus grand désir est précisément d'y arriver, citoyen, mais l'escorte n'est pas nécessaire.

– Silence ! grogna l'un des bonnets rouges en frappant la couverture de la crosse de son mousquet. Tais-toi, l'aristocrate !

– Comme le dit ce bon patriote, observa le fonctionnaire timoré, tu es un aristocrate et c'est pour cela qu'il te faut une escorte. C'est toi qui la paieras.

– Je me soumets puisque je n'ai pas le choix, répondit Darnay.

– Le choix ! Vous entendez ça, vous autres ? s'écria le bonnet rouge. Comme si c'était pas une faveur qu'on lui faisait en lui évitant la potence !

– C'est comme le dit ce bon patriote, répéta le fonctionnaire. Émigré, lève-toi et habille-toi.

Darnay obéit et fut emmené au corps de garde où fumaient, buvaient et dormaient d'autres citoyens coiffés du bonnet rouge. On lui fit verser une somme assez rondelette pour payer son escorte et il se mit en route par les chemins détrempés à trois heures du matin.

L'escorte, qui se composait de deux cavaliers équipés du bonnet rouge, de la cocarde tricolore, du sabre et du mousquet nationaux, encadrait le suspect. Celui-ci dirigeait sa monture, mais une corde était fixée à la bride de sa bête et s'enroulait au poignet de l'un des patriotes. Dans cet équipage et sous une pluie battante qui leur cinglait le visage, ils traversèrent la ville d'un lourd trot de dragon qui résonna sur les pavés inégaux et s'engagèrent sur les routes bourbeuses. Sans rien changer aux dispositions précédentes, si ce n'est de chevaux et d'allure, ils effectuèrent ainsi la distance qui les séparait de la capitale.

Ils voyageaient la nuit, faisaient halte une heure ou deux après le lever du soleil et se reposaient jusqu'au crépuscule. Les deux hommes de l'escorte, misérablement vêtus, s'enveloppaient de paille épaules et jambes pour être moins mouillés. Malgré la contrariété d'avoir une pareille suite et le danger que lui faisait courir son voisin qui, en proie à une ivresse chronique, tenait son mousquet d'une façon peu rassurante, Darnay ne permit pas aux contraintes auxquelles il était assujetti d'éveiller en lui des craintes sérieuses. Cette rigueur ne pouvait avoir de rapport avec son cas personnel qu'il n'avait pas encore eu l'occasion d'exposer, raisonnait-il, ni avec les démarches que le prisonnier de l'Abbaye confirmerait et qu'il se proposait de prendre dès que possible.

Mais lorsque le soir ils arrivèrent à Beauvais, à l'heure où les rues sont animées, il ne put se dissimuler la tournure alarmante que prenaient ses affaires. La foule se pressa autour du relais de poste pour voir les voyageurs et de nombreuses voix l'interpellèrent : « À bas l'émigré ! »

Darnay, qui s'apprêtait à descendre de cheval, resta en selle où il supposa qu'il était plus en sécurité.

– Émigré, mes amis ? dit-il. Ne voyez-vous pas que je suis ici, en France, de ma propre volonté ?

– Et qu'est-ce que tu es donc si tu n'es pas un émigré, espèce de chien d'aristocrate ? s'écria un forgeron qui s'approcha, le marteau à la main.

Le maître de poste s'interposa, empêchant l'homme de saisir la bride du cheval de Darnay, et dit d'un ton conciliant :

– Laisse-le, laisse-le, il sera jugé à Paris.

– Oui, jugé, répéta le forgeron en brandissant son marteau, et condamné comme traître.

Un rugissement approbateur parcourut la foule. Le patriote ivre assistait à la scène, impassible, la corde qui retenait le prisonnier au poignet. Le maître de poste voulut emmener le cheval vers la cour de l'auberge. Darnay l'arrêta.

– Mes amis, ou l'on vous trompe ou c'est vous qui vous abusez, dit-il dès qu'il put se faire entendre. Je ne suis pas un traître.

– Il ment, cria le forgeron. Depuis le décret il est traître de par la loi. Sa vie est au peuple, sa vie ne lui appartient plus.

Darnay vit un éclair de colère briller dans les yeux qui l'observaient. C'en eût été fait de lui si le maître de poste n'avait entraîné son cheval dans la cour, serré de près par l'escorte. L'aubergiste ferma la grande porte derrière eux et s'empressa d'y mettre la barre. Le forgeron abattit son marteau contre le vantail, la foule gronda, l'incident fut clos.

– Quel est ce décret dont ce forgeron a parlé ? demanda Darnay au maître de poste après l'avoir remercié.

– Il ordonne la vente des biens des émigrés.

– À quelle époque l'a-t-on rendu ?

– Le quatorze.

– Et c'est le quinze que j'ai quitté l'Angleterre !

– On raconte qu'il va y en avoir d'autres, si ce n'est pas déjà fait, qui bannissent les exilés du territoire et les condamnent à mort s'ils reviennent. Voilà pourquoi cet homme a déclaré que votre vie appartenait au peuple.

– Mais ces décrets ne sont pas encore passés ?

– Est-ce que je sais ! répliqua l'aubergiste avec un haussement d'épaules. S'ils ne sont pas rendus, ils le seront, c'est toujours pareil, que voulez-vous !

Ils dormirent dans un grenier sur un peu de paille jusqu'au milieu de la nuit où ils se remirent en route pendant que la ville dormait. Parmi les nombreux changements qu'avaient subis les détails familiers de la réalité quotidienne, la rareté du sommeil était l'un de ceux qui concouraient le plus à conférer à cette chevauchée nocturne un cachet fantastique. Après avoir longtemps éperonné leurs montures sur la route désolée, ils arrivaient à quelque pauvre hameau qui, au lieu d'être plongé dans les ténèbres, resplendissait de mille lumières et dont les habitants dansaient main dans la main autour d'un arbre de la Liberté malingre ou entonnaient des chants patriotiques. Par chance, toutefois, on dormit cette nuit-là dans Beauvais. Les trois cavaliers en sortirent sans encombre et se retrouvèrent, isolés et solitaires, dans la campagne nue. Ils clapotaient à travers le froid et la pluie précoces, entourés de champs appauvris qui n'avaient produit aucun fruit cette année-là et dont les décombres noircis de chaumières incendiées, disséminés çà et là, ou la brusque sortie d'une patrouille de patriotes qui s'immobilisait devant eux interrompaient la monotonie.

Au point du jour, ils atteignirent les remparts de Paris. La barrière était fermée et solidement gardée.

– Les papiers du prisonnier ? demanda un responsable du poste à la mine résolue qu'avait appelé la sentinelle.

Frappé naturellement par ce mot désagréable, Darnay pria son interlocuteur d'observer qu'il était citoyen français et qu'il voyageait librement, sous la conduite d'une escorte, certes, mais nécessitée par la situation du pays et qu'il avait soldée lui-même.

– Les papiers du prisonnier ? répéta le même individu sans accorder la moindre attention aux paroles du voyageur.

Le patriote ivre avait les papiers dans son bonnet et les remit à qui de droit. En jetant les yeux sur la lettre de Gabelle, le responsable du poste se troubla légèrement, manifesta quelque surprise et attacha sur Darnay un regard scrutateur.

Néanmoins, il ne fit aucun commentaire et, plantant là les trois cavaliers sur leurs montures, regagna le corps de garde. Charles Darnay, examinant ce qui se passait autour de lui pour meubler l'attente, remarqua que la garde qui surveillait la barrière se composait de quelques soldats et de nombreux patriotes, et que si l'entrée dans la ville était aisée pour les charrettes de légumes et d'autres denrées, les paysans et trafiquants qui concouraient à l'approvisionnement de la capitale, il était difficile d'en sortir, même pour les gens les plus humbles. Un attroupement composite d'hommes et de femmes, sans parler des animaux et des véhicules de toute espèce, attendait qu'on lui octroyât le passage. Mais l'examen préalable des individus dont il s'agissait de reconnaître l'identité se faisait avec tant de scrupule que la foule ne s'écoulait que lentement. Les uns, sachant que leur tour était encore éloigné, s'étaient allongés pour fumer ou dormir. D'autres bavardaient ou faisaient quelques pas alentour. Tous portaient le bonnet rouge et la cocarde tricolore dont l'usage était universel.

Après une demi-heure d'attente qu'il employa à observer ces détails, Darnay se retrouva en face de l'homme à la mine résolue qui ordonna à la sentinelle de lever la barrière, délivra aux deux patriotes un reçu du prisonnier et pria ce dernier de mettre pied à terre. Darnay obéit et son escorte, emmenant sa monture fatiguée, reprit le chemin de Beauvais sans avoir franchi les murs de Paris.

Il suivit le responsable dans la salle du corps de garde qui sentait le vin bon marché et le tabac. Debout ou affalés par terre, un certain nombre de soldats et de patriotes s'y trouvaient, endormis, éveillés, ivres, à jeun, à des degrés variés de ces divers états. Une lumière provenant à la fois de plusieurs lampes à huile qui baissaient et du jour que déversait un ciel plombé flottait, elle aussi indécise. Sur un bureau s'étalaient des registres ouverts et devant ces registres était assis un homme aux façons brusques et à l'air rébarbatif.

– Citoyen Defarge, c'est l'émigré Évremond ? dit-il en prenant un bout de papier pour écrire et en s'adressant à celui qui accompagnait Darnay.

– Oui, citoyen.

– Ton âge, Évremond ?

– Trente-sept ans.

– Marié ?
– Oui.
– Où cela ?
– En Angleterre.
– Bien sûr. Où est ta femme ?
– À Londres.
– Bien sûr. Tu es consigné à la prison de La Force, Évremond.
– Juste ciel ! s'écria Darnay. Pour quelle faute et au nom de quelle loi ?
Le patriote releva la tête pour regarder le prisonnier.
– Il existe de nouveaux crimes et de nouvelles lois depuis que tu as quitté la France, Évremond, dit-il avec un sourire cruel, et il se remit à écrire.
– Je vous supplie d'observer que je suis revenu de mon plein gré afin de répondre à l'appel de l'un de mes concitoyens dont vous avez la lettre. J'arrive dans l'intention de me justifier. Je demande qu'on me permette de le faire, et sans retard. N'est-ce pas mon droit ?
– Les émigrés n'ont aucun droit, répondit, imperturbable, son interlocuteur qui continua d'écrire, relut son mandat, le saupoudra de sable et le tendit au citoyen Defarge en disant :
– Au secret.
D'un geste de la main qui tenait le papier, Defarge commanda au prisonnier de le suivre et ils quittèrent le corps de garde escortés de deux patriotes.
– C'est vous, dit Defarge à mi-voix en entrant dans Paris, qui avez épousé la fille du Dr Manette, ancien prisonnier de la Bastille d'exécrable mémoire ?
– Oui, répondit Darnay en le regardant avec surprise.
– Je m'appelle Defarge, marchand de vin au faubourg Saint-Antoine. Vous avez entendu parler de moi, peut-être ?
– Certainement. N'est-ce pas chez vous que ma femme est venue chercher son père ?
Cette expression « ma femme » rappela subitement à l'ordre le citoyen Defarge dont le visage s'assombrit.
– Au nom de la guillotine, la dame tranchante, pourquoi êtes-vous revenu ? dit-il avec une soudaine impatience.

– Vous étiez là quand je me suis expliqué. Croyez-vous que ce ne soit pas la vérité ?

– Triste vérité pour vous ! répliqua Defarge, les sourcils froncés, le regard rivé devant lui.

– En effet, tout est si changé, si inattendu, si soudain, si injuste que je me sens complètement perdu. Voulez-vous me rendre un service ?

– Non, dit Defarge en regardant toujours droit devant lui.

– Voulez-vous bien répondre à une question ?

– Ça dépend.

– De cette prison où l'on m'envoie au mépris de toute justice, pourrai-je communiquer librement avec le monde extérieur ?

– Vous le verrez.

– On ne va pas m'enterrer là sans jugement et sans avoir écouté ma défense ?

– Vous le verrez. Et quand cela serait, d'ailleurs ? On en a enterré d'autres dans des prisons pires que celle-là.

– Ce n'était pas de mon fait, citoyen Defarge.

Pour toute réponse, Defarge lui jeta un regard sombre et s'enferma dans un mutisme résolu et obstiné. Darnay, supposant que plus le silence se prolongerait, moins il aurait d'espoir d'émouvoir le marchand de vin, s'empressa d'ajouter :

– Il est pour moi de la dernière importance, vous le comprenez, que je puisse communiquer avec un agent de la banque Tellson qui se trouve en ce moment même à Paris, un certain Mr Lorry, ne serait-ce que pour lui apprendre que l'on m'a jeté à La Force. Voulez-vous bien vous charger de cette commission pour moi ?

– Non, rétorqua Defarge d'un ton brusque. Je ne ferai rien pour vous. Je me dois au peuple et à ma patrie et j'ai juré de les servir contre vous. Je ne ferai rien pour vous.

Charles comprit qu'il serait inutile de le supplier davantage. D'ailleurs, son orgueil blessé le lui interdisait. Tout en marchant en silence, il ne put s'empêcher d'observer combien le spectacle d'un prisonnier qu'on emmenait était coutumier. C'est à peine si les enfants le remarquèrent. Quelques passants tournèrent la tête pour le regarder et d'autres le menacèrent du doigt en le traitant d'aristocrate. En dehors de ces incidents, il apparaissait que le spectacle d'un homme bien vêtu qui s'en allait en prison n'offrait rien de plus extraordinaire que celui d'un ouvrier qui en habit de travail se rendait à l'ouvrage. Dans une rue étroite, sombre et sale, un fougueux orateur, juché sur un tabouret, déployait aux oreilles de son auditoire les crimes que le roi et la famille royale avaient commis contre le peuple. Le peu de mots qu'il saisit apprirent à Charles Darnay que le roi était en prison et que les ambassadeurs des puissances étrangères avaient tous quitté Paris. Au cours de son voyage (excepté à Beauvais), il n'avait appris aucune nouvelle de la Révolution. Son escorte et la surveillance tous azimuts dont il était l'objet depuis son arrivée en France l'avaient maintenu dans un état d'isolement complet.

En quittant l'Angleterre, il s'était trouvé peu à peu confronté à des dangers toujours plus grands. Il s'avouait désormais son inconscience. Les difficultés s'amoncelaient vite et risquaient de l'enfermer avec une rapidité croissante. Certes, il n'aurait pas entrepris ce voyage s'il avait pu prévoir le sort qu'on lui réservait en France. Cependant, son inquiétude n'était pas aussi vive que les récents événements pouvaient le laisser supposer. Si ténébreux que fût l'avenir, c'était toujours l'inconnu et son obscurité contenait l'espoir. Les horribles massacres qui allaient durer nuit et jour et tacher de sang l'époque de la moisson féconde étaient aussi loin de la pensée de Charles Darnay que si, au lieu de quelques tours de cadran, il avait dû s'écouler des siècles avant d'y arriver. C'est à peine s'il connaissait la « Louisette », le surnom donné à la guillotine. La masse du peuple n'en savait pas davantage et il est probable que les actes effroyables qui allaient survenir n'étaient pas même soupçonnés par ceux qui devaient les accomplir. Comment la crainte aurait-elle pu germer dans un esprit généreux qui ne pouvait les concevoir ?

L'emprisonnement arbitraire et ses souffrances, la douleur cruelle d'être séparé de sa femme et de sa fille, voilà les malheurs qu'il était capable d'imaginer. C'est avec cette pensée qu'il était déjà bien assez pénible de traîner avec soi dans une sinistre cour de prison qu'il arriva à La Force.

Le solide guichet fut ouvert par un homme à la face bouffie auquel Defarge présenta « l'émigré Évremond ».

– Diable ! En voilà encore un ! s'écria l'homme.

Defarge prit le reçu du geôlier sans paraître avoir entendu cette exclamation et se retira avec les deux patriotes.

– Diable ! répéta l'homme. Il va y en avoir encore beaucoup comme ça ?

La femme du geôlier, n'ayant pas de réponse à fournir à cette interrogation, se contenta de dire :

– Patience, mon ami.

Trois porte-clés qui entraient, semoncés par une sonnette qu'elle actionna, applaudirent à ce conseil et l'un d'eux ajouta :

– Pour l'amour de la liberté !

Des paroles qui en ce lieu semblèrent une conclusion bien inadéquate.

La prison de La Force était lugubre, noire, sale et dégageait une infecte puanteur. Il est intéressant de noter combien l'odeur fétide qui s'exhale du sommeil emprisonné fermente dans des lieux abandonnés à eux-mêmes.

– Au secret ! bougonna l'homme du guichet en jetant les yeux sur le mandat. Comme si on n'était pas déjà plein à craquer !

Il fourra le papier dans un dossier avec mauvaise humeur. Darnay attendit son bon plaisir pendant une demi-heure environ. Il parcourut la pièce de long en large, alla s'asseoir sur un banc de pierre pendant que le geôlier et ses acolytes gravaient ses traits dans leur mémoire.

– Allons, suis-moi, l'émigré ! dit enfin le chef en prenant des clés.

Darnay accompagna son guide à travers la morne pénombre de la forteresse, suivit des couloirs, gravit des marches, en descendit, s'arrêta devant de lourdes portes qui se refermèrent bruyamment et fut introduit dans une immense salle basse et voûtée, remplie de prisonniers des deux sexes. Les femmes, assises à une longue table, écrivaient et lisaient, tricotaient, cousaient et brodaient. Les hommes se tenaient, pour la plupart, debout derrière elles ou arpentaient la salle.

Associant instinctivement le terme de détenu avec celui d'infamie et de disgrâce, Darnay eut un mouvement de recul en entrant. Toutefois, et ceci acheva de mettre le comble à l'irréalité de sa longue course fantastique, chaque prisonnier se leva aussitôt et l'accueillit avec la politesse raffinée de l'époque, le charme et la courtoisie de la vie élégante.

Cette délicatesse, étrangement ternie par l'atmosphère glauque et les manières frustes de la prison, rendue spectrale par la détresse et la misère qui lui faisaient une sorte d'écrin inapproprié, troubla Charles. Il eut l'impression d'être descendu chez les morts. Des fantômes ! Les fantômes de la beauté, de la grandeur et de l'élégance, de l'orgueil et de la frivolité, de l'esprit et de la fraîcheur, de la vieillesse. Tous attendaient qu'on les emmenât de ce rivage déserté, tous tournaient vers le nouveau venu l'ombre des regards qu'ils avaient autrefois, tous étaient morts en entrant dans ces lieux.

Il s'immobilisa. Le geôlier qui se tenait à côté de lui, ceux qui allaient et venaient dans la salle, qui n'offraient rien de saugrenu dans l'exercice habituel de leur fonction, formaient un étrange contraste en la présence de ces mères éplorées, de ces filles dans la fleur de l'âge parmi lesquelles l'on comptait la coquette, la jeune beauté, la femme mûre bien élevée, et leur grossièreté paraissait tellement excessive qu'elle poussait au plus haut degré l'invraisemblance de la scène que Charles contemplait. Oui, tous des fantômes. Oui, comme une épidémie qui progresse, le long voyage irréel qu'il avait effectué l'avait conduit jusqu'à ces ombres funestes.

– Au nom de tous mes compagnons d'infortune, lui dit un gentilhomme distingué qui vint à sa rencontre, j'ai l'honneur de vous souhaiter la bienvenue à La Force et de vous offrir nos condoléances pour le malheur qui vous a conduit parmi nous. Puisse cette épreuve se terminer bientôt et en votre faveur. Ailleurs, il pourrait être impertinent de vous demander votre nom et votre condition, mais cette question n'a rien ici qui doive vous offusquer.

Charles Darnay sortit de sa torpeur, déclina son titre et remercia son interlocuteur aussi convenablement que possible.

– J'espère que vous n'êtes pas mis au secret ? reprit le gentilhomme en suivant des yeux le geôlier qui traversait la salle.

– J'ignore ce que signifie cette expression, mais on l'a prononcée à mon égard.

– Ah, quelle pitié ! Croyez bien que nous le regrettons vivement. Toutefois, ne perdez pas courage. Plusieurs d'entre nous y ont été consignés mais ils n'y sont restés que peu de temps. J'ai le chagrin, dit-il en élevant la voix, d'annoncer à l'assemblée que Monsieur est mis au secret.

Un murmure de commisération s'éleva et Charles, qui se dirigeait vers une grille où l'attendait son geôlier, recueillit sur son passage l'expression des vœux et des encouragements que lui prodiguaient surtout des femmes aux voix douces, aux accents passionnés. Il se retourna pour les remercier, la grille se referma, les ombres qu'il venait d'entrevoir disparurent pour toujours à ses yeux.

Le corridor aboutissait à un escalier de pierre qui menait aux combles. Après qu'ils eurent gravi quarante marches (il était prisonnier depuis une demi-heure à peine et déjà il comptait ce qui le séparait du monde libre), son guide ouvrit une porte basse et noire. Ils entrèrent dans une cellule humide et froide.

– Te voilà chez toi ! fit le geôlier.

– Pourquoi m'enferme-t-on à part ?

– J'en sais fichtre rien.

– Puis-je me procurer de l'encre, une plume et du papier ?

– J'ai pas d'ordre à cet égard. On viendra tout à l'heure. Tu demanderas. Pour l'instant, tu peux acheter de quoi manger, rien d'autre.

Dans la cellule il y avait une chaise, une table et une paillasse. Le geôlier passa ces objets en revue et inspecta la pièce. Charles qui, appuyé contre le mur, le regardait machinalement, lui trouva le corps et le visage tellement bouffis d'une enflure malsaine qu'il crut voir un noyé saturé d'eau. Resté seul, il pensa, toujours en proie à la même hébétude :

« Il m'a laissé là, comme si j'étais mort. »

Puis, s'étant penché vers la paillasse, il se dit en se détournant avec dégoût :

« Et quand on a cessé de vivre, cette vermine rampante est la première transformation de la chair. »

– Cinq pas sur quatre et demi, quatre pas et demi sur cinq, cinq pas sur quatre et demi, murmura-t-il.

Il arpenta sa cellule. S'élevant au-dessus des rumeurs de la ville qui lui parvenaient affaiblies comme le son étouffé de tambours, des voix puissantes ajoutèrent :

« Il faisait des souliers, des souliers, des souliers. »

Il mesura de nouveau sa cellule, pressa l'allure et compta tout haut ses pas pour échapper à l'obsession douloureuse engendrée par cette dernière phrase.

Contrairement aux ombres qui s'étaient évanouies lorsque la porte se fut refermée, une jeune femme en deuil était demeurée appuyée dans l'embrasure d'une fenêtre, un pâle rayon brillait sur ses cheveux d'or. Elle ressemblait... « Pour l'amour de Dieu ! Traversons les villages illuminés où les habitants, au lieu de dormir, dansent avec frénésie... Il faisait des souliers, des souliers... Cinq pas sur quatre et demi ! »

Le prisonnier, dévidant l'un après l'autre ces lambeaux de phrase qui surgissaient des profondeurs de son âme, marchait de plus en plus vite, comptait et recomptait avec obstination les pas qu'il faisait. Aux rumeurs de la cité, roulant sans cesse comme le son étouffé des tambours, s'ajoutaient les voix déchirantes de ceux qu'il aimait.

2

La meule à aiguiser

La succursale de la banque Tellson à Paris occupait dans le quartier Saint-Germain l'aile gauche d'un grand hôtel particulier, situé au fond d'une vaste cour. Un haut mur séparait cette cour de la rue et encadrait une solide porte cochère. Cette bâtisse appartenait à un gentilhomme qui y avait demeuré jusqu'au moment où il avait fui les ennuis en revêtant les habits de son propre cuisinier et en gagnant la frontière la plus proche. Simple bête effarée qui se sauve devant les chasseurs, il n'en était pas moins dans sa métempsycose le Monseigneur dont le chocolat exigeait naguère pour arriver à ses lèvres le concours de quatre hommes vigoureux, sans parler de celui qui le préparait.

Monseigneur parti, ses robustes laquais s'étaient absous du crime d'avoir touché ses gages en se déclarant prêts à lui couper la gorge sur l'autel de la République naissante, Une et Indivisible, de la Liberté, de l'Égalité, de la Fraternité ou de la Mort. Son hôtel particulier avait été d'abord placé sous séquestre, puis confisqué. Tout allait si vite, les décrets succédaient aux décrets avec une telle précipitation que le 3 septembre au soir, des émissaires de la loi entraient en possession de l'hôtel, le décoraient du drapeau tricolore et buvaient du cognac dans les appartements d'apparat.

À Londres, un local pareil à celui que Tellson occupait à Paris n'aurait pas tardé à conduire son directeur au bord de la déraison et à le faire citer dans la *Gazette*. Comment en effet le sens des responsabilités, la pondération et la respectabilité britanniques auraient-ils réagi en découvrant des caisses à orangers dans la cour d'un local d'affaires et un cupidon au-dessus du comptoir ? Cela existait néanmoins à Paris. Tellson avait, il était vrai, passé un lait de chaux sur le cupidon, mais on le voyait toujours dans son léger costume, suspendu au plafond d'où il visait (selon sa bonne habitude) des écus du matin jusqu'au soir. Dans Lombard Street, à Londres, la faillite aurait immanquablement résulté de la présence de ce jeune païen, de l'alcôve à rideaux située derrière cet immortel enfant, du miroir placé dans le mur et des commis qui, loin d'être âgés, dansaient en public à la moindre provocation. Cependant un Tellson français pouvait, malgré ces anomalies, conclure d'excellentes affaires, et depuis la création de la succursale, pas un client n'avait pris la fuite à son aspect, ni tremblé pour sa fortune.

Quelles sommes d'argent sortiraient du Tellson français, resteraient dans ses coffres ou seraient perdues et oubliées ? Quelle quantité de bijoux et d'argenterie se terniraient dans leurs cachettes alors que leurs dépositaires moisiraient en prison ou mourraient de mort violente ? Combien se trouverait-il de comptes courants dont on ne dresserait jamais le bilan ici-bas ? Personne n'aurait su le dire, pas même Mr Jarvis Lorry qui, ce soir-là, réfléchissait néanmoins longuement à ces questions. Il était assis en face d'un bon feu de bois qu'on venait d'allumer (la saison était prématurément froide), et une ombre plus épaisse que le lustre ne pouvait projeter – ou plus altérée que les objets ne pouvaient en refléter – voilait son honnête et courageuse physionomie. Cette ombre exprimait une réelle épouvante.

Dans sa fidélité à la maison dont il était devenu partie intégrante, comme un lierre tapisse une façade, il s'était logé à la banque. Le hasard voulait qu'il fût protégé par l'occupation patriotique du bâtiment principal, mais ce n'était pas ce calcul-là qui avait motivé la décision de l'excellent vieillard. Pourvu qu'il s'acquittât de son devoir, toute autre considération lui était indifférente. De l'autre côté de la cour se trouvaient les remises de l'hôtel particulier, soutenues par une colonnade et où l'on voyait encore plusieurs équipages de Monseigneur. Contre deux piliers étaient accrochées deux torches qui flamboyaient en plein vent et éclairaient une grande meule à aiguiser, machine grossière apportée là en toute hâte et provenant d'une forge voisine ou d'un atelier quelconque. Mr Lorry, qui s'était approché de la fenêtre, frémit à la vue de cet objet apparemment inoffensif et retourna s'asseoir près du feu. Un instant auparavant il avait ouvert croisée et volets pour les refermer presque aussitôt. Il frissonnait de la tête aux pieds.

Au-delà de la porte cochère et du haut mur se distinguait le bourdonnement familier de la ville, le soir, qui, de temps à autre, résonnait d'une rumeur indescriptible, étrange et surnaturelle, comme si des bruits atroces et insolites s'élevaient vers le ciel.

– Dieu merci, dit Mr Lorry, les mains jointes, aucun des êtres qui me sont chers ne sont dans ces lieux effroyables. Mon Dieu, puissiez-vous avoir pitié de ceux qui sont en danger !

Peu de temps après, on sonna la cloche du grand portail.

« Les voilà revenus », songea-t-il en prêtant l'oreille.

Pourtant, la cour ne retentit pas des bruyantes exclamations qu'il attendait. La porte cochère se referma lourdement et le silence revint.

La nervosité et l'épouvante qui l'habitaient augmentaient chez Mr Lorry cette inquiétude sourde qu'éveille toujours la responsabilité d'une charge importante. Le vieil employé se leva. Caisses et livres de comptes étaient bien gardés et il se disposait à rejoindre les commis qui veillaient dans le bureau, quand la porte s'ouvrit soudain. Deux personnes s'engouffrèrent dans la pièce. Frappé de stupeur, il se laissa retomber sur son siège.

Lucie et son père ! Lucie, les bras tendus et cet air de gravité ardente qu'elle avait eu autrefois, si intense et concentré qu'on l'eût dit gravé sur son visage dans l'intention expresse de lui conférer la force nécessaire pour surmonter l'épreuve du moment.

– Que se passe-t-il ? s'écria Mr Lorry, pantois et déconcerté. Qu'y a-t-il ? Manette ? Lucie ? Que faites-vous là ?

Les yeux fixés sur lui, blême, éperdue, la jeune femme se précipita dans les bras du vieil homme.

– Mon mari ! fit-elle dans un souffle.

– Votre mari, chère enfant ?
– Oui, Charles.
– Que lui est-il arrivé ?
– Il est ici.
– Ici, à Paris ?
– Depuis plusieurs jours, trois ou quatre, je ne sais, je suis incapable de réfléchir. Un appel à sa générosité l'a décidé à venir ici à notre insu. On l'a arrêté aux portes de Paris et on l'a mis en prison.
Un cri s'échappa de la poitrine du vieillard. Au même instant, la cloche de la porte cochère s'agita et des voix et des pas se précipitèrent dans la cour.
– Quel est ce bruit ? dit le docteur en se dirigeant vers la fenêtre.
– Non ! s'écria Mr Lorry, ne touchez pas ces volets, Manette, sur votre vie, ne regardez pas dehors !
La main sur l'espagnolette, le docteur se retourna avec un sourire à la fois tranquille et intrépide.
– Mon cher ami, tranquillisez-vous, je jouis d'une auréole de saint dans cette ville, j'ai été enfermé à la Bastille. Il n'y a pas un patriote à Paris – que dis-je ? en France ! – qui, apprenant que j'ai été à la Bastille, mettrait la main sur moi autrement que pour me serrer dans ses bras ou me porter en triomphe. C'est grâce à mon ancien martyre que nous avons passé la barrière, que nous avons pu savoir où était Charles et que nous sommes arrivés jusqu'à vous. Je le savais. Charles n'a rien à craindre, je le sauverai, je l'ai promis à Lucie. Mais quel est ce bruit ?
– Ne regardez pas, répéta Mr Lorry au comble du désarroi. Non, Lucie, ma chère, vous non plus. (Il retint la jeune femme.) Ce n'est pas une raison pour vous effrayer. Je vous jure que je ne sais rien d'alarmant sur le compte de Charles. J'étais même loin de penser qu'il fût à Paris. Dans quelle prison est-il ?
– À La Force.
– À La Force ! Lucie, mon enfant, si jamais vous avez été bonne et courageuse, et vous l'avez toujours été, je vous en prie, restez calme et obéissez-moi. C'est important, plus que je ne saurais le dire. Vous ne pouvez rien faire ce soir, il vous serait impossible de sortir. C'est dans l'intérêt de Charles que je vous parle ainsi, je sais combien le sacrifice est pénible, mais ne me posez pas de

questions, soyez sage et raisonnable. Allez dans ma chambre, laissez-moi seul avec votre père, je vous en conjure, obéissez, c'est une question de vie ou de mort, il faut m'écouter.

– Je vous obéis, je vois bien à votre visage que vous ne cherchez pas à me tromper et que je ne peux rien faire pour Charles ce soir. Je sais que vous êtes sincère.

Mr Lorry l'embrassa et l'entraîna dans la pièce voisine dont il referma la porte à clé. Revenu au salon, il ouvrit la fenêtre, écarta légèrement les persiennes et posa la main sur le bras du docteur. Les deux hommes regardèrent au-dehors.

Une quarantaine d'hommes et de femmes – peut-être une cinquantaine – étaient rassemblés dans la cour qu'ils remplissaient presque. Dès que les gardiens leur avaient ouvert la porte, ils avaient couru vers la meule. C'était pour eux qu'on avait apporté et érigé cette machine dans la cour qui était un lieu pratique et suffisamment à l'écart.

Mais quels travailleurs et quelle affreuse besogne !

La meule avait une double manivelle. Deux hommes la tournaient avec fureur, baissant et redressant la tête dans l'effort, un mouvement qui rejetait leurs longs cheveux en arrière à chaque tour de roue. Leur figure était plus horrible à voir que celle des sauvages les plus atrocement grimés. De faux sourcils, de fausses moustaches collaient à leurs masques hideux, maculés de sang et de sueur, convulsés à force de crier, fixes et courroucés à cause de l'absence de sommeil et de la fureur bestiale qui les animait. Ils actionnaient la machine, se fouettant le visage de leurs cheveux nattés, s'en flagellant le cou et les épaules, tout en buvant du vin que les femmes portaient à leurs lèvres. Le vin, le sang, le flot d'étincelles qui jaillissaient de la pierre créaient autour d'eux une atmosphère infernale. D'ailleurs, l'œil ne distinguait aucune créature qui ne fût barbouillée de sang. Les uns, nus jusqu'à la ceinture, en avaient le corps et les membres couverts; les autres, leurs guenilles imbibées. Certains, diaboliquement parés de dentelles et de rubans, les avaient teints dans la mare sanglante. Couteaux, haches, baïonnettes ou sabres, tout ce qui était à aiguiser était imprégné de rouge. Des lames ébréchées étaient retenues aux poignets de plusieurs hommes par des lambeaux d'étoffe ou de batiste. Le tissu différait, mais la nuance restait la même. Quand les détenteurs de ces armes les arrachaient du flot d'étincelles pour se précipiter dans la rue en les brandissant avec frénésie, la teinte rouge qui ne luisait plus sur l'acier se retrouvait dans leurs regards hallucinés; des regards dont tout spectateur doué de raison eût voulu stopper l'élan meurtrier d'une balle de revolver, fût-ce au prix de vingt années de sa vie.

Tout cela fut aperçu en un instant, telle la vision d'un homme sur le point de se noyer ou arrivé à un point critique de son existence, qui embrasse tout un monde en quelques secondes. Les deux amis s'éloignèrent de la fenêtre et le docteur leva des yeux interrogateurs sur le visage cendreux du banquier.

– Ils massacrent les prisonniers, chuchota ce dernier en lançant un coup d'œil empli d'appréhension vers la porte de la chambre. Si vraiment vous avez l'influence dont vous parliez tout à l'heure, faites-vous sans tarder reconnaître de ces démons et allez à La Force. Il est possible qu'il soit trop tard, je l'ignore, mais il n'y a pas une seconde à perdre.

Le docteur lui étreignit la main et sortit, tête nue, d'un pas rapide. Il traversait déjà la cour lorsque Mr Lorry regagna la croisée.

Les longs cheveux blancs, la physionomie remarquable, la confiance avec laquelle il se jeta au milieu des armes qu'il écartait sur son passage comme s'il fendait l'eau portèrent en un instant M. Manette au centre du groupe qui entourait la meule. La machine s'arrêta. Il y eut un silence, puis un mouvement et un murmure auquel se joignit la voix du docteur. Mr Lorry vit le groupe s'ébranler, vingt hommes se mettre en ligne, épaule contre épaule et main contre épaule, entourer M. Manette et quitter la cour en criant : « Vive le prisonnier de la Bastille ! Place au prisonnier de la Bastille ! À La Force pour libérer le gendre du prisonnier de la Bastille ! À La Force pour sauver le prisonnier Évremond ! » et mille autres acclamations de même nature.

Mr Lorry referma la croisée, tira les rideaux et, le cœur battant, s'empressa d'aller rejoindre Lucie pour lui annoncer que son père, assisté par le peuple, était parti à la recherche de son mari. La jeune femme était entourée de celle de sa petite fille et de miss Pross, mais Mr Lorry ne s'étonna de leur présence que longtemps après, lorsque, assis au coin du feu, dans le silence pesant de la nuit, il les veilla.

Lucie, plongée dans la stupeur, était à ses pieds et se cramponnait à sa main comme à son dernier appui. Miss Pross avait couché l'enfant sur le lit du banquier, et sa tête, s'inclinant peu à peu, était tombée sur l'oreiller à côté de celle de la petite fille. La nuit fut bien longue. La jeune femme éplorée gémissait, le docteur ne revenait pas et l'on était sans nouvelles.

Deux fois on avait sonné à la grande porte, la foule avait envahi la cour, la meule avait tourné et fait jaillir ses étincelles au milieu du tumulte.

– Qu'est-ce que c'est ? avait demandé Lucie, saisie de terreur.

– Chut, mon enfant, c'est ici qu'on aiguise les sabres des soldats. L'hôtel est maintenant propriété nationale et sert d'atelier pour les armes.

Toutefois, la dernière séance avait été plus courte que les autres et on s'était livré avec moins d'ardeur à la besogne. Bientôt, l'aube apparut. Mr Lorry se détacha avec douceur de l'étreinte de la jeune femme, s'approcha de la fenêtre, l'ouvrit sans bruit et regarda dans la cour. Un homme, tellement ensanglanté qu'on l'aurait pris pour un soldat tombé sur le champ de bataille, gisait près de la meule. Exténué par le massacre, il se releva péniblement, promena alentour un regard hébété et distingua, à la faible lumière du jour naissant, l'un des carrosses de Monseigneur. Il se traîna en chancelant jusqu'au somptueux équipage, y monta, en referma la portière et s'endormit sur les délicats coussins.

La terre, cette grande meule, avait tourné, elle aussi, lorsqu'un peu plus tard Mr Lorry regarda de nouveau par la fenêtre. Le soleil peignait la cour en cramoisi. Pourtant, la pierre à aiguiser qui se détachait seule dans l'air calme du matin s'ornait d'un reflet écarlate que le soleil ne lui avait pas donné et ne pourrait jamais effacer.

3

L'ombre

L'une des premières considérations qui se présentèrent à l'esprit pratique de Mr Lorry quand ce fut l'heure d'ouverture de la banque fut qu'il n'avait pas le droit de compromettre les affaires de Tellson en abritant sous son toit la femme d'un émigré prisonnier. Il aurait sacrifié pour Lucie Darnay et son enfant sa fortune, sa liberté, sa vie sans la moindre hésitation, mais le dépôt qui lui était confié ne lui appartenait pas et il restait à cet égard un homme d'affaires rigoureusement scrupuleux.

Ses pensées se tournèrent d'abord vers Defarge et il envisagea d'aller trouver le marchand de vin pour lui demander quel était l'endroit le plus sûr pour se loger dans cette ville en plein émoi. Cependant, la même considération qui lui avait suggéré cette idée le fit renoncer à ce projet. Defarge habitait le faubourg le plus révolutionnaire de Paris. Il y jouait sans doute un rôle important et il était dangereux d'éveiller son attention.

Midi étant arrivé sans le retour du docteur et chaque minute de retard pouvant exposer Tellson, il confia ses inquiétudes à Lucie. La jeune femme lui répondit que M. Manette avait l'intention de louer pour une brève durée un appartement dans le quartier, près de la banque. Rien du côté des affaires ne s'opposait à cela et comme, en supposant que Charles fût remis en liberté, il leur serait impossible de quitter immédiatement la ville, Mr Lorry sortit en quête d'un logement.

Il en trouva un convenable, situé dans une rue écartée et au plus haut d'un mélancolique pâté de maisons dont les volets fermés indiquaient des foyers désertés.

Il y conduisit immédiatement Lucie, son enfant et miss Pross et leur procura tout le confort possible, beaucoup plus qu'il n'en avait lui-même. Il leur laissa Jerry qu'il savait capable de défendre la porte et de recevoir sans broncher une grêle de coups sur la tête, puis revint à la banque. L'esprit troublé et affligé, il se mit au travail et le jour se traîna pour lui avec une lenteur désespérante.

Le temps s'écoula néanmoins et les bureaux fermèrent. Le gentleman se retrouva seul dans la pièce où il était la veille au soir et il réfléchissait à ce qu'il avait à faire, lorsque des pas résonnèrent dans l'escalier. Quelques minutes après, un homme entra dans la pièce et, fixant sur le banquier un regard attentif, lui adressa la parole en l'appelant par son nom.

– Pour vous servir, dit Mr Lorry. Vous me connaissez ?

C'était un homme vigoureux, de quarante-cinq à cinquante ans, à la chevelure noire et frisée.

– Vous me connaissez ?

L'inconnu répéta les mêmes mots en guise de réponse et garda la même intonation.

– Et vous, vous me connaissez ?

– En effet, je vous ai déjà vu...

– Dans ma boutique de vin, peut-être ?

– Vous venez de la part du Dr Manette ? s'enquit Mr Lorry en proie à une vive agitation, son intérêt aiguisé.

– Oui, je viens de sa part.

– Qu'a-t-il dit ? Que vous a-t-il donné pour moi ?

Defarge remit à la main tremblante qui s'avançait vers lui un chiffon de papier ouvert où étaient griffonnées ces quelques lignes :

« Charles est sain et sauf, mais il serait imprudent de le quitter. J'ai obtenu que le porteur de ce billet veuille bien se charger d'un mot de Charles pour Lucie. Conduisez-le auprès d'elle. »

Le cachet de La Force indiquait que ce billet avait été écrit une heure auparavant.

– Voulez-vous bien m'accompagner chez Mrs Darnay ? dit Mr Lorry, soulagé, après avoir lu ces lignes à voix haute.

– Oui.

Sans remarquer alors ce qu'il y avait de bref et d'automatique dans les paroles du citoyen, Mr Lorry mit son chapeau et, suivi du patriote, gagna la cour où attendaient deux femmes. L'une tricotait.

– Mme Defarge, sans aucun doute, dit le banquier qui l'avait quittée dans la même attitude dix-sept ans auparavant.

– Elle-même, répondit le cabaretier.

– Madame nous accompagne ? s'enquit Mr Lorry en voyant qu'elle se disposait à leur emboîter le pas.

– Oui, il faut qu'elle puisse reconnaître les gens. C'est leur sécurité qui est en jeu.

Frappé des manières de Defarge, Mr Lorry le regarda d'un air inquiet, puis, ouvrant la marche, il se dirigea vers la demeure de Lucie. Des deux femmes qui le suivaient, la seconde était La Vengeance.

Ils traversèrent aussi vite que possible les rues tortueuses, montèrent l'escalier du nouveau domicile, furent reçus par Jerry et trouvèrent Lucie seule et en pleurs. Les nouvelles que lui donna le vieillard la transportèrent de joie. Elle serra avec effusion la main qui lui présentait le billet de Charles, ne se doutant pas de ce qu'avait fait celle-ci au cours des deux nuits précédentes et que le hasard seul l'avait empêché de faire à Charles Darnay lui-même.

« Ma bien-aimée, courage. Je vais bien et ton père jouit ici d'une grande influence. Tu ne peux pas répondre à ce mot. Embrasse notre enfant pour moi. »

Le billet n'en contenait pas davantage, mais ces quelques lignes étaient si précieuses pour celle qui les recevait que, dans sa gratitude, elle se tourna vers Mme Defarge et lui baisa l'une des mains qui tricotaient. Au lieu de répondre à ce geste passionné d'une reconnaissance toute féminine, la main retomba, froide et inerte, et se remit à tricoter.

Cette indifférence glaça Lucie. Elle s'arrêta, les mains à son corsage, comme elle allait glisser le mot de Charles dans son sein, et observa la tricoteuse, saisie d'effroi. Mme Defarge opposa à ce visage terrifié un regard imperturbable et dépourvu d'émotion.

– Ma chère, intervint Mr Lorry pour expliquer la présence de la tricoteuse et de sa compagne, les soulèvements sont communs par les temps qui courent, et bien que vous ne risquiez pas d'en souffrir, Mme Defarge a désiré vous voir afin de vous reconnaître et de vous protéger en cas de malheur. Je crois, ajouta-t-il, car, de plus en plus troublé par l'impassibilité de ses interlocuteurs, il butait sur chaque mot, je crois, citoyen Defarge, que c'est bien ça ?

Jetant un regard sombre à sa femme, le marchand de vin émit un grognement sourd qui pouvait passer pour un acquiescement.

– Lucie, reprit Mr Lorry d'un air et d'un ton conciliants afin d'apaiser l'humeur de ses interlocuteurs, vous feriez bien d'appeler miss Pross et notre chère petite fille. Miss Pross, citoyen Defarge, est une demoiselle anglaise qui ne parle pas le français.

La demoiselle en question, persuadée qu'elle valait mieux qu'une étrangère, n'était pas femme à se laisser abattre par le malheur ou déconcerter par le danger. Les bras croisés, elle se planta devant La Vengeance, sur laquelle ses yeux se posèrent d'abord, et elle déclara en anglais :

– Tu m'as l'air bien hardie, toi !

Puis elle accorda une toux toute britannique à Mme Defarge. L'une et l'autre ne lui prêtèrent guère attention.

– Son enfant ? questionna Mme Defarge, interrompant son ouvrage pour la première fois et pointant sur la petite Lucie une aiguille à tricoter comme s'il se fût agi du doigt du destin.

– Oui, madame, dit Mr Lorry, je vous présente la chère enfant de notre pauvre prisonnier, son enfant unique.

L'ombre de la tricoteuse s'abaissa, épaisse et inquiétante, sur la petite fille. Lucie s'agenouilla pour la serrer contre son cœur. L'ombre fatale s'étendit alors sur la mère et l'enfant.

– C'est bien, nous pouvons partir, je les ai vues, dit Mme Defarge.

Il y avait dans la manière dont ces paroles furent prononcées une menace implicite et contenue qui alarma Lucie.

– Vous serez bonne pour mon pauvre mari, implora-t-elle en retenant la tricoteuse par la robe. Vous ne lui ferez pas de mal ? Vous m'aiderez à obtenir la permission de le voir ?

– Je ne me soucie pas de ton mari, je me soucie de la fille du docteur, répliqua Mme Defarge sans s'émouvoir.

– Alors, soyez bonne pour lui à cause de moi, à cause de mon enfant. Elle vous supplie d'être généreuse. Ô mon Dieu ! vous le voyez, nous vous craignons plus que quiconque.

Recevant cet aveu comme un compliment, la citoyenne se tourna vers son mari. Defarge qui, mal à l'aise, se rongeait l'ongle du pouce tout en regardant sa femme, prit un air sévère.

– Qu'est-ce qu'il te raconte, ton mari ? interrogea-t-elle avec un sourire condescendant. Il parle d'influence, non ?

– Il dit que mon père jouit ici d'une grande influence, répondit Lucie en tirant le billet de son corsage et en attachant sur la tricoteuse ses yeux emplis d'effroi.

– Ton père le fera relâcher. Qu'il en soit ainsi !

– Je vous en conjure, s'écria Lucie avec ferveur, ayez pitié d'une épouse et d'une mère ! N'exercez pas votre pouvoir contre mon mari. Il est innocent. Faites qu'on me le rende. Nous sommes femmes toutes deux, nous sommes sœurs. Ayez pitié d'une épouse et d'une mère !

Mme Defarge toisa la suppliante d'un regard plus froid que jamais et prit La Vengeance à témoin :

– Les épouses et les mères qu'on connaît depuis qu'on est au monde, nous autres, n'ont jamais été prises en pitié, que je sache ! Bien souvent leur père et leur mari leur ont été arrachés et jetés en prison. Toute notre vie, on a vu nos sœurs subir, dans leur chair et dans celle de leurs enfants, l'indigence, le dénuement, la faim, la soif, la maladie, la misère, l'oppression, et bien d'autres souffrances encore.

– Rien de plus vrai, affirma La Vengeance.

– On supporte tout et depuis longtemps, alors, je te le demande, reprit Mme Defarge en s'adressant à Lucie, tu crois vraiment que le chagrin d'une épouse et d'une mère peut nous toucher ?

Reprenant son tricot, elle sortit, La Vengeance sur ses talons. M. Defarge referma la porte.

– Courage, ma chère Lucie, dit Mr Lorry en relevant la jeune femme éplorée, courage ! Tout va bien. Quand on pense au sort de tant de malheureux ! Allons, il faut être reconnaissante envers la Providence.

– J'espère l'être, mais cette femme a jeté sur moi une ombre qui m'épouvante et détruit tous mes espoirs.

– Voyons, notre brave petit cœur serait-il accablé ? Une ombre est dépourvue de substance, par conséquent, ces craintes ne sont pas fondées, Lucie.

Cependant, l'ombre des Defarge ne l'avait pas épargné, et dans le secret de son cœur il en était singulièrement troublé.

4

Le calme pendant la tempête

Ce n'est qu'au matin du quatrième jour que revint le Dr Manette. On cacha si bien à la pauvre Lucie les atrocités perpétrées pendant ces terribles journées que ce n'est que longtemps après, de retour en Angleterre, qu'elle apprit que onze cents prisonniers de tout âge et des deux sexes avaient été massacrés par la populace, qu'un véritable cauchemar avait assombri quatre jours et quatre nuits et que le meurtre avait souillé l'air qui l'entourait. Elle savait seulement alors qu'on avait attaqué les prisons, que tous les prisonniers politiques avaient été en danger et plusieurs de ces malheureux assassinés.

Après avoir recommandé le secret à Mr Lorry, précaution à laquelle ce dernier avait immédiatement souscrit, le docteur rapporta que, la bande de forcenés l'ayant conduit à La Force, il avait assisté au carnage. Dans la prison il avait trouvé un tribunal siégeant de sa propre autorité devant lequel les prévenus comparaissaient un par un. Après un interrogatoire sommaire, les juges donnaient l'ordre soit de massacrer le détenu, soit de le remettre en liberté, ou (chose plus rare) de le renvoyer dans sa cellule. Présenté à ce tribunal par son escorte, M. Manette avait décliné son nom, son titre, enfin sa qualité d'ancien détenu à la Bastille où, jeté arbitrairement, il avait passé dix-huit ans au secret. L'un des membres de ce tribunal s'était levé pour confirmer ses dires, et ce juré n'était autre que Defarge.

Le docteur avait compulsé les registres, acquis la certitude que son gendre vivait encore et plaidé chaudement sa cause auprès des juges, assoupis ou éveillés, ivres ou à jeun, souillés de sang ou non. Au milieu des transports qu'il avait excités comme martyr du système déchu, on lui avait accordé sa requête : à savoir que le prisonnier Évremond fût amené devant cette cour illégale pour être immédiatement interrogé. Celui-ci semblait sur le point de recouvrer la liberté, quand par une mystérieuse circonstance (que M. Manette ne put s'expliquer) le courant qui était en faveur du prévenu s'arrêta. Le tribunal avait conféré à huis clos et son président annoncé qu'il était impossible de libérer l'accusé, mais que, par égard pour le docteur, ledit Évremond était déclaré inviolable. Sur un signe on avait reconduit le prisonnier dans sa cellule. M. Manette avait alors sollicité la faveur de veiller sur son gendre afin de s'assurer par lui-même qu'une méprise ou une malveillance ne le livrerait pas aux bourreaux dont les cris furieux avaient fréquemment couvert la voix des juges. C'est ainsi qu'ayant obtenu gain de cause, il n'avait quitté cet antre baigné de sang qu'une fois le danger passé.

Le docteur passa sous silence les scènes effroyables dont il fut le témoin au cours de ces trois jours où il eut à peine quelques bribes de nourriture et quelques instants de sommeil. La joie folle des prisonniers qui avaient échappé au massacre l'étonna presque autant que la folie furieuse exercée contre ceux qui devaient succomber. Il raconta qu'un détenu rendu à la liberté avait été frappé par mégarde d'un coup de pique au moment où il sortait de prison. Immédiatement appelé auprès de ce malheureux pour panser sa blessure, il l'avait trouvé dans les bras d'un groupe de bons samaritains assis sur les cadavres de leurs victimes. Avec une inconséquence non moins extraordinaire que tous les actes de ce cauchemar abominable, les massacreurs avaient assisté M. Manette et entouré le blessé d'une réelle sollicitude. Ils avaient construit une litière pour le porter en lieu sûr avec d'infinies précautions, puis saisissant leurs armes, ils s'étaient replongés dans une boucherie tellement atroce que le médecin s'était caché le visage dans les mains et avait fini par s'évanouir dans une mare de sang.

Tout en écoutant ce récit effroyable, Mr Lorry observait son ami désormais âgé de soixante-deux ans et songeait que de pareilles épreuves risquaient d'ébranler de nouveau ses facultés. Néanmoins, M. Manette ne lui avait jamais semblé posséder autant d'énergie physique ni de force morale. Pour la première fois, en effet, le docteur sentait que ses souffrances passées constituaient désormais une force et lui conféraient l'ascendant nécessaire pour agir. Pour la première fois, il sentait que le feu cruel qui l'avait torturé avait lentement forgé le levier qui ouvrirait la prison de Charles.

– Mes malheurs devaient me servir un jour, mon ami, dit-il. Tout n'était pas que ruines et désastre. Mon enfant adorée m'a rendu à moi-même, je lui rendrai à mon tour la plus chère partie de son être. J'y parviendrai, avec l'aide de Dieu, j'y parviendrai.

Ainsi parlait le docteur, et en voyant ce regard ferme, ces traits calmes, cette attitude résolue, Jarvis Lorry crut aux paroles de cet homme dont la vie semblait s'être arrêtée, comme le mécanisme d'une horloge, pendant des années, pour reprendre avec une énergie qui avait dormi pendant cette période d'inactivité.

De plus grandes difficultés que celles qu'il avait à combattre auraient cédé devant les efforts persistants de M. Manette. Tout en soignant ceux dont l'état le réclamait, qu'ils fussent libres ou captifs, riches ou pauvres, innocents ou coupables, il usa si bien de son influence qu'il ne tarda pas à obtenir la place de médecin inspecteur de trois prisons, au nombre desquelles était La Force. Dès lors, il put apprendre à sa fille que désormais Charles n'était plus au secret et se trouvait avec les autres prisonniers. Une fois par semaine, en faisant sa visite, il voyait son gendre et rapportait à Lucie quelque doux message qu'il tenait directement du détenu. Parfois la jeune femme recevait une lettre de son mari (mais jamais par l'entremise du docteur), mais il ne lui était pas permis de lui écrire, car de tous les prévenus que l'on soupçonnait de conspirer contre le peuple, c'étaient les émigrés qui excitaient le plus vivement la colère des patriotes pour entretenir des relations au-dehors, soit avec leurs amis, soit avec leurs familles.

Certes, le nouveau genre de vie du docteur n'était

pas exempt d'inquiétudes. Cependant le sagace Mr Lorry le vit se colorer d'un certain orgueil dans lequel son ami puisait la force de combattre. Rien de laid ou d'indigne n'entachait cet orgueil : c'était un sentiment noble et naturel qu'il ne pouvait s'empêcher d'observer avec curiosité. Le docteur savait que, jusqu'à présent, le souvenir de sa captivité évoquait, chez son entourage, la détresse, la souffrance, la vulnérabilité dont il avait été le jouet. Maintenant, au contraire, ses anciens malheurs l'investissaient d'une force neuve qui devait, aux yeux de sa fille et de son ami, entraîner la délivrance de Charles. Exalté par ce renversement des rôles qui faisait de lui le protecteur de ceux qui, jadis, avaient soutenu sa faiblesse, il prenait l'initiative et menait la lutte. Seule la plus vive des affections ou des gratitudes pouvait opérer ce changement dans les relations qui unissaient le père à la fille et le docteur n'éprouvait pas moins de fierté que de bonheur à rendre un service à Lucie en échange de ce qu'elle lui avait apporté autrefois.

« Tout cela est bien curieux, songeait Mr Lorry avec l'aimable perspicacité dont il était coutumier, et cependant rien n'est plus juste. Conduisez-nous, mon cher ami, gardez les rênes, personne ne pourrait mieux les tenir. »

Pourtant, malgré ses efforts et son obstination, le docteur ne put obtenir qu'on remît Charles en liberté ou tout au moins qu'on le fît comparaître devant un tribunal. Le courant des affaires publiques était trop rapide et trop fort pour qu'il pût l'interrompre. L'ère nouvelle commença. Le roi fut jugé, condamné, décapité. La République de la Liberté, de l'Égalité, de la Fraternité ou de la Mort se leva, seule contre l'Europe en armes, pour vaincre ou mourir. Le drapeau noir flottait jour et nuit sur les tours de Notre-Dame. Trois cent mille hommes appelés à combattre les tyrans surgissaient de tous les coins de France, comme si les dents du dragon, semées à pleines mains, avaient fructifié autant dans les cités que dans les campagnes, sur le rocher, le gravier et dans le limon, à l'éclatant soleil du Midi et sous les nuages du Nord, dans les forêts et les landes, dans les vignobles et les champs d'oliviers, les prairies et les chaumes, sur les berges fertiles des fleuves et sur le sable du rivage. Quel intérêt personnel était assez fort pour se faire entendre au milieu du déluge de l'An I de la liberté, un déluge qui jaillissait des entrailles de la terre et ne se déversait pas du ciel dont les issues étaient fermées, et non ouvertes ?

Il n'y avait pas de répit, pas de pitié, pas de paix, pas un instant de repos, pas de mesure du temps. Les jours et les nuits s'enchaînaient régulièrement comme au commencement du monde, le soir et le matin revenaient comme au premier jour. C'étaient là les seuls repères qui demeuraient. Comme un malade en proie au délire, personne n'avait prise sur le temps au milieu de cette fièvre ardente qui s'emparait d'une nation. Brusquement, rompant le silence contre nature qui frappait une ville entière, le bourreau exposa la tête du roi aux yeux de la multitude et, fort peu de temps après, sembla-t-il, brandit la tête de la jolie reine dont huit mois misérables de veuvage et de chagrin avaient blanchi les cheveux.

Et cependant, en vertu d'une loi étrange dont les effets contradictoires s'observent en pareil cas, le temps acquérait une durée d'autant plus grande que sa fuite paraissait plus rapide. Un tribunal révolutionnaire à Paris, quarante ou cinquante mille comités révolutionnaires disséminés sur toute la surface du territoire, une Loi des Suspects menaçant la vie et la liberté de chacun, mettant l'innocence et l'honnêteté à la merci de la fureur et du crime, les prisons gorgées d'individus coupables d'aucun délit et qui ne pouvaient obtenir qu'on écoutât leur plainte, tel était l'ordre des choses en vigueur dont l'application paraissait appartenir à des coutumes anciennes en dépit de ces quelques mois d'existence. Dominant le reste, la silhouette hideuse de la guillotine, cette dame tranchante encore inconnue peu de temps auparavant, était devenue aussi familière aux regards que si elle eût existé depuis la création du monde.

Elle servait de thème aux plaisanteries populaires. C'était le meilleur moyen de guérir du mal de tête et de vous donner bonne mine, un remède infaillible pour empêcher les cheveux de blanchir, le barbier national qui vous rasait de plus près. Quiconque embrassait la guillotine regardait par la lucarne et éternuait dans le sac. Elle était devenue le signe de la régénération humaine et remplaçait le crucifix. Des modèles réduits de cet instrument libérateur décoraient les poitrines d'où la croix avait disparu et l'on offrait à la guillotine les hommages que l'on refusait au Christ.

Elle fit couler tant de sang que le terrain qui la portait s'en détrempa et que le bois de sa charpente en pourrit. On la démonta, comme un jeu de casse-tête pour un jeune démon, pour la dresser désormais à l'endroit qu'exigeait l'exécution du jour. Elle étouffait l'éloquence, frappait le pouvoir, détruisait la beauté et le bien. Vingt-deux amis, haut placés dans l'estime du public, vingt et un vivants et un mort, furent décapités un matin en raison d'une minute par tête. Le nom du héros de l'Ancien Testament avait perdu de son prestige pour prendre celui du fonctionnaire principal qui présidait à ces exécutions. Toutefois, ainsi armé, le bourreau, plus fort et plus aveugle que son homonyme, détruisait chaque jour les portes du temple même de Dieu.

Au milieu de ces actes sanguinaires et de la terreur qu'ils répandaient, M. Manette avançait, la tête haute, confiant dans sa force et ne doutant pas un instant de l'influence qui devait sauver Charles. Malgré le courant du temps qui l'emportait, si fort, si profond, si impétueux, quinze mois s'étaient écoulés depuis l'arrestation de son gendre sans que le découragement l'eût accablé. La rage des bourreaux était devenue si violente, leur frénésie si mauvaise qu'en ce mois de décembre, les corps des victimes noyées en masse engorgeaient les rivières et qu'en maints endroits les prisonniers, en rang ou en carré, tombaient sous les balles. Au milieu de ces atrocités, le docteur continuait d'avancer, la tête haute. Personne dans Paris n'était plus connu que M. Manette, personne n'y occupait une situation plus étrange. Humain et silencieux, indispensable à la prison comme à l'hôpital, exerçant son savoir au profit des meurtriers comme des victimes, c'était un homme à part. Sa qualité d'ancien captif de la Bastille faisait de lui un être exceptionnel qui pouvait aller partout sans qu'on s'en inquiétât. On ne l'interrogeait pas et on ne le suspectait pas plus que s'il avait été rappelé à la vie quelque dix-huit ans auparavant et que, revenu de l'autre monde, il fût un esprit se déplaçant parmi les mortels.

5

Le scieur de bois

Un an et trois mois. Pendant ces quinze mois d'attente, Lucie n'avait pas eu, une seule heure, la certitude que la tête de son mari ne serait pas coupée le lendemain. Tous les jours les tombereaux cahotaient pesamment leur charge de condamnés sur le pavé des rues. Jeunes filles pleines de grâce, femmes éclatantes aux cheveux bruns, noirs et gris, adolescents, hommes dans la force de l'âge, vieillards, gens bien nés, gens de roture : vin rouge tiré chaque matin des caves des prisons pour désaltérer le monstre à la soif dévorante. Liberté, Égalité, Fraternité ou la Mort. Ô guillotine, la dernière est bien plus facile à donner que les trois autres !

Si la soudaineté du malheur qui l'avait frappée, si la roue tourbillonnante du temps avaient paralysé Lucie et qu'elle eût attendu dans une inaction désespérée la fin du drame qui la tenait à sa merci, elle aurait partagé le sort de beaucoup d'infortunés que le désarroi accablait. Mais, dès l'instant où, dans le grenier du faubourg Saint-Antoine, elle avait posé sur son cœur la tête blanchie du prisonnier, elle s'était montrée fidèle à ses devoirs et dans cette nouvelle épreuve elle continuait à les remplir avec le même courage et la même bonté qu'autrefois.

Ils s'installèrent dans leur nouveau logement et le docteur se mit à entreprendre démarche sur démarche en vue de la libération de Darnay. Lucie arrangea aussitôt le petit intérieur comme si son mari avait été auprès d'elle. Chaque objet eut sa place, chaque heure du jour son emploi particulier. Les leçons de la petite Lucie furent aussi régulières que si la famille n'avait jamais quitté Londres. Seul le soin qu'elle avait à se tromper elle-même en affichant la croyance qu'ils seraient bientôt réunis trahissait sa préoccupation douloureuse. Le matin, elle faisait des préparatifs pour le recevoir, avançait un siège qui lui était destiné, posait sur la table les livres qu'il préférait et, au moment de s'endormir, elle adressait au ciel une prière fervente pour le prisonnier qu'elle chérissait parmi les âmes infortunées qui croupissaient en captivité, à l'ombre de la mort. C'étaient là les uniques moments où sa détresse lui échappait.

Son apparence ne changea guère non plus. Les vêtements simples et sombres, semblables à des robes de deuil, qu'elle portait, ainsi que sa fille, n'étaient pas moins soignés que les habits de couleurs vives des jours heureux. Son teint était plus pâle et cet air profondément réfléchi qui, en certaines circonstances, avait donné à ses traits une expression si frappante ne s'effaçait plus comme jadis. Mais elle était toujours belle et gracieuse. Quelquefois le soir, en embrassant son père, elle fondait en larmes et lui disait, à travers les sanglots qu'elle avait retenus tout le jour, qu'il était son seul espoir.

– Ne t'inquiète pas, répondait-il d'un ton ferme et convaincu. Il ne peut rien lui arriver sans que j'en sois averti. Je le sauverai, je le sais, Lucie.

Cela faisait plusieurs semaines qu'ils étaient à Paris lorsqu'un soir, de retour chez lui, le docteur dit à sa fille :

– Ma chérie, il y a dans la prison une fenêtre élevée à laquelle Charles peut avoir accès de temps en temps vers trois heures de l'après-midi. Quand il en aura la permission, ce qui dépend de diverses circonstances, il se peut qu'il t'aperçoive si tu te tiens dans la rue, à un certain endroit que je t'indiquerai. Malheureusement, toi, tu ne pourras pas le voir et si par hasard, tu l'apercevais, il serait dangereux de lui faire le moindre signe.

– Montre-moi cet endroit, père, j'irai tous les après-midi.

À dater de cette époque, elle s'y rendit par tous les temps et y resta deux heures. À deux heures sonnantes, elle était là et à quatre heures s'en retournait, résignée. Quand il ne faisait ni trop froid ni trop humide, elle emmenait sa fille, sinon elle y allait seule. Elle ne manqua pas un seul jour.

C'était à l'angle d'une petite rue obscure, sale et tortueuse. L'unique maison de ce coin était une masure où logeait un homme qui sciait du bois de chauffage. Tout le reste était un mur interminable. La troisième fois que Lucie vint au rendez-vous, il la remarqua.

– Bonjour, citoyenne.

– Bonjour, citoyen.

Un décret ordonnait ce mode de salutation. Employé volontairement au début par les patriotes les plus zélés, il était devenu obligatoire.

– Te voilà donc revenue, citoyenne ?

– Tu le vois, citoyen.

Le scieur de bois, un petit homme qui gesticulait beaucoup (jadis il réparait les routes), lança un coup d'œil vers la prison, l'indiqua d'un geste et, superposant ses dix doigts devant son visage de façon à figurer des barreaux, regarda en riant à travers la grille qu'il simulait.

– Après tout, c'est pas mes oignons, conclut-il.

Et il se remit à l'ouvrage.

Le lendemain, il guetta la jeune femme et l'accosta dès qu'elle apparut.

– Tu te promènes encore par ici, citoyenne ?

– Oui, citoyen.

– Et avec un enfant. C'est ta mère, ma petite citoyenne ?

– Je dois répondre, maman ? chuchota la fillette en se blottissant contre sa mère.

– Oui, ma chérie.

– Oui, citoyen.

– Bah, c'est pas mes oignons ! Y a que mon ouvrage qui me regarde. Tu vois ma scie ? Je l'appelle ma petite guillotine. Là, là, là, vlan ! Encore une tête coupée.

La bûche tomba. Il la ramassa et la jeta dans le panier.

– Je suis le Samson de la guillotine à bois. Vous allez voir ! Freu, freu, freu, c'est la tête de la femme.

Maintenant c'est le tour du marmot. Freu, freu, freu, et hop, décapité ! Toute la famille y passe !

Lucie frissonna en le voyant jeter dans le panier les deux bûches qu'il ajoutait aux autres. Quand le scieur de bois travaillait, il était impossible de venir au rendez-vous sans qu'il la vît. Aussi, pour s'assurer les bonnes grâces du patriote, elle lui adressait toujours la parole la première et lui donnait souvent des pourboires qu'il s'empressait d'empocher.

C'était un individu curieux de nature. La jeune femme oubliait sa présence en regardant les toits et les grilles de La Force et en pensant de toute son âme au prisonnier. Lorsqu'elle revenait à elle-même, le scieur de bois l'observait avec attention, un genou sur son banc, la scie immobile.

– Bah, c'est pas mes oignons, disait-il en se remettant aussitôt à la besogne.

Par tous les temps, dans la neige et le givre de l'hiver, sous les giboulées du printemps, sous le chaud soleil de l'été, sous les pluies d'automne, puis de nouveau dans la neige et le givre hivernaux, elle passait deux heures au coin de la rue. Tous les jours, en partant, elle embrassait le mur de la prison. Son mari l'aperçut, lui apprit son père : une fois en cinq ou six après-midi, ou bien deux ou trois fois de suite, avec des interruptions d'une semaine ou deux. Mais il lui suffisait de savoir qu'il pouvait la voir quand le hasard le lui permettait. S'accrochant à cette consolation, elle serait restée à son poste du matin au soir, sept jours sur sept.

Ces occupations la conduisirent jusqu'au mois de décembre 1793, et le docteur avançait, tête haute, en cette époque de la Terreur. Un après-midi où de légers flocons de neige tombaient, elle se rendit à sa place ordinaire. C'était un jour de fête et de joyeuses réjouissances. Les maisons qu'elle avait vues sur son passage étaient décorées de petites piques surmontées d'un bonnet phrygien et de rubans tricolores. Nombre d'entre elles portaient cette inscription en lettres, peintes aux trois couleurs le plus souvent : République Une et Indivisible, Liberté, Égalité, Fraternité ou la Mort.

La misérable échoppe du scieur de bois était si étroite que la façade entière offrait peu d'espace à la devise républicaine. Son propriétaire avait néanmoins trouvé un barbouilleur qui y avait inséré la Mort au prix de sérieuses difficultés en complète contradiction avec la réalité. Il avait fiché sur le toit de la masure la pique ornée du bonnet rouge que tout bon citoyen portait et exposé dans la vitrine sa scie avec cette légende : « Petite sainte guillotine » car à cette époque la grosse Louison venait d'être canonisée par le peuple. La boutique était fermée, le scieur de bois absent. À son vif soulagement, Lucie se retrouva seule.

Mais le petit homme n'était pas loin et le répit de la jeune femme fut de courte durée. Bientôt des pas précipités accompagnés d'acclamations bruyantes se dirigèrent du côté de Lucie et l'emplirent de terreur. Quelques minutes plus tard, débouchant d'une rue voisine, la foule surgit près de la prison. Cinq cents personnes parmi lesquelles La Vengeance et le scieur de bois se donnaient la main, dansaient avec la frénésie de cinq mille démons. Des hommes avec des femmes, des femmes avec des femmes, des hommes avec des hommes, suivant le hasard qui les avait rapprochés. Leur musique était un chant révolutionnaire dont le rythme féroce, rigoureusement observé par les danseurs, évoquait un grincement de dents. Ce ne fut d'abord qu'une irruption de guenilles de laine et de bonnets rouges, mais dès que la place fut envahie et que la foule se mit à tourbillonner autour de Lucie, il se dessina une figure chorégraphique aussi étrange que le spectre en délire d'une danse endiablée. Ils avancèrent, reculèrent, se frappèrent dans les mains, se saisirent par la tête, pirouettèrent, d'abord seuls, puis à deux, jusqu'au moment où plusieurs couples, perdant l'équilibre, se laissèrent tomber. Les autres formèrent une ronde qui se divisa en plusieurs cercles de deux à quatre personnes qui continuèrent à tournoyer. Ils s'arrêtèrent d'un coup. Ils frappèrent de nouveau dans leurs mains, se saisirent par la tête, se séparèrent, un à un, deux à deux, et, recomposant la ronde, la firent tourner en sens inverse. Il y eut une pause. Les danseurs battirent la mesure avec rage, puis se placèrent en rangs sur toute la largeur de la voie publique et, la tête baissée, les mains dressées, se ruèrent en avant en poussant des cris effroyables. Nul combat n'aurait offert un spectacle aussi effroyable que cette danse. C'était un divertissement déchu, autrefois innocent, désormais livré aux puissances infernales, un passe-temps salutaire transformé en un moyen de fouetter le sang, d'égarer les sens et d'endurcir le cœur. La grâce qu'on y décelait le rendait plus hideux encore car elle exprimait la perversion qui guette toute chose bonne en soi. Cette poitrine virginale ainsi dénudée, ce joli visage presque enfantin ainsi déformé, ce pied délicat dansant d'un pas léger au milieu de cette boue sanglante représentaient la folie d'une époque troublée.

C'était la carmagnole. Elle s'éloigna, laissant la pauvre Lucie glacée de terreur sous l'auvent de la boutique du scieur de bois. La neige tombait, blanche et silencieuse, comme si l'odieuse vision ne s'était jamais produite.

– Oh, père, quel horrible spectacle !

M. Manette se trouvait près de sa fille quand celle-ci releva la tête qu'elle s'était cachée dans les mains.

– Je sais, mon enfant, je sais. Je l'ai vu maintes fois. Ne crains rien, personne ne te voudrait du mal.

– Ce n'est pas pour moi que j'ai peur, père. Mais penser que Charles est à la merci de ces gens...

– Bientôt il ne le sera plus. Quand je l'ai quitté, il se rendait à la fenêtre, et je suis venu te prévenir. Nous sommes seuls, tu peux lui envoyer un baiser, là-bas, vers le pignon qui domine les autres.

– Je le fais de grand cœur, père, et je lui envoie toute mon âme.

– Et toi, ma pauvre chérie, tu ne le vois pas ?

– Non, dit-elle en pleurant et en envoyant des baisers vers la lucarne de la prison.

Un bruit de pas sur la neige. Mme Defarge.

– Je te salue, citoyenne, dit le docteur en la voyant.

– Je te salue, citoyen, répondit-elle sans s'arrêter.

Ce fut tout. Elle disparut, telle une ombre, dans la rue blanche.

– Donne-moi le bras, ma chérie, reprends courage, aie l'air moins triste, par amour pour lui, souris un peu. Voilà qui est mieux.

Ils s'éloignèrent enfin.

– Ce n'est pas sans raisons que je t'ai priée de sourire, reprit le docteur après un silence. Demain Charles passe en jugement.

– Demain ?

– Il n'y a pas de temps à perdre. Je suis prêt, mais il reste quelques précautions à prendre et qui ne pouvaient l'être avant de connaître le jour exact du procès. On ne le lui a pas encore notifié, mais je tiens de bonne source que l'affaire est pour demain et qu'il sera transféré ce soir à la Conciergerie. Tu n'es pas inquiète, j'espère ?

– Je compte sur toi, balbutia la jeune femme.

– Et tu as raison. C'est la fin de tes chagrins, ma chérie. Demain soir, Charles te sera rendu. Je l'ai entouré de toutes les protections possibles. Maintenant je dois voir Lorry.

Le docteur s'immobilisa. Un roulement pesant, assourdi par la neige, arrivait aux oreilles du père et de la fille. Ils le reconnurent. Un, deux, trois. Trois tombereaux passaient à peu de distance avec leur charge funèbre.

– Je dois voir Lorry, répéta M. Manette en prenant la direction opposée.

Le dévoué vieillard était toujours à son poste. Il ne l'abandonnait jamais d'ailleurs. Souvent mis à contribution avec ses livres de comptes au sujet des domaines devenus biens nationaux, il sauvait pour les anciens propriétaires ce qui pouvait l'être. Jamais n'avait-on défendu avec autant d'opiniâtreté et de mesure les intérêts importants dont Tellson avait la charge.

Le ciel d'un rouge et d'un jaune troubles et le brouillard qui s'élevait de la Seine indiquaient la fin du jour. La nuit tombait lorsque le docteur et sa fille arrivèrent à la banque. Le splendide hôtel de Monseigneur, à la fois profané et désert, portait, écrite au-dessus d'un tas de cendres et d'ordures qui encombrait la cour, l'inscription suivante : « Propriété nationale, République française, Une et Indivisible, Liberté, Égalité, Fraternité ou la Mort. »

Qui donc tenait compagnie à Mr Lorry avant l'arrivée de ses visiteurs et avait préféré garder l'anonymat ? À qui appartenait ce manteau de voyage jeté sur un siège ? Qui le banquier venait-il de quitter pour serrer avec émotion Lucie dans ses bras ? À qui sembla-t-il répéter, d'une voix forte, la tête tournée vers la chambre à coucher d'où il avait surgi, les mots que la jeune femme venait de bredouiller : « Transféré à la Conciergerie et jugé demain » ?

6

Triomphe

Le redouté tribunal révolutionnaire, composé de cinq juges, de l'accusateur public et d'un jury dont les décisions étaient irrévocables, siégeait tous les jours. La liste des accusés appelés à comparaître était envoyée la veille dans chaque prison.

– Hé, vous autres, venez écouter le journal du soir !

C'était la plaisanterie favorite des geôliers.

– Charles Évremond, dit Darnay !

C'est ainsi qu'enfin débuta la lecture du journal du soir à La Force.

À chaque nom appelé, le prisonnier concerné se dirigeait vers un endroit réservé aux détenus désignés dont l'issue fatale n'allait pas tarder à être prononcée. Charles Évremond, dit Darnay, avait de tristes raisons pour ne pas ignorer cet usage : il avait vu disparaître des centaines de prévenus après s'être soumis à cette formalité.

Le geôlier bouffi regarda par-dessus ses lunettes pour s'assurer que ledit Évremond s'était placé à l'endroit voulu et s'arrêta ainsi de la même manière à chaque nom qu'il prononça. La liste en comportait vingt-trois. Vingt prisonniers seulement répondirent à l'appel : les trois autres étaient morts, l'un en prison, les deux autres à la guillotine, mais on l'avait oublié. La lecture avait lieu dans la salle voûtée où Charles avait été accueilli le jour de son entrée à La Force par le groupe d'aristocrates. Tous avaient péri dans les Massacres de Septembre et depuis lors chacun des amis qu'il avait vus partir n'était sorti de prison que pour monter à l'échafaud.

On échangea à la hâte quelques mots d'adieu et d'amitié, mais le moment des séparations fut bref. C'était un incident quotidien dont on avait pris l'habitude et ce soir-là précisément la bonne société de La Force se préparait à jouer aux gages et à écouter un petit concert. Elle se rassembla aux grilles pour assister au départ des accusés et versa quelques larmes sur ces malheureux qui s'éloignaient, mais vingt places étaient vides, il fallait les remplir afin de profiter des divertissements prévus et l'heure pressait. Bientôt allait venir le geôlier qui fermerait les portes et livrerait la salle commune et les corridors aux chiens de garde qui faisaient le guet pendant la nuit. Ce n'est pas que les prisonniers fussent insensibles. Ce manque d'intérêt venait de la condition où ils étaient placés et non d'une absence de cœur. De même qu'il ne faut pas voir – en dépit d'une subtile différence – dans l'espèce de ferveur ou d'enivrement qui conduisit plusieurs personnes à mépriser inutilement la guillotine et à courir au-devant du supplice, une bravade mais l'effet contagieux de la fièvre générale. On a vu en temps de peste des individus être attirés par le mal et souhaiter en mourir. Nous avons tous en nous-mêmes de ces bizarreries mystérieuses qui n'ont besoin que d'une circonstance pour se révéler.

Le transfert à la Conciergerie fut court et noir, la nuit dans les cellules hantées par la vermine longue et froide. Amenés dès le matin à la barre, quinze des vingt accusés comparurent avant Charles Darnay. Tous les quinze furent condamnés à mort et les quinze procès expédiés en une heure et demie.

– Charles Évremond, dit Darnay, appela l'huissier.

Hormis les magistrats qui portaient le chapeau à plumes, le bonnet phrygien rouge orné de la cocarde tricolore dominait partout dans la salle. En jetant un regard sur les jurés et l'auditoire turbulent, le prévenu aurait pu songer que l'ordre naturel des choses était renversé et que les criminels jugeaient les honnêtes gens. La populace la plus vile, la plus cruelle, la plus infâme d'une grande cité dirigeait les débats, commentait, applaudissait, désapprouvait, anticipait, précipitait le jugement, en vociférant et sans rencontrer la moindre opposition de la part du tribunal. La plupart des hommes étaient armés, et les femmes munies de dagues et de couteaux. Certaines mangeaient et buvaient tout en regardant le spectacle, beaucoup tricotaient. L'une de ces dernières avait une pièce de tricot déjà faite sous le bras et n'en travaillait pas moins avec ardeur. Placée au premier rang, elle était assise à côté d'un homme que l'accusé n'avait pas revu depuis son arrivée à Paris et qu'il reconnut immédiatement. C'était le citoyen Defarge. La tricoteuse parla une ou deux fois à l'oreille de son voisin, d'où Charles conclut qu'elle était l'épouse du cabaretier. Le couple, pourtant très près de lui, semblait mettre un point d'honneur à éviter de rencontrer son regard. Il attendait avec une détermination obstinée l'ouverture des débats et ne quittait pas le jury des yeux. Au-dessous du président était assis le Dr Manette vêtu comme à l'ordinaire. Autant que le prisonnier pût en juger, Mr Lorry et le docteur étaient les seuls dans l'auditoire à ne pas avoir adopté le grossier habit de la carmagnole.

Le tribunal accusait Charles Évremond, dit Darnay, d'être un émigré dont la vie appartenait à la République en vertu du décret qui interdisait, sous peine de mort, l'entrée de la France aux émigrés. Peu importait que le retour du prévenu eût précédé le décret invoqué. Le décret existait, et Évremond était là. On l'avait arrêté et on réclamait sa tête.

– Qu'on lui coupe la tête ! cria l'assemblée. C'est un ennemi de la République.

Le président agita sa sonnette et demanda au prévenu s'il n'était pas vrai qu'il avait passé de longues années en Angleterre.

– C'est vrai.

– Dès lors, n'es-tu pas un émigré ? Comment te qualifies-tu ?

– J'espère ne pas être un émigré dans le sens que la loi donne à cette définition.

– Et pourquoi ?

– Parce que j'ai volontairement renoncé à un rang et à un titre qui m'étaient odieux, répondit Darnay, et que si j'ai quitté mon pays, ce que j'ai fait bien avant que le mot « émigré » eût la signification que le tribunal lui confère aujourd'hui, c'est parce que j'avais choisi de vivre de mon propre travail en Angleterre au lieu de profiter de celui du peuple comme ma position me le permettait en France.

– Quelle preuve avances-tu pour corroborer tes dires ?

Darnay nomma deux témoins : Théophile Gabelle et Alexandre Manette.

– Pourtant tu t'es marié en Angleterre ? rappela le président.

– En effet, mais pas à une Anglaise.

– Une citoyenne de France ?

– Oui.

– Son nom ?

– Lucie Manette, fille du Dr Manette, ancien détenu de la Bastille.

Cette réponse produisit le meilleur effet sur l'auditoire. Des acclamations à la louange du bon docteur retentirent dans la salle, et telle était la versatilité du peuple que des larmes coulèrent sur plus d'un de ces visages féroces qui, un instant auparavant, exprimaient la fureur et une vive impatience de se saisir du prisonnier afin de lui régler son compte.

Charles avait suivi jusqu'à présent les instructions réitérées de son beau-père dont la vigilance avait aplani tout obstacle sur la route dangereuse de l'interrogatoire. De semblables conseils lui avaient été donnés pour les questions à venir.

– Pourquoi n'es-tu pas revenu en France plus tôt ? interrogea le président.

– Pour une raison fort simple : je n'ai pas de moyens de subvenir à mes besoins en France, en dehors de la fortune patrimoniale à laquelle j'ai renoncé. En revanche, en Angleterre, je gagne ma vie en enseignant la langue et la littérature françaises. Si j'ai quitté Londres, c'est à la prière d'un compatriote dont mon absence mettait la vie en danger. Je suis venu pour arracher ce citoyen à la mort et dire la vérité à mes risques et périls. Est-ce là un crime aux yeux de la République ?

– Non, non ! cria la salle, enthousiaste.

Le président agita en vain sa sonnette pour réclamer le silence. Les dénégations continuèrent jusqu'au moment où il plut à la populace de se taire.

– Quel est le nom de ce citoyen ? demanda le président.

L'accusé expliqua qu'il s'agissait du premier témoin à décharge et qu'il s'en référait avec confiance à la lettre de ce citoyen, lettre qu'on lui avait confisquée aux portes de Paris, lors de son arrivée, mais qui devait se trouver parmi les papiers posés devant le président.

Le docteur avait veillé à ce que cette pièce fût jointe au dossier et l'avait assuré qu'on l'y avait mise. En effet, la lettre fut produite et lue par le président. Le citoyen Gabelle, cité à la barre pour témoigner, confirma la déposition de l'accusé et insinua avec une extrême délicatesse qu'au milieu de la quantité d'affaires imposées à la justice par les nombreux ennemis du peuple, il était resté trois ans enfermé à la prison de l'Abbaye où la mémoire patriotique du tribunal l'avait oublié en quelque sorte, et que ce n'était que trois jours auparavant qu'on l'avait appelé à comparaître et que le jury l'avait remis en liberté en déclarant que la présence du citoyen Charles Évremond, dit Darnay, annulait l'accusation portée contre ledit Gabelle.

Ce fut ensuite le tour de M. Manette d'être interrogé. La popularité dont il jouissait et la précision de ses réponses firent d'abord grande impression. Mais quand il démontra que l'accusé avait été son premier ami à sa sortie de la Bastille, que depuis cette époque, il n'avait cessé de lui être dévoué pendant son exil, que loin d'être en faveur auprès du gouvernement aristocratique de l'Angleterre, on l'avait accusé d'être un ennemi de la Grande-Bretagne et un ami des États unis d'Amérique, le tribunal partagea les sentiments de l'auditoire. Enfin, lorsqu'il mentionna Mr Lorry, citoyen britannique, actuellement dans la salle, qui avait déposé dans le procès susmentionné et pouvait confirmer son témoignage, le jury déclara qu'il en avait assez entendu et se trouvait prêt à rendre son verdict si la Cour voulait bien le recevoir.

À chaque vote (les jurés votaient l'un après l'autre et à voix haute), acclamations et applaudissements déferlèrent. Toutes les voix se prononcèrent en faveur du prévenu et le président déclara Charles Darnay innocent.

Alors, commença l'une de ces démonstrations auxquelles le peuple se livrait parfois, même en cette époque de fureur sanguinaire, que ce fût pour obéir à un esprit inconstant, pour céder aux impulsions généreuses et charitables qui sommeillaient en lui ou pour racheter les actes féroces dont il chargeait sa conscience. Personne n'aurait pu dire ce qui motivait son comportement dans ces moments-là. Il est probable que cette attitude participait de ces trois raisons à la fois, bien que la deuxième prédominât sur les deux autres. Quoi qu'il en fût, l'acquittement prononcé, les larmes coulèrent en abondance et Charles Darnay fut embrassé par tant de personnes des deux sexes qu'il manqua défaillir tant il était affaibli par la longue détention et ému à la pensée que la même foule, portée par un autre courant, l'aurait déchiqueté avec un égal enthousiasme.

La nécessité de laisser la place à de nouveaux accusés le délivra des étreintes dont il était l'objet. On introduisit, pour être jugés en bloc, cinq prévenus déclarés ennemis de la République pour ne l'avoir assistée ni en action ni en paroles. Le tribunal mit tant de promptitude à dédommager la nation, et à se dédommager lui-même, de la libération précédente que les cinq coupables furent condamnés à la guillotine dans les vingt-quatre heures. Le jugement fut rendu avant que Darnay pût quitter la salle. L'un des détenus lui apprit la sentence qui les frappait en levant un doigt, ce qui signifiait la mort selon le code en usage en prison, et tous les cinq s'écrièrent d'une voix ferme : « Vive la République ! »

Il est vrai qu'ils n'auraient pu compter sur l'auditoire pour prolonger les débats car quand Darnay et le docteur sortirent dans la rue, une foule considérable les entourait. M. Manette reconnut les visages aperçus dans la salle, à l'exception de deux d'entre eux qu'il chercha en vain. Larmes, embrassades et cris recommencèrent tour à tour et ensemble jusqu'à ce que la folie parût s'emparer du fleuve comme elle s'était emparée des gens amassés sur ses rives.

Ils avaient pris dans le tribunal ou dans une salle voisine une chaise qu'ils recouvrirent d'un drapeau rouge et à laquelle ils attachèrent une pique surmontée d'un bonnet phrygien. En dépit des prières du docteur, ils hissèrent Darnay sur ce char de triomphe. Porté par une mer houleuse de bonnets couleur sang d'où surgissaient, telles des lames de fond, des visages convulsés, celui-ci se demanda plus d'une fois s'il n'était pas dans le tombereau qui le conduisait à la guillotine.

Ses adorateurs embrassaient les passants rencontrés en chemin et le montraient du doigt. Tout ceci formait un cortège bien irréel. Teignant de la couleur républicaine les rues enneigées dont ils avaient rougi le pavé d'une nuance plus sombre, ils entrèrent enfin dans la cour de la maison du docteur où ils déposèrent leur charge. Préparée au spectacle qui l'attendait par son père qui avait couru l'en avertir, Lucie descendit et, lorsque son mari apparut, elle s'évanouit dans ses bras.

Il la pressa sur son cœur, ayant soin de la protéger des regards de la foule. Quelques individus se mirent à danser, les autres suivirent immédiatement leur exemple et la carmagnole tournoya dans la cour. Puis ils juchèrent sur la chaise désormais vide une jeune fille qui figurait la déesse de la Liberté et débordant dans les rues voisines, sur le quai et sur le pont, la carmagnole, dont les flots grossissaient, s'éloigna en tourbillonnant.

Darnay saisit la main du docteur qui, victorieux et fier, se tenait auprès de lui, et celle de Mr Lorry qui arriva tout essoufflé de la lutte qu'il avait soutenue contre les danseurs. Il embrassa la petite Lucie qu'on élevait pour qu'elle pût lui passer les bras autour du cou, étreignit miss Pross qui, plus que jamais fidèle et zélée, tenait l'enfant, puis souleva sa femme et la porta à leur appartement.

– Lucie, ma chérie, je suis sauvé !

– Oh, Charles, mon ami, je dois remercier Dieu à genoux comme hier je le priais.

Tous inclinèrent leurs fronts et leurs cœurs avec révérence.

– Et maintenant, remercie ton père, mon amour, dit Darnay en enlaçant Lucie. Personne en France n'aurait pu faire ce qu'il a fait pour moi.

Elle posa la tête sur la poitrine de M. Manette, comme autrefois quand elle avait appuyé sur son cœur la pauvre tête du cordonnier. Il exultait de bonheur d'avoir pu la payer de retour, il était enfin récompensé de ses maux, il était fier de sa force.

– Pas de faiblesse, ma chérie, dit-il d'un ton de reproche. Ne tremble plus. Je l'ai sauvé.

7

On frappe à la porte

« Sauvé » ! Il n'était plus le jouet de l'un de ses rêves où il était souvent revenu auprès des siens. Non, il était réellement là. Pourtant, Lucie tremblait et ne cachait pas qu'une sourde appréhension l'accablait.

L'atmosphère était si tendue, le ciel si sombre, la foule si passionnée de vengeance et si inconstante ! Tant d'innocents mouraient, victimes d'un vague soupçon ou d'une noire malveillance ! Il était impossible d'oublier que des malheureux non moins irréprochables que son mari, non moins chers à ceux qui les pleuraient partageaient chaque jour le destin auquel Charles venait d'être arraché et ainsi son cœur demeurait inquiet. Les ombres de l'après-midi d'hiver commencèrent à s'étendre et les ignobles charrettes continuèrent de rouler dans les rues. Elle les suivait en imagination, cherchait son mari au milieu des condamnés et, se pressant contre Charles pour s'assurer de sa présence, tremblait davantage.

Son père la réconfortait et considérait cette faiblesse féminine avec un air de supériorité compatissante étonnant à voir. Plus de trace du grenier de Saint-Antoine, plus de souvenir des travaux du cordonnier, plus rien du 105, tour nord. Il avait rempli sa tâche, tenu sa promesse. Il avait sauvé Charles. Dorénavant, on pouvait compter sur lui.

Ils menaient une vie fort modeste, par prudence d'abord car la simplicité n'insultait pas à l'indigence du peuple, par nécessité ensuite car ils n'étaient pas riches. La captivité de Charles avait coûté cher. Il avait fallu payer la mauvaise nourriture, les gardiens et contribuer à l'entretien des prisonniers plus démunis que lui. Il résultait donc, en partie par économie, en partie pour éviter tout espionnage, qu'ils n'employaient pas de domestique. Le citoyen et la citoyenne qui faisaient office de concierges leur rendaient service à l'occasion. Seul Jerry, dont Mr Lorry leur avait fait pratiquement l'abandon, s'était improvisé valet et avait son lit dans le logis.

Un arrêté de la République, Une et Indivisible, de la Liberté, Égalité et Fraternité ou la Mort, ordonnait que sur la porte de chaque maison le nom de toutes les personnes qui s'y trouvaient logées fût inscrit en caractères lisibles et à une hauteur convenable par rapport au niveau du sol. Par conséquent, le nom de Jerry Cruncher ornait la maison du docteur et tandis que les ombres du soir devenaient plus denses, Cruncher surveillait un peintre que M. Manette avait fait venir pour ajouter à la liste des locataires le citoyen Évremond, dit Darnay.

Dans l'atmosphère de crainte et de méfiance qui obscurcissait cette époque, les habitudes les plus innocentes de la vie s'étaient modifiées. Chez le docteur, ainsi que dans d'autres ménages, les articles de consommation courante s'achetaient le soir et en petites quantités chez des détaillants de quartier dont on changeait le plus souvent possible afin de ne pas éveiller l'attention ni exciter l'envie.

Depuis plusieurs mois, miss Pross et Mr Cruncher remplissaient l'office de commissionnaires. L'une portait la bourse, l'autre le panier. Tous les soirs, au moment où l'on allumait les réverbères, ils sortaient ensemble pour s'acquitter de leur devoir et rapportaient les achats nécessaires. Grâce à sa longue association et à sa cohabitation avec les Manette, miss Pross aurait pu, si elle l'avait voulu, savoir le français tout aussi bien que sa propre langue, mais elle avait opposé à cet égard tant de mauvaise volonté que ce baragouinage (comme elle se plaisait à appeler la langue française) lui était aussi étranger qu'à Mr Cruncher lui-même. Ses rapports avec les commerçants se bornaient donc à leur jeter à la tête, de but en blanc, un substantif, et lorsque celui-ci ne désignait pas ce qu'elle désirait, à chercher l'article en question, à s'en saisir et à le garder jusqu'à ce que le marché fût conclu, ne manquant jamais de lever un doigt de moins que son interlocuteur, quel que fût le nombre de ceux qu'il avait montrés au préalable.

– Mr Cruncher, dit miss Pross, les yeux encore rougis par les larmes que le retour de Darnay avait fait couler, si vous êtes prêt, nous pouvons y aller.

De sa voix enrouée, Jerry se déclara au service de miss Pross. Depuis longtemps, la rouille qui lui tachait les doigts avait disparu, mais rien n'avait assoupli ses cheveux raides et hérissés d'épis.

– Il n'y a pas de temps à perdre, dit miss Pross. Nous avons besoin d'une foule de choses. Il nous faut d'abord du vin. Ils vont en porter, des toasts, ce soir, ces bonnets rouges, quel que soit l'endroit où on l'achètera.

– Pour ce que vous en comprendrez, il est bien indifférent qu'ils boivent à votre santé ou à celle du Vieux, répliqua Jerry.

– De qui parlez-vous, Mr Cruncher ?

Celui-ci expliqua gauchement qu'il s'agissait du Vieux Nick, le diable.

– Ah, fit la gouvernante, il n'y a pas besoin d'interprète pour saisir les discours de ces monstres rouges. Deux mots les résument : meurtre et malheur.

– Chut, attention, je t'en prie ! s'écria Lucie.

– Oui, oui, sois tranquille, rétorqua la demoiselle, je serai prudente. Mais, entre nous, je peux bien dire que j'ai horreur des baisers à l'oignon et au tabac et que j'espère ne pas en rencontrer sur ma route. Quant à toi, ma Libellule, reste au coin du feu, soigne ton mari et laisse ta jolie tête reposer sur son épaule comme à présent. Docteur, puis-je vous poser une question ?

– Je vous autorise à prendre cette liberté, répondit Manette en souriant.

– Ne parlez pas de liberté, pour l'amour du ciel, nous en avons assez comme ça, dit la gouvernante.

– Chut ! répéta Lucie. Tu es donc incorrigible ?

– Ma mignonne, dit la vieille fille avec un hochement de tête, je suis sujette de Sa Très Gracieuse Majesté, le roi d'Angleterre George III (elle fit la révérence en nommant son souverain), et mon idée, c'est qu'il faut confondre leur politique infernale, déjouer leurs projets sataniques et placer sa confiance en celui qui nous protège. Que Dieu sauve le roi !

Dans un accès de loyauté, Mr Cruncher grommela de sa voix rauque ces dernières paroles, comme s'il eût répondu à l'église.

– Je suis bien aise de voir que vous êtes un bon Anglais, commenta miss Pross d'un air approbateur. Je regrette seulement que le rhume vous ait gâté la voix. Mais pour en revenir à ma question, docteur (il était dans l'habitude de cette bonne créature de parler à la légère de ce qui causait une vive anxiété au foyer des Manette et d'aborder le sujet en question, comme par hasard, après une série de digressions), je voudrais savoir si nous allons bientôt quitter cette ville.

– J'ai bien peur que non. Il serait dangereux pour Charles de s'en aller maintenant.

– Bien, bien, fit la gouvernante. (Sans se départir de son entrain, elle réprima un soupir et jeta un coup d'œil à sa protégée dont la chevelure prenait des reflets d'or à la lumière du feu.) Nous prendrons patience, voilà tout. Nous garderons la tête haute et nous terrasserons l'ennemi par des coups bas, comme disait mon frère Salomon. Allons-y, Mr Cruncher. Surtout, ne bouge pas, ma Libellule.

Ils sortirent, laissant près d'un bon feu Lucie, Charles, le docteur et l'enfant qui attendaient Mr Lorry d'une minute à l'autre. Miss Pross avait allumé la lampe qu'elle avait placée dans un coin de la pièce afin que la famille pût jouir, sans être dérangée, du spectacle du feu de cheminée. La petite Lucie était assise à côté de son grand-père, les mains croisées sur son bras. Le docteur, parlant à mi-voix, entreprit de lui conter l'histoire d'une puissante fée qui avait abattu les murailles d'une prison afin de délivrer un captif qui jadis lui avait rendu service. Tout était calme et paisible, et Lucie commençait à se rassurer.

– Qu'est-ce que c'est ? demanda-t-elle soudain.

– Ma chérie, dit le docteur qui interrompit son histoire et posa la main sur celle de la jeune femme, ne te laisse pas ainsi abuser. Ressaisis-toi. Je ne t'ai jamais vue aussi nerveuse. Le moindre bruit, un rien te fait tressaillir. Toi, la digne fille de ton père, tu te troubles sans raison ?

– J'ai cru entendre des pas dans l'escalier, dit-elle pour s'excuser, le visage blême, la voix tremblante.

– Mon ange, la maison est aussi paisible que la mort.

Comme il disait ces mots, on frappa vivement à la porte.

– Oh, père, père, qui cela peut-il être ? Cachons Charles ! Tu le sauveras, n'est-ce pas ?

– Mon enfant, dit Manette en se levant, je viens de le sauver, il n'a plus rien à craindre. Reprends-toi, ma chérie. Laisse-moi répondre.

Il prit la lampe, traversa les deux premières pièces du logement et ouvrit la porte du palier. Des pas retentirent lourdement et quatre hommes armés de sabres et de pistolets firent irruption dans le salon.

– Le citoyen Évremond, dit Darnay ? dit l'un d'eux.

– Que lui voulez-vous ? demanda Charles.

– On le cherche, répondit le patriote. C'est toi, je te reconnais, j'étais ce matin au tribunal. Tu es prisonnier de la République.

Les quatre hommes entourèrent Charles contre lequel se pressaient sa femme et sa fille.

– En vertu de quel acte et pour quel crime m'arrête-t-on ?

– Tu le sauras demain. C'est demain qu'on te juge. On doit t'amener à la Conciergerie.

Le docteur, que cette visite inattendue avait d'abord pétrifié et qui se tenait, la lampe à la main, semblable à une statue qui porte un flambeau, s'avança, posa la lampe sur la table et regarda le patriote qui parlait.

– Vous le reconnaissez, dit-il en le saisissant, non sans douceur, par le devant de sa chemise de laine rouge, et moi, me reconnaissez-vous ?

– Oui, citoyen docteur.

– Nous te connaissons tous, dirent les trois autres.

M. Manette promena sur eux un regard égaré et reprit dans un murmure :

– Voulez-vous bien répondre à une question ? Pourquoi l'arrête-t-on ?

– Citoyen docteur, répondit à contrecœur le premier patriote, il a été dénoncé à la section Saint-Antoine.

Il se tourna vers l'un de ses collègues :

– Ce citoyen pourra te le confirmer, lui, il est de ce quartier.

Le patriote en question fit un signe de tête affirmatif et ajouta :

– La section Saint-Antoine a porté plainte contre lui.

– De quoi l'accuse-t-on ?

– Citoyen docteur, plus de questions, répondit l'autre. Si la République exige de toi un sacrifice, tu dois te soumettre à sa loi car tu es un bon patriote. La République avant tout, le peuple est souverain. Évremond, pressons.

– Un mot seulement, implora le docteur. Qui le dénonce ?

– C'est contre la règle, mais tu peux le demander au patriote de Saint-Antoine.

M. Manette se tourna vers ce dernier qui, mal à l'aise, racla des pieds sur le plancher, se tira la barbe et bredouilla enfin :

– Vrai, c'est contre la règle, mais il est dénoncé par...

Il se tut pour reprendre d'un ton plus grave :

– Par le citoyen et la citoyenne Defarge, et puis un troisième.

– Qui ?

– C'est toi qui le demandes, citoyen docteur ?

– Oui.

– Eh bien, dit l'homme de Saint-Antoine avec un regard étrange, tu le sauras demain. Moi, je suis muet, plus question que je parle.

8

Une partie de cartes

Loin de soupçonner qu'un nouveau malheur venait de s'abattre sur ceux qu'elle aimait, miss Pross longea les rues étroites qui conduisaient à la Seine et traversa le Pont-Neuf en se remémorant les achats indispensables qu'elle avait à faire. Jerry marchait à côté d'elle, le panier à la main. Tous deux scrutaient la plupart des boutiques qui bordaient la rue et, avisant d'un coup d'œil les individus arrêtés çà et là, se détournaient pour éviter les groupes où l'on discutait avec animation. Ce soir-là, le froid était mordant. Des éclairs fulgurants et des bruits d'explosions déchiraient l'air, révélant sur le fleuve embrumé la présence des péniches où l'on fabriquait les fusils pour l'armée de la République. Malheur à quiconque tentait de trahir cette armée ou obtenait par complaisance un avancement qu'il ne méritait pas ! Mieux valait que sa barbe ne poussât pas car la guillotine eût tôt fait de le raser de près.

Après avoir acheté divers articles d'épicerie et une mesure d'huile pour la lampe, miss Pross se rappela qu'il lui fallait du vin. Plongeant un regard averti dans plusieurs tavernes, elle s'arrêta à l'enseigne du Bon-Républicain-Brutus-de-l'Antiquité, située à deux pas du palais national (redevenu depuis les Tuileries, comme on l'appelait avant) et qui semblait lui convenir. On y distinguait certes le bonnet patriotique, mais l'ambiance y était plus tranquille et moins rouge que dans les cabarets qu'elle avait rencontrés jusqu'à présent sur son chemin. Ayant sondé Jerry qui se trouva être de son avis, miss Pross, suivie de son chevalier servant, entra donc Au Bon Républicain Brutus de l'Antiquité.

Les deux étrangers ne prêtèrent pas attention aux quinquets fumeux, ni aux clients qui, la pipe à la bouche et le bonnet sur la tête, jouaient avec des cartes sales ou des dominos jaunis, ni à l'ouvrier qui, les bras nus, la poitrine découverte, le visage noirci de suie, lisait tout haut le journal, ni à ceux qui l'écoutaient, ni aux armes que portaient les buveurs ou qu'ils avaient appuyées contre le mur, ni aux deux ou trois individus qui, assoupis et vêtus de la veste noire à longs poils alors en faveur, ressemblaient à de gros chiens ou à des ours endormis. Ils s'approchèrent résolument du comptoir et indiquèrent ce qu'il leur fallait.

Pendant qu'on remplissait leurs bouteilles, un homme assis à l'autre bout de la salle prit congé du camarade avec lequel il était attablé. Pour gagner la sortie, il devait passer devant le comptoir. Au moment où il se livrait précisément à cette manœuvre, il croisa le regard de miss Pross. La gouvernante poussa un cri et tapa dans ses mains.

Tout le monde bondit sur ses pieds. On venait d'assassiner quelqu'un à cause d'un différend. C'était l'éventualité la plus plausible. Mais au lieu d'une victime étendue sur le carreau, on vit un homme et une femme face à face qui se regardaient, bouche bée. L'homme avait l'allure d'un Français et d'un parfait patriote; quant à la femme, impossible de s'y méprendre, c'était une Anglaise.

Une déception sensible suivit ce point culminant et les paroles véhémentes qu'elle inspira aux disciples du Bon Républicain Brutus auraient été de l'hébreu ou du chaldéen pour miss Pross et son chevalier servant même s'ils y avaient prêté l'oreille. Mais ils n'entendaient rien tant ils étaient frappés de surprise et la stupéfaction de Mr Cruncher n'était pas moindre que celle de miss Pross.

– Et alors ? murmura en anglais et d'un ton sec l'inconnu qui causait leur étonnement.

– Oh, Salomon, cher Salomon ! s'écria miss Pross en frappant une nouvelle fois dans ses mains. Être restée si longtemps sans avoir de tes nouvelles et te retrouver ici !

– Ne m'appelle pas Salomon. Tu veux donc ma mort ? dit l'homme avec un regard furtif et effrayé.

– Mais mon frère, reprit la vieille fille en fondant en larmes, ai-je mérité que tu me parles avec tant de cruauté ?

– Alors, retiens ta langue ou tu vas m'attirer des ennuis. Si tu as quelque chose à me dire, sortons. Paye ton vin et sortons. C'est qui, lui ?

– Mr Cruncher, répondit miss Pross.

Sans cesser de pleurer, elle hochait la tête et regardait son frère avec amour.

– Qu'il vienne aussi, dit Salomon. Qu'est-ce qu'il a à me regarder comme ça ? Il me prend pour un revenant ?

Mr Cruncher ne semblait pas loin d'aboutir à cette conclusion. Toutefois, il garda le silence. La gouvernante, explorant les profondeurs de son sac, finit par en extraire sa bourse et paya le vin. Salomon donna à l'assemblée quelques mots d'explication qui parurent la satisfaire. Les clients se rassirent et reprirent leurs occupations.

– Maintenant, que me veux-tu ? demanda Salomon en s'arrêtant au coin de la rue.

– Qu'il est dur de recevoir un accueil aussi froid de la part d'un frère que je n'ai jamais cessé d'aimer en dépit de tout ! s'écria miss Pross.

– Diable ! marmonna Salomon en appuyant les lèvres sur la joue de sa sœur. Là ! Tu es contente ?

La gouvernante secoua la tête et continua de pleurer en silence.

– Si tu crois m'avoir surpris, tu te trompes, reprit son frère. Je savais que tu étais à Paris. Je connais le nom de la plupart des habitants de la ville. Si tu veux vraiment ne pas m'attirer d'ennuis, ce que je ne crois qu'à demi, passe ton chemin et laisse-moi m'occuper de mes affaires. J'ai pas de temps à perdre. Je suis fonctionnaire public.

– Mon propre frère Salomon ! gémit la vieille fille en levant au ciel des yeux pleins de larmes. Lui qui avait l'étoffe de devenir l'un des meilleurs et des plus grands hommes de son pays ! Entrer au service d'un peuple étranger ! Et quel peuple ! Autant le voir couché dans sa...

– Je le savais, maugréa Salomon. Elle veut ma mort ! À force de pleurnicher tu vas me rendre suspect au moment où je commençais à faire mon chemin.

– Le ciel m'en préserve ! Je préférerais ne plus te revoir de ma vie, mon cher Salomon, et Dieu sait combien je souffrirais de cette séparation. Dis-moi seulement un mot gentil, dis-moi que tu n'es pas fâché, que tu n'as rien contre moi et je te laisse.

Cette bonne miss Pross ! Comme si elle était responsable de l'indifférence de son frère ! Comme si ce n'était pas ce précieux garnement qui l'avait quittée après lui avoir dépensé tout son argent ! Des années auparavant, dans le paisible quartier de Soho, Mr Lorry l'avait bien compris.

Il accorda le mot affectueux qu'elle sollicitait et achevait de le dire avec l'air de protection et de condescendance qu'il aurait pris si les rôles avaient été inversés (ce qui se produit toujours ici-bas), lorsque Mr Cruncher, le touchant à l'épaule, lui adressa de sa voix enrouée une question singulière.

– Puis-je vous demander si vous vous appelez John Salomon ou Salomon John ?

Le fonctionnaire lui fit face avec une soudaine défiance.

– Allons, reprit son interlocuteur. Parlez sans détour. (Ce qui était plus que ce dont lui-même était capable.) Elle vous appelle Salomon, vous êtes son frère, elle sait ce qu'elle fait. Mais moi, je sais qu'on vous appelle John aussi. Lequel des deux est votre prénom ? En tout cas, à Londres on vous appelle pas Pross.

– Que voulez-vous dire ?

– J'en sais rien, mais je me souviens pas du nom qu'on vous donne en Angleterre.

– Ah bon ?

– J'en jurerais, c'est un nom de deux syllabes.

– Vous croyez ?

– Oui, celui de votre camarade n'en avait qu'une. Je vous connais : vous serviez d'espion et de faux témoin à la cour de l'Old Bailey. Diable ! Au nom du père des mensonges, votre père à vous, comment diable vous appelait-on ?

– Barsad, fit une voix.

– C'est ça ! s'écria Jerry. C'est le nom que je cherchais.

L'individu qui venait de parler n'était autre que Sydney Carton. Les mains croisées dans le dos sous sa redingote, il surgit tout près de Jerry avec la même nonchalance affectée qu'à l'Old Bailey.

– Ne vous alarmez pas, miss Pross. Je suis arrivé hier soir à la grande surprise de Mr Lorry et nous avons décidé ensemble de ne pas mentionner ma présence dans cette ville, à moins que cela ne s'avère indispensable. Si je me suis approché, c'est parce que j'aimerais bavarder un instant avec votre frère. Il est dommage que vous n'ayez pas de frère mieux employé que Mr Barsad. Je regrette qu'il n'occupe d'autre fonction que celle de mouton de prison.

On désignait ainsi les individus chargés d'espionner les détenus. John Barsad, dont le teint était déjà blafard, devint livide et demanda comment on osait...

– Il y a une heure environ, je vous ai aperçu par hasard au moment où vous sortiez de la Conciergerie dont je contemplais les murs. J'ai la mémoire des visages et le vôtre ne s'oublie pas. Curieux de savoir quels rapports vous entreteniez avec la justice française, et ayant des raisons (dont vous êtes d'ailleurs responsable) de vous associer aux malheurs qui frappent un ami bien malchanceux, je vous ai suivi jusqu'à ce cabaret. Là, assis tout près, je n'ai eu aucun mal à déduire de vos paroles et des louanges de vos admirateurs quelle était la nature de vos fonctions. Cette découverte m'a permis de faire aboutir une vague idée qui me trottait par la tête en un projet bien arrêté, Mr Barsad.

– Lequel ?

– Il serait dangereux de vous l'expliquer ici. Me feriez-vous la grâce de m'accompagner en un lieu plus sûr, à la banque Tellson par exemple ?

– Est-ce une menace ?

– Qui parle de menace ?

– Pourquoi vous suivre si rien ne m'y oblige ?

– Si vous-même l'ignorez, ce n'est pas à moi de vous affranchir.

– Vous refusez donc d'en dire plus ? s'enquit l'espion avec inquiétude.

– Vous me comprenez fort bien, Mr Barsad. Je refuse d'en dire davantage.

L'indolence de Carton servit puissamment son talent et sa rapidité d'esprit par rapport au dessein qu'il nourrissait et à son interlocuteur. Il s'en aperçut et ne manqua pas d'en profiter.

– Je savais bien, dit l'espion en foudroyant sa sœur du regard, que tu me mettrais dans l'embarras. Si ça tourne mal pour moi, tu me le paieras.

– Voyons, voyons, Mr Barsad, s'exclama Sydney, ne soyez pas ingrat ! Sans le profond respect que j'ai pour miss Pross, je n'y serais pas allé par quatre chemins et vous connaîtriez déjà la petite proposition que je tiens à vous soumettre pour notre satisfaction mutuelle. Venez-vous à la banque ?

– Je suis curieux de savoir ce que vous me voulez. Bon, je vous suis.

– Reconduisons d'abord votre sœur jusqu'au coin de sa rue. Prenez mon bras, miss Pross. Par les temps qui courent, il serait dangereux de vous laisser rentrer seule. Je vous enlève votre escorte car j'aimerais que Mr Cruncher qui connaît Mr Barsad nous accompagne jusqu'à la banque également.

Miss Pross se souvint jusqu'à la fin de sa vie qu'au moment où elle s'appuya sur le bras qui lui était offert et où elle implora Mr Carton du regard afin qu'il épargnât son frère, elle lut dans ses yeux une fermeté et un enthousiasme qui démentaient l'insouciance habituelle de l'avoué et le métamorphosaient. Mais elle se souciait trop du sort d'un frère qui méritait si peu son amour et des réconfortantes assurances de Carton pour s'arrêter à cette observation.

Les trois hommes la laissèrent à l'angle de la rue du docteur et se dirigèrent vers la banque Tellson.

Mr Lorry venait de dîner et regardait le petit feu clair et vif qui pétillait dans l'âtre. Peut-être y cherchait-il le portrait de ce digne gentleman dont le regard s'était jadis perdu dans la contemplation des charbons rougeoyants qui brûlaient dans la cheminée de l'hôtel du Roi-George à Douvres, des années auparavant. La porte s'ouvrit. Il tourna la tête et manifesta quelque surprise en voyant un inconnu.

– Le frère de miss Pross, Mr Barsad, dit Carton.

– Barsad ? répéta le banquier. Barsad ? J'ai le vague souvenir d'avoir entendu ce nom-là et les traits de Monsieur ne me sont pas inconnus.

– Quand je vous le disais que vous aviez un visage qu'on n'oublie pas, dit froidement l'avoué à l'espion. Asseyez-vous.

Prenant lui-même un siège, il ajouta, la mine sévère, fournissant l'information qui manquait à Mr Lorry :

– Il a figuré comme témoin à charge dans l'affaire Darnay.

La mémoire de Mr Lorry fut aussitôt rafraîchie et il regarda l'individu en question avec une aversion non déguisée.

– Mr Barsad a été reconnu par miss Pross : c'est le frère dont vous l'avez souvent entendue parler avec affection. Il a admis cette parenté. Mais passons à de plus tristes nouvelles : Darnay vient d'être arrêté de nouveau.

– Que dites-vous ? s'exclama le vieux gentleman frappé de consternation. Je l'ai quitté il n'y a pas deux heures. Il était libre et tranquille. Je m'apprêtais à aller le retrouver.

– Il n'en est pas moins arrêté. Quand l'arrestation a-t-elle eu lieu, Mr Barsad ?

– Il y a peu de temps.

– John Barsad est à cet égard une autorité, commenta Sydney. C'est grâce à lui que j'ai appris la nouvelle. Il la communiquait à l'un de ses confrères avec lequel il buvait une bouteille. Il a laissé les quatre patriotes chargés de l'arrêter devant la porte de la maison et les a vus entrer chez le docteur. Il n'y a aucune raison de douter que l'arrestation a bel et bien eu lieu.

Le regard vigilant de l'homme d'affaires lut sur le visage de l'avoué qu'il était inutile d'insister davantage sur ce point. Bouleversé mais conscient qu'il importait de garder son sang-froid, le vieillard domina son émotion et prêta une oreille attentive aux paroles de Carton.

– J'espère, reprit ce dernier, que le nom et l'ascendant du docteur sur le tribunal produiront leur effet demain. N'avez-vous pas dit que le procès aurait lieu demain, Mr Barsad ?

– Oui.

– Eh bien, j'espère que la popularité du Dr Manette produira demain le même effet qu'aujourd'hui. Pourtant, le contraire est possible. J'avoue que je suis troublé de voir que le docteur n'a pu empêcher cette seconde arrestation.

– Il est probable qu'il n'en savait rien, dit Mr Lorry. Sinon...

– C'est précisément son ignorance qui m'alarme. Je ne comprends pas qu'on ait pu agir à son insu dans une affaire qui le touche personnellement.

– C'est vrai, reconnut le gentleman qui porta une main tremblante à son menton et un regard inquiet sur son interlocuteur.

– En résumé, nous sommes acculés à une situation désespérée où l'on ne peut sauver que des enjeux désespérés par des coups désespérés. Laissons au docteur les cartes gagnantes, je me réserve la partie perdue. La vie est trop incertaine pour qu'on y tienne. Ce soir, on vous porte en triomphe, demain, on vous condamne. Mon enjeu est le sort d'un ami détenu à la Conciergerie et Mr Barsad est l'adversaire que je me propose de vaincre.

– Il vous faudra un bon jeu, monsieur, répliqua l'espion.

– Je joue cartes sur table. Mr Lorry, vous savez que je suis une brute : j'aimerais un cognac.

Le cognac fut posé devant lui. Il en but un verre, puis un autre, et repoussa le flacon d'un air pensif.

– Mr Barsad, reprit-il du ton du joueur qui examine ses cartes, mouton dans les prisons, émissaire des comités de la République, porte-clés ou prisonnier à l'occasion, toujours espion et délateur, d'autant plus estimé qu'un Anglais a moins de chances qu'un Français d'être soupçonné de commettre un acte de subornation, a caché sa véritable identité à ceux qui l'emploient.

C'est là une très bonne carte. Mr Barsad aujourd'hui attaché au service de la République française, autrefois à la solde du gouvernement aristocratique de l'Angleterre, l'ennemi de la France et de la liberté. C'est là une carte excellente. Il est aisé de démontrer dans ce pays où règne la suspicion que Mr Barsad continue d'être payé par le gouvernement anglais, qu'il est un espion de Pitt, un ennemi de la République française qui l'abrite à son insu dans son sein, le traître, et l'agent de tous les maux dont on parle et dont il est si difficile d'avoir la preuve. C'est un atout qui vaut tous les autres. Avez-vous bien suivi mon jeu, Mr Barsad ?

– Où voulez-vous en venir ? demanda l'espion, mal à l'aise.

– Je joue mon as : dénonciation de Mr Barsad au comité républicain le plus proche. Examinez votre jeu, Mr Barsad, voyez ce que vous avez en main. Prenez votre temps.

Carton attira la bouteille de cognac, se servit un troisième verre, vit que l'espion craignait que, pris de boisson, il ne se rendît immédiatement à la section voisine pour mettre sa menace à exécution. Il se versa un autre verre.

– Regardez bien votre jeu, Mr Barsad. Vous avez tout votre temps.

Le jeu de l'espion était plus pauvre que ne le soupçonnait l'avoué. Barsad y voyait de fausses cartes dont son adversaire ignorait l'existence. Destitué des honorables fonctions qu'il occupait à Londres pour avoir essuyé trop d'échecs en matière de faux témoignages – non pas qu'on ne voulût pas de lui mais les raisons que l'Angleterre a de proclamer la supériorité de ses espions sont de fraîche date –, il avait traversé la Manche et pris du service en France. Employé d'abord auprès de ses compatriotes, il était devenu peu à peu espion et agent provocateur pour le compte des Français. Il savait que le gouvernement déchu l'avait attaché au faubourg Saint-Antoine et envoyé chez le marchand de vin, que la police lui avait fourni des renseignements sur le Dr Manette afin d'entrer en conversation avec le couple Defarge, qu'il s'en était servi pour gagner la confiance de Mme Defarge et qu'il avait échoué dans son entreprise. Il avait toujours tremblé au souvenir de cette femme implacable au regard sinistre qui n'avait cessé de tricoter en sa présence. Depuis, il l'avait vue en maintes occasions déployer son tricot à la section Saint-Antoine et lire dans ses mailles l'acte d'accusation d'individus dont la vie ne tardait pas à être ingérée par la vorace guillotine. Il savait, comme ses collègues, que toute fuite était impossible, que des liens serrés l'attachaient à l'ombre du couperet et qu'en dépit de son dévouement au nouveau régime, un seul mot suffirait pour faire tomber sa tête. Une fois dénoncé pour les faits graves qui venaient de s'imposer à son esprit, il voyait déjà l'effroyable Mme Defarge, dont il avait eu tant de preuves du caractère impitoyable, déplier son fatal registre et lui porter le coup de grâce. Tous les espions sont aisément terrifiés, mais il fallait convenir qu'il y avait dans les cartes de Barsad une séquence assez noire pour justifier l'effroi du joueur qui les abattait l'une après l'autre.

– Vous ne paraissez guère content de votre jeu, dit Sydney avec le plus grand calme.

– Monsieur, dit l'espion en se tournant vers Mr Lorry d'un air obséquieux, je fais appel à votre âge et à votre bienveillance pour vous supplier de demander à cet autre gentleman, votre cadet de tant d'années, s'il croit réellement pouvoir jouer l'as dont il vient de parler. Je suis un espion, je l'avoue, je conviens que c'est un emploi peu honorable, il faut cependant qu'il soit tenu par quelqu'un, mais ce gentleman n'est pas un délateur, aussi pourquoi s'abaisser à exercer pareil métier ?

Carton se chargea de répondre.

– Mr Barsad, j'ai un as, et je le jouerai sans scrupule dans fort peu de temps, dit-il en regardant sa montre.

– J'aurais espéré, messieurs, reprit Barsad, s'efforçant d'entraîner Mr Lorry dans la discussion, que par égard pour ma sœur...

– Je ne peux mieux lui témoigner le respect qu'elle m'inspire qu'en la délivrant de son frère, interrompit Sydney.

– Vous n'êtes pas sérieux ?

– Si, et j'y suis bien décidé.

La douceur mielleuse de l'espion contrastait singulièrement avec le vêtement grossier dont il s'était affublé et sans doute avec ses manières ordinaires. Déconcerté par le sérieux de son adversaire qui demeurait une énigme pour le plus sage et le plus honnête des hommes, il bredouilla deux ou trois mots inintelligibles et n'acheva pas sa phrase.

– Je possède une carte à laquelle je ne pensais pas, dit Sydney après un instant de silence. Votre ami, ce mouton qui se vantait de pâturer dans les prisons de province et qui buvait avec vous, qui est-ce ?

– Un Français, vous ne le connaissez pas, répliqua Barsad avec vivacité.

– Un Français ? répéta Carton, rêveur et sans paraître se soucier de son interlocuteur bien qu'il entendît sa réponse. Pourquoi pas ? Enfin...

– Je vous assure. D'ailleurs, ça n'a pas d'importance.

– Ça n'a pas d'importance, répéta Sydney d'un ton machinal. Pourtant, ce visage m'est familier.

– Ça m'étonnerait, j'en suis sûr, c'est impossible.

– Impossible ? murmura Carton qui remplit son verre. Impossible ? Il parle bien le français mais comme un étranger.

– Il est de la province.

– Non, ce n'est pas un Français, s'écria Carton en frappant la table du plat de la main comme l'évidence s'imposait à son esprit. C'est Cly ! Déguisé, mais c'est lui. Il était à l'Old Bailey.

– Vous parlez trop vite, dit Barsad avec un sourire qui accentua l'obliquité de son nez aquilin, vous venez de commettre une erreur qui est tout à mon bénéfice. Cly, mon ancien camarade, je l'avoue, est mort depuis plusieurs années. Je l'ai soigné dans ses derniers moments. Il est enterré à Londres dans le cimetière de Saint-Pancras-in-the-Fields. Je l'aurais accompagné jusqu'à sa dernière demeure sans l'émeute que ses funérailles ont déclenchée, mais je l'ai moi-même mis en bière.

De son siège Mr Lorry aperçut soudain une ombre fantastique se dessiner sur le mur. Remontant jusqu'à sa source, il découvrit qu'elle provenait du hérissement instantané des cheveux de Mr Cruncher.

– Soyons raisonnable, soyons juste, poursuivit l'espion. Vous vous abusez, vous vous livrez à une supposition qui n'a pas de fondement. Pour vous prouver votre méprise, voici le certificat de décès de Roger Cly. Il se trouve que je l'ai dans mon portefeuille. (D'une main preste, Barsad sortit son portefeuille et l'ouvrit.) Tenez, le voici. Oh, examinez-le, examinez-le. Vous pouvez le prendre. Ce n'est pas un faux.

Mr Lorry vit grandir l'ombre sur le mur. Mr Cruncher s'approcha. Ses cheveux n'auraient été plus hérissés s'ils s'étaient dressés sur la tête à cause de la Vache à la corne tordue dans la maison que Jack* a bâtie.

Sans être vu de l'espion, Cruncher arriva tout près de Barsad et le frappa sur l'épaule comme s'il était le fantôme d'un bailli.

– C'est vous, m'sieur, qui avez mis Roger Cly dans son cercueil ? dit-il d'un air sombre.

– Oui, c'est moi.

– Qui l'en a retiré alors ?

– Que voulez-vous dire ? bégaya Barsad qui s'appuya sur le dossier de sa chaise.

– Il a jamais été dans la fosse, rétorqua Cruncher. Je veux bien être pendu si je mens !

L'espion regarda les deux gentlemen qui, muets de surprise, regardaient Jerry.

– Des pavés et de la terre, voilà ce qu'il y avait dans le cercueil. Dites pas que c'est le cadavre de Cly que vous avez mis en bière. C'était une ruse. On est trois à le savoir.

– Comment le savez-vous ?

– Qu'est-ce que ça fait ? maugréa Cruncher. Je vous en veux depuis longtemps à cause de ça. Ah, c'est du beau de nous tromper, nous autres, honnêtes commerçants ! Je vous étranglerais volontiers pour une demi-guinée !

Sydney Carton et Mr Lorry, déconcertés par ce coup de théâtre, prièrent Mr Cruncher de modérer ses propos et de s'expliquer.

* Chanson de nourrice, ou *nursery rhyme*.

– Une autre fois, fit Jerry d'un ton évasif. C'est pas le moment de parler de ça. Ce Mr Barsad sait très bien que Roger Cly n'a jamais été dans ce cercueil, voilà ce que je dis. Qu'il ose prétendre le contraire, même par un simple non, et je l'étrangle pour une demi-guinée. (Jerry parut estimer qu'il se livrait là à une offre des plus généreuses.) Ou alors, je le dénonce, conclut-il.

– Voilà qui prouve que ma carte est bonne, Mr Barsad, dit Carton. À Paris, où règnent la suspicion et la terreur, il vous sera impossible de survivre à ma dénonciation lorsque j'aurai démontré que vous êtes ici en contact avec un autre agent de Pitt, votre ancien camarade de l'Old Bailey, coupable des mêmes délits et qui a feint de mourir et de se faire enterrer. Accusation de complot contre la République. C'est là une excellente carte, une carte de guillotine. Vous jouez, Mr Barsad ?

– Non, j'abandonne la partie. C'est vrai, on était si mal vus de la populace que je n'ai quitté l'Angleterre qu'à mes risques et périls et que Cly n'aurait jamais pu s'enfuir s'il n'avait eu l'idée de commander ses funérailles. Mais que cet homme ait eu vent de la ruse, c'est un mystère que je ne m'explique pas.

– Cherchez pas à comprendre, répliqua Jerry, vous m'avez attiré assez d'ennuis comme ça. Attention à vous, encore une fois (Jerry ne put s'empêcher de donner une nouvelle preuve de sa libéralité) je vous étrangle volontiers pour une demi-guinée !

Le mouton des prisons se tourna vers Carton.

– Bon, je vais bientôt prendre mon service, dit-il d'un air plus résolu. Je ne peux pas m'attarder. Si vous avez à me parler, je vous écoute. Ne me demandez rien qui se rapporte à mes fonctions, ce serait mettre ma tête en péril. Dans ce cas je préfère prendre le risque de vous dire non. Voilà le choix que je fais. Vous parlez de coup désespéré. Nous sommes tous dans une situation désespérée. Ne l'oubliez pas ! Moi aussi, je peux vous dénoncer, jurer tout ce qu'on voudra et avoir des témoins. Que voulez-vous ?

– Pas grand-chose. Vous êtes gardien à la Conciergerie ?

– Je vous le dis une fois pour toutes : une évasion est impossible.

– Ce n'est pas ce que je vous demande. Êtes-vous gardien à la Conciergerie ?

– Ça m'arrive.

– Vous pouvez l'être quand vous voulez ?

– J'ai mes entrées dans la prison.

Sydney remplit son verre de cognac, en vida lentement le contenu dans l'âtre tout en regardant le liquide couler. La dernière goutte versée, il se leva et dit à Barsad :

– Je vous ai fait venir ici parce qu'il était essentiel que des témoins jugent de la valeur de nos cartes. Passons maintenant dans la pièce voisine, je vous ferai part de ma proposition.

9

Les jeux sont faits

Tandis que Sydney Carton et le mouton des prisons conféraient dans l'obscurité de la pièce voisine où ils parlaient si bas qu'on n'entendait pas un murmure, Mr Lorry toisait Jerry d'un œil mécontent. À vrai dire, l'attitude de l'honnête commerçant n'inspirait pas la confiance. Il se dandinait continuellement d'une jambe sur l'autre, comme s'il en avait cinquante et qu'il les essayait toutes, examinait ses ongles avec une attention des plus suspectes et lorsqu'il croisa le regard de son maître, il fut saisi d'un de ces brefs accès de toux qui obligent à porter le creux de la main à la bouche et qui sont réputés pour ne jamais indiquer un tempérament d'une franchise totale.

– Jerry, approchez, dit le gentleman.

Mr Cruncher, précédé de l'une de ses épaules, avança de biais.

– Que faisiez-vous avant d'être commissionnaire ?

Après quelques instants de réflexion, Jerry, comme frappé d'une idée lumineuse, répondit qu'il était agriculteur.

– J'ai tout lieu de croire que vous vous êtes servi de la maison Tellson pour couvrir une profession illégale et marquée par l'infamie, dit Mr Lorry en agitant l'index avec colère. Si c'est bel et bien le cas, ne comptez pas sur moi pour vous employer de retour en Angleterre ni pour taire vos agissements. Il ne sera point dit qu'on abuse en toute impunité du nom de Tellson.

– Monsieur, plaida Mr Cruncher d'une voix contrite, permettez-moi d'espérer qu'un gentleman dont j'ai eu l'honneur d'exécuter les ordres pendant tant d'années y regardera à deux fois avant de nuire à un pauvre homme. Même si c'était vrai – notez bien, je ne dis pas que ça l'est, mais à supposer que ça le soit –, il n'y a pas qu'un côté à la question, il faut voir les deux. MM. les docteurs empochent des guinées là où un honnête commerçant ne ramasse même pas des farthings, des demi-farthings ou des quarts de farthing. Ils viennent déposer leurs fonds chez Tellson – et on n'y voit que du feu – et en descendant et remontant de voiture, ils clignent en douce de leur œil médical à cet honnête commerçant, et on n'y voit que du feu là encore. Eux aussi, ils abusent de la maison et vous êtes trop juste pour blâmer les uns et pas les autres. Et puis, il y a Mrs Cruncher, restée dans notre bonne vieille Angleterre et qui y sera encore à notre retour, si Dieu le veut, qui invoque le ciel pour qu'il s'oppose à ce commerce au point que c'est une catastrophe épouvantable. Les femmes des médecins ne prient jamais contre la clientèle de leur mari, au contraire, elles demandent au Seigneur qu'il lui procure des malades, et comment soigner les vivants s'il y a pas de morts ? Et puis il y a les pompes funèbres, les clercs de la paroisse, les sacristains, les veilleurs, des pingres et tous de mèche dans la manœuvre, et je vous assure qu'un honnête commerçant n'y gagne pas beaucoup, en supposant que ça soit vrai. Le maigre bénéfice qu'il en retire d'ailleurs ne lui sert pas à grand-chose. Son commerce ne prospère pas et il aimerait bien abandonner ce trafic s'il pouvait s'en sortir autrement, en supposant toujours que ça soit vrai.

– Ah, votre conduite me choque profondément ! s'écria Mr Lorry qui néanmoins se radoucissait.

– Je vous supplie humblement, monsieur, même si c'était vrai, ce qui est une supposition...

– Pas tant de détours.

– Oui, monsieur, oui, pas tant de détours, affirma Jerry comme si rien n'était plus loin de sa pensée, voire de ses habitudes. Je veux seulement dire que sur le tabouret placé devant la porte de la banque où je suis depuis si longtemps en faction, se tient mon fils qui aujourd'hui est un homme et qui recevra volontiers vos ordres, délivrera vos messages et se chargera des commissions que vous aurez la bonté de lui confier. En supposant, monsieur, que ça soit vrai – mais il s'agit que d'une supposition car je vous parle sans détour –, permettez, monsieur, que le fils occupe la place du père à la porte de Tellson afin que plus tard il puisse aider sa mère. Ne le punissez pas pour les fautes de son père, non, je vous en conjure ! Faites que ce malheureux commerçant devienne fossoyeur et qu'il enterre les morts afin de racheter le crime de les avoir déterrés. Voilà, monsieur, ajouta Cruncher qui s'essuya le front de sa manche, signe qu'il arrivait à la conclusion de son discours, voilà ce dont je vous supplie humblement. Les atrocités qui se passent dans cette ville, comme tous ces sujets décapités – miséricorde ! y en a assez pour faire tomber le prix du transport –, ça fait sacrément réfléchir ! Et je vous supplie de considérer que si j'ai parlé, c'est pour la bonne cause. J'aurais pu me taire.

– En effet, dit Mr Lorry. Maintenant, je ne veux plus vous entendre. Il est possible que je vous garde avec moi si vous le méritez et si votre repentir se manifeste non par des discours, mais par des actes.

Jerry salua Mr Lorry en se frappant le front du dos de la main. Sydney Carton et l'espion sortirent de la pièce voisine.

– Adieu, Mr Barsad, dit l'avoué. Si vous vous en tenez à vos engagements, vous n'avez rien à craindre de ma part.

Barsad parti, il prit une chaise et vint s'asseoir à côté du banquier qui lui demanda le résultat de son entretien.

– Médiocre, répondit-il. Si l'affaire tourne mal, je serai introduit auprès du condamné.

Mr Lorry, qui jusque-là témoignait d'un certain flegme, céda à un profond désarroi.

– C'est tout ce que j'ai pu faire. Exiger davantage revenait à placer la tête de cet homme sous le couperet de la guillotine. Or, comme il l'a dit lui-même, il ne risque rien de pire s'il est dénoncé. Là réside la faiblesse de mon jeu. Je n'y peux rien.

– Mais si Darnay est condamné, ce n'est pas l'accès à sa cellule qui le sauvera.

– Je n'ai jamais dit le contraire.

Mr Lorry tourna lentement les yeux vers le feu qui brûlait dans l'âtre. Le choc qu'avait provoqué la seconde arrestation de Darnay et le chagrin qu'il éprouvait pour Lucie eurent raison soudain de son courage. C'était désormais un vieillard accablé que le désespoir rongeait. Des larmes roulèrent sur ses joues.

– Vous avez un cœur d'or et vous êtes un véritable ami, dit Sydney d'une voix altérée. Pardonnez-moi d'être le témoin de votre affliction, mais je ne pourrais rester insensible devant les pleurs de mon père et votre douleur ne m'est pas moins sacrée que ne l'aurait été la sienne. Par bonheur, vous n'avez pas la malchance de m'avoir pour fils.

Selon son habitude, il jeta ces derniers mots d'un ton quelque peu négligent, mais il y avait dans sa voix une nuance de respect et de sincérité que Mr Lorry, qui ne lui connaissait pas ces qualités, remarqua.

– Mais revenons à ce pauvre Darnay, reprit Carton en serrant avec émotion la main que lui tendait le vieillard. Surtout ne parlez pas à sa femme de l'entrevue qui m'est promise. Le marché que j'ai conclu avec Barsad ne lui permettrait pas de voir le condamné. Il est donc inutile de le mentionner. Elle s'imaginerait que j'ai demandé cette entrevue pour fournir à son mari quelque moyen de suicide.

Surpris par ces derniers mots car il n'avait pas envisagé cette éventualité, Mr Lorry se tourna vivement vers Sydney. Était-il sérieux ? Apparemment oui. L'avoué soutint son regard avec l'air de comprendre la question qui le provoquait.

– Elle s'imaginerait une foule de choses, poursuivit Carton, et cela ne ferait qu'accroître son tourment. Ne lui parlez donc pas de moi. Comme je vous l'ai dit dès mon arrivée à Paris, il vaut mieux que je ne la voie pas. Cela me permettra de lui rendre les quelques services que le hasard voudra bien présenter. Vous allez la retrouver, j'espère ? Elle doit être bien désespérée ce soir.

– Oui, je vais y aller.

– J'en suis heureux. Elle a pour vous tant d'affection. Comment est-elle ?

– Inquiète, malheureuse, mais toujours belle.

– Ah...

Ce fut un son prolongé, déchirant comme un soupir ou un sanglot. Frappé de la tristesse qui s'y trouvait contenue, Mr Lorry observa Carton qui se penchait vers l'âtre. Une ombre ou un rayon (le banquier n'aurait pu dire lequel des deux) passa, fugitivement, sur son front, avec la rapidité de la lumière qui balaye le versant d'une colline par un temps radieux et de grand vent. Il repoussa du pied une bûche qui venait de rouler hors du feu. Il portait la redingote blanche et les bottes cavalières alors en vogue, et les flammes en se reflétant sur ses habits augmentèrent sa pâleur que soulignaient déjà ses longs cheveux bruns décoiffés. Mr Lorry lui fit remarquer que son pied était au milieu des braises.

– Je n'y pensais pas, dit-il.

Le ton dont il proféra ces paroles lui attira de nouveau l'attention du gentleman qui, en voyant ses traits défaits, ne put s'empêcher de songer aux condamnés à mort.

– Ainsi, dit Carton en se retournant vers le banquier, vous êtes sur le point de quitter Paris ?

– Mon Dieu, oui. Comme je vous disais hier soir lorsque Lucie est entrée, plus rien ne me retient dans cette ville, mes papiers sont en règle, je suis prêt à partir.

Ils restèrent un instant silencieux.

– Vous avez eu une longue vie dont vous pouvez vous souvenir avec satisfaction, dit Carton d'un air pensif.

– Bien longue en effet. J'ai soixante-dix-huit ans.

– Vous avez été utile, constamment occupé. Vous possédez la confiance, le respect, l'estime de tous.

– Je suis dans la banque depuis que j'ai l'âge de raison. Enfant, j'étais déjà un homme d'affaires en quelque sorte.

– Quelle position enviable vous y occupez encore !

Comme on vous regrettera, quel vide énorme vous laisserez derrière vous !

– Bah, un vieux célibataire ! fit le gentleman. (Il secoua la tête.) Personne ne me pleurera.

– Oh, Mr Lorry, Elle vous pleurera, vous aurez ses larmes et celles de sa fille.

– Assurément, je ne savais ce que je disais.

– Et cela vaut bien qu'on en rende grâces à Dieu.

– Bien sûr, bien sûr.

– Mais si, au fond de votre cœur solitaire, vous vous disiez ce soir : « Je ne me suis attiré l'amour, l'amitié, l'estime de personne au monde, je n'ai pas droit à la tendresse, je n'ai rien fait de bien ou d'utile dont on puisse se souvenir », vos soixante-dix-huit ans ne pèseraient-ils pas sur vous comme autant de malédictions ?

– Sans doute, Mr Carton, vous dites vrai.

Sydney regarda le feu et resta silencieux.

– J'aimerais vous poser une question, dit-il au bout d'un long moment. Votre enfance vous semble-t-elle loin ? Avez-vous l'impression que l'époque où votre mère vous gardait sur ses genoux est lointaine ?

– Il y a vingt ans, oui, mais plus aujourd'hui, répondit Mr Lorry, ému par le ton de cette conversation. Plus j'approche de la fin, plus je rejoins le commencement. Il semble que cela facilite et adoucisse le chemin de la vieillesse. Mon cœur s'émeut d'une foule de souvenirs qui dormaient autrefois. Je me souviens du jeune et ravissant visage de ma mère (qui serait si vieille aujourd'hui !), je me souviens des jours où les réalités de ce qu'on appelle le monde n'existaient pas pour moi et où mes défauts n'étaient qu'en herbe.

– Je comprends ce que vous ressentez ! s'écria Carton avec fougue. Cela vous rend meilleur, n'est-ce pas ?

– Je l'espère.

Carton ne relança pas la conversation et se leva pour aider le vieillard à enfiler son manteau.

– Mais vous, dit le banquier, revenant sur le sujet, vous êtes jeune.

– Certes, la voie que j'ai suivie ne conduit pas à la vieillesse. Mais pourquoi s'occuper de ma personne ?

– Et de la mienne ? Vous sortez, vous aussi ?

– Oui, je vous accompagne jusqu'à la porte du docteur. Si je m'attarde longtemps dehors, ne vous en inquiétez pas, vous connaissez mes habitudes de vagabond, je reparaîtrai le matin. Irez-vous au tribunal ?

– Hélas ! oui.

– Moi aussi, mais je serai dans la salle. Mon espion doit m'y trouver une place. Veuillez prendre mon bras.

Mr Lorry obéit et quelques minutes plus tard ils arrivaient à destination. Carton le quitta. Après quelques pas dans le quartier, il revint devant la porte de Lucie Darnay et l'effleura d'une main respectueuse. Il savait qu'elle s'était rendue tous les jours à la prison.

– C'est d'ici qu'elle sortait, dit-il en regardant autour de lui. Elle prenait cette rue-là, puis cette autre. Elle a marché sur ces pavés. Suivons la trace de ses pas.

Il était dix heures lorsqu'il arriva devant la prison de La Force où elle avait si souvent attendu. Le scieur de bois avait fermé sa boutique et fumait sur le pas de sa porte.

– Bonsoir, citoyen, dit Carton en s'arrêtant sous le regard inquisiteur du petit bonhomme.

– Bonsoir, citoyen.

– Comment se porte la République ?

– La guillotine, tu veux dire ! Pas mal. Soixante-trois aujourd'hui. On va bientôt arriver à la centaine. Samson et ses collègues se plaignent d'être épuisés. Ha, ha, ha ! Qu'il est drôle, ce Samson, et quel barbier !

– Tu vas souvent le voir...

– Raser ? Tous les jours. Tu l'as jamais vu à l'œuvre ?

– Jamais.

– Crois-moi, citoyen, vas-y quand il a une bonne fournée. Figure-toi, citoyen, qu'aujourd'hui il en a rasé soixante-trois en moins de deux pipes ! En moins de deux pipes ! Parole d'honneur !

Le petit bonhomme, un large sourire aux lèvres, montra la pipe qu'il fumait pour expliquer sa façon de chronométrer le bourreau. Saisi d'un violent désir de lui sauter à la gorge, Carton se détourna.

– Toi, tu n'es pas anglais malgré tes vêtements, reprit le scieur de bois en le voyant s'éloigner.

Carton s'immobilisa.

– Si, jeta-t-il par-dessus son épaule.
– Tu parles comme un Français.
– J'ai fait mes études à Paris.
– Vrai, on jurerait que tu es né en France. Bonsoir, l'Anglais.
– Bonsoir, citoyen.
– Eh, va voir ce diable de Samson, dit le scieur de bois, et n'oublie pas de prendre une pipe avec toi.

Une fois hors de vue du patriote, Sydney s'arrêta sous la faible lumière d'un réverbère et écrivit quelques mots au crayon sur un morceau de papier. Marchant ensuite du pas décidé d'un homme qui connaît son chemin, il traversa plusieurs rues noires et sales, d'autant plus sales qu'en ces jours de terreur, même les voies principales n'étaient pas balayées, pour arriver devant une pharmacie dont le propriétaire fermait les volets. C'était une boutique petite, sombre et encombrée où tout s'entassait pêle-mêle, tenue par un homme petit, sombre et tout voûté.

Après avoir souhaité le bonsoir au pharmacien qui venait de regagner son comptoir, il lui présenta le morceau de papier. L'apothicaire le lut et siffla tout bas. Carton resta impassible.

– Pour toi, citoyen ?
– Pour moi.
– Tu auras soin de garder ces poudres à part, citoyen. Tu sais ce qui résulterait de ce mélange ?
– Parfaitement.

Il lui donna plusieurs petits paquets. Carton les fourra un à un dans la poche de sa jaquette, paya ce qu'il devait et sortit nonchalamment de la boutique.

– Il ne me reste plus rien à faire jusqu'à demain, dit-il en levant les yeux vers la lune qui brillait dans un ciel où couraient les nuages, mais je n'ai pas sommeil.

Il prononça ces paroles d'un ton qui ne dénotait ni défi ni insouciance, mais avec le calme de celui qui, après s'être égaré, avoir erré et lutté, retrouve enfin son chemin et en aperçoit l'issue.

Quand tout jeune à l'école on disait de lui qu'il promettait beaucoup, il avait suivi le cercueil de son père. C'était il y avait longtemps. Sa mère était décédée des années auparavant. Sous la lune et les nuages qui filaient dans le ciel, il parcourait les rues obscures envahies d'ombres oppressantes et les paroles solennelles lues au cimetière, le jour de l'enterrement de son père, lui revinrent en mémoire :

« Je suis la résurrection et la vie, dit le Seigneur. Celui qui croit en moi revivra après la mort. Celui qui vit en moi est assuré de vivre à jamais. »

Seul au milieu de la nuit, dans cette cité dominée par l'échafaud, saisi d'une douleur tout humaine pour les soixante-trois têtes exécutées le jour même, pour les victimes du lendemain qui attendaient leur sort au fond des geôles, pour celles du jour suivant, et du jour suivant encore, Carton aurait pu aisément découvrir le fil conducteur des pensées qui ramenaient ces mots à son esprit, telle l'ancre rouillée d'un vieux bateau qui s'est perdue dans les profondeurs marines. Il ne le chercha pas cependant et répéta les paroles sacrées en poursuivant sa route.

Il regardait avec un grave intérêt les fenêtres éclairées derrière lesquelles le peuple allait se reposer, oublieux, l'espace de quelques heures paisibles, des atrocités qui l'entouraient, et les tours des églises où l'on ne priait plus car des années d'imposture, de corruption, de luxure avaient engendré l'impiété générale. Il portait une attention solennelle aux lointains cimetières consacrés au repos éternel comme il est écrit sur leurs portes, aux prisons qui surgissaient de partout, aux rues que suivaient par soixantaines les victimes destinées à une mort devenue si familière et réelle qu'aucun esprit vengeur ne hantait la foule pour lui reprocher l'œuvre de la guillotine. Il songeait à la vie, à la mort d'une ville qui s'apprêtait à suspendre sa fureur pendant une brève pause nocturne. Ainsi, il retraversa la Seine pour gagner des rues moins sombres.

Sur l'autre rive, il croisa peu de voitures car quiconque serait sorti en équipage aurait été suspect, et la noblesse, la tête cachée sous le bonnet républicain et chaussée de gros sabots, pataugeait dans la boue. Les théâtres n'en étaient pas moins remplis et les spectateurs qui en sortaient joyeusement reprenaient le chemin de leur logis en bavardant. Devant l'un des théâtres, une petite fille et sa mère cherchaient des yeux un endroit moins glissant pour traverser la rue. Sydney prit l'enfant, la passa de l'autre côté et avant que la petite fille ôtât le bras qu'elle avait timidement posé sur son épaule, lui demanda un baiser.

« Je suis la résurrection et la vie, dit le Seigneur. Celui qui croit en moi revivra après la mort. Celui qui vit en moi est assuré de vivre à jamais. »

Les rues devenaient silencieuses, la nuit avançait, Carton marchait. Le texte sacré habitait l'écho de ses pas et imprégnait l'air.

La nuit s'écoula. Appuyé à la balustrade d'un pont, il écouta la Seine battre les quais de l'île de la Cité où l'amas pittoresque que formaient les maisons et la cathédrale brillait à la clarté de la lune. Du ciel, un jour froid vint, livide comme un visage de mort. Nuit, étoiles, lune pâlirent et moururent. Pendant quelques minutes, l'univers sembla livré à l'étreinte de la mort.

Mais l'éclatant soleil, en se levant, parut répéter avec force les paroles sacrées et anéantir le fardeau de la nuit. Ses longs rayons lumineux atteignirent Sydney droit au cœur et le réchauffèrent. Alors qu'il les suivait du regard, les paupières baissées dans une attitude emplie de révérence, un pont de lumière parut franchir l'espace et le conduire à la boule de feu tandis que le fleuve étincelait plus bas. Dans l'immobilité du matin, le courant rapide, profond, impétueux était comme un ami qui lui tendait la main. Il marcha le long de la Seine, loin des maisons, et, à la chaude lumière du jour, s'endormit sur la berge. À son réveil, il s'attarda au bord de l'eau. Un remous tournoyait sans but. Le courant finit par l'absorber pour l'entraîner vers la mer.

« Comme moi », songea-t-il.

Un bateau marchand dont la voile était d'une teinte plus douce que celle, mordorée, d'une feuille morte glissa devant ses yeux, flotta un instant, disparut. La trace de son sillage silencieux s'évanouit dans l'eau tandis que Sydney demandait à Dieu pitié pour ses erreurs et son aveuglement. Sa prière s'acheva sur ces mots : « Je suis la résurrection et la vie. »

Mr Lorry était déjà sorti quand Sydney rentra. Il était

aisé de deviner où était le charitable vieillard. Sydney ne prit qu'une tasse de café, mangea un peu de pain et, une fois lavé et changé, se rendit au tribunal.

Toute l'assemblée était en émoi. Le mouton noir – dont beaucoup s'écartaient avec effroi – le poussa dans un coin obscur de la salle et se glissa lui-même parmi la foule. Mr Lorry et le docteur se trouvaient au premier rang. Lucie était à côté de son père.

Lorsque Darnay entra, la jeune femme tourna vers lui un regard si plein de courage et d'amour, de tendresse et de pitié qu'un sang généreux colora le visage du prévenu, éclaira son regard et lui réchauffa le cœur. Si quelqu'un avait prêté attention à Carton, il aurait vu que ce même regard exerçait une influence similaire sur l'avoué.

Devant ce tribunal injuste, aucune forme – ni aucun semblant de forme – ne garantissait le droit de défense de l'accusé. Si l'on n'avait détourné aussi monstrueusement les lois, les règles et les coutumes, la Révolution n'aurait pas existé, ni son désir suicidaire de vengeance qui lui fit jeter au vent l'ancien ordre judiciaire.

Tous les yeux étaient tournés vers le jury, composé des mêmes patriotes acharnés et bons républicains qui avaient siégé la veille et siégeraient les jours suivants. Remarquable entre tous se distinguait parmi ses membres un homme au visage farouche dont les doigts erraient perpétuellement autour des lèvres et dont la présence causait à la foule une vive satisfaction. Ce juré assoiffé de sang, au regard cannibale, à la pensée meurtrière était le Jacques trois du grenier de Saint-Antoine. Dans son ensemble le jury évoquait une bande de limiers choisis pour juger le cerf.

Tous les yeux se portèrent ensuite sur l'accusateur public et les cinq juges qui témoignaient d'une volonté criminelle, cruelle, inflexible. Il n'y avait aucune faiblesse à redouter de ce côté-là. Alors, les yeux se cherchèrent dans la foule pour se désigner le tribunal d'un air approbateur, les têtes acquiescèrent avant de se pencher avec une attention soutenue vers les juges.

La séance s'ouvrit sur la lecture de l'acte d'accusation.

– Charles Évremond, dit Darnay, relâché hier matin,

accusé de nouveau hier dans la journée, réincarcéré le soir, dénoncé comme ennemi de la République, comme aristocrate et comme membre d'une famille de tyrans, race proscrite pour avoir, en usant de ses privilèges désormais abolis, contribué à l'oppression du peuple. En vertu de cette proscription, Charles Évremond, dit Darnay, est mort au regard de la loi. »

L'accusateur public présenta brièvement les faits.

– Le prévenu est-il dénoncé ouvertement ? demanda le président.

– Ouvertement.

– Par qui ?

– Par trois personnes. Ernest Defarge, marchand de vin dans le faubourg Saint-Antoine.

– Bien.

– Thérèse Defarge, son épouse.

– Bien.

– Alexandre Manette, médecin.

Un violent tumulte souleva la salle. Le Dr Manette se leva, pâle et tremblant.

– Président, s'écria-t-il, je proteste ! C'est un mensonge, une infamie. Le prévenu est mon gendre, tu le sais, et les êtres qui sont chers à ma fille me sont plus précieux que la vie. Qui a osé dire que je dénonçais le mari de mon enfant ? Qui est l'ignoble calomniateur ? Où est-il ?

– Du calme, citoyen Manette. Se rebeller contre l'autorité du tribunal te mettrait hors la loi. Quant aux individus auxquels tu tiens plus qu'à la vie, tout bon citoyen n'a rien de plus cher au monde que la République.

De vives acclamations accueillirent cet avertissement. Le président agita sa sonnette et reprit avec chaleur :

– Si la République exigeait le sacrifice de ta propre fille, ton devoir serait d'obéir. Tu es prié de te taire.

Des applaudissements furieux s'élevèrent de nouveau. Le docteur retomba sur son siège, les lèvres tremblantes, en jetant des regards inquiets alentour. Sa fille se rapprocha de lui avec tendresse. Le juré au visage farouche se frotta les mains et porta selon son habitude la droite à sa bouche.

Defarge, appelé à déposer dès que le silence fut rétabli, expliqua rapidement qu'il était au service du docteur à l'époque où celui-ci fut emprisonné et évoqua l'état dans lequel il l'avait retrouvé après dix-huit ans de captivité.

– Ne t'es-tu pas distingué lors de la prise de la Bastille, citoyen ?

– Je crois que oui.

– Tu t'es battu comme un brave, hurla une femme d'un ton strident. Pourquoi le taire ? Tu as tiré le canon, tu as été un des premiers à entrer dans la forteresse maudite. Patriotes, je dis la vérité !

C'était La Vengeance qui, à la satisfaction générale, se mêlait aux débats. Le président appela à l'ordre.

– Je m'en moque, de ta sonnette, répliqua-t-elle, et sa voix fut couverte par des applaudissements frénétiques.

– Informe le tribunal de ce que tu as fait ce jour-là après être entré dans la Bastille.

– Je savais, reprit Defarge en lançant un regard à sa femme qui se tenait au bas de l'estrade où il était monté et qui ne le quittait pas des yeux, je savais que le prisonnier en question avait occupé la cellule 105 de la tour nord. À l'époque où il faisait des souliers dans mon grenier, il se donnait ce numéro pour nom. Le jour de la bataille, pendant que je chargeais mon canon, j'ai décidé d'aller au 105 dès que je serais dans la place. La forteresse s'est rendue, on est entrés, je suis allé dans la tour nord avec un camarade, aujourd'hui membre du jury. J'ai fouillé la cellule avec soin et dans la cheminée, sous une pierre qu'on avait replacée après l'avoir descellée, j'ai trouvé ces feuillets. Je les ai examinés et je peux certifier qu'ils sont écrits de la main du Dr Manette. Je remets donc au président ce document écrit par le Dr Manette.

– Lecture ! cria l'assemblée.

L'accusé regardait sa femme avec amour, Lucie ne se détournait de lui que pour entourer son père de sa sollicitude, Mme Defarge ne quittait pas des yeux le prévenu, Defarge observait sa femme qui triomphait, et chacun dans la salle examinait le docteur qui ne voyait personne. Dans une immobilité et un silence pesants, le président donna lecture du document, comme il suit.

10

La substance de l'ombre

– « Moi, Alexandre Manette, infortuné médecin, né à Beauvais et résidant à Paris, j'écris ces lignes de ma triste cellule de la Bastille en ce dernier mois de l'année 1767. J'écris en cachette et avec beaucoup de difficuté. J'ai l'intention de cacher ces feuillets dans la cheminée, sous une pierre que je suis parvenu à desceller au prix de laborieux efforts. Peut-être qu'une main charitable les y trouvera quand mes souffrances et moi-même seront redevenus poussière.

Je forme péniblement ces mots à l'aide d'une pointe de fer rouillé trempée dans la suie et les cendres de l'âtre et délayée dans un peu de sang. C'est le dernier mois de ma dixième année de captivité. Tout espoir m'a complètement abandonné. J'ai observé en moi les signes terribles du trouble certain qui ne va plus tarder à s'emparer de ma raison. Pourtant, je déclare solennellement que je suis sain de corps et d'esprit, en possession de toute ma mémoire, et que le récit qui suit est véridique. Je suis prêt à en répondre au jour du Jugement dernier, que ces feuillets tombent entre les mains des hommes ou non.

Un soir de l'année 1757, dans la troisième semaine de décembre (le 22 du mois, je pense), je me promenais le long de la Seine, goûtant le froid glacé de la nuit. Dans le ciel nuageux la lune brillait, le quai était désert. Je me trouvais à une heure de marche de mon logis situé dans la rue de l'École-de-Médecine, quand une voiture arriva au galop derrière moi. Je me garai pour la laisser passer de peur de me faire renverser. Au même moment une tête surgit par la portière et une voix d'homme cria au cocher de s'arrêter.

Le véhicule, entraîné par l'élan des chevaux, s'immobilisa plus loin. On m'appela par mon nom. Je répondis. Deux gentilshommes eurent le temps de descendre avant que je n'arrive à hauteur de l'équipage. Je remarquai qu'emmitouflés dans de longs manteaux, ils donnaient l'impression de vouloir se cacher. Ils se tenaient côte à côte près de la portière. Je remarquai également qu'ils étaient environ de mon âge, non, plus jeunes que moi à la réflexion, et qu'ils se ressemblaient beaucoup : même taille, même allure, même voix et, pour autant que je puisse en juger, même visage.

– Docteur Manette ? dit l'un.

– Oui.

– Le médecin, natif de Beauvais, chirurgien compétent dont la réputation à Paris depuis un an ou deux ne fait que grandir ? s'enquit l'autre.

– Messieurs, répondis-je, en effet, je suis cette personne dont vous parlez d'une manière si flatteuse.

– Nous venons de votre domicile, reprit le premier gentilhomme, où nous n'avons pas eu la chance de vous trouver et, votre domestique nous ayant dit que vous étiez allé vers les quais, nous les suivions dans l'espoir de vous croiser. Voulez-vous bien monter en voiture ?

Le caractère et le ton impérieux de mes deux interlocuteurs, qui se tenaient de façon à me couper toute retraite, me frappèrent. Ils étaient armés, je ne l'étais pas.

– Messieurs, dis-je, veuillez me pardonner, mais j'ai pour habitude de demander qui me fait l'honneur de requérir mes services et quelle est la nature du mal qui nécessite mes soins.

C'est le second gentilhomme qui me répondit.

– Docteur, vos clients sont des gens de condition. Quant à la nature du mal qui réclame votre présence, notre confiance en votre savoir nous assure que vous en jugerez mieux par vous-même. Cela dit, vous êtes prié de nous accompagner.

Je ne pouvais qu'obéir et m'exécutai en silence. Ils montèrent après moi, le deuxième gentilhomme entra d'un bond en repliant le marchepied. L'équipage fit demi-tour et repartit à toute vitesse.

J'ai rapporté fidèlement ces propos qui, je l'affirme, ont été échangés mot pour mot. J'ai décrit les faits exactement comme ils se sont produits. Cela oblige mon esprit à une attention soutenue car je crains qu'il ne se laisse distraire de la pénible tâche que je lui impose. Les astérisques qui suivent signifient que j'ai dû interrompre mon récit et glisser ce papier dans la cachette de la cheminée.

*

La voiture franchit la barrière nord et, après trois quarts de lieue environ en rase campagne – ce n'est qu'au retour que j'ai pu évaluer la distance –, quitta la grand-route pour s'arrêter devant la grille d'une propriété isolée. Nous descendîmes et arrivâmes à la maison par une allée détrempée : une fontaine avait débordé, inondant le jardin. Un certain laps de temps s'écoula avant qu'on répondît au coup de sonnette et le premier de mes guides fouetta de son épais gant de peau le visage du serviteur qui ouvrit la porte.

Il n'y avait là rien qui pût m'intriguer. J'ai toujours vu les gens du peuple recevoir des coups plus souvent que les chiens. Mais le second gentilhomme, également ulcéré, souffleta le valet du revers de la main. Le geste et le comportement des deux hommes étaient si semblables que j'en conclus qu'ils étaient jumeaux.

Depuis notre arrivée à la grille qui était verrouillée et que l'un des frères avait ouverte, puis soigneusement refermée à clé, j'entendais des cris s'échapper du premier étage. On m'y conduisit sans tarder. Les cris s'amplifiaient au fur et à mesure que je gravissais l'escalier et j'entrai dans une chambre où était couchée une malade atteinte de fièvre et en proie au délire.

C'était une jeune femme d'une grande beauté qui n'avait guère plus de vingt ans. Ses cheveux étaient en désordre. Plusieurs écharpes et mouchoirs l'attachaient au lit. Je remarquai que ces liens improvisés provenaient de la garde-robe d'un gentilhomme. L'un des coins d'une écharpe qui était la ceinture d'un vêtement de cour arborait un écusson surmonté d'une couronne de marquis et de la lettre E. Ce détail m'apparut dès les premiers instants que je passai auprès de ma malade, car à force de se débattre, la malheureuse gisait au bord du lit, le visage dans les draps. Elle avait saisi avec les dents un morceau de l'écharpe qui la retenait et risquait à tout moment de s'étouffer. Je lui arrachai l'étoffe de la bouche. C'est alors que j'aperçus l'armoirie et la lettre E qui en constituait le chiffre.

Je couchai ensuite doucement la malade sur le dos, posai la main sur sa poitrine afin de la maintenir en place et la regardai avec attention. Ses yeux écarquillés avaient une expression hagarde. Elle poussait des cris perçants, répétait toujours les mêmes mots : « Mon mari, mon père, mon frère ! », comptait jusqu'à douze et ajoutait : « Chut ! » L'espace d'un instant, elle prêtait l'oreille, puis recommençait à crier et à répéter : « Mon mari, mon père, mon frère ! », recomptait jusqu'à douze et disait : « Chut. » Tout cela dans le même ordre, avec la même intonation.

– Y a-t-il longtemps qu'elle est dans cet état ? demandai-je.

Pour la clarté du récit, je différencierai les deux frères en appelant celui qui témoignait d'une plus grande autorité le frère aîné et l'autre le cadet.

– Depuis hier soir, répondit l'aîné.

– Elle a un mari, un père et un frère ?

– Un frère.

– Puis-je le voir ?

– Non, répliqua-t-il en affichant un réel mépris.

– Que signifie le nombre douze à votre avis ?

– Midi, s'impatienta le cadet.

– Voyez-vous, messieurs, il est dommage que vous ne m'ayez pas donné quelques indications sur l'état de la malade, je me serais pourvu de médicaments. Le temps presse et où trouver un pharmacien dans cet endroit isolé ?

Le frère aîné regarda le plus jeune.

– Il y a des drogues ici, dit ce dernier avec dédain en rapportant d'un cabinet une boîte qu'il posa sur la table.

*

J'ouvris quelques-uns des flacons, les humai et portai leurs bouchons à ma bouche. Si j'avais eu besoin d'autres médicaments que ces substances narcotiques qui étaient de véritables poisons, je n'aurais utilisé aucune des fioles qui m'étaient présentées.

– Ces drogues ne vous inspirent pas confiance ? me demanda le cadet.

– Vous voyez bien, monsieur, je vais en faire usage.

Avec beaucoup de peine et après plusieurs tentatives infructueuses, je parvins à administrer à ma patiente la dose que je désirais lui faire prendre. Comme il fallait renouveler la médication et en surveiller l'effet, je m'assis à son chevet. Une domestique craintive et soumise (la femme de l'homme qui avait ouvert la porte), qui veillait sur la malade, s'était retirée, à notre arrivée, dans un coin de la pièce. La maison était humide, délabrée, meublée sans goût et sans recherche. De toute évidence, on l'habitait depuis peu et seulement par intermittence. On avait cloué à la hâte de vieilles tentures aux fenêtres pour étouffer les hurlements qui s'échappaient de la pièce. Le médicament n'avait pas modifié le délire de la jeune femme qui répétait les mêmes cris et les mêmes paroles : « Mon mari, mon père, mon frère ! » suivis d'un, deux, trois, jusqu'à douze et du mot : « Chut ! » pour recommencer l'instant d'après. Elle continuait de se débattre violemment, de sorte que je n'avais pas dénoué ses liens : je m'étais contenté de vérifier qu'ils ne la serraient pas. Mon seul espoir d'une amélioration venait du fait que le contact de ma main que je posais, de temps à autre, sur sa poitrine semblait apporter quelques minutes de répit et détendre le visage de la malade. En revanche, il demeurait sans effet sur les cris. Un pendule n'aurait pas eu plus de régularité.

Ma main soulageant la jeune femme (du moins, c'est là ce que je m'imaginais), je restai à son chevet pendant une demi-heure. Les deux frères ne quittèrent pas la pièce.

– Il y a un autre malade, dit soudain l'aîné.

– Est-ce un cas pressant ? demandai-je, surpris.

– Venez vous en assurer, répondit-il avec indifférence en prenant la lumière.

*

Mon second patient se trouvait dans une espèce de grenier situé au-dessus d'une écurie et abrité en partie par un plafond bas recouvert d'une couche de plâtre. Le reste laissait apercevoir la charpente et la crête en tuiles de la toiture. Du foin et de la paille, des fagots de bois et des pommes étaient rangés dans cette partie qu'il me fallut traverser pour me rendre à côté du malade. Ma mémoire a gardé le souvenir de ces moindres détails et, après dix ans de réclusion à la Bastille, je revois la scène avec autant de précision que ce soir-là.

Par terre, sur un peu de foin, un oreiller sous la tête, gisait un beau jeune homme de dix-sept ans au plus, un enfant de la campagne. Il était couché sur le dos, les dents serrées, le poing droit crispé sur la poitrine, une lueur farouche dans ses yeux levés vers le plafond. Je m'agenouillai près de lui et je compris aussitôt qu'il se mourait d'une blessure due à une lame.

– Je suis médecin, mon pauvre ami, laissez-moi vous examiner.

– Je ne veux pas qu'on m'examine. Inutile.

La blessure se trouvait sous sa main. Je finis par la lui faire découvrir. C'était en effet un coup d'épée, reçu depuis vingt ou vingt-quatre heures et qui n'aurait pas été moins mortel si on avait pansé la plaie sans retard. Les forces du jeune paysan déclinaient rapidement. Je me tournai vers l'aîné des gentilshommes, qui regardait mourir ce bel adolescent comme s'il s'était agi d'un oiseau, d'un lièvre ou d'un lapin, et non d'un être humain.

– Que s'est-il passé, monsieur ?

– Ce chien, ce manant a contraint mon frère à se battre en duel, comme s'il était gentilhomme ! Il est tombé sous son épée.

Cette réponse était dépourvue de toute compassion, de toute douleur, de toute humanité. L'individu qui venait de parler semblait trouver fâcheux que cette créature d'un ordre inférieur bénéficiât d'une mort d'aristocrate au lieu de s'éteindre obscurément comme une vermine de son espèce. Il était incapable de ressentir une quelconque pitié à l'égard du paysan.

Le moribond tourna lentement les yeux vers le gentilhomme, puis les reporta sur moi.

– Ils sont fiers, ces nobles, dit-il, mais, nous autres paysans, nous le sommes aussi, parfois. Ils nous dépouillent, nous bafouent, nous battent, nous tuent, mais nous gardons notre fierté. Elle... Vous... L'avez-vous vue, docteur ?

Du grenier on entendait, bien que de façon atténuée, les cris et les gémissements de la jeune femme.

– Oui, répondis-je.

– C'est ma sœur. Ils ont des droits odieux, ces nobles, qu'ils exercent depuis longtemps, mais nous avons de braves filles chez nous. Toujours. Mon père le disait. Ma sœur, c'était une brave fille. Elle avait pour fiancé un brave garçon, un fermier qui travaille sur le domaine. On travaille tous sur le domaine de cet homme-là. L'autre, c'est son frère, le pire d'une sale race.

Le paysan avait à peine la force de parler, mais son âme s'exprimait avec une effroyable énergie.

– Ces êtres supérieurs dépouillent tous les manants et cet homme-là, il nous dépouille. On est contraints de payer des impôts qu'il prélève sans pitié, contraints de travailler sur ses terres sans salaire, contraints de moudre notre blé à son moulin, contraints de nourrir sa basse-cour sur nos misérables récoltes sans pouvoir élever une seule volaille pour nous. On est exploités, pressurés... Si, par hasard, on a un bout de viande, on le mange dans la crainte, la porte et les volets fermés, parce qu'on a peur que ses gens nous voient et nous l'enlèvent. Oui, on est pressurés, dépouillés, harcelés... Notre père disait qu'il vaut mieux ne pas mettre d'enfants au monde et prier pour que nos épouses soient stériles et que notre misérable race s'éteigne.

Jamais auparavant je n'avais assisté à une telle explosion de souffrance. Elle jaillissait, ardente comme le feu. J'avais toujours pensé que la haine de l'oppression couvait chez le peuple, mais je ne l'avais jamais entendue s'exprimer avec autant de véhémence que chez ce malheureux qui se mourait.

– Ma sœur s'est mariée malgré tout. Son amoureux était malade alors, le pauvre. Elle l'a épousé et installé chez nous, dans notre niche, dirait un noble, pour le soigner. Le mariage avait eu lieu depuis quelques semaines à peine, quand le frère de cet homme-là, qui est mon maître, l'a aperçue, l'a trouvée à son goût et a demandé à mon maître de la lui prêter. Un mari, ça compte pas pour eux ! L'autre n'avait rien contre, mais ma sœur, une brave fille, bonne et vertueuse, n'a pas voulu. Elle haïssait son frère autant que je le haïssais. Alors, pour obliger le mari à la convaincre de céder et d'accepter d'être prêtée...

Lentement, le mourant tourna la tête vers celui qu'il accusait et je pus lire sur les deux visages qui s'observaient que ce que je venais d'entendre était vrai. Je les vois encore, même du fond de ma cellule. Deux sortes de fiertés s'affrontaient : l'indifférence insolente du noble, l'humiliation mêlée à la soif de vengeance chez le paysan.

– Vous savez, docteur, que ces nobles ont le droit de nous atteler comme des animaux et de nous faire tirer la charrette. C'est ce qu'ils ont fait au mari de ma sœur. Vous savez qu'ils ont le droit de nous faire passer la nuit à empêcher les grenouilles de coasser pour que leur noble sommeil ne soit pas troublé. La nuit, ils l'ont obligé à battre l'eau des étangs dans la brume et le froid, et le jour, ils l'ont attelé à la charrette. Il résistait. Vrai ! Un jour, à midi, on l'a détaché pour qu'il aille déjeuner – comme s'il avait quelque chose à se mettre sous la dent ! Il a sangloté douze fois, une fois pour chaque coup de cloche, et il est mort dans les bras de ma sœur.

Seul le désir de dénoncer les crimes de ses ennemis maintenait le malheureux garçon en vie. Avec la même énergie désespérée que celle avec laquelle il continuait de serrer son poing droit sur sa plaie, il contraignait les ombres de la mort qui approchaient à reculer.

– Alors, avec la permission et l'aide de mon maître, le frère a enlevé ma sœur malgré ce qu'elle a pu lui dire – ce que vous n'allez pas tarder à apprendre, docteur. Il l'a enlevée pour son plaisir. Il voulait s'amuser d'elle pendant quelques jours. J'étais sur la route et je l'ai vue passer. Je suis rentré chez nous pour annoncer la nouvelle. Mon père mourut d'un coup de sang, le cœur brisé de chagrin, sans rien dire. J'ai pris ma petite sœur – j'en ai une autre – et je l'ai emmenée là où cet individu ne pourra pas la trouver et où elle ne sera jamais sa chose. J'ai suivi le frère de mon maître et hier soir, je l'ai attendu ici pour le provoquer en duel, l'épée à la main, moi un manant, un vil chien. Où est la lucarne ? Elle était tout près.

Le mourant voyait la pièce s'obscurcir, se refermer sur

lui. Je regardai autour de moi et remarquai que la paille et le foin étaient piétinés, comme s'il y avait eu lutte.

– Elle m'a entendu et elle est accourue. Je lui ai dit de ne pas approcher tant qu'il n'était pas mort. Quand il est arrivé, il m'a d'abord jeté quelques pièces de monnaie, puis il m'a frappé de son fouet, mais moi, le vil chien, je ne me suis pas laissé faire et je l'ai obligé à se mettre en garde. Il peut la briser en autant de morceaux qu'il voudra, cette épée qu'il a souillée du sang de manant ! Il a dû recourir à toute son adresse pour défendre sa vie.

Je venais d'apercevoir les morceaux d'une épée qu'on avait jetés sur le tas de foin. C'était l'arme d'un gentilhomme. Plus loin se trouvait un vieux sabre, de soldat sans doute.

– Relevez-moi, docteur, relevez-moi. Où est-il ?

– Il n'est pas ici, répondis-je en supposant qu'il parlait du ravisseur.

– Orgueilleux comme ils sont, ces nobles, je lui fais peur. Où est celui qui se tenait là ? Tournez-moi vers lui, que je le voie.

Je soulevai la tête du jeune homme que j'appuyai contre mon genou, mais, investi d'une force surhumaine, il se redressa avec tant de vigueur que je dus me mettre debout pour le soutenir.

– Marquis, dit-il en étendant la main droite et en attachant sur le gentilhomme son regard vitreux, quand tu devras rendre compte de tes crimes, je vous somme de paraître devant vos juges, toi et les tiens, jusqu'au dernier de ta race, et de répondre des souffrances que tu nous as infligées. Je te marque de cette croix de sang. Je somme ton frère, le plus vil d'une race maudite, de répondre séparément de ses crimes et je le marque de cette croix de sang.

Deux fois il plongea la main dans le sang qui suintait de sa blessure et traça une croix dans l'air. Il resta un instant, le doigt en suspens, puis sa main retomba et il s'affaissa sur lui-même. Quand je le recouchai, il était mort.

*

Lorsque je retournai auprès de la jeune femme, elle

était toujours en proie aux mêmes symptômes délirants qui l'assaillaient régulièrement. Je savais que cet état pouvait se prolonger encore longtemps et que tout cesserait sans doute dans le silence de la tombe.

Je lui redonnai de la potion et restai à son chevet jusqu'à une heure avancée de la nuit. Ses cris demeuraient perçants et ses paroles cohérentes revenaient toujours dans le même ordre : « Mon mari, mon père, mon frère ! Un, deux, trois, quatre, cinq, six, sept, huit, neuf, dix, onze, douze. Chut ! »

J'étais auprès d'elle depuis trente-six heures maintenant. J'étais venu et reparti à deux reprises pour me rasseoir de nouveau, quand elle commença à donner des signes d'épuisement. Je fis le peu qu'il y avait à faire dans ce cas. Elle finit par sombrer progressivement dans une léthargie profonde et demeura prostrée.

Cela fit le même effet que lorsque le vent et la pluie s'apaisent soudain après une effroyable tempête. Je dénouai ses liens et j'appelai la domestique qui la veillait pour m'aider à la placer dans une position plus confortable et pour arranger ses vêtements. Je vis alors qu'elle était enceinte et je perdis le peu d'espoir que j'avais eu de la sauver.

– Elle est morte ? s'enquit le marquis que je continuerai d'appeler le frère aîné.

Il revenait d'une promenade à cheval et entra, encore botté, dans la chambre à coucher.

– Non, mais ça ne saurait tarder.

– Ce qu'ils sont robustes, parfois, ces gens du peuple, observa-t-il en se penchant sur la malade avec une certaine curiosité.

– Il y a dans le désespoir et le chagrin une force prodigieuse, répliquai-je.

À ces mots, il sourit, puis se rembrunit. Du pied il approcha une chaise de la mienne, ordonna à la domestique de se retirer et dit d'une voix feutrée :

– J'ai trouvé mon frère dans l'embarras à cause de ces manants, je lui ai donc conseillé de vous appeler. Vous jouissez d'une excellente réputation, vous êtes jeune et avez à faire votre fortune, vous vous souciez sans doute de vos intérêts. Il ne faut parler à personne de ce que vous avez vu ou entendu.

J'écoutai la respiration de la malade, évitant ainsi de répondre.

– M'honorez-vous de votre attention, docteur ?

– Monsieur, le secret professionnel lie le médecin à son patient.

Je me réfugiais derrière une neutralité circonspecte car j'étais profondément troublé par ce que je venais de voir et d'entendre.

La respiration de la malade était si difficile à suivre que je m'absorbais dans la recherche du pouls et des battements de son cœur. Un peu de vie tenait encore ce corps en éveil, mais c'était tout. Quand je me rassis, je regardai autour de moi et vis que les deux frères m'examinaient d'un œil attentif.

*

J'ai tant de peine à écrire, le froid est si rigoureux, j'ai si peur d'être surpris en train d'écrire ces lignes et d'être enfermé dans un cachot du sous-sol, sans lumière, qu'il me faut abréger ce récit. Ma mémoire ne me fait pas défaut et demeure vigilante : elle se souvient de tout en détail. Il me serait facile de rapporter, mot pour mot, mes conversations avec les deux frères.

La jeune femme traîna encore une semaine. Vers la fin, la voyant remuer les lèvres, j'approchai mon oreille et saisis quelques-unes de ses paroles. Elle me demanda où elle était. Je le lui dis. Elle me demanda qui j'étais. Je le lui dis. Ce fut en vain que je voulus connaître son nom de famille. Elle secoua la tête en signe de refus et comme son frère garda son secret.

Je n'eus l'occasion de la questionner que lorsque j'annonçai aux deux frères que les forces de la jeune femme déclinaient rapidement et qu'elle ne survivrait pas un jour de plus. Jusque-là, bien qu'on n'introduisît personne dans la chambre en dehors de la domestique et de moi-même, ni le marquis ni son frère ne relâchaient leur surveillance et ils se tenaient avec une vigilance jalouse derrière le rideau au chevet du lit quand je m'y trouvais. Ce n'est donc que lorsque je leur annonçai que la jeune femme n'en avait plus pour longtemps qu'ils parurent indifférents à ce que je pouvais lui demander, comme si – cette pensée traversa mon esprit – moi aussi, j'allais mourir.

J'avais remarqué plus d'une fois combien leur orgueil souffrait de ce duel avec un paysan, un enfant, presque, de surcroît. C'était un fait dégradant qui avait ridiculisé leur famille et les avait profondément blessés. Le regard du ravisseur qui avait été contraint de se battre se posait fréquemment sur moi. J'y voyais la haine profonde qu'il éprouvait à mon égard depuis la révélation que j'avais reçue du jeune paysan. En dépit de ses manières plus courtoises et polies que celles de l'aîné, je voyais bien qu'il me détestait. J'étais également un embarras pour l'aîné à qui ma vue déplaisait.

Ma patiente mourut deux heures avant minuit. À la minute près, il y avait juste huit jours qu'on m'avait conduit auprès d'elle. J'étais seul à son chevet quand sa jeune tête s'inclina doucement sur son épaule. Les souffrances et les chagrins rencontrés ici-bas venaient de s'achever.

Les deux frères attendaient avec impatience au rez-de-chaussée. Je les avais entendus cingler leurs bottes de leur cravache et faire les cent pas.

– Elle a fini par mourir ? dit l'aîné quand je descendis les rejoindre.

– Oui, répondis-je.

– Je vous en félicite, mon frère, dit-il en se tournant vers ce dernier.

Il me donna un rouleau d'or que je reposai sur la table. J'avais déjà refusé la veille la somme d'argent qu'il m'avait offerte car j'étais bien résolu à ne rien recevoir de lui.

– Veuillez m'excuser, dis-je. En pareille circonstance, non, je ne peux accepter.

Ils échangèrent un regard, me saluèrent comme je les saluai, et nous nous quittâmes sans un mot de plus.

*

Je suis las, las, las, épuisé par le chagrin, incapable de relire ces lignes si pâles.

Le lendemain matin de bonne heure, le rouleau d'or fut déposé devant ma porte dans une petite boîte qui portait mon nom. Toute la nuit, j'avais réfléchi à la situation, me demandant quelle conduite adopter. Ce jour-là, je décidai d'écrire au ministre et de l'informer en confidence des deux cas que j'avais eu à traiter, des circonstances qui entouraient ces décès et du lieu où ils s'étaient produits. Je n'ignorais ni l'influence de la Cour sur la justice, ni les privilèges dont jouissait l'aristocratie et je m'attendais que ma lettre demeurât sans effet. Mais j'éprouvais le besoin de soulager ma conscience. J'avais gardé le secret le plus profond sur ces tristes événements. Je ne m'en étais pas même ouvert à ma femme. Je précisai ce point au ministre afin d'établir que personne ne serait compromis dans cette fâcheuse affaire dont j'avais seul connaissance. Quant à moi, je ne craignais aucun danger pour ma personne.

J'étais tellement occupé ce jour-là que je n'eus guère le temps que de commencer ma lettre. Le lendemain matin, je me levai plus tôt qu'à l'ordinaire pour l'achever. C'était le dernier jour de l'année. Je venais de m'acquitter de ce devoir lorsqu'on vint me prévenir qu'une dame était là qui souhaitait me parler.

*

J'ai de plus en plus de mal à accomplir la tâche que je me suis imposée. Il fait si froid, si sombre, mon esprit s'engourdit et le désespoir qui m'accable m'épouvante.

Ma visiteuse était jeune, belle et gracieuse, mais portait les signes d'une mort prématurée. Elle paraissait fort émue. Elle se présenta comme étant la femme du marquis de Saint-Évremond. Le jeune paysan avait donné ce titre à l'aîné des deux gentilshommes. Je le rapprochai du chiffre brodé sur l'écharpe et j'en conclus que le mari de cette dame était mon client de l'avant-veille.

Je me souviens de tous les termes de notre conversation, mais je manque de temps pour les rapporter. J'ai l'impression que l'on a redoublé de surveillance à mon égard et le gardien peut faire irruption dans ma cellule à tout moment. La marquise avait en partie soupçonné, en partie découvert la plupart des éléments du drame cruel qui avait eu lieu et le rôle que son mari y avait joué. Elle savait également qu'on m'avait fait appeler. Elle ignorait cependant que la jeune femme était décédée et était venue me trouver, me confia-t-elle non sans désarroi, dans l'espoir d'être utile à cette dernière et de lui témoigner sa compassion. Elle cherchait à détourner la colère divine d'une famille qui s'était rendue odieuse à un si grand nombre de malheureux.

Elle avait des raisons de croire qu'il restait une sœur cadette et son vœu le plus ardent était de lui venir en aide. Pouvais-je lui fournir les renseignements qui lui manquaient ? Je confirmai l'existence de cette jeune fille, mais je ne pus en dire davantage : j'ignorais son nom et l'endroit où elle habitait. Ce que j'ignore encore à cette heure.

*

Je vais bientôt manquer de papier. Hier on m'a pris un feuillet et on m'a menacé du cachot. Il faut que je termine mon récit aujourd'hui.

Bonne et sensible, la marquise n'était pas heureuse en ménage. Comment aurait-il pu en être autrement ? Son beau-frère la détestait et employait contre elle toute son influence. Elle le craignait et ne redoutait pas moins son mari. Je la raccompagnai jusqu'à la porte. Dans la voiture était assis un joli petit garçon de deux ou trois ans.

– Je m'efforce, dit-elle, les yeux remplis de larmes, pour son bien, de réparer autant que possible les torts de sa famille. Quel fardeau pour lui, un pareil héritage ! J'ai le pressentiment que si ces fautes ne sont pas expiées, un jour on lui demandera des comptes. Tout ce que je possède en propre – et c'est bien peu en dehors de quelques bijoux –, je le lui léguerai en lui confiant, comme premier devoir de sa vie, le soin de le donner à cette famille offensée, si l'on peut retrouver la sœur de cette pauvre femme. Il devra l'assurer de la compassion et de l'affliction de sa malheureuse mère qui ne sera plus alors.

Elle embrassa l'enfant.

– C'est pour ton bien, dit-elle en le couvrant de ses caresses. Tu promets, Charles ?

– Oui, répondit bravement le petit garçon.

Je baisai la main de la marquise. Elle prit son enfant dans les bras et monta en voiture sans cesser de l'étreindre. Je ne l'ai plus jamais revue.

Croyant que je savais qui était son mari, elle ne

m'avait pas caché son identité, mais je cachetai ma lettre sans mentionner le nom du marquis de Saint-Évremond et, ne voulant pas la confier à des mains étrangères, je la portai le jour même à sa destination.

Dans la soirée, la dernière de l'année, vers neuf heures et demie un homme vêtu de noir sonna à la porte, me demanda et sans bruit suivit à l'étage Ernest Defarge, un jeune homme à mon service. Quand mon valet entra au salon où je me trouvais en compagnie de mon épouse – ô ma bien-aimée, ma tendre et belle épouse anglaise ! –, l'inconnu, qui aurait dû rester dehors, se tenait, silencieux, derrière lui.

– Un cas urgent dans la rue Saint-Honoré, dit-il. Ce ne sera pas long, une voiture nous attend.

Cette voiture m'attendait pour me conduire ici, à ma tombe. Dès que je sortis, on me noua un bâillon sur la bouche et on m'attacha les bras dans le dos. Les deux frères quittèrent le recoin sombre où ils s'étaient dissimulés, traversèrent la rue et d'un signe m'identifièrent. Le marquis tira de sa poche la lettre que j'avais écrite, me la montra, la brûla à la flamme d'une lumière qu'on lui tenait et en écrasa les cendres du pied. Il n'y eut pas un mot. On m'amena ici où je suis enterré vivant.

Si Dieu avait inspiré au marquis et à son frère la pensée de me faire parvenir, au cours de ces effroyables années de captivité, des nouvelles de ma femme – ne serait-ce qu'un mot pour savoir si elle est morte ou vivante –, je me serais dit qu'Il ne les avait pas complètement abandonnés. Mais il semble que la croix sanglante dont ils sont marqués leur soit fatale. Dieu ne témoigne plus de miséricorde à leur égard. Quant à moi, Alexandre Manette, en ce dernier soir de l'année 1767, accablé d'une immense douleur, je dénonce leurs descendants et jusqu'au dernier de leur race, je les dénonce aux temps à venir où ils devront répondre de tous leurs crimes, je les dénonce au ciel et à la terre. »

Le président se tut et une effroyable rumeur parcourut la salle, une rumeur farouche qui réclamait le sang. Le document qui venait d'être lu avait exalté jusqu'à la frénésie la fureur vengeresse de l'époque et il n'était personne dans toute la nation qui n'eût baissé la tête devant la force de cette exigence.

Face à un pareil tribunal et à un pareil auditoire, il devenait inutile de demander pourquoi les Defarge n'avaient pas joint cette pièce aux papiers trouvés à la Bastille et pourquoi ils ne la rendaient publique que ce jour-là. Il devenait inutile également de démontrer que le nom de cette famille avait depuis longtemps sa place dans les archives de la tricoteuse et avait nourri la vengeance de Saint-Antoine. Celui dont les vertus et les actes auraient fait front à cette dénonciation n'était pas de ce monde.

Il était surtout fâcheux pour l'accusé que le dénonciateur fût un citoyen bien connu, son propre ami qui lui était tout dévoué, le père de son épouse. Dans ses folles aspirations, la foule cherchait à imiter les vertus plus que douteuses des républicains de l'Antiquité et voulait qu'on sacrifiât ce que l'on avait de plus cher sur l'autel de la patrie. C'est pourquoi lorsque le président déclara (sinon sa propre tête eût chancelé sur ses épaules) que le valeureux médecin de la République avait bien mérité de la nation en concourant à extirper du territoire une famille d'odieux aristocrates, et qu'il éprouverait, sans aucun doute, une joie sacrée à faire de sa fille une veuve et de sa petite-fille une orpheline, ces paroles excitèrent un sauvage élan de ferveur patriotique, mais pas le moindre sentiment d'humanité.

– Il est influent, notre docteur, tu trouves pas? murmura Mme Defarge en souriant à La Vengeance. Allez, le docteur, essaye donc un peu de le sauver, essaye!

Le premier juré vota. Un rugissement accueillit sa réponse. Un deuxième, puis un troisième votèrent, et chaque fois le rugissement retentit.

Reconnu coupable à l'unanimité, l'aristocrate de cœur et de naissance, l'ennemi de la République, le notoire oppresseur du peuple fut condamné à être ramené à la Conciergerie et à mourir dans les vingt-quatre heures.

11

Crépuscule

L'épouse éplorée de l'innocent condamné à périr sur l'échafaud fléchit sous la sentence, comme frappée d'un coup mortel, mais elle n'émit aucune plainte, et la voix intérieure qui lui disait que c'était à elle entre tous de le soutenir et non d'augmenter sa détresse lui insuffla suffisamment d'énergie pour surmonter sa défaillance.

Les juges devant assister à un défilé, le tribunal ajourna au lendemain les causes qui restaient à examiner. Le bruit et le mouvement de la cour évacuant rapidement la salle par de nombreux passages firent écho à ceux de la foule qui quittait également ces lieux. Les bras tendus vers son mari, les yeux remplis d'amour et de tendresse, Lucie ne bougeait pas.

– Si je pouvais le toucher, l'embrasser une dernière fois ! Ô bons citoyens, ayez pitié de nous !

Il ne restait dans la salle plus qu'un geôlier, deux des patriotes qui avaient arrêté Darnay et Barsad. La foule s'était déversée dans la rue pour le défilé.

– Accordons-lui ce qu'elle demande, dit Barsad. C'est l'affaire d'un instant.

Les autres acquiescèrent d'un hochement de tête, aidèrent la jeune femme à escalader les sièges jusqu'à une petite estrade. En se penchant du banc des accusés, Darnay put la serrer dans ses bras.

– Adieu, ma bien-aimée, adieu, mon âme, ma dernière pensée sera pour te bénir. Nous nous retrouverons là où les malheureux goûtent enfin le repos.

– Je peux supporter cette épreuve, Charles. Dieu me soutient. Ne t'inquiète pas pour moi. Une bénédiction d'adieu pour notre enfant.

– Je la bénis, je l'embrasse, je lui dis adieu à travers toi.

– Mon mari ! Non, un instant ! (Il s'arrachait à l'étreinte de la jeune femme.) Nous ne serons pas longtemps séparés. Je sens mon cœur se briser, mais je m'acquitterai de mon devoir tant que j'en aurai la force et quand je quitterai notre fille, Dieu lui donnera des amis, comme Il l'a fait pour moi.

Le docteur, qui avait suivi sa fille, voulut s'agenouiller devant eux.

– Non, non, s'écria Darnay en le retenant, vous n'avez commis aucune faute, vous n'êtes coupable de rien ! Nous savons désormais quelle lutte a été la vôtre. Nous savons quelle torture vous avez subie en soupçonnant, puis en apprenant ma véritable identité. Nous savons que vous avez lutté contre l'aversion naturelle que je vous inspirais et que vous l'avez surmontée par amour pour Lucie. Nous vous remercions du fond du cœur. Que le ciel vous protège !

Pour toute réponse, l'ancien détenu porta les mains à ses cheveux blancs et les tordit en poussant un cri de douleur.

– Il ne devait pas en être autrement, reprit Darnay. Tout concourait à cette fin. Ce sont mes vains efforts pour accomplir le dernier vœu de ma mère qui m'ont fatalement conduit vers vous. Le bien ne pouvait ressortir de pareils crimes. Une histoire aussi mal commencée ne pouvait avoir de dénouement heureux. Consolez-vous et veuillez me pardonner. Dieu vous bénisse !

On l'emmenait. Lucie cessa enfin de s'agripper à lui et le regarda s'éloigner, les mains jointes, un sourire réconfortant, presque radieux, illuminant son visage. Quand il disparut, elle se tourna vers son père, appuya le front sur son épaule, voulut parler et tomba sans mouvement.

Carton s'élança du coin écarté qu'il avait occupé jusque-là pour la relever car il n'y avait que le docteur et Mr Lorry avec elle. Sa main trembla en la soulevant et en soutenant sa tête. Cependant une lueur de fierté empourpra son visage où se lisait une vive compassion.

« La porterai-je jusqu'à sa voiture ? songea-t-il. Elle est si légère. »

Il la prit dans ses bras, quitta le tribunal et la déposa doucement sur les coussins. Le docteur et Mr Lorry montèrent dans la voiture. Il grimpa à côté du cocher.

Arrivé à la porte des Manette, où la veille au soir il était revenu pour suivre la trace de ses pas sur la chaussée inégale, il la porta dans sa chambre. Sa fille et miss Pross la couvrirent de larmes et de caresses.

– Laissez-la, dit-il. Ne cherchez pas à la ranimer, elle est mieux ainsi. Ne la rappelez pas à sa douleur.

– Oh, Carton, Carton ! s'écria la petite Lucie en se jetant à son cou. Tu es venu, tu vas consoler maman et sauver papa, je le sais. Oh, regarde-la, Carton. Toi qui l'aimes, tu ne peux pas supporter de la voir malheureuse.

Il se pencha sur l'enfant, appuya sa joue contre son frais visage, puis s'écarta et regarda la jeune femme qui était toujours évanouie.

– Avant de m'en aller...

Il se tut un instant et reprit :

– Je peux l'embrasser ?

La petite Lucie, qui se tenait tout près de lui, se souvint qu'il baisa sa mère au front et murmura les mots suivants : « Une vie qui vous est chère ! » C'est ce qu'elle raconta plus tard à ses petits-enfants alors qu'elle était une grand-mère pleine de dignité.

Il regagna le salon et se tourna brusquement vers Mr Lorry et M. Manette qui lui avaient emboîté le pas.

– Vous jouissiez hier d'une grande popularité auprès du tribunal, docteur. Essayez de regagner sa confiance. Ces juges, ces gens de pouvoir vous tenaient en estime et appréciaient les services que vous leur rendiez, n'est-ce pas ?

– C'était différent alors car on ne me cachait rien au sujet de Charles. On m'avait assuré que je le sauverais et je l'ai sauvé.

Le docteur parlait lentement et son trouble était manifeste.

– Essayez encore. Il reste peu de temps d'ici à demain et il faut l'employer au mieux.

– C'est là mon intention. Je ne m'avouerai pas vaincu tant que je n'aurai pas tout tenté.

– Parfait ! Une énergie comme la vôtre peut accomplir de véritables exploits, même si dans le cas présent, votre tâche semble surhumaine, ajouta-t-il en laissant échapper un soupir accompagné d'un sourire douloureux. Mais il ne faut pas renoncer. Si la vie a peu de valeur quand on en fait un mauvais usage, elle vaut néanmoins qu'on la défende puisqu'il en coûte de la quitter.

– Je vais de ce pas voir le procureur et le président et d'autres qu'il est préférable de ne pas nommer. Je vais écrire aussi... mais il y a fête nationale, ils sont tous dehors, je ne les verrai que ce soir.

– En effet, mais ne vous désolez pas, la situation est tellement désespérée que ce contretemps n'altère guère vos chances. Je ne m'attends pas à un miracle, mais j'aimerais être tenu au courant. Quand aurez-vous vu tout le monde ?

– J'espère d'ici à la fin du jour, une heure ou deux après.

– Il fait nuit à quatre heures. Pour plus de sûreté, accordons-nous deux heures supplémentaires. Je serai donc chez Mr Lorry entre huit et neuf heures pour apprendre, soit de votre bouche, soit de celle de notre ami, le résultat de vos démarches.

– Entendu.

– Puissiez-vous réussir !

Manette parti, Mr Lorry raccompagna Carton à la porte et lui posa la main sur l'épaule.

– Je n'ai pas d'espoir, chuchota-t-il d'un air affligé.

– Moi non plus.

– Si tous ces magistrats, ou même seulement l'un d'entre eux, lui étaient favorables – et c'est là une supposition bien gratuite car qu'est-ce à leurs yeux que la vie d'un homme ? –, je doute fort qu'ils aient le courage de l'épargner après le déchaînement de la foule au moment où la sentence a été rendue.

– Je suis de votre avis. J'ai cru entendre la chute du couperet dans ces acclamations.

Mr Lorry appuya le bras contre le montant de la porte et s'y cacha le visage.

– Ne cédez pas au découragement, dit Carton avec douceur. J'ai engagé M. Manette à entreprendre ces démarches parce qu'un jour sa fille y trouvera une consolation. Sinon, elle risquerait de penser qu'on n'a rien tenté pour sauver Darnay et ce serait terrible.

– Oui, bien sûr, répondit Mr Lorry en séchant ses larmes, vous avez raison. Mais il mourra. Vraiment, il n'y a aucun espoir.

– En effet, il mourra, il n'y a aucun espoir, répéta Carton.

Et, d'un pas ferme, il descendit l'escalier.

12

Ténèbres

Lorsqu'il se retrouva dans la rue, Sydney Carton s'arrêta, indécis, ne sachant où aller.

« Je dois être à la banque Tellson à neuf heures, se dit-il d'un air pensif. En attendant, il serait peut-être sage de me montrer. Oui, il vaut mieux que ces gens sachent qu'il existe un homme comme moi ici. C'est une saine précaution qui risque de se révéler nécessaire. Enfin, soyons prudent, cela demande réflexion. »

Il s'immobilisa de nouveau et, au lieu de suivre la direction qu'il venait de prendre, fit quelques pas en sens inverse dans la rue qui devenait plus sombre et, après avoir envisagé toutes les conséquences possibles de son projet, décida que sa première idée était la bonne.

« Oui, il vaut mieux que ces gens me voient », conclut-il sans plus d'hésitation.

Et il se dirigea vers Saint-Antoine.

En faisant sa déposition, Defarge avait déclaré devant le tribunal qu'il était marchand de vin dans le faubourg Saint-Antoine. Pour quelqu'un qui connaissait bien la ville, il devait être facile de trouver sa boutique. S'étant orienté, Carton quitta les rues étroites, entra dans un restaurant et s'endormit comme une masse après le dîner. Pour la première fois depuis de nombreuses années, il n'avait pas pris d'alcool. La veille au soir, il n'avait bu qu'un peu de vin coupé d'eau et il avait versé le cognac de Mr Lorry dans la cheminée comme un homme qui a décidé d'en finir une bonne fois pour toutes avec une mauvaise habitude.

Il était sept heures quand il se réveilla, reposé, et reprit son chemin. En se dirigeant vers le faubourg Saint-Antoine, il s'arrêta devant une vitrine où il y avait un miroir, et remit un peu d'ordre dans sa tenue : il rectifia sa cravate, redressa le col de son habit et recoiffa ses cheveux ébouriffés. Cette opération terminée, il alla sans plus tarder chez Defarge.

Ce soir-là, il n'y avait qu'un seul client dans la taverne : Jacques trois, le juré à la voix caverneuse qui se frottait toujours les lèvres. Debout au comptoir, il bavardait avec le couple Defarge. En habituée de la maison, La Vengeance assistait à la conversation.

Carton entra, s'installa à une table et réclama (en mauvais français) un pichet de vin. Mme Defarge lui jeta un coup d'œil indifférent, puis lui porta une attention grandissante et enfin vint lui demander ce qu'il fallait lui servir.

Il répéta sa commande.

– Anglais? interrogea-t-elle, avec curiosité, en arquant les sourcils.

Il la regarda comme si le son d'un seul mot de français exigeait de sa part un terrible effort de compréhension.

– Oui, madame, oui, Anglais, répondit-il avec un accent fort prononcé.

Il prit un journal jacobin qu'il feignit de lire avec application, comme s'il s'agissait de déchiffrer une succession de signes énigmatiques et entendit Mme Defarge qui, revenue derrière son comptoir, disait :

– On jurerait que c'est Évremond.

C'est Defarge qui lui apporta le pichet de vin.

– Bonsoir.

– Comment ?

– Bonsoir !

– Oh, bonsoir, citoyen. (Carton remplit son verre.) Ah ! Et bon vin. Je bois à la République.

Defarge regagna le comptoir.

– Oui, il lui ressemble un peu.

– Beaucoup, tu veux dire, répliqua Mme Defarge avec sévérité.

– Tu l'as tellement en tête que tu le vois partout, citoyenne, remarqua Jacques trois, mû par un esprit pacifique.

– Ma foi, c'est vrai, ajouta La Vengeance avec un rire. Et avec quel plaisir tu le verras demain pour la dernière fois !

La mine studieuse, Carton suivait lentement du doigt les lignes de son journal. Les quatre amis, les bras croisés sur le comptoir, discutaient à voix basse. Après un instant de silence, pendant lequel ils regardèrent l'Anglais sans parvenir à le distraire de l'attention qu'il feignait d'accorder au rédacteur jacobin, ils reprirent leur conversation.

– La citoyenne a raison, dit Jacques trois. Pourquoi s'arrêter ? C'est là que réside notre force. Pourquoi s'arrêter ?

– Bien, bien, dit Defarge, mais il faut s'arrêter à un moment donné. La question est donc quand ?

– Après l'extermination complète, répliqua sa femme.

– Superbe ! croassa le juré tandis que La Vengeance approuvait vivement de son côté tant de détermination.

– L'extermination, c'est valable en théorie, ma femme, reprit le cabaretier visiblement troublé. Je n'ai rien contre en général, mais il a tant souffert, ce pauvre docteur. Tu as vu son visage pendant la lecture du document ?

– Oui, j'ai vu son visage, riposta la citoyenne avec mépris et colère, et je te le dis, ce n'est pas celui d'un véritable ami de la République. Qu'il y prenne garde, à son visage !

– Tu as vu la douleur de sa fille, dit Defarge avec émotion. Quelle torture pour lui !

– Oui, j'ai vu sa fille, répéta Mme Defarge, je l'ai vue, et plus d'une fois. Je l'ai vue aujourd'hui au tribunal et en d'autres lieux, par exemple dans la rue derrière la prison. Il me suffit de lever un doigt et...

Carton entendit l'index de Mme Defarge s'abattre sur le comptoir, évoquant le couperet de la guillotine.

– La citoyenne est superbe ! s'écria le juré.

– C'est un ange, s'écria La Vengeance en l'embrassant.

– Quant à toi, poursuivit la cabaretière, implacable,

en s'adressant à son mari, si ça dépendait de toi, ce qui heureusement n'est pas le cas, tu sauverais même le gendre.

– Non, protesta Defarge. Même si je n'avais qu'à prendre ce verre pour le sauver, je n'en ferais rien. Mais j'en resterais là. À mon avis, il ne faut pas aller plus loin.

– Vois-tu, Jacques, dit Mme Defarge avec une fureur contenue, vois-tu, ma petite Vengeance, écoutez-moi bien tous les deux. C'est pour d'autres crimes que celui d'opprimer le peuple que j'ai voué depuis longtemps cette race maudite de tyrans à l'extermination. Demandez donc à mon mari si ce n'est pas vrai.

– C'est vrai, affirma Defarge sans en être prié.

– Au commencement des grands jours, après la prise de la Bastille, mon mari a trouvé le document dont on a donné lecture aujourd'hui. Il l'a apporté chez nous et le soir, quand tout le monde s'en est allé et que la boutique fut fermée, on l'a lu ensemble, là, autour de ce comptoir, à la lueur de cette lampe. Ce n'est pas vrai ?

– Si, répondit Defarge.

– Quand on a eu fini de lire ce document, la lampe s'était éteinte, la lueur du jour perçait derrière les volets et entre les barreaux des fenêtres. Alors, j'ai dit à mon mari que j'avais un secret à lui révéler. Demandez-lui, il vous le dira.

– C'est vrai, dit Defarge une fois de plus.

– Je lui ai donc confié mon secret. J'ai posé les deux mains sur ma poitrine, comme maintenant, et je lui ai dit : « Defarge, j'ai grandi dans une famille de pêcheurs au bord de la mer, et cette famille de paysans victime des deux frères Évremond, c'est ma famille. Defarge, la sœur du jeune garçon mortellement blessé était ma sœur, ce mari dont le récit parle était son mari, ce bébé qui n'est jamais venu à terme était leur enfant, ce frère était mon frère, ce père était mon père, ces morts sont mes morts et c'est à moi que revient l'obligation de les venger. » Ce n'est pas vrai ?

– C'est la vérité.

– Commande au vent et au feu de s'arrêter, mais laisse-moi agir à ma guise, répliqua sa femme.

La Vengeance et Jacques trois tirèrent une effroyable satisfaction de la révélation de la cabaretière qui justifiait son acharnement contre les Évremond, et la félicitèrent avec effusion. Quant à Carton, il n'avait pas besoin de la voir pour comprendre combien elle avait blêmi en évoquant la terrible histoire de sa famille. Defarge, qui constituait une faible minorité, plaça quelques mots en faveur de la marquise et de ses généreuses intentions, mais il ne parvint pas à fléchir sa femme qui se contenta de répéter :

– Tu peux dire au vent et au feu de s'arrêter, mais moi, tu ne peux pas m'arrêter.

Des clients entrèrent et le groupe se dispersa. L'Anglais régla sa consommation, compta avec perplexité la monnaie qu'on lui rendit et demanda le chemin du Palais national. Mme Defarge l'accompagna jusqu'à la porte, lui posa la main gauche sur le bras et lui indiqua de la droite la direction qu'il fallait prendre. Carton se dit que ce ne serait pas une mauvaise action de saisir ce bras qui s'appuyait sur le sien, de le lever et de lui enfoncer une lame affilée dans l'aisselle.

Pourtant, il n'en fit rien et s'éloigna. Son ombre ne tarda pas à se fondre dans celle plus dense de la forteresse. À l'heure convenue, il se présenta chez Mr Lorry qui, cédant à une vive angoisse, parcourait le salon avec une agitation fébrile. Le vieux gentleman venait de quitter Lucie depuis quelques minutes à peine pour être au rendez-vous que lui avait donné Carton. M. Manette avait quitté la banque vers les quatre heures et n'avait pas reparu. Lucie caressait le vague espoir que les démarches de son père aboutissaient, mais c'était là un espoir bien fragile. Manette avait disparu depuis plus de cinq heures. Où pouvait-il être ?

À dix heures, le docteur n'était toujours pas là. Mr Lorry ne voulant pas laisser Lucie plus longtemps seule, il décida d'aller la retrouver et de revenir à la banque à minuit. Carton, lui, restait au rendez-vous.

Carton attendit. L'horloge sonna minuit. Le docteur n'était toujours pas de retour. Mr Lorry revint sans qu'on pût lui en donner de nouvelles et n'en apporta aucune de son côté. Où pouvait être Manette ?

Le banquier et Carton s'interrogeaient précisément

à ce sujet et commençaient à bien augurer de cette absence prolongée quand ils reconnurent son pas dans l'escalier. Le docteur entra. Ils comprirent que tout était perdu.

Ils ne surent jamais si on avait bien voulu le recevoir ou s'il n'avait fait qu'errer dans la ville. Ils ne lui posèrent pas la question car sur son visage se lisait tout ce qu'il y avait à savoir.

– Je ne le trouve pas, marmonna-t-il. Il me le faut pourtant. Où est-il ?

Il n'avait plus ni chapeau, ni cravate et tandis qu'il parcourait la pièce d'un regard hagard, il ôta son manteau et le laissa tomber à terre.

– Où est mon banc ? Je l'ai cherché partout et je ne le trouve pas. Qu'ont-ils fait de mon ouvrage ? Le temps presse, j'ai ces souliers à terminer.

Carton et Mr Lorry se regardèrent, le cœur défaillant.

– Voyons, gémit le docteur d'une voix plaintive, rendez-moi mon ouvrage, laissez-moi travailler !

Ne recevant pas de réponse, il se tira les cheveux et tapa du pied comme un enfant que l'on contrarie.

– Ne tourmentez pas un pauvre malheureux, supplia-t-il. Rendez-moi mon travail. Que va-t-il advenir si ces souliers ne sont pas prêts ce soir ?

Sa détresse l'égarait totalement.

Il était tellement évident qu'il était impossible de raisonner Manette, ou du moins de tenter de le raisonner, que, instinctivement, comme d'un commun accord, ses amis lui posèrent une main sur l'épaule et le firent asseoir au coin du feu en lui promettant qu'il aurait bientôt son ouvrage. Il s'affaissa dans son fauteuil, regarda le feu d'un œil fixe et des larmes coulèrent sur ses joues. Tout ce qui s'était passé depuis la fin de sa captivité parut n'avoir été qu'un rêve et Mr Lorry se vit revenu des années en arrière dans le grenier de Defarge.

Malgré la douleur et l'effroi qui saisirent Carton et Mr Lorry face au spectacle d'un aussi grand désarroi, ce n'était pas le moment de céder à leurs émotions. Leur attachement à Lucie qui perdait à la fois son dernier espoir et son unique soutien les rappelait vivement à leur devoir. Ils se regardèrent en silence, mus par le même sentiment.

– Notre dernière chance est perdue, dit Carton. C'était bien peu. Oui, je crois qu'il vaut mieux le raccompagner chez lui. Mais avant que vous ne vous en alliez, voulez-vous bien m'écouter un instant ? Ne me posez aucune question au sujet des recommandations que je vais vous faire et de la promesse que j'ai à vous demander. J'ai une raison pour préférer garder le silence, une excellente raison.

– Je n'en doute pas, répondit Mr Lorry. Je vous écoute.

La silhouette affaissée dans le fauteuil entre les deux amis ne cessait de se balancer d'avant en arrière et de gémir. Carton et le banquier chuchotaient comme s'ils avaient veillé un malade.

Carton se baissa pour ramasser le manteau du docteur, qui embarrassait les pieds de Manette. Le portefeuille où le docteur avait l'habitude de garder la liste de ses clients à visiter glissa de la poche de l'habit et tomba sur le parquet. Carton le saisit. À l'intérieur, il y avait un papier plié.

– Je regarde ? demanda-t-il à Mr Lorry.

Ce dernier opina de la tête.

Carton déplia le feuillet et s'exclama :

– Dieu soit loué !

– Qu'est-ce que c'est ? s'enquit vivement le banquier.

– Un instant, laissez-moi vous expliquer ce que je veux que vous fassiez. D'abord, voici mon passeport. (Il tira de sa poche un papier.) Regardez. Vous voyez, Sydney Carton, sujet britannique.

Mr Lorry tenait le formulaire ouvert et le regardait avec attention.

– Gardez-le pour moi jusqu'à demain matin. Vous n'avez pas oublié que j'irai voir Darnay demain, il est donc inutile que j'aie ce papier sur moi.

– Pourquoi ?

– Je ne sais pas. Je préfère vous le remettre, je serai plus tranquille. Maintenant, regardez le papier que le Dr Manette avait dans son portefeuille. Il s'agit d'un formulaire identique qui l'autorise avec sa fille et sa petite-fille à quitter la ville et le pays quand il veut. Vu ?

– Oui.

– Peut-être l'a-t-il obtenu hier. Quelle date porte-t-il ? Peu importe. Inutile d'en chercher la date. Rangez-le soigneusement avec le mien et le vôtre. Maintenant, écoutez-moi bien. Jusqu'à aujourd'hui, je ne doutais pas qu'il puisse obtenir sans difficulté de laissez-passer. Le formulaire est valable tant qu'il n'y a pas de contrordre. Mais cela pourrait se produire et j'ai de bonnes raisons de croire que cela va se produire.

– Ils ne courent aucun danger ?

– Au contraire, ils courent un énorme danger. Mme Defarge est sur le point de les dénoncer. Je le tiens de sa bouche. J'ai surpris plusieurs réflexions de cette femme ce soir qui me font redouter le pire. Je n'ai pas perdu de temps et j'ai vu l'espion. Il a confirmé mes craintes. Il sait qu'un scieur de bois dont l'échoppe se situe sous les murs de la prison et qui est sous l'emprise des Defarge est, à la demande de Mme Defarge, prêt à La dénoncer (Carton ne prononçait jamais le prénom de Lucie) sous prétexte qu'il l'aurait vue adresser des signes aux détenus. Il est aisé d'imaginer qu'on L'accusera de complot contre la République, un crime qui se punit de la peine de mort et qui pourrait toucher sa fille et son père. N'ayez crainte, vous les sauverez tous.

– Dieu le veuille, Carton ! Mais comment ?

– Je vais vous le dire. Cela va dépendre de vous, le succès est donc assuré. Cette nouvelle dénonciation n'aura certainement pas lieu avant après-demain. Il est même probable que Mme Defarge laisse passer encore deux ou trois jours, voire une semaine. Vous n'ignorez pas que c'est un crime capital de pleurer les victimes de la guillotine ou du moins de montrer de la compassion à leur égard. Le docteur et sa fille vont se rendre assurément coupables de ce délit et cette femme dont la haine et l'acharnement dépassent l'entendement va sans doute préférer ajouter ce nouveau grief aux charges précédentes. Vous me suivez ?

– Je vous porte une si grande attention que, l'espace d'un instant, je l'avais oublié, dit Mr Lorry en désignant M. Manette.

– Vous avez de l'argent, vous pouvez donc gagner

la côte dans les meilleurs délais. Vos préparatifs pour votre retour en Angleterre sont faits. Demain matin demandez des chevaux de poste et partez à deux heures.

– Ce sera fait.

L'ardeur et l'impétuosité de Carton communiquèrent au vieil homme une fougue nouvelle.

– Vous êtes un noble ami, dit Carton. Aurais-je pu compter sur un autre que vous ? Prévenez-la ce soir. Expliquez-lui surtout que vous savez qu'un grand danger guette son père et son enfant. Insistez bien sur ce point car elle serait trop heureuse de poser sa tête sur l'échafaud à côté de celle de son mari. (Sa voix se brisa sur ces derniers mots.) Par amour pour elle, pour sa fille, pour son père, faites-lui comprendre la nécessité de partir immédiatement, à l'heure convenue. Dites-lui que telle est la dernière volonté de son mari. Dites-lui que de son attitude dépend davantage encore. Croyez-vous que, dans l'état où il se trouve, son père lui obéisse ?

– J'en suis sûr.

– Fort bien. Faites sans bruit tous les préparatifs nécessaires, que la voiture soit dans la cour à une heure et montez-y à l'avance afin qu'on puisse partir dès mon retour de la prison.

– La chose est convenue. Je dois vous attendre quoi qu'il advienne ?

– Assurément. Vous avez mon passeport et mes effets. Ne partez pas tant que ma place n'est pas occupée, mais dès qu'elle le sera, cap sur l'Angleterre !

– À la bonne heure, dit le gentleman en lui serrant la main. Tout ne reposera pas sur un vieillard. J'aurai pour me soutenir un homme jeune et dévoué.

– Avec l'aide de Dieu, il en sera ainsi, mais promettez-moi que rien ne vous fera modifier les instructions que je viens de vous donner et que nous nous engageons mutuellement à garder secrètes.

– Je vous le promets, Carton.

– N'oubliez pas demain : le plus léger changement ou retard, quelle qu'en soit la raison, et nous ne pourrions sauver personne, plusieurs vies seraient sacrifiées.

– Je n'oublierai pas. Je remplirai fidèlement ma mission.

– Et moi la mienne ! Maintenant, je vous dis adieu.

Il prononça ces mots avec un sourire grave et fervent, puis porta la main du vieil homme à ses lèvres. Cependant, il ne partit pas tout de suite. Il aida Mr Lorry à lever le docteur qui, assis au coin du feu mourant, continuait de se balancer, à l'envelopper dans son manteau et à le coiffer de son chapeau, tout en le persuadant de les accompagner pour chercher son banc de cordonnier. Il le soutint et le protégea jusqu'à l'appartement de la pauvre Lucie – si heureuse à l'époque où il lui avait ouvert son cœur – qui s'apprêtait à veiller durant cette horrible nuit. Dans la cour il s'attarda quelques instants, les yeux levés vers la chambre qu'elle occupait où brillait de la lumière. Avant de s'éloigner, il la bénit et dans un souffle lui dit adieu.

13

Cinquante-deux

Dans la noire prison de la Conciergerie, les condamnés du jour attendaient la mort. Il y en avait autant qu'il y a de semaines en une année. Portés par le courant de la ville, cinquante-deux détenus devaient rouler cet après-midi-là vers l'océan éternel et infini. Ils n'avaient pas plus tôt quitté leur cellule, que de nouveaux prisonniers venaient les occuper; leur sang ne s'était pas encore mêlé au sang répandu la veille, qu'un nouveau qui se mêlerait au leur dès le lendemain était déjà tenu prêt.

Cinquante-deux prisonniers étaient envoyés à la mort. Du fermier général septuagénaire dont les richesses ne pouvaient racheter la vie, à la couturière de vingt ans qu'une existence pauvre et obscure n'avait pas protégée. Les maladies engendrées par les vices et l'incurie des hommes prennent leurs victimes dans tous les rangs de la société et l'effrayant désordre moral, né d'une souffrance indescriptible, d'une oppression intolérable et d'une indifférence cruelle frappe également, sans distinction.

Charles Darnay, seul dans sa cellule, n'avait nourri aucune illusion depuis qu'on l'y avait ramené après le procès. Dans chaque ligne du récit du Dr Manette, il avait entendu son arrêt de mort. Il avait compris qu'aucun crédit ne parviendrait à le sauver, que des millions d'êtres humains le condamnaient virtuellement et que des individus isolés ne pourraient rien contre une telle unanimité.

Néanmoins, hanté par le visage de son épouse bien-aimée, il lui était difficile de se résigner au sort qui l'attendait. Des liens puissants le retenaient à la vie, des liens qu'il n'était pas aisé de dénouer. À force d'efforts, il en détendait certains, mais d'autres se resserraient aussitôt, et quand il réussissait à rassembler toute son énergie pour détacher une main, c'était l'autre qui se crispait et refusait de lâcher prise. Des pensées tumultueuses, des émotions exacerbées lui agitaient le cœur et l'esprit, l'entraînaient à la révolte. Si, l'espace d'un instant, il s'inclinait devant son destin, alors la femme et l'enfant qui lui survivraient semblaient protester contre son égoïsme.

Tels furent ses premiers sentiments. Puis, la pensée qu'il n'y avait pas de honte à subir pareil châtiment, que tous les jours une foule de victimes allaient à l'échafaud et qu'elles y montaient d'un pas ferme lui redonna courage. Enfin, il songea que ce serait une consolation pour les êtres qu'il chérissait de savoir qu'il était mort avec sérénité. Aussi, peu à peu, il s'apaisa, éleva son esprit plus haut et en retira quelque réconfort.

Il avait parcouru tout ce chemin avant même que le jour ne tombât sur sa dernière nuit et qu'il n'entreprît son dernier voyage. Étant autorisé à acheter du papier, de l'encre et une bougie, il s'assit pour écrire jusqu'au moment où l'on éteignit les lampes.

Il écrivit une longue lettre à Lucie, expliquant qu'il avait ignoré l'incarcération du docteur jusqu'à l'époque où elle lui en avait parlé, et que – comme elle – c'était la lecture du document qui lui avait appris le rôle de son oncle et de son père dans cette terrible affaire. Il lui répétait que s'il lui avait caché son véritable nom, c'était pour obéir à M. Manette qui en avait exigé la promesse le matin de leur mariage. Il lui recommandait de ne jamais chercher à savoir si le docteur avait oublié l'existence de ce document ou si le souvenir lui en était revenu (momentanément ou non) à la suite du récit concernant la découverte de papiers dans la cellule de la Tour de Londres, récit que lui, Charles, avait fait, un dimanche soir dans leur maison de Soho alors qu'ils se tenaient sous le platane. En supposant qu'il n'eût pas oublié l'existence de ce document, il avait dû le croire détruit lors de la prise de la Bastille puisqu'il n'en était pas question dans les divers comptes rendus dénombrant les reliques des captifs. Il la suppliait, bien qu'il n'eût pas besoin de l'en prier, ajoutait-il, de réconforter son père, et d'employer à cette fin tous les moyens que lui suggérerait sa tendresse pour lui démontrer qu'il n'avait rien fait dont il eût à se blâmer et qu'au contraire il s'était toujours effacé pour faire leur bonheur. Enfin, il l'assura de son amour à jamais reconnaissant et de sa bénédiction, la supplia de surmonter son chagrin pour se consacrer à leur enfant, et l'enjoignit de ne pas manquer de réconforter son père, en songeant qu'un jour ils se retrouveraient au paradis.

Il écrivit au docteur dans le même sens en ajoutant qu'il confiait à ses bons soins sa femme et sa fille qui n'avaient d'autre appui que lui. Il insista sur ce point dans l'espoir que cette pensée aiderait son beau-père à triompher d'une affliction ou d'une tendance dangereuse à se réfugier dans le passé où, prévoyait-il, il risquait de sombrer, dont il prévoyait les suites et l'arracherait à des souvenirs funestes.

Il les recommanda tous trois à Mr Lorry, expliqua à ce dernier l'état de ses affaires financières. Cela fait, il lui renouvela avec beaucoup de chaleur et de sincérité l'expression de sa reconnaissance et de son amitié. Tout était fait. Il n'accorda pas une pensée à Carton. Son esprit était si plein des siens qu'il ne songea jamais à lui.

Il eut le temps d'achever ces trois lettres avant l'extinction des lumières, et lorsqu'il s'allongea sur sa paillasse, il se dit qu'il en avait fini avec ce monde-ci.

Mais il y fut rappelé dans son sommeil où il prit des formes séduisantes. Libre et heureux, il était dans la maison de Soho (bien qu'elle ne ressemblât en rien à leur vrai foyer). Relâché par un miracle qu'il ne s'expliquait pas, le cœur léger, il était de nouveau auprès de Lucie qui lui disait que tout n'avait été qu'un cauchemar et qu'il n'était jamais parti. Survint une interruption, un moment d'oubli. Puis il avait souffert, il était mort et en paix, il retrouvait sa famille cependant et n'avait pas changé. Tout s'effaça une seconde fois. Il s'éveilla dans le petit matin sombre, se demandant où il était, ce qui s'était passé. En un éclair tout lui revint en mémoire.

« C'est aujourd'hui que je meurs ! » songea-t-il.

Il arriva ainsi au jour où les cinquante-deux têtes devaient tomber. Désormais, il était calme et espérait mourir avec un héroïsme tranquille. Pourtant une nouvelle inquiétude s'empara de son esprit qu'il était difficile de maîtriser.

Il n'avait jamais vu l'instrument qui devait mettre un terme à sa vie. À quelle hauteur du sol se dressait l'échafaud ? Combien de marches fallait-il gravir ? Où le ferait-on attendre ? Comment le toucherait-on ? Les mains qui le toucheraient seraient-elles couvertes de sang ? De quel côté lui tournerait-on la tête ? Serait-il le premier ou le dernier ? Toutes ces questions et bien d'autres semblables se bousculaient sans cesse dans son esprit, malgré ses efforts pour en interrompre le flot. Elles n'étaient pas liées à un sentiment de peur : il n'avait pas conscience d'avoir peur. Non, elles provenaient du désir harcelant de savoir ce qu'il fallait faire le moment venu. Un désir bizarre, sans commune mesure avec la brièveté des quelques instants auxquels il se rapportait, une interrogation qui semblait davantage générée par un esprit étranger au sien et qu'il renfermait en lui-même.

Les heures passaient. Il allait et venait. Les horloges frappaient leur nombre de coups qu'il n'entendrait jamais plus. Neuf, dix, onze qui ne se répéteraient plus. Douze coups sonnaient et s'apprêtaient à ne plus revenir. Après un combat éprouvant mené contre ces dernières questions importunes qui l'avaient hanté, il avait triomphé. Il continuait d'aller et venir, murmurant dans un souffle les noms de ceux qu'il aimait. Le plus dur était passé. Désormais libéré de toute obsession parasite, il pouvait aller et venir et prier pour ceux qui restaient et pour lui.

Midi envolé pour toujours.

C'était pour trois heures. Il savait qu'il fallait partir assez tôt pour que les charrettes, qui avançaient lentement, puissent arriver à temps à leur destination. Il envisagea donc deux heures comme l'ultime limite et résolut d'employer l'intervalle qui l'en séparait à fortifier son âme afin de pouvoir soutenir les autres pendant le trajet.

Marchant d'un pas ferme, les bras croisés sur la poitrine, c'était un prisonnier différent de celui qui avait fait les cent pas dans sa cellule de La Force, le premier soir de son incarcération. Il entendit une heure sonner sans surprise. Cette heure avait eu pour lui la même durée que les autres. Il rendit grâces à Dieu de l'avoir aidé à recouvrer son empire sur lui-même.

« Encore une », songea-t-il en reprenant ses allées et venues.

Des pas retentirent dans le corridor. Il s'arrêta. La clé tourna dans la serrure. Au moment où l'on poussait la porte, il entendit une voix d'homme chuchoter en anglais :

– Il ne m'a jamais vu ici. J'ai eu soin de ne pas me montrer. Entrez seul. Je reste dans les parages. Faites vite.

La porte s'ouvrit et se referma aussitôt. Sydney Carton se tenait devant lui, tranquille, attentif, l'éclair d'un sourire illuminant ses traits, un doigt sur les lèvres pour lui intimer le silence.

Il y avait quelque chose de si remarquable dans le rayonnement de son visage que Darnay crut d'abord à une apparition produite par son imagination. Mais c'était bien Carton qui lui parlait, c'était bien Carton qui lui prenait la main et la serrait avec force.

– Vous ne m'attendiez pas, dit Sydney.

– Je ne pouvais le croire, c'est à peine si j'en ai la certitude maintenant. (Soudain il eut peur.) Vous n'êtes pas arrêté, j'espère ?

– Non, il se trouve que j'ai un gardien à ma solde, je me suis donc servi de lui, et me voilà. C'est elle, votre femme, qui m'envoie, mon cher Darnay.

Le prisonnier lui broya la main.

– J'ai une requête à vous transmettre de sa part.

– Laquelle ?

– Une prière ardente, pressante, qu'elle vous adresse de cette voix émouvante que vous n'avez pas oubliée.

Darnay détourna la tête.

– Je n'ai pas le temps de vous en expliquer la raison, ne me demandez donc rien, mais faites ce qu'elle désire : ôtez vos bottes et prenez les miennes.

Derrière Darnay, il y avait une chaise appuyée contre

le mur. Avec la rapidité de l'éclair, Carton l'y avait assis et lui faisait face, les pieds nus.

– Mettez mes bottes, vite, le temps presse.

– Carton, il est impossible de s'évader de cette prison. Personne ne s'en est jamais échappé. Vous ne réussirez qu'à mourir vous aussi. C'est de la folie pure.

– Qui vous parle de fuir ? Ce serait de la folie en effet. Donnez-moi votre cravate, prenez la mienne, changez d'habit avec moi, permettez que je dénoue ce ruban, secouez la tête pour vous coiffer comme moi.

Avec une merveilleuse promptitude, avec une énergie et une volonté qui semblaient surnaturelles, l'avoué l'obligea à endosser ses vêtements. Darnay était un enfant entre ses mains.

– C'est de la folie, Carton, mon cher Carton, c'est impossible, jamais on ne pourra, plus d'un a tenté de s'évader, tous ont toujours échoué. Je vous en conjure, n'ajoutez pas le chagrin de votre mort à l'amertume de la mienne.

– Est-ce que je vous demande de me suivre, mon cher Darnay ? Il y a du papier sur cette table, une plume, de l'encre. Avez-vous la main ferme ?

– Elle l'était lorsque vous êtes entré.

– Bien, dominez votre émoi et écrivez ce que je vais vous dicter. Vite, mon ami, vite !

Darnay alla s'asseoir à la table et se prit la tête dans les mains : l'attitude de l'avoué le confondait. Carton, la main droite dans son gilet, se tint à côté de lui.

– Je commence. Écrivez exactement mes paroles.

– À qui s'adresse...

– À personne.

– Faut-il mettre la date ?

– Non.

Le prisonnier releva la tête à chaque question. Carton, la main au gousset, le regarda sans sourciller.

– « Si vous vous souvenez de ce que je vous ai dit un jour, vous comprendrez immédiatement ces quelques lignes. J'ai la certitude que vous vous rappelez mes paroles. Il n'est pas dans votre nature de les oublier. »

Au moment où, surpris de ce qu'on lui faisait écrire, le condamné interrogeait Carton des yeux, la main droite de l'avoué, qui glissait hors de la poche du gilet, s'arrêta brusquement, les doigts crispés sur un objet.

– Êtes-vous armé ?

– Non.

– Qu'avez-vous dans la main ?

– Vous le saurez plus tard. Écrivez quelques mots encore. (Il reprit sa dictée.) « Je suis heureux que le moment soit venu de vous prouver ma sincérité. Ce que je fais aujourd'hui est tellement simple que personne ne doit en éprouver ni regrets ni douleur. »

Comme il terminait cette phrase, sa main droite passa lentement devant le visage de Darnay. Le prisonnier laissa tomber sa plume et promena autour de lui un regard incertain.

– Quelle est cette vapeur ?

– Une vapeur ?

– Quelque chose est passé devant moi.

– Je n'ai rien vu. Reprenez votre plume et terminez. Vite, pressons !

Comme si sa mémoire était défaillante, ou ses facultés amoindries, Darnay fit un effort pour dominer l'étrange sensation qui l'envahissait. Il se tourna vers Carton, les yeux troubles, la respiration haletante. La main toujours dans la poche de son gilet, l'avoué soutint son regard sans broncher.

– Vite !

Darnay se pencha pour écrire.

– « S'il en avait été autrement, je n'aurais jamais pris le chemin le plus long, reprit Carton. (Sa main glissa imperceptiblement, précautionneusement, hors de sa poche.) S'il en avait été autrement... (sa main effleura de nouveau le visage du prisonnier)... j'aurais eu davantage à répondre pour les fautes que j'ai commises. S'il en avait été autrement... »

Carton baissa les yeux sur la plume que tenait Darnay et qui ne traçait plus que des signes inintelligibles. Il ne porta plus la main à la poche de son gilet. Le prisonnier bondit sur ses pieds avec un air de reproche. Carton le saisit solidement par la taille tout en se bouchant les narines. Darnay se débattit faiblement contre l'ami qui lui sacrifiait sa vie. Un instant après, la lutte avait cessé. Il gisait, insensible, sur le sol.

Sans perdre de temps, Carton, dont les gestes étaient aussi fermes que sa résolution, revêtit les habits du condamné, se peigna les cheveux et les attacha en catogan en utilisant le ruban qu'avait porté Darnay.

Il entrebâilla la porte.

– Vous pouvez venir, chuchota-t-il.

L'espion entra.

– Vous voyez ? dit Carton, un genou à terre, à côté du prisonnier étendu sans connaissance. (Il glissa entre l'habit et la poitrine de Darnay la lettre qu'il venait de dicter.) Vous n'avez pas couru un bien grand risque.

– C'est pas lui qui m'inquiète, répondit l'espion en claquant timidement des doigts. C'est pas maintenant que je risque gros, mais après, au cas où vous ne tiendriez pas votre parole jusqu'au bout.

– Rassurez-vous, j'y serai fidèle jusqu'à la mort.

– Il le faut, le compte doit être juste. Si, vêtu comme vous êtes, vous complétez les cinquante-deux, je n'ai rien à craindre.

– Soyez tranquille. Bientôt, je ne pourrai plus vous nuire et, Dieu merci, mes amis seront loin d'ici. Maintenant, appelez quelqu'un pour vous aider et portez-moi à ma voiture.

– Vous ? dit l'espion avec nervosité.

– Voyons, l'ami, celui qui me remplace. Est-ce que vous sortez par le chemin qu'on a pris pour venir ?

– Naturellement.

– Je ne me sentais pas bien quand vous m'avez introduit ici. Au moment de quitter mon ami, l'émotion a été trop forte, je me suis évanoui. Cela s'est déjà produit, souvent, trop souvent. Votre vie est entre vos mains. Vite ! Appelez quelqu'un.

– Vous jurez de ne pas me trahir ? dit l'espion qui s'arrêta, tout tremblant.

– Voyons, voyons ! s'écria Carton en frappant du pied avec impatience. J'ai déjà juré. Ne perdons pas ces précieux instants. Transportez-le à l'adresse que je vous ai indiquée, mettez-le vous-même en voiture, voyez Mr Lorry à qui vous préciserez qu'il est inutile de chercher à le ranimer et que le grand air suffira. Rappelez bien au gentleman la promesse qu'il m'a faite hier soir et dites-lui de partir sans retard.

L'espion sortit et revint aussitôt avec deux gardiens. Assis à la table, Carton se tenait le visage dans les mains.

– Allons bon ! fit un geôlier en s'approchant de Darnay. En voilà un qui est pas content que son ami ait gagné un prix à la loterie de la sainte guillotine !

– Un bon patriote ! dit l'autre. Il ne serait pas plus triste si l'aristocrate avait fait chou blanc.

Ils portèrent le corps inanimé sur un brancard qu'ils avaient laissé à la porte.

– L'heure approche, Évremond, dit Barsad.

– Je sais, répondit Carton. Prenez soin de mon ami, je vous en prie, et laissez-moi.

– Allez, les enfants, on y va, dit Barsad. Emportez-le.

Resté seul, Carton fit appel à toutes ses facultés auditives pour saisir le moindre bruit qui pût indiquer que sa ruse était soupçonnée ou découverte. Rien. Des clés grincèrent dans des serrures, des portes claquèrent, des pas résonnèrent au loin dans des couloirs, mais il n'y eut pas de cri, pas de course précipitée, rien qui parût inhabituel. Carton respira plus librement. Il se rassit à la table et prêta de nouveau l'oreille jusqu'au moment où l'horloge sonna deux heures.

Des bruits retentirent, mais il ne s'en effraya pas car il en devinait la raison. Plusieurs portes s'ouvrirent à la suite. Enfin ce fut la sienne. Un geôlier, une liste à la main, jeta un coup d'œil dans la cellule.

– Évremond, suis-moi, dit-il.

Carton le suivit dans une grande pièce sombre. C'était une lugubre journée d'hiver et entre l'obscurité extérieure et celle de la prison, il ne distingua que vaguement les prisonniers qu'on rassemblait. On leur lia les bras. Les uns étaient debout, les autres assis. Certains s'agitaient et se plaignaient, mais c'était l'exception. Dans l'ensemble tous étaient silencieux, immobiles et gardaient les yeux rivés au sol.

Il se tint dans un coin mal éclairé de la salle. On continuait d'amener des prisonniers. Un homme passa devant lui, s'arrêta, l'embrassa comme s'il le reconnaissait. Il tressaillit de peur d'être découvert, mais l'homme s'éloigna. Quelques instants plus tard, une jeune fille, menue et frêle, au doux visage épargné par la vie mais qui avait perdu toute trace de couleur, et dont les grands yeux écarquillés exprimaient une patience infinie, quitta son siège pour le rejoindre.

– Citoyen Évremond, dit-elle en le touchant de sa main glacée. Je suis une pauvre petite couturière qui était avec toi à La Force.

– C'est vrai, murmura Carton, mais je ne me souviens plus de quoi on t'accuse.

– De complot. Dieu sait pourtant que je suis innocente. Qui aurait voulu conspirer avec une pauvre créature faible comme moi ?

Le triste sourire qui accompagna ces mots émut Carton au plus profond de lui-même, et des larmes jaillirent de ses yeux.

– Je n'ai pas peur de mourir, citoyen Évremond, mais je ne suis pas coupable. Je ne refuse pas de mourir pour la République qui doit faire tant de bien pour nous, les pauvres, mais je ne vois pas comment ma mort peut lui être utile, citoyen Évremond. Je suis si peu de chose.

C'était la dernière fois qu'il lui était donné de compatir et de s'apitoyer, il s'appliqua donc à réconforter la malheureuse enfant.

– J'avais entendu dire qu'on t'avait relâché, citoyen Évremond. Ce n'était pas vrai ?

– Si, mais on m'a réincarcéré et condamné à mort.

– Si je fais la route avec toi, citoyen Évremond, tu voudras bien me donner la main ? Je n'ai pas peur mais je suis faible, ça me donnera un peu de courage.

La jeune fille leva la tête vers lui. Il vit alors une lueur de doute traverser son regard résigné et faire place à une vive stupéfaction. Il étreignit la frêle main usée par le travail et amaigrie par la faim et mit un doigt sur ses lèvres.

– C'est pour lui que tu meurs ? chuchota-t-elle.

– Et pour sa femme et sa fille, oui. Chut !

– Oh, vous me donnerez la main, n'est-ce pas, monsieur ?

– Chut ! Oui, ma pauvre enfant, jusqu'à la fin.

Les ombres qui enveloppaient la Conciergerie s'étendaient en ce même début d'après-midi à une porte de

Paris où se pressait la foule. Une voiture qui quittait la ville s'arrêta devant le corps de garde.

– Qui va là ? Qui avons-nous là-dedans ? Vos papiers !

Le soldat examina les laissez-passer.

– Alexandre Manette, médecin, français. Où est-il ?

On lui désigna un vieillard prostré en train de marmonner des paroles incohérentes.

– Apparemment le docteur n'a plus toute sa raison. La fièvre révolutionnaire a été trop forte pour lui ?

– Oui.

– Il n'est pas le seul qui en ait souffert. Lucie Darnay, sa fille, française. Où est-elle ?

– La voilà.

– Bien, c'est la femme d'Évremond, n'est-ce pas ?

– Oui.

– Ah, Évremond, il a suivi un autre chemin, lui. Lucie, sa fille, anglaise. La petite, je suppose ?

– Oui.

– Fais-moi la bise, enfant d'Évremond. Voilà, tu as embrassé un bon républicain, c'est nouveau dans ta famille, ne l'oublie pas. Sydney Carton, avocat, anglais. Où est-il ?

– Ici, dans le fond de la voiture.

– Tiens, on dirait qu'il a perdu connaissance, l'avocat anglais.

– Le grand air va le ranimer. Il ne jouit pas d'une santé très robuste, il vient de quitter un ami qui a le malheur de déplaire à la République.

– Peuh ! C'est pas si grave. Il y en a beaucoup qui déplaisent à la République et qui doivent regarder par la lucarne ! Jarvis Lorry, banquier, anglais. C'est qui ?

– C'est moi, puisque je suis le dernier passager.

Jarvis Lorry, qui avait subi cet interrogatoire, descendit de voiture et, les pieds dans la boue, la main sur la portière, continua de répondre aux questions d'un groupe de patriotes. Sans hâte, ces derniers firent plusieurs fois le tour de la berline, montèrent sur le siège du cocher, examinèrent à loisir les quelques bagages arrimés sur le toit. Des paysans, qui allaient et venaient, se pressèrent aux deux portières, plongèrent des regards avides à l'intérieur de la voiture. Une mère qui tenait son enfant dans les bras lui fit allonger la main pour qu'il puisse toucher la veuve d'un aristocrate mort sur l'échafaud.

– Voilà tes papiers contresignés, Jarvis Lorry.

– Nous pouvons partir, citoyen ?

– Oui, allez, postillons ! Bon voyage !

– Je vous salue, citoyens.

Le premier danger était passé.

Mr Lorry joignit les mains et leva les yeux au ciel. La peur s'était emparée de Lucie qui se mit à pleurer. La respiration difficile du voyageur évanoui ajoutait à l'atmosphère oppressante de ce voyage.

– N'allons-nous pas trop lentement ? demanda Lucie en s'accrochant au bras du vieux banquier. Ne devrait-on pas leur dire de presser l'allure ?

– Nous aurions l'air de fuir, mon enfant. Si nous allons plus vite, nous risquons d'éveiller les soupçons.

– Penchez-vous par la portière, peut-être sommes-nous poursuivis.

– La route est déserte, ma chère. Pour l'instant, il n'y a personne à nos trousses.

Ils dépassaient des groupes de deux ou trois maisons, des fermes isolées, des bâtiments en ruine, des teintureries, des tanneries et autres manufactures, de vastes plaines, des allées bordées d'arbres sans feuilles. Ils roulaient sur le pavé inégal, parfois obliquaient vers les bas-côtés bourbeux pour éviter la chaussée raboteuse et les cahots, ou s'enlisaient dans les ornières et les flaques. Leur effroi était si vif alors que, saisis d'impatience, ils songeaient à descendre, courir, se cacher. Ils étaient prêts à tout sauf à s'arrêter.

De nouveau, ils retrouvaient la vaste campagne, ses bâtiments en ruine, ses fermes isolées, ses teintureries, ses tanneries, et autres fabriques, ses chaumières regroupées en hameaux, ses allées d'arbres sans feuilles. Les postillons les trompaient-ils ? Ne les ramenaient-ils pas à Paris ? N'étaient-ils pas déjà passés par cette route ? Dieu merci, ils arrivaient dans un village, regardaient en arrière. Étaient-ils poursuivis ? Enfin, le relais de poste était là.

Avec une lenteur exaspérante, on dételа les quatre chevaux fourbus. La diligence resta immobilisée au milieu de la rue, privée de son attelage et avec peu de chance de pouvoir repartir. Puis les quatre chevaux de relais apparurent, l'un après l'autre, le pas nonchalant. Leurs postillons suivaient sans se presser, occupés à sucer les lanières de leurs fouets dont ils tressaient la mèche. Sans se presser eux non plus, les anciens postillons comptèrent leur argent, se trompèrent dans l'addition, refirent leurs calculs et n'arrivèrent pas à de meilleurs résultats. Pendant ce temps, le cœur de Lucie et de Mr Lorry martelait leurs poitrines plus violemment que le galop du plus rapide des chevaux.

Enfin, les nouveaux cochers grimpèrent sur leur siège. La berline s'ébranla, traversa le village, gravit la colline, la descendit, se traîna sur un chemin détrempé. Soudain, les postillons élevèrent la voix et gesticulèrent avec force. Ils immobilisèrent leurs chevaux.

– Mon Dieu ! s'écria Lucie, on s'arrête !

– Hé ! vous autres, dans la voiture !

– Que se passe-t-il ? s'enquit Mr Lorry en mettant la tête à la portière.

– Combien ils ont dit qu'il y en avait ?

– Je ne vous comprends pas.

– Au dernier relais. Combien à la guillotine aujourd'hui ?

– Cinquante-deux.

– Ah, j'avais raison ! Un bon chiffre. Mon compagnon disait quarante-deux. Dix de plus, ça vaut le coup. La guillotine fait bien son travail. Splendide. Merci. En avant !

La nuit noire tomba peu à peu. Le voyageur évanoui sortit de sa torpeur, se redressa et prononça des paroles cohérentes :

– Carton, dit-il, se croyant encore dans sa cellule, qu'avez-vous dans la main ?

– Ayez pitié de nous, Seigneur, aidez-nous ! balbutia Lucie. Il va se trahir. Regardez si personne ne nous rattrape !

Le vent courait, les nuages volaient, la lune se précipitait sur leurs traces, les ténèbres déchaînées se lançaient à leur poursuite, mais la route restait déserte.

14

Le tricot est terminé

Au moment où l'on appelait les cinquante-deux condamnés, Mme Defarge tenait un lugubre et inquiétant conseil avec La Vengeance et Jacques trois du tribunal révolutionnaire. Ils ne s'étaient pas réunis dans la boutique du faubourg Saint-Antoine, mais dans l'échoppe du scieur de bois, autrefois cantonnier. Ce dernier ne participait pas à la conférence. Posté à quelques pas des conspirateurs, comme un acolyte des plus négligeables, il attendait qu'on le priât de donner son avis ou de faire une suggestion.

– Pourtant Defarge est un bon républicain, non ? dit Jacques trois.

– Il n'y en a pas de meilleur en France, s'écria La Vengeance de sa voix suraiguë.

– Paix, ma petite Vengeance, ordonna Mme Defarge, le sourcil légèrement froncé, en faisant taire de la main sa lieutenante. Écoutez-moi tous les deux. Mon mari est un bon patriote et un brave. Il a bien mérité de la République et possède sa confiance. Cependant, il a ses faiblesses et se laisse attendrir par ce docteur.

– C'est vraiment dommage ! croassa Jacques trois. (Il secoua la tête d'un air dubitatif et ses doigts cruels effleurèrent sa bouche vorace.) Ce n'est pas digne d'un bon citoyen, je le regrette.

– Quant à moi, je m'en fiche, de ce docteur, dit Mme Defarge. Il peut bien garder sa tête ou la perdre, pour l'intérêt que je lui porte ! Ça m'est égal. Mais la race des Évremond doit être exterminée et il faut que la femme et l'enfant suivent le mari et le père.

– Une belle tête à ramasser, observa Jacques trois. Les yeux bleus et les cheveux blond doré font merveille entre les mains de Samson.

L'ogre qu'il était parlait comme un épicurien.

Les yeux baissés, Mme Defarge réfléchissait.

– La petite fille aussi a les cheveux blonds et les yeux bleus, reprit le juré en rêvant avec délectation à cette évocation. C'est rare qu'on ait un enfant. Ce serait un spectacle charmant.

– En résumé, dans cette affaire, je ne peux pas me fier à mon mari, dit Mme Defarge qui se réveilla de sa brève méditation. Depuis hier soir, je n'ose plus m'ouvrir à lui et je sens qu'il n'y a pas de temps à perdre, sinon il risque de les prévenir et de les aider à s'échapper.

– Il faut éviter ça à tout prix, répliqua Jacques trois. Personne ne doit nous échapper. On n'a pas notre compte. Il nous faut la centaine par jour.

– En somme, conclut Mme Defarge, mon mari n'a pas les raisons que j'ai pour s'acharner sur cette famille, et je n'ai pas les siennes pour m'apitoyer sur ce docteur. Je dois donc agir pour moi seule. Approche, petit citoyen.

Le scieur de bois, à qui elle avait toujours inspiré autant de respect que de terreur, avança, son bonnet rouge à la main.

– Tu es prêt à dénoncer aujourd'hui même la jeune femme qui faisait des signes aux prisonniers, petit citoyen ? interrogea-t-elle avec sévérité.

– Pourquoi pas ? répliqua le scieur de bois. Elle venait tous les jours, par tous les temps, entre deux et quatre heures, avec la petite ou seule, ça dépendait, et faisait plein de signes. Je sais ce que je sais. Je les ai vus de mes yeux.

Tout en parlant, il gesticula de manière à imiter quelques-uns des nombreux signaux qu'il n'avait jamais vus.

– Elle conspirait, c'est clair, dit Jacques trois.

– Le jury nous est acquis ? s'enquit Mme Defarge en levant les yeux vers lui, un sourire sinistre aux lèvres.

– Tu peux compter sur le patriotisme du jury, chère citoyenne, je réponds de mes jurés.

– Voyons, continua la cabaretière d'un air pensif. Que faire du docteur ? Le laisser à mon mari ? Moi, ça m'est bien égal qu'il vive. Est-ce que je peux me permettre de l'épargner ?

– Ça ferait toujours une tête de plus, remarqua Jacques trois à voix basse. On manque vraiment de têtes. À mon avis, c'est dommage de l'épargner.

– Il faisait des signes en direction de la prison, le jour où je l'ai vu avec sa fille, dit Mme Defarge. Je ne vois donc pas pourquoi on accuserait la fille et pas le père. Je verrai une fois sur place. Je ne peux pas abandonner la responsabilité de l'affaire à ce petit bonhomme, je parlerai, et ma déposition confirmera la sienne. Je ne suis pas un mauvais témoin !

Jacques trois et La Vengeance s'écrièrent qu'elle était un merveilleux et admirable témoin. Pour ne pas être en reste, le scieur de bois s'exclama qu'elle était un témoin absolument divin.

– Il s'en tirera comme il pourra, continua Mme Defarge. Non, je ne peux pas l'épargner. Citoyen, à trois heures tu es pris, c'est ça ? Tu vas voir les exécutions ?

Le scieur de bois s'empressa de répondre à cette question par l'affirmative et profita de l'occasion pour ajouter qu'il était un ardent patriote et serait le plus malheureux des républicains si on le privait du plaisir de fumer sa pipe de l'après-midi en admirant l'adresse du barbier national. Il s'exprima avec tant de chaleur qu'on aurait pu le soupçonner (et peut-être le soupçonnait-on déjà, si on se fiait au regard de mépris que dardaient sur lui les yeux noirs de la cabaretière) de nourrir, à chaque seconde, ses petites inquiétudes personnelles quant à sa propre sécurité.

– J'y serai moi aussi, répondit Mme Defarge. Viens ensuite me retrouver à Saint-Antoine, disons vers huit heures. On ira ensemble dénoncer les trois autres.

Le scieur de bois déclara qu'il serait fier et flatté d'accompagner la citoyenne. La citoyenne le toisant d'un air peu commode, il perdit contenance, détourna la tête comme un chiot pris en faute et se réfugia derrière son tas de bois où il cacha son embarras en maniant sa scie.

Mme Defarge fit signe à La Vengeance et au juré d'approcher de la porte où elle leur exposa la suite de son projet.

– La femme d'Évremond doit attendre chez elle l'heure de l'exécution, en larmes et abattue, une attitude qui la met sous le coup de la loi car c'est une entrave au déroulement de la justice et un crime d'être en sympathie avec les ennemis de la République. Je vais la voir.

– Quelle femme admirable ! Quelle femme adorable ! s'exclama Jacques trois avec ravissement.

– Ah, ma chérie ! s'écria La Vengeance en la serrant dans ses bras.

– Prends mon tricot, dit la cabaretière en donnant son ouvrage à sa lieutenante, tu le poseras sur mon siège. Réserve-moi ma place habituelle. Pars maintenant car il y aura plus de monde aujourd'hui.

– Je suis toujours contente d'obéir à mon chef, répliqua La Vengeance avec vivacité. (Elle l'embrassa sur la joue.) Tu ne seras pas en retard ?

– Non, j'y serai avant que ça commence.

– Et avant l'arrivée des charrettes ! Il ne faut pas manquer ça, ma chérie, n'oublie pas, avant l'arrivée des charrettes ! cria-t-elle du pas de la porte tandis que son amie s'éloignait.

D'un rapide signe de la main, Mme Defarge indiqua qu'elle avait entendu et serait à temps au rendez-vous, et, traversant la rue boueuse, contourna le mur de la prison. Le juré et La Vengeance la suivirent des yeux, émerveillés par sa belle silhouette et ses superbes facultés morales.

La fureur de l'époque avait dénaturé nombre de femmes d'un coup de son atroce baguette, mais aucune n'était plus redoutée que l'impitoyable Mme Defarge qui se dirigeait vers le logis du Dr Manette. Dotée d'un caractère fort et audacieux, d'un jugement pratique et d'un esprit d'à-propos, d'une volonté inflexible, d'une beauté qui dénotait fermeté et ressentiment tout en imposant à son interlocuteur l'aveu de sa puissance, Mme Defarge aurait, dans n'importe quelles circonstances, surgi du flot révolutionnaire. Mais, habitée depuis l'enfance par le souvenir des iniquités dont sa famille avait été victime et par une haine invétérée contre l'aristocratie, elle avait guetté patiemment le moment de se venger et l'occasion l'avait transformée en tigresse. Elle était absolument dépourvue de pitié. Si jamais cette vertu s'était trouvée dans son cœur, il n'en restait aucune trace.

Peu lui importait qu'un innocent pérît pour les fautes de ses ancêtres. Ce n'était pas lui qu'elle voyait, mais eux. Peu lui importait que cette mort fît une veuve et une orpheline. C'était d'ailleurs là un châtiment insuffisant car toutes deux étaient ses ennemies et ses proies naturelles et n'avaient pas le droit de vivre. Il eût été vain de chercher à l'émouvoir : la pitié lui était étrangère et elle n'en aurait pas voulu pour elle. Si elle était tombée au milieu des combats auxquels elle avait pris part tant de fois, pas une plainte ne lui aurait échappé. Si on l'avait envoyée à l'échafaud, elle y serait montée sans d'autre regret que de ne pas être à la place de son bourreau.

Tel était le cœur qui battait sous la robe de Mme Defarge. D'une grossière étoffe, portée négligemment comme une longue tunique de magicienne, cette robe seyait à la cabaretière dont l'opulente chevelure noire s'échappait de son grossier bonnet rouge. Elle avait caché sous son corsage un pistolet chargé et un poignard affilé pendait à sa ceinture. Marchant avec l'assurance que lui conférait son tempérament et avec la liberté d'une femme qui, enfant, vagabondait pieds nus et jambes nues sur la grève de sable brun, Mme Defarge allait d'un bon pas.

La veille au soir, en louant l'équipage qui, en ce début d'après-midi, attendait son dernier passager, Mr Lorry s'était heurté à la difficulté d'y trouver une place pour miss Pross. Il ne fallait pas surcharger la voiture et il était de la plus haute importance de réduire autant que possible le temps que prendrait à la barrière l'examen des laissez-passer des voyageurs. Un retard de quelques secondes ici et là risquait de faire échouer l'entreprise. Après mûre réflexion, le gentleman avait donc proposé à la gouvernante et à Jerry, dont la vie n'était pas à la merci de la République, de partir à trois heures dans une voiture légère. Comme ils n'auraient pas de bagages, ils rejoindraient aisément la berline, la dépasseraient et aux relais feraient préparer les chevaux à l'avance, ce qui faciliterait le voyage en leur faisant gagner un temps considérable, surtout la nuit où l'on redoutait le moindre retard.

Ces dispositions lui permettant, en cette cruelle conjoncture, de rendre service à ses protégés, miss Pross accueillit ce projet avec joie. Elle avait assisté avec Mr Cruncher au départ de l'équipage, avait reconnu la personne amenée par Salomon, avait passé dix minutes en proie aux affres de l'angoisse et, tandis que Mme Defarge approchait du logis déserté, tenait conseil avec Jerry au sujet des dernières mesures qui leur restaient à prendre.

– Qu'en pensez-vous, Mr Cruncher ? dit la gouvernante, saisie d'une si grande agitation que parler, bouger ou rester simplement debout exigeait de sa part un immense effort, de sorte qu'elle était près de défaillir. Ne serait-il pas plus prudent d'aller chercher la voiture au lieu de l'attendre à la maison ? Deux équipages quittant le même endroit le même jour, cela pourrait éveiller les soupçons.

– Vous avez raison, répondit Mr Cruncher. D'ailleurs, même si vous avez tort, je me range à votre avis.

– Oh, je suis morte de peur pour nos chéris ! s'écria-t-elle en éclatant en sanglots. Je suis incapable de décider quoi que ce soit. Et vous, mon cher Mr Cruncher ?

– Ma foi, à l'avenir, j'espère que non, mais pour le moment, ma pauvre tête ne sait pas que penser. Voulez-vous bien m'écouter un instant ? J'aimerais faire deux serments qui me tiennent à cœur en ce moment de crise et il me faut un témoin.

– Au nom du ciel, je vous écoute volontiers, mais parlez vite et qu'on en finisse ! s'écria miss Pross sans cesser de pleurer.

– Premièrement, commença Jerry qui tremblait comme une feuille et dont le visage cendreux affichait une expression des plus solennelles, si nos chères créatures sortent indemnes de cette aventure, je jure que je ne le ferai plus jamais, je le jure !

– Je n'en doute pas, Mr Cruncher, répondit la gouvernante, j'ignore de quoi il s'agit, mais je vous en supplie, il n'est pas nécessaire d'en dire davantage pour le moment.

– Rassurez-vous, je n'en dirai pas davantage. Deuxièmement, si nos chères créatures sortent indemnes de cette aventure, je jure de ne plus jamais empêcher Mrs Cruncher de se jeter à terre.

– À mon sens, quel que soit le sens de vos paroles, il est préférable de laisser à Mrs Cruncher la direction du foyer, Mr Cruncher, dit miss Pross qui séchait ses larmes et tâchait de se ressaisir. Oh, mes pauvres chéris !

– J'irai même plus loin, continua l'honnête commerçant avec une tendance alarmante à ménager ses effets comme du haut d'une chaire, et que mes paroles soient bien comprises : j'ai changé d'opinion à l'égard de la prière et j'espère de tout cœur que Mrs Cruncher est, à l'heure où je vous parle, en train de se jeter à terre.

– Moi aussi, je l'espère, cher Mr Cruncher, et que Dieu l'entende !

– Puisse-t-il, poursuivit Jerry en redoublant de solennité, de lenteur et d'effets oratoires, puisse-t-il ne pas me punir pour mes péchés en ignorant les vœux que je forme pour le salut des fugitifs ! Puisse-t-il permettre qu'ils échappent au terrible danger qui les guette ! Puisse-t-il... oui, puisse-t-il, je dis... Voilà tout !

S'efforçant en vain d'achever sa confession sur une conclusion plus saisissante, Jerry fut bien obligé de s'en tenir là.

Mme Defarge se dirigeait toujours vers la maison du Dr Manette.

– Si jamais nous revoyons un jour l'Angleterre, dit miss Pross, vous pouvez compter sur moi pour rapporter du mieux possible à Mrs Cruncher les propos si touchants que vous venez de tenir. Quoi qu'il advienne, je témoignerai de votre sincérité en ces temps difficiles. Maintenant, je vous en prie, réfléchissons. Mon cher Mr Cruncher, réfléchissons.

Mme Defarge continuait de se rapprocher.

– Vous pourriez aller chercher la voiture et m'attendre quelque part, suggéra miss Pross. Ne serait-ce pas une bonne idée ?

Mr Cruncher acquiesça.

– Où pourriez-vous m'attendre ? demanda miss Pross.

Mr Cruncher était si troublé qu'il ne pensait qu'à Temple Bar. Hélas ! il en était à des centaines de milles et Mme Defarge se rapprochait de minute en minute.

– Devant Notre-Dame entre les deux tours, dit la gouvernante. Est-ce que cela vous obligerait à un grand détour de venir devant la cathédrale ?

– Non, miss.

– Dans ce cas, courez à la poste prendre la voiture et retrouvez-moi là-bas.

– C'est que ça m'ennuie de vous laisser, dit Mr Cruncher d'un ton hésitant, en secouant la tête. On sait pas ce qui peut se passer.

– Certes, mais ne vous inquiétez pas pour moi, Mr Cruncher. Soyez à trois heures devant la cathédrale, ou le plus près possible. Je suis sûre que c'est plus prudent que de partir d'ici. J'en suis convaincue. Dieu vous bénisse, Mr Cruncher ! Ne vous souciez pas de moi. Ne pensez qu'à ceux dont la vie est entre nos mains !

Ces paroles prononcées par une miss Pross qui joignait les mains d'un air désespéré achevèrent de décider Jerry et il partit s'acquitter de sa mission, non sans avoir reçu un ou deux signes de tête en guise d'encouragement.

Le sentiment d'avoir pris une sage précaution qui n'allait pas tarder à porter ses fruits apporta un premier réconfort à la gouvernante, et la nécessité de composer son visage afin de ne pas attirer l'attention des passants dans la rue contribua également à son soulagement. Elle regarda sa montre. Il était deux heures vingt. Il n'y avait pas une minute à perdre. Il fallait se préparer.

Son émoi était tel qu'elle se sentit soudain saisie d'une peur insoutenable en se retrouvant seule dans l'appartement vide. Son imagination le peuplait de visages à demi inconnus qui l'épiaient derrière chaque porte. Elle parvint toutefois à aller chercher une bassine, à la remplir d'eau froide et entreprit de se laver les yeux que les larmes avaient gonflés et rougis. Emplie d'une sourde crainte, elle relevait la tête et se retournait à tout instant. Soudain, elle aperçut une silhouette, poussa un cri et laissa échapper la cuvette qui se brisa et dont le contenu se répandit aux pieds de Mme Defarge. Par des voies bien mystérieuses, ces pieds, qui n'avaient pas hésité à fouler des flots de sang, s'étaient immobilisés devant une flaque d'eau.

– La femme d'Évremond ? s'enquit Mme Defarge en jetant un regard glacial à la gouvernante. Où est-elle ?

Miss Pross songea aussitôt que les portes de l'appartement était grandes ouvertes et que son interlocutrice ne manquerait pas d'en conclure que la famille venait de quitter la ville. Elle se précipita donc sur les quatre portes qui donnaient dans la pièce pour les fermer et s'adossa contre celle de la chambre de Lucie.

Les yeux noirs de la tricoteuse suivirent le mouvement rapide de la gouvernante, puis vinrent se poser sur le visage de cette dernière. Miss Pross était loin d'être belle et les années n'avaient pas adouci ses traits, ni assagi son aspect revêche, mais c'était un tempérament résolu à sa façon et elle soutint le regard de Mme Defarge sans sourciller.

– Vu ton allure, on peut te prendre pour la femme de Lucifer, marmonna la gouvernante, mais tu n'auras pas le dessus. Je suis anglaise.

Mme Defarge affichait un air de mépris qui laissait cependant deviner qu'elle était aux abois. La détermination de son adversaire – une femme forte, farouche, volontaire, ainsi qu'elle était apparue à Mr Lorry des années auparavant – ne lui échappait pas. Elle savait également que miss Pross était l'amie dévouée des Manette. Et miss Pross savait que la cabaretière était l'ennemie acharnée des Manette.

– Je me rendais là-bas, dit Mme Defarge en indiquant d'un vague geste de la main le lieu des exécutions, où on me garde ma chaise et mon tricot, et en passant devant la maison, j'ai décidé de rendre une petite visite à la femme d'Évremond. J'aimerais la voir.

– Je sais que tu ne ressasses que des mauvaises intentions, répliqua miss Pross. Aussi, compte bien que je ne me laisserai pas faire.

Chacune s'exprimait dans sa propre langue et ne comprenait pas un traître mot de ce que disait l'autre, mais toutes deux s'évaluaient du regard, cherchant à déduire du comportement de son adversaire la signification de ses paroles.

– Ce serait une erreur de sa part de ne pas vouloir me recevoir, dit la citoyenne. Ça ne lui sert à rien de se cacher. Les bons patriotes sauront quoi en penser. Je veux la voir. Va lui dire que je veux la voir, tu entends ?

– Tes yeux seraient des étaux qui me tiendraient dans leurs mâchoires et tu aurais beau serrer, je ne céderais pas davantage. Non, mauvaise femme, je relève le défi. On est de la même trempe.

Le détail de ces réflexions idiomatiques échappa sans doute à la cabaretière qui devina cependant qu'elle était tenue en échec.

– Pauvre imbécile ! s'écria-t-elle, les sourcils froncés. Je m'en fiche, de ce que tu racontes. Je veux voir la femme d'Évremond. Ou tu vas la prévenir ou tu me laisses passer !

Elle accompagna ces derniers mots d'un geste énergique de la main.

– Je n'aurais jamais cru regretter de ne pas comprendre ton baragouinage, dit miss Pross. Je donnerais tout ce que j'ai, sauf les vêtements que je porte, pour savoir si tu te doutes de quelque chose.

Jusqu'à présent les deux femmes ne s'étaient pas un seul instant quittées des yeux. Mme Defarge, qui n'avait pas bougé depuis que la gouvernante l'avait vue, fit un pas en avant.

– Je suis anglaise, dit miss Pross. Je suis au désespoir. Je ne me soucie pas plus de la vie que d'une pièce de deux pence. Tant que je te retiens ici, ma Libellule a un espoir de s'échapper. Si tu lèves la main, ou un doigt, sur moi, il ne restera pas grand-chose de ta chevelure noire !

Ainsi parla miss Pross, ponctuant d'un vigoureux hochement de tête et d'un regard de braise chacune de ses phrases acerbes dites d'un trait. Ainsi parla miss Pross qui n'avait jamais frappé personne.

Cependant la manifestation de son courage dû à une violente émotion fit jaillir des larmes de ses yeux. C'était là un sentiment si étranger à Mme Defarge qu'elle y vit un signe de faiblesse.

– Ha, ha, vieille folle, s'écria-t-elle en riant, tu perds donc tes moyens ! Je demande à voir le docteur. (Elle appela.) Citoyen docteur ! Femme d'Évremond ! Enfant d'Évremond ! C'est la citoyenne Defarge, répondez-moi !

Le silence qui suivit ces paroles ou l'expression qu'un manque de vigilance de la part de la gouvernante laissa entrevoir sur son visage, ou peut-être une appréhension soudaine qui n'avait rien à voir avec ces deux premières suggestions souffla à la citoyenne que le logis était vide. Elle ouvrit vivement trois portes.

– Ces pièces sont en désordre, on a fait des bagages à la hâte, des objets traînent par terre. Je suppose qu'il n'y a personne dans la chambre qui est derrière toi non plus. Laisse-moi passer.

– Jamais ! dit miss Pross qui avait parfaitement compris ce que voulait la cabaretière, laquelle saisit à son tour fort bien la réponse.

– S'ils ne sont pas dans cette pièce, cela signifie qu'ils sont partis, mais on peut les rattraper et les ramener, dit Mme Defarge se parlant à elle-même.

– Tant que tu ne sais pas s'ils se cachent dans cette pièce ou non, tu ne peux rien faire, dit miss Pross, monologuant de son côté. Et tu ne le sauras pas si je fais tout pour t'en empêcher. D'ailleurs, tu ne bougeras pas d'ici tant que j'aurai la force de t'y retenir.

– Je me suis battue dans les rues, rien ne m'a jamais arrêtée, je te mettrai en pièces s'il le faut, mais tu me laisseras passer.

– Nous sommes seules au dernier étage d'une maison, la cour est déserte, personne ne pourra nous entendre, dit la gouvernante. Pourvu que mes forces ne m'abandonnent pas, car tu ne dois pas sortir d'ici ! Chaque minute que tu passes ici vaut des centaines de milliers de guinées pour ma Libellule.

Mme Defarge s'élança vers la porte. Miss Pross la saisit des deux mains par la taille. En vain la cabaretière se débattit et donna des coups. Miss Pross, mue par l'ardente ténacité de l'amour toujours plus fort que la haine, ne desserrait pas son étreinte et la souleva même du sol. Mme Defarge frappa la gouvernante de ses poings fermés et lui lacéra le visage. La tête baissée pour se protéger, la gouvernante ne lâchait toujours pas prise et se cramponnait à son adversaire avec l'énergie désespérée d'un noyé.

Mme Defarge cessa de frapper et porta la main à sa ceinture.

– Il est sous mon bras, dit miss Pross, tu ne l'auras pas, je suis plus forte que toi, Dieu merci ! Je te tiens jusqu'à ce que l'une de nous s'évanouisse ou meure.

Alors, Mme Defarge porta les mains à sa poitrine. Miss Pross leva les yeux, vit un pistolet, s'en empara. Il y eut un éclair et une détonation. La gouvernante se retrouva seule, aveuglée par un épais nuage de fumée.

Tout se passa en une seconde. Laissant la place à un silence effroyable, la fumée se dissipa pour s'évanouir comme l'âme de la farouche citoyenne dont le corps inanimé gisait sur le parquet.

Saisie de frayeur et d'horreur, miss Pross s'écarta vivement du corps et se précipita dans l'escalier pour lancer plusieurs appels au secours qui demeurèrent infructueux. Par bonheur, devinant à temps les conséquences de sa conduite, elle se ressaisit et, malgré son effroi, remonta à l'appartement. Elle s'aventura même auprès du cadavre pour aller chercher quelques effets, puis referma la porte à clé et coiffa son chapeau sur le palier. Là, elle s'assit sur une marche pour reprendre ses esprits et pleurer, puis se leva et s'éloigna d'un pas rapide.

Par chance, son chapeau était pourvu d'une voilette et elle avait un physique si particulier que rien ne pouvait réellement la défigurer. Ces deux avantages n'étaient pas de trop pour passer inaperçue dans la rue car les doigts de son adversaire avaient laissé des traces profondes sur son visage, ses cheveux étaient dans tous les sens et sa robe (sur laquelle elle tira rapidement avec des mains tremblantes) froissée et déchirée.

En traversant le pont, elle jeta la clé dans la Seine et se dirigea vers Notre-Dame où elle arriva quelques minutes avant Mr Cruncher. Tout en l'attendant, elle songea que peut-être on avait déjà repêché la clé, qu'on savait de quel appartement elle provenait, qu'on avait ouvert la porte et découvert le corps de Mme Defarge, qu'on l'arrêterait à la barrière pour l'envoyer en prison et la condamner pour meurtre. Au milieu de ces pensées fébriles, Mr Cruncher apparut, la fit monter en voiture et l'emporta.

– Est-ce qu'il y a du bruit dans la rue ? lui demanda-t-elle.

– Comme d'habitude, répondit Mr Cruncher, surpris par la question et l'aspect de sa compatriote.

– Je ne vous entends pas. Que dites-vous ?

Mr Cruncher répéta en vain ses paroles.

« J'ai qu'à hocher la tête, se dit-il, stupéfait. Elle comprendra ça. »

– Est-ce qu'il y a du bruit dans la rue ? s'enquit-elle de nouveau.

Mr Cruncher hocha la tête.

– Je ne l'entends pas.

« Sourde en moins d'une heure ? s'interrogea Jerry, ne sachant que penser. Qu'est-ce qui lui est arrivé ? »

– Il y a eu un éclair et une détonation ? expliqua la gouvernante. Il semble que je n'entendrai plus jamais rien de ma vie.

– Dieu me bénisse, elle a perdu la raison ! s'écria Mr Cruncher, de plus en plus intrigué. Comment fait-elle pour garder un calme pareil avec le roulement de ces charrettes qui vous glacent le sang ? Vous l'entendez, miss ?

– Je n'entends absolument rien, dit-elle en voyant qu'il lui parlait. Mon cher Mr Cruncher, il y a eu une terrible détonation, suivie d'un terrible silence qui semble devoir durer jusqu'à la fin de mes jours.

– Si elle n'entend pas le roulement de ces horribles charrettes qui approchent de leur destination, m'est avis qu'elle n'entendra plus jamais rien.

En effet, miss Pross ne recouvra jamais l'ouïe.

15

Les pas s'évanouissent à jamais

Dans les rues de Paris, les tombereaux de la mort roulent avec un fracas sourd et grinçant. Six tombereaux apportent le vin du jour à l'échafaud. Les monstres voraces et insatiables que l'imagination de l'homme invente depuis des temps immémoriaux se fondent en une création unique : la guillotine. En France, pays aux riches terres baignées d'un doux climat, il n'existe cependant pas un brin d'herbe, pas une feuille, pas une racine, pas un rejet, pas une baie qui se développerait jusqu'à maturité dans des conditions plus terribles que celles produites par ces atrocités. Écrasez une fois encore l'humanité sous de pareils marteaux et elle se tordra pour forger les mêmes formes tourmentées. Semez encore les graines de licence et d'oppression cupides, et un fruit semblable en sortira.

Six tombereaux roulent dans les rues. Que le temps, ô puissant enchanteur, rende ces charrettes à leur ancien usage, et l'on verrait à leur place les carrosses des monarques absolus, les équipages des nobles féodaux, les toilettes des éblouissantes Jézabels, les églises qui ne sont pas la maison du Père mais des antres de voleurs, les masures de millions de paysans affamés ! Non, le temps, ce grand magicien qui, en toute majesté, régit l'ordre de l'univers voulu par le Créateur, ne revient jamais sur les transformations qu'il a opérées. « Si Dieu te donne une autre apparence, qu'il en soit ainsi, disent les devins dans les contes arabes emplis de sagesse, mais si tu es victime d'un enchantement, alors reprends ta forme initiale. » Immuables, sans espoir, les tombereaux continuent de rouler.

Les sombres roues des six charrettes tournent. On dirait qu'elles labourent et creusent un long sillon sinueux à travers la foule qui encombre les rues. Les visages, comme la terre, sont écartés de part et d'autre et les charrettes poursuivent leur route, inexorables. Les habitants des maisons, rompus à ce divertissement, s'en désintéressent. Nombre de fenêtres restent vides et à certaines, on continue souvent l'activité en cours tout en embrassant d'un œil le convoi. Ici et là, on montre le spectacle à des amis en visite : avec la fatuité d'un gardien de musée ou d'une autorité quelconque, on montre du doigt ce tombereau-là et cet autre, en expliquant qui occupait la même place, la veille ou le jour précédent.

L'air impassible, les condamnés enregistrent ces détails et toutes choses d'ailleurs que leur œil intercepte au cours de ce dernier voyage; d'autres les observent avec un intérêt languide pour la vie et les hommes. Certains, assis, la tête dans les mains, accablés d'un muet désespoir, demeurent immobiles; d'autres attachent une si grande importance à leur allure qu'ils adressent à la foule des regards comme ils en ont vu au théâtre ou sur des tableaux. Plusieurs, les yeux fermés, pensent ou cherchent à rassembler leurs pensées vagabondes. Quelque pauvre malheureux à l'allure égarée – il est le seul à être ainsi comme fou et ivre d'horreur – chante et essaye de danser. Aucun ne fait appel à la pitié du peuple par un geste ou un regard.

Une troupe de cavaliers encadre le convoi. Les badauds se tournent vers eux et les questionnent. Il semble que ce soit la même question qui revienne car la réponse est inévitablement suivie d'un mouvement de la foule qui se presse à la hauteur de la troisième charrette. Les cavaliers qui la précèdent désignent fréquemment un homme de la pointe de leur épée. On s'interroge sur son identité et la curiosité devient générale. Il se tient debout, à l'arrière du tombereau, la tête penchée en avant pour parler à une jeune fille assise sur le côté qui lui donne la main. Il ne témoigne d'aucun intérêt pour ce qui se passe autour de lui et ne cesse de parler à sa compagne. Ici et là, dans la rue Saint-Honoré qui s'étire, on lui crie des insultes. S'il paraît y réagir parfois, c'est pour en sourire avec une sérénité tranquille tout en secouant la tête de façon à ramener ses cheveux sur son visage. Il a les bras attachés et ne peut faire autrement.

Sur les marches d'une église, guettant l'arrivée du convoi, se tient l'espion et mouton des prisons. Il fouille du regard la première charrette : pas dans celle-là. La deuxième : pas dans celle-là. Il s'interroge avec anxiété : « Suis-je perdu ? » Mais son visage s'éclaire quand ses yeux se posent sur le troisième tombereau.

– Où il est, Évremond ? demande quelqu'un derrière lui.

– Là, à l'arrière.

– Celui qui donne la main à la fille ?

– Oui.

– À bas, Évremond ! Les aristocrates, tous à la guillotine ! À bas, Évremond !

– Chut ! fait l'espion non sans un certain embarras.

– Et pourquoi, citoyen ?

– Il ne va pas tarder à payer pour son crime. Dans cinq minutes, ce sera fait. Laisse-le tranquille.

L'homme continue néanmoins de crier :

– À bas, Évremond !

Évremond lève la tête dans sa direction, aperçoit Barsad qu'il dévisage avec beaucoup d'attention et passe son chemin.

Les horloges sonnent trois heures. Le sillon qui fend la foule tourne soudain pour déboucher sur la place où se dresse la guillotine et s'interrompt. Comme de la terre qui se déverse, les badauds affluent alors à la suite de la dernière voiture du convoi. Tous vont assister aux exécutions. Devant l'échafaud, assises sur des chaises, comme dans un jardin public, des femmes tricotent avec ardeur. Au premier rang, juchée sur son siège, La Vengeance cherche son amie.

– Thérèse ! appelle-t-elle de sa voix suraiguë. Qui a vu Thérèse Defarge ?

– Elle est là, d'habitude, remarque un membre actif de la confrérie des tricoteuses.

– Toujours, et elle risque pas de manquer cette exécution ! réplique La Vengeance. Thérèse !

– Plus fort, conseille l'autre.

La Vengeance crie plus fort et jure. En vain. Thérèse Defarge demeure invisible. On envoie des femmes à sa rencontre car elle a dû s'attarder en chemin. Cependant, il est probable qu'en dépit de l'intrépidité qu'elles ont manifestée en diverses occasions, les messagères préfèrent, livrées à elles-mêmes, ne pas s'éloigner.

– Quelle malchance ! s'écrie La Vengeance en tapant du pied sur sa chaise. Voilà les charrettes ! Évremond va être expédié en un clin d'œil et elle n'est pas là. J'ai son tricot à la main et je lui ai gardé sa place.

La Vengeance enrage. Elle descend de son piédestal. Les tombereaux déchargent leurs victimes. Vêtus de leur robe de cérémonie, les officiants de la sainte guillotine sont prêts. Vlan ! On brandit une tête. Les tricoteuses, qui ne lui avaient pas accordé un seul coup d'œil quand elle pouvait parler et penser, la prennent en considération, et comptent. Une.

Le deuxième tombereau se vide et dégage la voie. Le troisième arrive. Vlan ! Sans marquer de défaillance ou d'interruption, les tricoteuses comptent. Deux.

Le prétendu Évremond descend. Les soldats posent à terre la couturière. Fidèle à sa promesse, Évremond n'a pas lâché la main de la jeune fille. Il lui fait tourner le dos à la machine infernale dont le couperet ne cesse de s'abattre avec un chuintement. Elle le regarde droit dans les yeux et le remercie.

– Sans toi, cher inconnu, je n'aurais pas été si calme, car je ne suis pas forte de nature. Je n'aurais pas su élever mon âme vers Celui qui est mort pour que nous puissions espérer être consolés aujourd'hui. C'est le ciel qui t'a envoyé auprès de moi.

– Cela est vrai pour moi également, dit Sydney Carton. Ne détourne pas les yeux, regarde-moi, n'y pense pas.

– Je n'y pense pas parce que tu me donnes la main. Quand je la lâcherai, je n'y penserai pas non plus si c'est rapide.

– Ça le sera. Tranquillise-toi.

Au milieu du groupe des condamnés qui s'éclaircit

rapidement, ils se parlent comme s'ils étaient seuls. Réunis par la main, le regard, la voix et le cœur, ces deux enfants de la Mère universelle, si différents et que tout éloignait l'un de l'autre, se sont rejoints sur la route obscure pour regagner son Foyer et se reposer en son Sein.

– Mon ami, toi qui es si généreux et si courageux, tu veux bien répondre à une dernière question ? Je suis ignorante et ça me tracasse.

– De quoi s'agit-il ?

– J'ai une cousine, c'est mon unique parente, elle est orpheline comme moi et je l'aime tendrement. Elle est de cinq ans ma cadette et habite à la campagne dans le Sud. La misère nous a séparées et elle ignore mon sort. Je ne sais pas écrire, et d'ailleurs quand bien même je saurais écrire, comment lui expliquer ? C'est mieux ainsi.

– Oui, c'est mieux ainsi.

– Je pensais à une chose en chemin, et j'y pense encore en te regardant pour ne pas défaillir. Voilà : si la République aide les pauvres à avoir moins faim et à moins souffrir de la misère en général, ma cousine va vivre plus longtemps. Peut-être même qu'elle vieillira.

– Qu'est-ce qui te tracasse, mon enfant ?

Les yeux de la jeune fille, où se lisait une touchante résignation, s'emplirent de larmes et ses lèvres tremblèrent.

– Tu crois que je l'attendrai longtemps au ciel où nous nous retrouverons toutes deux grâce à la miséricorde de Dieu ?

– Bien sûr que non. Le temps n'existe plus là-haut. Nous serons également délivrés de tout souci.

– Que tu es bon de me consoler ! Je suis si ignorante. Est-ce que je peux t'embrasser ? C'est le moment ?

– Oui.

Ils s'embrassent, se bénissent avec solennité. La frêle main ne tremble pas quand Sydney Carton la lâche. Le visage doux et radieux de la couturière n'exprime aucune révolte. C'est son tour. Son tour est passé. Les tricoteuses comptent. Vingt-deux.

« Je suis la résurrection et la vie, dit le Seigneur. Celui qui croit en moi, même mort, vivra. Celui qui vit et croit en moi ne mourra jamais. »

Un brouhaha de voix s'élève, une multitude de visages se tendent, des pas piétinent, la foule s'enfle, se soulève en bloc, telle une énorme masse d'eau. Tout bascule et disparaît. Vingt-trois.

Ce soir-là, on raconta que c'était le visage le plus paisible qu'on eût jamais vu. Beaucoup ajoutèrent qu'il avait une expression sublime qui évoquait celle d'un prophète.

L'une des plus remarquables victimes de la guillotine, Mme Roland, femme d'un Girondin, avait demandé quelque temps auparavant, au pied de ce même échafaud, la permission de noter ses dernières pensées. Si Carton avait exprimé les siennes et s'il eût été prophète, voici ce qu'il aurait écrit :

« Je vois Barsad, Cly, Defarge, La Vengeance, le juré, le juge, de longues files de nouveaux oppresseurs qui se sont levés à la place des anciens périr sous le couperet de cet instrument vengeur avant qu'il ne tombe en désuétude. Je vois une cité merveilleuse et un peuple glorieux sortir de l'abîme, et dans ses luttes pour une vraie liberté, dans ses triomphes et ses défaites, qui marqueront de longues années à venir, je vois le mal de cette époque-ci et des précédentes qui ont engendré ces cruautés peu à peu expier et disparaître.

» Je vois ceux pour lesquels je me suis sacrifié mener une vie paisible, utile, prospère, heureuse dans cette Angleterre que je ne reverrai plus. Je La vois tenant dans les bras un enfant qui porte mon nom. Je vois son père, âgé, courbé par les ans, mais ayant retrouvé ses forces et sa raison, dévoué à ses patients, en paix. Je vois le bon vieux Mr Lorry, leur fidèle ami, vivre dix ans avec eux, puis leur léguer ses biens et quitter ce monde pour aller chercher sa récompense.

» Je vois le sanctuaire qu'ils m'ont élevé dans leur cœur et dans le cœur de leurs descendants et des générations suivantes. Je La vois dans sa vieillesse verser des larmes en l'honneur de ce jour. Je les vois tous deux, Elle et son mari, leur dernier souffle rendu, étendus côte à côte, plongés dans le sommeil éternel, et je sais qu'ils se vouaient une mutuelle adoration autant qu'ils vénéraient mon âme.

» Je vois l'enfant qui se blottissait contre son sein et qui porte mon nom grandir et s'engager sur la voie qui était la mienne autrefois. Grâce à l'éclat du sien, mon nom devient illustre. Je vois les fautes dont je l'avais souillé s'effacer. Je le vois, le plus juste des juges et le plus respecté des hommes, venir en ce lieu – désormais lavé de toute atrocité – avec un enfant au front pensif, aux cheveux d'or et qui porte mon nom, et je l'entends lui raconter avec émotion mon histoire.

» J'accomplis ici la meilleure action que j'aie jamais faite. Je m'en vais goûter le meilleur repos que j'aie jamais connu. »

2643

Composition Communication à Champforgeu
Impression Brodard et Taupin
à La Flèche (Sarthe) le 28 septembre 1989
6365B-5 Dépôt légal septembre 1989
ISBN 2-277-22643-2
Imprimé en France
Editions J'ai lu
27, rue Cassette, 75006 Paris
diffusion France et étranger : Flammarion